DOS CONTRATOS DE CONTRAPARTIDAS NO COMÉRCIO INTERNACIONAL

(*COUNTERTRADE*)

ARNALDO GABRIEL R. COSTA NEVES

DOS CONTRATOS DE CONTRAPARTIDAS NO COMÉRCIO INTERNACIONAL

(*COUNTERTRADE*)

ALMEDINA

TÍTULO:	DOS CONTRATOS DE CONTRAPARTIDAS NO COMÉRCIO INTERNACIO-NAL (*COUNTERTRADE*)
AUTOR:	ARNALDO GABRIEL R. COSTA NEVES
EDITOR:	LIVRARIA ALMEDINA – COIMBRA www.almedina.net
LIVRARIAS:	LIVRARIA ALMEDINA ARCO DE ALMEDINA, 15 TELEF. 239851900 FAX 239851901 3004-509 COIMBRA – PORTUGAL livraria@almedina.net LIVRARIA ALMEDINA ARRÁBIDA SHOPPING, LOJA 158 PRACETA HENRIQUE MOREIRA AFURADA 4400-475 V. N. GAIA – PORTUGAL arrabida@almedina.net LIVRARIA ALMEDINA – PORTO R. DE CEUTA, 79 TELEF. 222059773 FAX 222039497 4050-191 PORTO – PORTUGAL porto@almedina.net EDIÇÕES GLOBO, LDA. R. S. FILIPE NERY, 37-A (AO RATO) TELEF. 213857619 FAX 213844661 1250-225 LISBOA – PORTUGAL globo@almedina.net LIVRARIA ALMEDINA ATRIUM SALDANHA LOJAS 71 A 74 PRAÇA DUQUE DE SALDANHA, 1 TELEF. 213712690 atrium@almedina.net LIVRARIA ALMEDINA – BRAGA CAMPUS DE GUALTAR UNIVERSIDADE DO MINHO 4700-320 BRAGA TELEF. 253678822 braga@almedina.net
EXECUÇÃO GRÁFICA:	G.C. – GRÁFICA DE COIMBRA, LDA. PALHEIRA – ASSAFARGE 3001-453 COIMBRA E-mail: producao@graficadecoimbra.pt MARÇO, 2003
DEPÓSITO LEGAL:	191263/03
	Toda a reprodução desta obra, por fotocópia ou outro qualquer processo, sem prévia autorização escrita do Editor, é ilícita e passível de procedimento judicial contra o infractor.

À memória de meu pai

A minha mãe

APRESENTAÇÃO

O texto ora publicado corresponde à Dissertação de Mestrado em Direito Privado apresentada na Universidade Lusíada de Lisboa, cujas provas públicas de discussão tiveram lugar a 9 de Janeiro de 2001 perante um júri presidido pelo Senhor Professor Doutor António da Motta Veiga e composto pelos Senhores Professores Doutores Inocêncio Galvão Telles, Diogo Leite de Campos, João Calvão da Silva e Augusto de Athayde.

À versão inicial foram introduzidas algumas alterações pontuais, considerando não só as observações do júri, como também as alterações da legislação e bibliografia até à data das provas.

Ao Senhor Prof. Doutor Augusto de Athayde são devidos vários agradecimentos, nomeadamente, pelo interesse dedicado à publicação do presente estudo.

ABREVIATURAS E SIGLAS

AAFDL	– Associação Académica da Faculdade de Direito de Lisboa
ACECO	– Association pour la Compensation des Échanges Commerciaux
ACNUDCI	– Annuaire de la Comission des Nations Unies pour le Droit Commercial International
AFDI	– Annuaire Français de Droit International
AID	– Associação Internacional para o Desenvolvimento
AIDE	– Association International de Droit Économique
AJIL	– American Journal of International Law
ALADI	– Associação Latino Americana de Integração
BFDUC	– Boletim da Faculdade de Direito da Universidade de Coimbra
BERD	– Banco Europeu de Reconstrução e Desenvolvimento
BIRD	– Banco Internacional de Reconstrução e Desenvolvimento
BMJ	– Boletim do Ministério da Justiça
BPI	– Banco de Pagamentos Internacionais
CCI / ICC	– Câmara de Comércio Internacional
CCTF	– Cadernos de Ciência e Técnica Fiscal
CDDE	– Carta dos Direitos e dos Deveres Económicos
CEF	– Centro de Estudos Fiscais
CEPAL	– Comissão Económica para a América Latina (ONU)
CIRDI	– Centro Internacional de Resolução de Diferendos Internacionais
Clunet	– Journal de Droit International
CNUCED/UNCTAD	– Conferência das Nações Unidas para o Comércio e Desenvolvimento
CNUDCI/UNCITRAL	– Comissão das Nações Unidas para o Direito do Comércio Internacional
Cód. Civ.	– Código Civil
Cód. Com.	– Código Comercial
COMECON/CAEM	– Comité de Assistência Económica Mútua

Comm. Intern.	– Commercio Internazionale
Dir. Comm. Internaz.	– Diritto del Commercio Internazionale
DIE	– Direito Internacional Económico
DIP	– Direito Internacional Privado
DPCI	– Droit et Pratique du Commerce International
DR	– Diário da República
ECE/(ONU)	– Comissão Económica para a Europa (Genebra)
EEE	– Acordo relativo ao Espaço Económico Europeu
FCG	– Fundação Calouste Gulbenkian
FDL	– Faculdade de Direito de Lisboa
FEDUCI	– Fondation pour l'étude du Droit et des Usages du Commerce International
FMI	– Fundo Monetário Internacional
GATT	– Acordo Geral das Pautas Aduaneiras e Comércio
GVCI	– Gazzeta Valutaria del Commercio Internazionale
ICEP	– Investimentos, Comércio e Turismo de Portugal
ICLQ	– International and Comparative Law Quartely
IFLR	– International and Financial Law Review
JDI	– Journal de Droit International (Clunet)
JIBL	– Journal of International Banking Law
JITED	– Journal of International Trade & Economic Developement
JOCE	– Jornal Oficial das Comunidades Europeias
JWT	– Journal of World Trade
JWTL	– Journal of World Trade Law
LGDJ	– Librairie Générale de Droit et Jurisprudence
MIGA	– Agência Multilateral de Garantia aos Investimentos
NIC	– "New industrialized Countries"
NMF	– ("Cláusula" da) Nação Mais Favorecida
NPI	– Novos Países Industrializados
OCDE	– Organização de Cooperação e Desenvolvimento Económico
OEI	– Organizações Económicas Internacionais
OMC	– Organização Mundial do Comércio
OMPI	– Organização Mundial da Propriedade Intelectual
ONUDI	– Organização das Nações Unidas para o Desenvolvimento Industrial
PECO	– Países da Europa Central e Oriental
POLIS	– Enciclopédia Verbo da Sociedade e do Estado
PVD	– Países em vias de desenvolvimento
RDAI	– Révue de Droit des Affaires Internationales

RDE	– Revista de Direito e Economia
RGDIP	– Révue Génèrale de Droit International Public
RIDC	– Révue Internationale de Droit Comparé
Rev. Banca	– Revista da Banca
Rév. Int. Dr. Éc	– Révue Internationale de Droit Économique
Rév. M. C.	– Révue du Marché Comum et de l'Union Européenne
Rév. trim.Dr.Ec.	– Révue trimestrielle de Droit Économique
SGP	– Sistema generalizado de preferências
SIF	– Sociedade Financeira Internacional
SMI	– Sistema Monetário Internacional
TIJ	– Tribunal Internacional de Justiça
UCC	– Uniform Commercial Code (EUA)
UNIDROIT	– Instituto Internacional para a Unificação do Direito Privado

INTRODUÇÃO

1. A partir dos anos setenta a imprensa especializada surpreendia os leitores com notícias pontuais acerca de singulares negócios internacionais, concluídos entre os mais variados operadores do comércio internacional, cuja notoriedade consistia em nem sempre terem lugar pagamentos em dinheiro, sugerindo os mecanismos da troca directa[1]. Tais operações respeitavam não só ao comércio internacional de matérias primas e recursos naturais, produtos manufacturados, mas também ao comércio internacional de tecnologia; no conjunto expressavam uma percentagem relevante do comércio mundial, não apenas pelos montantes envolvidos, mas também pelo volume das transacções. As notícias vindas a lume na imprensa indicavam um número crescente de países e de empresas envolvidas neste tráfego.

É a partir dos anos oitenta que se vulgariza a expressão «countertrade» para designar estas operações, a par de outras como «barter», «compensation»: serão expressões sinónimas usadas alternativamente para designar a mesma realidade ou tratar-se-á de operações distintas? Que relação apresentam entre si operações comerciais internacionais como o «barter», o «counterpurchase», o «buy-back», o «offset», os acordos de «clearing», o «switch trading»...?

Não sendo pródigas as informações interrogavam-se os analistas sobre a natureza e a estrutura destas operações: se para o economista interessava sobretudo averiguar o impacto destas operações na economia mundial,

---

[1] «Le renouveau du troc dans les échanges commerciaux internationaux», Prob. Écon., n.º 1430, Julho de 1975; «Back to barter», The Economist», 14.12.975; «Le développement du commerce de troc», Prob. Ec., n.º 1497, 1979 (Nov.); contrato assinado entre a Polónia e uma sociedade britânica para a construção de 20 navios destinados à Polónia (no valor de 115 milhões de libras esterlinas), completamente autofinanciados pela exploração futura (15 anos) a cargo de uma «joint-venture» anglo-polaca de armadores – cfr. "Financial Times", 22.11.77; Acordo entre a França e o Iraque, 1976, versando sobre a troca de petróleo por armas; contrato entre as sociedades "Boeing" e "Rolls Royce", dum lado, e a Arábia Sáudita (1983) sobre a troca de 10 aeronaves comerciais "Boeing 747 (Jumbo)" por petróleo em bruto de valor equivalente – cfr. «Euromoney», «International Trade Reporter», Agosto de 1984; CEDRIC GUYOT, op. cit., pág. 761.

do ponto de vista jurídico interessava averiguar quais os instrumentos jurídicos que lhes serviam de suporte: acordos de cooperação económica entre estados, simples contratos de comércio internacional? Seriam compatíveis com a ordem económica que regulava o comércio internacional no pós Guerra – "sistema comercial internacional" (GATT), sistema monetário internacional (FMI)...?

A realidade económica e jurídica subjacente ao *countertrade* foi tardiamente apreendida pelos analistas do comércio internacional – organizações internacionais, economistas e juristas – já que tendo a explosão destas operações sido contemporânea da crise económica internacional no início dos anos setenta, apenas na década seguinte a literatura jurídica e económica se preocupará em analisar e divulgar o que considerou "operações mal conhecidas no comércio internacional", numa altura em que era impossível negar o extraordinário impacto assumido por estas transações.

Assim, esta realidade foi primeiro conhecida pelas "partes" directamente envolvidas nestas transacções, aliás, sem interesse pela publicidade. A imprensa económica especializada terá sido a responsável pela divulgação duma ou outra transacção, surpreendendo os leitores.

2. Apesar de vasta a maior parte da literatura jurídica sobre o comércio internacional por contrapartidas (*countertrade*) é constituída por artigos em periódicos da especialidade[2] ou por um capítulo ou parte dum capítulo numa obra acerca do comércio internacional/contratos de comércio internacional[3], versando sobre um aspecto particular da temática (análise da prática do «countertrade» num determinado país[4], compatibilidade com

---

[2] V. entre outros RDAI, DPCI, JWTL, JWT, ICLQ, "Dir. Comm. Internaz."; "Finance & Developpement", IFLR, "Prob. Écon.", "Int. Bus. Law", "Rév. Int. Dr. Écon.", Clunet...

[3] Nesta linha v. M. LAVIGNE, *Les relations économiques Est-Ouest* (1978), op. cit., 236-250; J. VOLTER, «Der kompensationsvertrag», in F. Enderlein (Ed), *Handbuch der aussenhandelsverträge*, 1982, vol. 4, pág. 252 e ss.; AMELON, *Financer ses exportations*, op. cit., Cap. 13, pág. 225-228; CLIVE SCHMITTHOFF, *The Law and Pratice of International Trade*, op. cit., Cap. 10; CARREAU/JUILLARD/FLORY, *Droit International Économique (1990)*, op. cit, Tít. 3-Cap. I; HANS VAN HOUTTE, *The Law of International Trade*, op. cit., Cap. IX – Parte VI; JEAN-MICHEL JACQUET/PHILPPE DELEBECQUE, *Droit du Commerce International*, Cap. 3 – § 2, op. cit.; ALDO FRIGANI, «Il contratto Internazionale», in *Trattato di Diritto Commerciale e di Diritto Pubblico dell'Economia*, op. cit., Secção II, pág. 341-363; LESGUILLONS, *Contrats Internationaux*, t.5, Div.7/37-40; OSVALDO MARZORATI, *Derecho de los negocios internacionales*, 1997, Cap. IV-F), JEAN M. MOUSSERON/ /RÉGIS FABRE/J. RAYNARD/JEAN-LUC PIERRE, *Droit du commerce international*, op. cit., Tít. II, Cap. I/Secção II, pág. 395-7.

[4] ALLAN, D.E./HISCOCK, M.E., «Countertrade: an australian perspective», op. cit.;

Introdução   15

o Direito Internacional[5], efeitos nas trocas internacionais, causas, vantagens e desvantagens[6]...), apresentando uma breve abordagem descritiva (nem sempre completa) das principais operações e (ou) da negociação dos contratos[7] ou referindo-se apenas a um deles[8] ou a algum aspecto específico[9]; por outro lado as organizações económicas internacionais apenas mais recentemente se preocuparam com esta problemática e com os limites inerentes à sua vocação (OCDE[10] – descrição das principais operações e práticas contratuais no contexto das relações Este-Oeste e em relação aos PVD – UNCITRAL[11], ECE/ONU[12] – estrutura e negociação dos contratos

---

K. RAZOUMOV, «Les contrats sur la base de compensations entre organismes soviétiques et firmes étrangéres», op. cit.; MEZGHANI/BOURAQUI, «Les contrats de compensation dans les relations Sud-Nord: l'exemple tunisien», op. cit.; ABLA ABDEL-LATIF, «The egyptian experience with countertrade», op. cit.; OLEG SVIRIDENKO, «Les opérations de compensation dans le commerce avec les Républiques de l'ex-URSS», op. cit.; S. LINN WILLIANS/CLARK D. STITH, «Countertrade» in *Doing business in China*, op. cit.

[5] LIEBMAN, «GATT and countertrade requirements», op. cit.; ROESSLER, «Countertrade and the GATT legal system», op. cit.

[6] V. VICENTINI, «Scambi in compensazione», op. cit.; KYOUNG, «Countertrade: trade without cash?», op. cit.; JAMES WALSH, «The effect on third countries mandated countertrade», op cit.; K. RAZOUMOV, «Les contrats sur la base de compensations entre organismes soviétiques et firmes étrangéres», op. cit. Note-se que nem sempre se trata de estudos de índole exclusivamente jurídica, antes destacando aspectos económicos como sucede com VERZARIU, *Countertrade, barter and offsets – new strategies for profit in international trade*, op. cit.; DALIA MARIN/MONIKA SCHNITZER, «Tying trade flows: a theory of countertrade», op. cit.; LIANA FADDA, *Il countertrade – aspectti economico-aziendali*.

[7] JACK HERVEY, «Countertrade-counterproductive?», op. cit.; MARCHESI, «Guida agli scambi in compensazione», GVCI, 1984, op. cit; RAJSKY, «Some legal aspects of international compensation trade»; op. cit.; LAMBIN, «Countertrade: a new oppurtunity or a retrogessive trading system?», op. cit.; FRÉDÉRIC TEULON, *Le commerce international*, op. cit., 9.2. «Les nouvelles formes d'échange», pág. 50; LESGUILLONS, *Contrats internationaux*, op. cit., pág. 7/37-40.

[8] MARCEL FONTAINE, «Les contrats de contre-achat», DPCI, 1982; KAJ HOBÉR, «Countertrade: negotiating the terms», op. cit., refere-se sobretudo ao «counterpurchase»; P. DURAND BARTEZ, «Le troc dans le commerce international et les operations de switch», op. cit.; DE BARI, «Il momento del buy-back», op. cit.

[9] F. DIERCKX, «L'utilisation de l' *escrow account* dans les operations de contre-achat», op. cit.; LUIGI PEDRETTI, «Gli *escrow accounts* nelle operazioni de *countertrade*», op. cit.; MAYAUDON, «Les contrats de compensation petroliére», op. cit.

[10] «Les échanges Est-Ouest – l'évolution récente des échanges compensés» (1981), op. cit.; «Échanges compensés – pratiques des pays en développement» (1985), op. cit.

[11] Apesar dos trabalhos relativos à temática subjacente terem sido iniciados desde 1986, apenas alguns anos mais tarde surgiu «Opérations internationales d'échanges com-

16 *Dos Contratos de Contrapartidas no Comércio internacional* («countertrade»)

internacionais). Deste panorama bibliográfico resultam limitações: a raridade[13], de estudos mais completos sobre a problemática do «countertrade» numa perspectiva jurídica[14].

O comércio internacional por contrapartidas (*countertrade*) é susceptível de apresentar interesse para áreas distintas como a História, a Economia, a Política Internacional e o Direito; enquanto fenómeno exorbitante das relações económicas internacionais o «countertrade» apresenta uma problemática específica, prestando-se a ser desfragmentado numa perspectiva histórica (a evolução do «countertrade» na História económica mundial); numa perspectiva política (como instrumento de política económica internacional); numa perspectiva teórica (teoria económica, nomeadamente face à teoria do comércio internacional e dos pagamentos internacionais), numa perspectiva estrutural (economia mundial) e numa perspectiva jurídica (aspectos jurídicos do «countertrade»; quer como contratos internacionais, quer face à regulação das relações económicas internacionais).

Não recusando a interdisciplinariedade de várias das questões suscitadas, este estudo assumirá essencialmente os aspectos jurídicos inerentes a tão vasta problemática. Mas, ainda que numa perspectiva prioritariamente jurídica, o «countertrade» não se esgota na descrição e análise dos

---

pensés: project de guide juridique pour l'élaboration de contrats internationaux d'échanges compensés... (A/CN.9/332 et Add.1 à 7)», 1990, op. cit. e, finalmente, o *Legal Guide on International Countertrade Transactions* (A/CN.9/362), 1992, op. cit. (publicado em 1994).

[12] «Contrats internationaux de contre-achat», 1990, op. cit.; «Contrats internationaux d'achat en retour», 1991, op. cit.

[13] Merece destaque o colóquio organizado pela FEDUCI, em 1982, sobre «Les contrats de compensation industrialle», dirigido por MARCEL FONTAINE, publicado na DPCI (1982), a obra de LEO WELT, *Trade without money* (1984), op. cit., bem como POMPILIU VERZARIU, *Countertrade, barter and offsets*, op. cit., pela extensão e profundidade; todavia já ultrapassadas por quinze anos de desenvolvimentos recentes do *countertrade*. O mérito da obra da UNCITRAL, *Legal guide on international countertrade transactions* (1994), op. cit., consistiu em ter reconhecido a universalidade da problemática jurídica inerente ao *countertrade*. Mais recentemente M. ROWE, *Countertrade* (1997), op. cit., oferece uma síntese mais actualizada.

[14] Em Portugal esta temática tem sido praticamente ignorada, pois além de alguns artigos publicados pela revista do ICEP, "Exportar" – Ano 1, 2.ª série, n.º 6 (Março/Abril), 1989; n.º 19 (Maio/Julho), 1991; n.º 21(Dez.), 1991 – aliás de carácter introdutório e sem preocupações de índole jurídica; duma conferência patrocinada pelo Banco de Fomento & Exterior em 1991 e duma abordagem sobre o comércio de estado no âmbito mais vasto dos contratos internacionais (INA-1988), que não deixaram nenhum texto publicado, não são conhecidos trabalhos de índole jurídica publicados.

Introdução 17

instrumentos jurídicos (contratos internacionais), pois a regulação do comércio internacional, assume na nossa época um carácter por vezes minucioso que ultrapassa o direito comercial internacional ("clássico") ou o "direito dos contratos internacionais", atenta a tendência para a crescente juridicização das relações económicas internacionais.

O horizonte histórico considerado é, sobretudo, o período compreendido desde os anos setenta até à actualidade.

O propósito deste estudo é o comércio internacional por contrapartidas (*countertrade*). Vulgarmente associado à troca, ancestral forma de comércio, não constituindo propriamente uma novidade na história do comércio mundial, é oportuno averiguar acerca da legitimidade desta correspondência, precisando o momento histórico em que nasceu e se desenvolveu, bem como as causas que contribuíram para a extraordinária expansão.

Considerando a extraordinária variedade negocial abrangida pelo *countertrade*, é apresentada uma descrição destas operações, tal como têm sido divulgadas pela prática dos negócios internacionais e, mais recentemente, pela doutrina e por alguns organismos internacionais.

Tratando-se de uma novidade no léxico jurídico português julgou-se oportuno optar por uma tradução para a língua portuguesa, tanto mais que idêntica solução foi praticada noutros idiomas. Apesar da variedade das figuras abrangidas entendeu-se ser conveniente tentar apresentar uma noção (estrita) de *countertrade*, não só com o propósito de o distinguir de figuras afins, algumas bastante próximas, como também de delimitar o objecto deste estudo – operações e contratos internacionais de *countertrade* – no âmbito das demais operações relevantes do comércio internacional. Considerando a variedade negocial abrangida pelo *countertrade* averiguou-se da possibilidade duma sistematização de acordo com determinados critérios: tais as preocupações do I Capítulo.

Uma vez apresentadas as principais operações relevantes no âmbito do *countertrade*, apurado o respectivo conceito, o II Capítulo é dedicado à análise da negociação do «countertrade», enquanto contratos internacionais, destacando os novos contratos divulgados a partir dos anos setenta e que mais ampla difusão experimentaram até à actualidade; o que significa que neste capítulo não só não serão analisadas todos os instrumentos jurídicos que servem de base a outras transacções afins do *countertrade* (acordos de «clearing»/compensação, acordos de pagamentos, acordos comerciais bilaterais a longo prazo...) que, além do mais não são negociados com recurso a contratos internacionais inspirados no direito privado, como também não serão analisadas todas as formas contratuais assumidas pelo «countertrade» (o que, aliás, seria impossível atendendo à variedade

18 *Dos Contratos de Contrapartidas no Comércio internacional* («countertrade»)

de formas conhecidas e às possibilidades oferecidas pela liberdade contratual das partes). Da mesma forma, a nível da estrutura e da redacção dos contratos apenas serão desenvolvidos os problemas jurídicos específicos dos contratos internacionais de *countertrade*. Recorrendo à sistematização apresentada no I Capítulo a opção consistiu em distinguir as operações negociadas com recurso a um único contrato (Secção I) das negociadas com recurso a vários instrumentos jurídicos (Secção II); por sua vez esta última categoria permite considerar diferentes operações quanto às relações entre as contrapartidas e a exportação principal, que serão objecto da subsecção I, subsecção II e subsecção III. Nesta última subsecção consideram-se as contrapartidas que foram, oportunamente, alvo da atenção do legislador português, que, nalguns casos optou pela sua imposição aos parceiros comerciais estrangeiros.

A análise da estrutura contratual e das principais cláusulas relaciona-se com outro aspecto desta investigação: os contratos internacionais de contrapartidas constituirão uma categoria singular no âmbito dos contratos de comércio internacional (venda internacional, transferência internacional de tecnologia, cooperação comercial internacional...)? Exigirão cláusulas diferentes? Instrumentos bancários específicos? Reconhecendo que a prática contratual do «countertrade» se caracteriza pela escolha do direito aplicável e (ou) pelo recurso à arbitragem, tendência que, aliás, se confirma nos demais contratos de comércio internacional, esclarece-se desde já que os problemas do Direito Internacional Privado não serão desenvolvidos, nem tão pouco a problemática da arbitragem internacional, da *lex mercatoria* e do «contrato de Estado», por não se tratar de questões exclusivas e específicas dos contratos de *countertrade*, antes comuns aos contratos de comércio internacional.

Duma forma genérica os analistas adoptaram uma atitude de desconfiança face ao comércio internacional por contrapartidas.

A tendência revelada a partir da II Guerra Mundial no sentido duma crescente e cada vez mais completa regulação do comércio internacional – juridicização das relações económicas internacionais – não só torna oportuno como imprescindível analisar o comércio internacional por contrapartidas face ao regime jurídico da circulação internacional de mercadorias e serviços (GATT/OMC), dos câmbios, dos pagamentos internacionais (FMI) e da concorrência (GATT e CE) – Capítulo III.

Finalmente, no Capítulo IV serão apresentadas as conclusões finais.

CAPÍTULO I

OPERAÇÕES DE CONTRAPARTIDAS (*COUNTERTRADE*) NO COMÉRCIO INTERNACIONAL

1. INTRODUÇÃO

1.1. Segundo Hildebrand[1] a troca atravessou três períodos: o da economia natural («naturwirtschaft»), o da economia monetária ou da troca por meio da moeda («geldwirtschaft») e o da economia de crédito («crediwirtschaft»). Contudo, a evolução não foi linear, antes se verificou a coexistência de vários destes modos de troca (pelo menos a partir da economia monetária): economia monetária c natural, primeiro; economia natural, monetária e de crédito depois[2]. Conforme observou Marnoco e Sousa[3] esta teoria dos três períodos da evolução económica deveria ser entendida como referida ao predomínio que cada uma daquelas formas económicas tem tido em cada época.

Na economia natural a troca directa foi a mais primitiva forma de comércio[4].

A "troca silenciosa", a "troca hawaiana" e a "troca andamaneza" ou "troca australiana" se não constituíram as primeiras modalidades[5], ao menos demonstram as dificuldades experimentadas pela troca directa.

A economia natural, em que se trocavam bens por bens apresentava inconvenientes: dificuldade na determinação do valor dos bens, dificul-

---

[1] Cfr. MARNOCO E SOUSA, *Ciência Económica* (1910), op. cit., pág. 280-81.

[2] LEROY-BEAULIEU, *Traité theórique et pratique d'économie politique*, t. III, pág. 350 e ss., apud MARNOCO E SOUSA, *Sciencia Economica* (1901), op. cit., pág. 279-80.

[3] *Ciência Económica* (1910), op. cit., pág. 280.

[4] Daí a designação «economia natural de troca» – cfr. W. EUCKEN, op. cit., pág. 180, 246...

[5] V. sobre estas modalidades CUNHA GONÇALVES, *Da compra e venda* ..., op. cit., pág. 8-9; MARNOCO E SOUSA, *Sciencia Economica* (1903-1904), «A troca e o seu mecanismo». Efectivamente, os historiadores convencionaram que a troca foi a mais primitiva forma de comércio – v. a este propósito SERVET, «La fable du troc», op. cit.

dade de correspondência de valores, dificuldade em encontrar um interessado na troca[6]. Daí que a busca duma unidade de conta tenha sido uma necessidade do comércio, ainda que na forma primitiva da troca directa[7].

1.2. A moeda ultrapassou estas inconvenientes prestando-se a ser uma medida de valores na medida em que todos os bens e serviços vão buscar à moeda o valor, atenta a sua função de denominador comum de valores (unidade de cálculo, padrão de valor), sem a qual não desempenharia a de intermediária geral das trocas e meio geral de pagamentos[8].

Por outro lado, cindindo em duas a transacção de troca[9] – a venda e a compra (*tertium permutationis*) – permitindo que se realizasse uma venda dispensando obrigatoriamente uma compra[10], evitou-se outro dos inconvenientes da troca directa.

---

[6] V. sobre os inconvenientes da troca natural José M. Magalhães Collaço, op. cit., pág. 6; Teixeira Ribeiro, *E.P.* (1962-63), op. cit., pág. 3 e ss.; Soares Martinez, *Economia Política*, op. cit., pág. 522-525.

[7] Cfr. Jean Rivoire, *História da moeda*, op. cit., pág. 6. Evitando que um bem tivesse tantos valores de troca quantos os bens existentes, ou seja, uma grandeza indeterminada.

[8] Assim a função de medida comum de valores teria sido cronologicamente anterior à de intermediária geral das trocas – neste sentido Pitta e Cunha, *EP*, op. cit., pág. 7; Jean Rivoire, *História da moeda*, op. cit., pág. 6. Idêntica sugestão parece ser a de Marnoco e Sousa, op. ult. cit., pág. 281. Os autores da Escola Clássica, desprezando os fenómenos monetários (economia natural de troca) e destacando a função da moeda como intermediária geral das trocas ("véu monetário") – nomeadamente Say – terão contribuído para o esquecimento da função de unidade de conta, que é inerente à anterior. Sobre a separação e as relações entre estas duas funções v. W. Eucken, op. cit., pág. 182 e ss.; sobre as funções da moeda v. ainda Walter Marques, «Moeda», op. cit. As funções da moeda foram, sobretudo, objecto duma abordagem económica, sendo mais raros os estudos de índole jurídica. Neste último sentido Kahn (coord.), *Droit et monnaie ...*, op. cit.; Bruno Inzitari, op. cit.; Farjat, «Nature de la monnaie: une approche de droit économique» in *Droit et monnaie...*, op. cit.; recentemente em Portugal a temática jurídica do "euro" proporcionou J. Simões Patrício, *O regime jurídico do Euro*, op. cit., § 3.°; J. Calvão Silva, *Euro e direito*, op. cit.

[9] Horta Osório, op. cit., pág. 60, definiu assim a troca: "... Pela palavra troca, designa-se o acto de ceder a outrem uma dada quantidade de uma dada coisa, recebendo, em vez dela, uma outra quantidade de uma outra coisa qualquer. A troca, reduzida aos seus elementos mais simples e, por assim dizer, indispensáveis, supõe pois: dois indivíduos, duas mercadorias, e uma relação quantitativa entre as unidades de uma e de outra, que se permutam".

[10] Assim Marnoco e Sousa, op. ult. cit., pág. 281; Teixeira Ribeiro, *Economia Política*, 1962-63, op. cit., pág. 4.; Walter Marques, *Moeda ...*, op. cit., pág. 23.

Afinal foi a moeda que possibilitou a transição duma economia de troca para uma economia monetária, a compra e venda[11] como o contrato típico desta economia monetária, tal como a troca o foi da economia natural[12]. Doravante o valor de troca[13] (valor do bem no mercado) vai substituir o valor de uso, prevalecente na troca directa.

Assim não é de estranhar que bens como o gado[14], as peles de animais, o peixe, cereais (moeda natural)[15] ... por serem de aceitação geral, tenham desempenhado as funções de padrão de valores e intermediários

---

[11] O preço, elemento fundamental no contrato de compra e venda, é o valor de uma coisa expressa em moeda, razão de troca com a moeda (instrumento de troca e medida comum de valor), valor de troca estimado numa unidade de conta – neste sentido a lição de MARNOCO E SOUSA, cfr. JOÃO M. MAGALHÃES COLLAÇO, op. cit., pág. 14-22-23.

[12] Cfr. CUNHA GONÇALVES, *Da compra e venda* ..., op. cit., pág. 13.

[13] Foi designadamente a propósito do célebre "paradoxo do valor" (água/diamante) que o pensamento económico se ocupou da distinção entre valor de uso e valor de troca. ADAM SMITH (tal como RICARDO), op. cit., pág. 117, após DAVANTAZI, NERY, CONDILLAC e outros, distinguiu a utilidade de um determinado objecto (valor de uso), do poder de compra que a posse desse representa (valor de troca). A tcoria da troca vai ser objecto da análise pelos marginalistas: STANLEY JEVONS, *A teoria da Economia Política (1871)*, Nova Cultural, S. Paulo, 1988, Cap. 4 – Teoria da troca, pág. 66 e ss., identificou o valor de uso com a utilidade total e o poder de compra com o valor (relação) de troca; WALRAS, *Elementos de economia pura (1874-77)*, Nova Cultural, S. Paulo (1988) dedica à troca as lições X a XIV, criticando as teorias de SMITH e SAY, propôs a teoria da utilidade marginal decrescente, demonstrando que os preços a que se efectuam as trocas são determinados pelas utilidades marginais; PARETO, *Manual de Economia Política (1909)*, NC, S. Paulo, 1988, pág. 130, refere-se a preço ou valor de troca. A síntese "neo-clássica" (Marshall) vai apresentar o preço de mercado como o resultado da oferta (custo) e da procura (utilidade). Para uma apreciação das teorias marginalistas v. HORTA OSÓRIO, *A matemática na economia pura: a troca*, op. cit., pág. 11 e ss.; LUMBRALLES, op. cit., pág. 163 e ss.

JOSÉ FERREIRA BORGES, em *Instituições de Economia Política*, 1834, op. cit., analisou no Cap. IV a X, o valor, a troca e o preço, criticando Smith, Malthus e Ricardo, e como eminente jurisconsulto autor do primeiro Código Comercial (1833), que regulava a troca no artigo 203.° Mais tarde, as teorias marginalistas da troca terão influenciado os conceitos jurídicos de venda e de troca; assim, podia CUNHA GONÇALVES, *Da compra...* , op. cit, pág. 71, dizer:..." Na venda, o valor da cousa depende da sua estimação no mercado *(preço)*; é o chamado valor de troca..... na permuta, o valor depende da utilidade particular que as cousas têm para cada um dos permutantes...".

[14] A armadura de Diomedes, dizia Homero, custou só nove bois; no século XVIII, o bacalhau era instrumento de comércio na Terra Nova, o tabaco na Virgínia, o açúcar nas Antilhas – cfr. A. SMITH, op. cit., pág. 108-109.

[15] Os cereais (Oriente-2000 A.C.) serviram simultâneamente como mercadoria e meio de troca – cfr. W. EUCKEN, op. cit., pág. 188.

nas trocas. As facilidades de transporte, acomodação e conservação determinarão posteriormente a preferência por conchas, pérolas ou lingotes de metal[16]... e finalmente pela moeda cunhada. Surgida inicialmente no Oriente (China – século XI a. C.)[17], o Ocidente conhecerá a partir do século VII a.c. as moedas cunhadas em electrão (liga de ouro e prata) pelos Lídios[18]. Desde então até ao século XVII, a moeda metálica (moeda-mercadoria) impôs-se progressivamente desempenhando cabalmente as funções que lhe são inerentes, atentos os seus atributos e apenas após a divulgação do moeda de papel pela banca[19] e depois da moeda bancária, passou a ocupar um lugar secundário entre os meios de pagamento – moeda divisionária ou de trocos. Assim, no espaço económico nacional a economia monetária substituiu desde há muito a troca directa, que apesar de subsistir, não tem expressão digna de relevo[20].

Este processo de transição não encontrou paralelismo exacto na economia mundial, pois até ao século XVIII a troca directa e determinados bens substituíram a moeda metálica, quer como meio de troca, quer como meio de pagamento, evidenciando a especificidade do comércio internacional face ao nacional[21]: as caravanas de mouros vão até Tombuctu, nos confins da África (Mali), trocar sal por ouro[22]; na Europa Medieval a pimenta chegou a desempenhar esta função[23]; ainda no século XV os portugueses ofereciam aos indígenas, peças de vestuário, tecidos tingidos (panos vermelhos), mantas grosseiras, objectos de cobre e latão, contas de vidro ... em troca de peles, marfim, ouro (da Mina) ... "por um cavalo, as

---

[16] Até ao tempo de Sérvio Túlio os Romanos não possuíam moeda cunhada, utilizando barras de cobre, sem qualquer marca ou cunho – cfr. A. SMITH, op. cit., pág. 110.; AGLIETTA/ORLÉAN, op. cit., pág. 241.

[17] Cfr. RIVOIRE, op. cit., pág. 9.

[18] Idem, ibidem, pág. 10.

[19] Cfr. PITTA E CUNHA, op. cit., pág. 12; RIVOIRE, *História da banca*, op. cit., pág. 30 e ss.

[20] A "economia natural" ainda conhece casos pontuais: em África (na Guiné Bissau as autoridades introduziram nos armazéns do povo o pagamento por intermédio da troca; a troca não é invulgar em Luanda ou Kinshasa, Senegal...) e na Oceânia subsistem economias locais em que a troca predomina, mas trata-se de casos pontuais – cfr. J.M. SERVET, «Démonétarisation...», op. cit., pág. 322 e ss.; M. AGLIETTA/A. ORLÉAN, op. cit., pág. 318 e ss.

[21] Aliás, como previne W. MARQUES, *Moeda* ..., op. cit., pág. 21, a troca directa e a transacção a dinheiro podem coexistir.

[22] Cfr. MONTESQUIEU, op. cit., vol. II, pág. 73.

[23] Cfr. LÚCIO DE AZEVEDO, *Épocas do Portugal económico*, Clássica Editora, 4.ª edição, pág. 81.

Operações de Contrapartidas («countertrade») no Cómércio Internacional 23

mais das vezes ruim, traziam-se dez ou doze escravos"[24]. Apesar do "português"[25] ter sido a moeda mais divulgada à escala mundial na primeira metade do século XVI e da Coroa ter sido pródiga em cunhagens, outros artigos desempenharam a função de moeda no intercâmbio com os povos da África e da Ásia[26] e mesmo da Europa[27]. Os navios portugueses dirigiam-se à Ásia carregados de mercadorias e regressavam carregados com outras mercadorias, o mesmo sucedendo, mais tarde, com os navios das "Companhias das Índias"[28].

Antes do padrão ouro não existia uma moeda internacional (divisa); as relações de troca entre as moedas (câmbios) eram determinadas arbitrariamente. Não obstante, a criação em Amsterdão do "Wisselbank" ("Banco de câmbios")[29] em 1609 exerceu, de facto, uma influência a não menosprezar neste domínio até ao século XVIII[30].

---

[24] Cfr. LÚCIO DE AZEVEDO, *Épocas do Portugal Económico*, op. ult cit., pág. 168--169; PIERRE VILAR, op. cit., pág. 60.

[25] Moeda portuguesa em ouro e em prata, sucessivamente cunhada nos reinados de D. Manuel I (1495-1521) e D. João III (1521-1557) – cfr. C. M. ALMEIDA AMARAL, *Catálogo descritivo das moedas portuguesas*, Lisboa, 1977, I vol., págs. 403 a 489.

[26] Na Índia, os portugueses trocavam mercúrio, vermelhão, utensílios de cobre, bronze e chumbo ... por especiarias, drogas, essências, diamantes, pérolas e pedras preciosas, panos (de Cambaia e Bengala) e outros artigos asiáticos, sendo a diferença saldada em prata (muito apreciada na zona) e ouro (xerafins) – cfr. V. DE PRADA, I vol., op. cit., pág. 263; MAGALHÃES GODINHO, *Mito e mercadoria, utopia e prática de navegar*, op. cit., pág. 445-6.

[27] "Em pimenta propunha D. João III pagar o dote da irmã, quando se iniciaram as negociações para o consórcio com Carlos V: 50000 quintais a entregar em três prestações nas feiras de Antuérpia..." – cfr. LÚCIO AZEVEDO, *Épocas...*, cit., pág. 124.

[28] As especiarias e outros géneros não se compravam directamente com as mercadorias europeias ou com quaisquer moedas urgindo "... escoar umas e outras e receber os retornos; esses intervalos exigiram a instalação de feitorias permanentes ..." – cfr. GODINHO, *Mito...*, op. cit., pág. 329. Estas demoradas transacções explicam que as companhias coloniais de comércio e navegação de natureza monopolista, inspiradas no "sistema mercantil" (mercantilismo), não limitassem as suas actividades à troca, compra e venda, mas também ao transporte das mercadorias, para tanto necessitando de bases de apoio (portos de mar, colónias, feitorias, armazéns ...) nas zonas de abastecimento. O comércio internacional exercido nestes moldes explica que, apenas no século XIX, com a extinção destes monopólios e da liberalização das trocas internacionais (livre cambismo), a venda internacional tenha substituido, definitivamente, a troca.

[29] V. RIVOIRE, *História da banca*, op. cit., pág. 32; P. VILAR, op. cit., pág. 207 e ss.

[30] Cfr. MONTESQUIEU, op. cit., vol. II, pág. 82; ADAM SMITH, op. cit., I, pág. 794 e ss.; RIVOIRE, *História da banca*, op. cit., pág. 32.

A escassez dos metais preciosos, progressivamente atenuada graças ao ouro e à prata da América espanhola (século XVI-XVII), mas sobretudo ao ouro do Brasil (fins do século XVII-XVIII) e finalmente ao ouro da Califórnia, da África do Sul e da Austrália (século XIX)[31], determinou restrições aos pagamentos internacionais[32].

Significa isto que a moeda internacional realizou a sua entrada em cena bastante mais tarde com os estalões monetários (século XIX).

O sucesso do padrão ouro[33] facilitou os câmbios e os pagamentos internacionais desde o século XIX até à I Guerra Mundial, parecendo ter concretizado nas relações económicas internacionais a evolução definitiva para o recurso exclusivo à moeda que assumiu então uma dupla função: moeda nacional e internacional, simultâneamente.

A expansão e a internacionalização da banca aliada ao crescente envolvimento no comércio internacional[34] terão contribuido para a eleição

---

[31] Cfr. MARNOCO E SOUSA, op. cit., pág. 286-292; P. VILAR, op. cit.

[32] O sistema da balança dos contratos, inerente ao mercantilismo bulionista, se bem que praticado desde o século XVI em Inglaterra – cfr. MARNOCO E SOUSA, *Ciência Económica* (1910), op. cit., pág. 38 – foi pela primeira vez teorizado por Mun (1571-1641), já no século XVII (1664) – cfr. NUNES BARATA, op. cit., pág. 197: implicando um controlo administrativo dos contratos entre comerciantes ingleses e estrangeiros, impedindo que a liquidação das contas levasse à saída de moeda inglesa para o exterior; sendo as mercadorias inglesas exportadas os comerciantes eram obrigados a trazer para Inglaterra o produto das vendas (moeda); sendo importadas mercadorias pela Inglaterra, os comerciantes estrangeiros eram obrigados a destinar o produto da venda à aquisição de produtos ingleses. No entanto, o alcance destas medidas terá sido afectado pelo recurso dos comerciantes às letras de câmbio, já que os pagamentos nem sempre tinham lugar em moeda. O «bulionismo espanhol», enquanto expressão do Mercantilismo adaptada à realidade económica do império espanhol a partir do século XVI (Ortiz), preconizava o mecanismo da "balança dos contratos" na base da compensação directa como forma de impedir a saída de metais preciosos: cada importação deveria ser "compensada" com uma exportação de idêntico valor – v. sobre o Bulionismo espanhol, LUMBRALLES, op. cit., pág. 27; aliás, o autor refere-se ao comércio internacional em regime de "compensação directa". Ora é impossível negar o paralelismo entre o sistema da "balança dos contratos" e as legislações nacionais contemporâneas impondo obrigações de *countertrade* nas importações – v. infra Capítulo II, Introdução, sobre os países que possuem legislação especial sobre *countertrade*.

[33] Sobre o padrão ouro v. RIVOIRE, *História da moeda*, op. cit., pág. 63 e ss.; EICHENGREEN/FLANDREAU, *The gold standard in theory and history*, op. cit.

[34] O comércio internacional exercido em regime de monopólio (companhias coloniais de navegação) explica que, apenas no século XIX, com a extinção destes monopólios e da liberalização das trocas internacionais (livre cambismo), tenha surgido a necessidade de meios de pagamento adequados: os créditos documentários, facilitando os pagamentos internacionais, associaram a banca ao comércio internacional – cfr. EISEMANN/ BONTOUX, op. cit., pág. 27-28.

da venda internacional[35] como o contrato mais divulgado, em detrimento da troca directa.

1.3. No período entre as duas Guerras, com destaque para os anos trinta, num cenário caracterizado pelo abandono do padrão ouro e pelas restrições ao comércio internacional[36], não foram os acordos de «clearing» e de pagamentos que determinaram o bilateralismo que orientou as relações comerciais internacionais, antes foi o bilateralismo a causa daqueles; nesta perspectiva tais acordos representaram um mal menor, já que sem eles o comércio internacional seria impossível, ou pelo menos bastante menos intenso[37].

Quanto à natureza, a "compensação" assumiu neste período um carácter essencialmente oficial[38], imposta pelas legislações nacionais[39] e pelos acordos bilaterais concluídos pelos estados[40], não excluindo, contudo, a "compensação" privada («barter»).

Consideram-se tais práticas os antecedentes próximos do *countertrade*[41].

A instauração duma nova ordem económica internacional no pós--guerra (GATT, FMI; BM...) permitiu a curto prazo extinguir gradualmente os acordos de «clearing» e de «compensação», limitando-os a casos pontuais.

---

[35] Sendo o preço um elemento fundamental neste contrato a determinação das obrigações contratuais do vendedor (transporte internacional, seguro, direitos aduaneiros) logo encontrou tradução nos INCOTERMS. Os INCOTERMS "FOB" e "CAF" começaram a ser usados nesta época – cfr. JACQUET/DELEBECQUE, op. cit., pág. 75 – o que se explica também pela tentativa de adequação do INCOTERM escolhido aos documentos cuja apresentação é exigida no crédito documentário.

[36] Para maiores desenvolvimentos sobre este período ver infra Capítulo III, Introdução.

[37] Neste sentido PIERRE JOLLY, op. cit., pág. 4 e ss.

[38] Idem, ibidem, pág. 53.

[39] Assim, no caso francês, o Despacho Interministerial de 15.2.1932 proibia os importadores de pagar directamente aos fornecedores estrangeiros, sendo o montante dos pagamentos obrigatoriamente remetido para organismos de compensação, que por sua vez se encarregariam de os efectuar, na medida das possibilidades.

[40] Acerca dos acordos de «clearing» concluídos pela França antes e depois de 1935, consultar JOLLY, op. cit., pág. 57 e ss.

[41] Neste sentido WELT, *Trade whithout money...*, op. cit., pág. 8; WOICZICK, op. cit., pág. 139; LAURA VALLE, op. cit., pág. 1228.

Assim, o núcleo de países que praticavam o "comércio por compensação" após a última Guerra (países da Europa Central e Oriental[42], outros países de economia planificada[43] e países da América Latina[44]), permitiam associa-lo ao comércio de Estado, aliás de reduzida expressão no conjunto do comércio mundial.

1.4. Excluindo o «barter», é a partir do final dos anos sessenta, e sobretudo dos anos setenta[45], que vai surgir um conjunto de operações de *countertrade* («buy-back», «compensation», «counterpurchase», «forward purchase» ...) desconhecidas até então. Desde os anos oitenta, progressivamente, a extraordinária expansão do *countertrade* conferiu-lhe um lugar de honra no comércio mundial, que não pôde continuar a ser explicado apenas pela política económica externa dos PECO[46], de outros países de sistema económico planificado[47] e dos PVD da América Latina[48]: agora

---

[42] Foi no âmbito das relações Este-Oeste que surgiram os primeiros estudos sobre o *countertrade*, designadamente, LAVIGNE, *Les relations économiques Est-Ouest* (1979), op. cit., pág. 237 e ss.; F. ALTMAN/H. CLEMENT, *Die kompensation als instrument in Ost- -West hendel, Gegenwartsfragen des Ost-Wirtschaft*, 1979; OCDE, «Les échanges Est- -Ouest de produits chimiques» (1979), op. cit.; OCDE, «Les échanges Est-Ouest – l'évolution récente des échanges compensés» (1981), op. cit. Viena, pela posição geográfica, foi até aos anos oitenta o centro internacional de negócios do *countertrade*.

[43] Nomeadamente a China, que até à "Política das 4 modernizações" (anos oitenta), privilegiava nas relações económicas externas outras repúblicas comunistas – cfr. S.LINN WILLIAMS/CLARK STITH, op. cit., pág. 10.3.

[44] Cfr. MARZORATI, op. cit., pág. 337.

[45] O *countertrade*, até ao final dos anos setenta, constituiu a forma privilegiada de comércio internacional entre países com diferentes sistemas económicos e, a partir dos anos oitenta, entre países com diferentes níveis de desenvolvimento económico.

[46] A partir dos anos oitenta os PECO aumentam as suas reivindicações de *countertrade* em relação aos países de economia de mercado, nomeadamente da Europa Ocidental, patente nas declarações dos políticos (Brejenev, XXV Congresso do Partido Comunista da U.R.S.S., 24.2.976 – cfr. MARIE LAVIGNE, op. cit., pág. 239 – Ceaucescu, Bucareste, 15.2.981 – cfr. OCDE, «Les èchanges Est-Ouest», op. cit., pág. 18) – ao mesmo tempo que é aumentada a taxa de contrapartida reivindicada pela U.R.S.S., Hungria, Polónia, Bulgária e Roménia – cfr. CEDRIC GUYOT, op. cit., pág. 774.

[47] Neste sentido é esclarecedor que, a partir da "Política das 4 modernizações", a República Popular da China passou a preferir os países industrializados no quadro das relações decorrentes do *countertrade* – cfr. S. LINN WILLIANS/CLARK D. STITH, op. cit, pág. 10.3.

[48] A deterioração dos termos de troca, a insuficiência das exportações face às importações provocaram uma balança de pagamentos cronicamente deficitária, obrigando ao endividamento externo. Para maiores desenvolvimentos sobre os antecedentes que terão estado na origem do extraordinário acolhimento do *countertrade* na América Latina

Operações de Contrapartidas («countertrade») no Cómércio Internacional 27

países desenvolvidos da OCDE, PVD[49], sociedades transnacionais[50], são parceiros comerciais, o *countertrade* assumiu uma dimensão mundial[51].

Na década de oitenta, estudos elaborados por organizações económicas internacionais e por especialistas revelaram o extraordinário impacto do *countertrade* no comércio mundial[52] de tal forma que a CNUDCI reco-

---

v. Prebish, *Nueva política comercial para el desarrolo*, FCE, México/Buenos Aires, 1964; Avelãs Nunes, op. cit., pág. 241 e ss.; Marzorati, op. cit., pág. 337.

[49] A relevância do *countertrade* nas relações Norte-Sul data dos anos oitenta – cfr. OCDE, «Échanges compensés – pratiques des pays en developpement», op. cit.; Guyot, op. cit., pág. 773; Abla Abdel-Latif, op. cit., pág. 17.

[50] De acordo com "Business Week", 12 Março, 1984, pág. 36, até 1983 cem grandes empresas criaram "trading companies" especializadas em *countertrade*, tal como a "Rocwell international", "Sears Roebuck" ("Sears Trading"), "General Motors" ("General Motors Trading"), "CICA", "General Electric" ("General Electric Trading"), "Ford" ("Ford Trading", "Phibro Trading" – cfr. Rasmussen, op. cit., pág. 16 e 38; a "Petrobrás" criou uma "trading" (Interbrás) que é intermediária obrigatória em todas as operações de *countertrade* com o Brasil – cfr. Mayaudon, op. cit., pág. 729; empresas como a "General Electric" e a "Régie Renault" reconhecem que o *countertrade* contribui para 40% das respectivas vendas – cfr. Lambin, op. cit., pág. 16. A "Goodyear" comercializa pneumáticos em troca de minerais e produtos agrícolas; a "Coca Cola" pratica operações de *countertrade* com a Jugoslávia, importando vinho – cfr. Bernardini, op. cit., pág. 100 (nota 2).

[51] Cfr. Walsh, «Countertrade, not just for East/Weast anymore», op. cit. Os dados da O.C.D.E., «Échanges Compensés – Pratiques des Pays en Developpement» (1985), op. cit., pág. 12, acerca do *countertrade* eram os seguintes:

– Comércio de países industrializados com países industrializados: 2%.
– Comércio de países industrializados com países do Bloco de Leste: 15%.
– Comércio de países industrializados com países em vias de desenvolvimento produtores de petróleo: 2%.
– Comércio de países industrializados com países em vias de desenvolvimento não produtores de petróleo: 5%.
– Comércio de países em vias de desenvolvimento com países em vias de desenvolvimento: 10%.
– Comércio de países em vias de desenvolvimento com países do Bloco de Leste: 30%.
– ....
– Percentagem do *countertrade* no comércio mundial total: 4,8% (80 biliões de dólares).
Nota: excluem-se os acordos de «clearing» bilaterais (130 biliões de dólares). O Secretariado não deixou de reconhecer a tendência para o extraordinário crescimento destes valores, com base na evolução dos últimos anos.

[52] Agnés Biscaglia (Secretário Geral da A.C.E.C.O.), «Le Développement du Commerce de Compensation», op. cit., estima em 1983 a percentagem do *countertrade* no comércio mundial em 20%.

De acordo com os dados fornecidos por Carreau/Juillard/Flory, *Droit Interna-*

28   *Dos Contratos de Contrapartidas no Comércio internacional* («countertrade»)

nheceu que "...countertrade is now common between developing countries, between developed and developing countries and between developed countries". Expressão desta tendência a adopção por vários países com sistemas económicos e níveis de desenvolvimento económico diferentes (desde a Austrália à Indonésia e ao Equador), de legislação especial sobre *countertrade*: nalguns casos tratou-se de regulamentar práticas já divulgadas, noutros de promover o *countertrade*[53].

---

tional Ecónomique (1990), op. cit., pág. 252 (nota 1), o FMI, avaliava em 1% o *countertrade* em relação ao comércio mundial, enquanto a OCDE concluía por 4,8%, o GATT 8% e a CNUCED 15%.

Já o "Chase Manhattan Bank" estimava em mais de 30% do comércio mundial, tal como WELT, *Trade*..., op. cit., pág. 2.

Mais recentemente, 1995, LAURENCE MOATTI, op. cit., pág. 5, estimava-o, de acordo com as estatísticas, em 20% do comércio mundial; enquanto em 1996, LESGUILLONS, op. cit., t. 5, pág. 7-37, indicava no mínimo 15%, com tendência para o aumento nos próximos anos.

A propósito das divergências sobre as percentagens do *countertrade* no comércio mundial os exaustivos estudos levados a cabo pelo Secretariado da O.C.D.E., desde 1979, tentando inquirir sobre o que consideravam operações mal conhecidas, permitem concluir que é impossível refutar criteriosamente os dados sobre o *countertrade* de que se faz eco a imprensa – de 20% a 40% do comércio mundial (25% e U.S.\$2.13 triliões, «The Economist», 6.02.82, pág. 20) – pois muitas destas operações obedecem a uma "política de sigilo".

Aliás, os critérios utilizados pelas organizações e pelos vários autores não são homogéneos, o que pode explicar diferentes resultados.

De notar ainda que os métodos de registo não se prestam a uma identificação rigorosa: as estatísticas aduaneiras registam importações e exportações de bens e serviços sem cuidar de averiguar a natureza das operações subjacentes (nomeadamente se se trata de contrapartidas); o registo estatístico do investimento estrangeiro também se não preocupa com a verdadeira natureza das operações.

De qualquer forma, o número de países que praticava o *countertrade*, 30 em 1970, aumentou para 100 nos anos 80 e estas operações já não respeitam apenas as relações comerciais entre países do Leste Europeu e países sub-desenvolvidos, tendo passado a abranger relações comerciais entre países desenvolvidos da OCDE (com particular destaque para os contratos de «off-set» – *countertrade* industrial – respeitando a material aeronáutico ou militar). Aliás, de acordo com o «National Foreign Trade Council» – cfr. "Business Week", Março 12, 1984, pág. 37 – o número de países exigindo o *countertrade* aumentou de 15 em 1972, para 27 em 1979 e 88 em 1983.

Actualmente, aponta-se para um número próximo de 200 países, e raros serão os que não terão ainda experimentado o *countertrade* – cfr. LAURENCE MOATTI, op. cit., pág. 5.

[53] Cem países em 1986. V. infra Capítulo II, Introdução, sobre os países que adoptaram oficialmente o *countertrade*.

Os estudos sobre as tendências do *countertrade* faziam prever o crescimento até ao final do milénio[54].

As alterações do final da década de oitenta na Europa do Leste e Oriental motivadas pela "queda do muro de Berlim", no sentido da transição para uma economia de mercado[55], não alteraram nos anos mais próximos o lugar que ocupava o *countertrade* nas relações económicas externas destes países, não obstante as apregoadas reformas[56]. Pelo contrário, esta

---

[54] Metade do comércio mundial – cfr. OCDE, «Échanges compensés – pratiques des pays en developpement», op. cit., pág. 11; "U.S. Departement of Commerce", WELT, *Trade...*, op. cit., pág. 2; MISHKIN, «Countertrade and barter», Int. Bus. Lawyer, Fev., vol. 14, 1984. Se recentemente não alcançou metade do comércio mundial, pelo menos nos últimos anos não se verifica qualquer tendência no sentido da redução do impacto do *countertrade* – neste sentido, "Trade Partners Gov. UK (TPUK)" avalia o *countertrade* em cerca de 10-15% do comércio mundial (2000).

[55] Objectivo em que se empenhou o Banco Europeu de Reconstrução e Desenvolvimento (BERD), criado pelo Acordo de Paris de 29.06.90, assinado por 40 estados (europeus e não europeus) e duas instituições europeias (CEE e BEI) – cfr. JUILLARD, «Investissement», AFDI (1991), op. cit., pág. 711 e ss. É de destacar a participação conjunta do BERD, do "Banco Morgan Grenfell" e da "Arthur Andersen" na criação do Banco Russo para o Desenvolvimento e Financiamento de Projectos – cfr. SVIRIDENKO, op. cit., pág. 74.

[56] Na realidade as apregoadas alterações no sentido da transição para uma economia de mercado não terão lugar do dia para a noite. Apesar da política oficial destes países ter afirmado o afastamento progressivo das práticas de *countertrade* (por ex. URSS em Dez. de 1990), tal orientação não tem sido comprovada nos últimos anos. Pelo contrário, desde Novembro de 1991, o presidente da Federação Russa revogou a legislação que interditava o comércio por contrapartidas e pelo Acordo sobre a Comunidade dos Estados Independentes (CEI) foi desmantelada a estrutura federal, passando o comércio externo a ser livre. Assim, se os acordos de «clearing» entre a U.R.S.S. e os parceiros do CAEM foram formalmente desmantelados quando da dissolução da ex-U.R.S.S., tal não impediu que alguns dos ex-membros os prosseguissem noutros termos, nomeadamente assumindo o dólar americano como divisa «clearing». A Rússia acordou com o Ministério da Defesa da Eslováquia o fornecimento de aviões militares no quadro dum acordo de «clearing» – cfr. L MOATTI, op. cit., pág. 14. Acordos entre a CE., a Polónia, a Checoslováquia (1990) e a U.R.S.S. (1990) foram concluídos, apesar de considerados temporários e excepcionais.

No caso das novéis Repúblicas Russas, verificou-se que as empresas (do sector público e do sector privado) se substituíram à administração central na negociação do *countertrade* com os parceiros ocidentais – cfr. S. LINN WILLIAMS/CLARCK D. STITH, op. cit., pág. 10.21. As bolsas de mercadorias, os "brokers", as "trading houses, são os novos intermediários nestes negócios. Os bancos russos (Banco de Moscovo, Banco de "Stolichny", o Banco da Bolsa Russa de Mercadorias, o "Eurobank"...) têm financiado as contrapartidas através de operações de «switch» e «swaps». Desde o simples «barter» até ao «counterpurchase», «buy-bak» e à «joint-venture» têm sido negociados com empresas oci-

30 Dos Contratos de Contrapartidas no Comércio internacional («countertrade»)

transição implicará o alargamento do espaço económico europeu e um incremento do *countertrade* nas relações Este-Oeste[57].

Aliás, a recente liberalização e a privatização[58] da economia nos PECO e nos PVD, tem sido frequentemente associada a programas que recorrem a operações «BOT» e «BOOT», relevantes no âmbito do *countertrade*[59].

1.5. Para além das causas estruturais (próprias dos países em vias de desenvolvimento e dos países de sistema económico de direcção central) e das causas conjunturais (crise do SMI, "choque petrolífero", aumento de proteccionismo) que terão levado os países desenvolvidos a adoptar o *countertrade* nos anos oitenta, considerações de outra ordem podem explicar a contínua expansão de tais práticas no comércio internacional até à actualidade[60]:

---

dentais como a "Raleigh International", "John Brown Engineering", "Thompson", "Aquitaine", "Pepsi-Cola", "L'Oreal" e orientais como a japonesa "Itichu Sedzi" que concluiu um contrato de «buy-back» para modernizar a maior indústria química da ex-URSS. Até com um grupo económico turco foi concluido um "acordo de reconstrução e reabilitação" dum centro comercial no valor de 110 milhões de dólares – para maiores desenvolvimentos v. SVIRIDENKO, op. cit., pág. 72 e ss.

Em 1992, pelo Acordo Franco-Russo (posteriormente anulado), a ELF e a TOTAL comprometiam-se a importar petróleo em bruto no valor de 275 milhões de francos em troca de produtos alimentares no valor de 170 milhões, sendo a diferença regularizada em divisas; em 1993 o contrato entre uma empresa europeia de telecomunicações e o Governo do Kouzbass (Sibéria), em que o "pagamento" do equipamento é realizado em carvão enviado durante dois anos; a modernização da agricultura do Oeste da Sibéria a cargo de várias empresas italianas em troca de entregas de 10 milhões de toneladas de carvão a entregar durante 12 anos (ainda em curso); a França e a Ukrânia trocando maquinaria agrícola por beterrabas – cfr. L. MOATTI, op. cit., pág. 12.

[57] Cfr. WOICZICK, op. cit., pág. 140; OLEG SVIRIDENKO, op. cit., pág. 71 e ss.; ROWE, op. cit., pág. 169. F. DE BARI, op. cit., pág. 5, informava (em 1993) acerca do extraordinário acolhimento do «buy-back» não só nos PECO, como também nos PVD.

[58] Os anos noventa têm sido considerados a década das privatizações, tal como os anos sessenta e setenta foram considerados os anos das nacionalizações – cfr. «Panorama des privatisations dans le monde», Prob. Écon., n.º 2.362 (9.02.94).

[59] O «Buid-Operate-Transfer» (BOT) – v. infra neste Cap., Secção I, 2.5. – muito divulgado nos PECO nos últimos anos, tem sido uma alternativa à completa liberalização e privatização da economia – cfr. ROWE, op. cit., pág. 121-124.

[60] Sobre os motivos que determinam a prática do *countertrade*, bem como as vantagens e desvantagens ver para maior desenvolvimento: MARCEL FONTAINE, «Aspects juridiques...», op. cit., pág. 181 e ss.; U. W. RASMUSSEN, op. cit., pág. 33 e ss.; OCDE, *Échanges Compensés – Pratiques des pays en developpement*, 1985, op. cit., pág. 13 e seguintes;

– A concorrência entre as empresas vocacionadas para a exportação na disputa pela conquista de clientes exigindo contrapartidas, sob pena de perderem quotas de mercado[61].

– Técnica de «marketing» para as empresas exportadoras: forma de aumentar as vendas de produtos de difícil venda ou não competitivos no mercado internacional (motivos de qualidade e apresentação), permitindo a venda de excedentes de produção.

– Instrumento de política comercial e industrial, possibilitando que seja pago um preço superior pelos bens a exportar pelo importador, funcionando como um subsídio.

– Meio de melhorar uma posição concorrencial e de acreditar as trocas comerciais.

– Instrumento de política de desenvolvimento económico (para os Países em Vias de Desenvolvimento).

– Forma de garantir o equilíbrio da balança de pagamentos.

Contudo, importa considerar que:

– Em muitas negociações, especialmente nas relações Norte-Sul o comprador ocidental dispõe de uma liberdade de escolha reduzida no que respeita aos produtos que terá de adquirir (no que respeita à qualidade e variedade).

– A compra de produtos do Leste era imposta pelo respectivo sistema económico e os preços dos produtos das contrapartidas estabelecidos de acordo com critérios que não eram os do mercado, podendo provocar distorções e desiquilíbrios graves nos parceiros comerciais.

– As grandes empresas ocidentais especializadas em contrapartidas, tendo mais experiência nas técnicas contratuais e na negociação, beneficiam

---

L. WELT, *Trade whithout money*, op. cit., pág. 8 e seguintes; J. WALSH, op. cit.; J. J. LAMBIN, op. cit., pág. 23 e s.s; KREDIETBANK, op. cit., pág. 3 e ss.; D. NEGDAR, op. cit., pág. 189 e ss.; B. EITZGERALD, op. cit.; JACK L. HERVEY, op. cit., pág. 31 e ss.; M. KYOUNG, op. cit., pág. 14 a 16; TOWNSEND, op. cit., pág. 20 e ss.; BERNARDINI, op.cit., pág. 109; LAURA VALLE, op. cit., pág. 1215, 1229-1230.

[61] A "General Electric" perdeu no início dos anos 80, o fornecimento de equipamento para os hospitais austríacos, a favor da sua concorrente "Siemens", que propôs adquirir na Áustria material electrónico – cfr. AGNÉS BISCAGLIA, op, cit., pág. 21. O governo espanhol abriu um concurso internacional para a aquisição de caça-bombardeiros para equipar a Força Aérea, tendo concorrido empresas europeias e americanas, entre as quais a "McDonnel Douglas", que apresentou a proposta mais dispendiosa; contudo, propôs um acordo «offset» ao governo espanhol, acabando por ganhar o concurso – cfr. "Exportar", op. cit., n.° 21 (Dez. de 1991), pág. 67.

32 *Dos Contratos de Contrapartidas no Comércio internacional* («countertrade»)

de vantagens sobre as demais, provocando uma concentração excessiva dos fluxos comerciais, podendo conduzir a situações de oligopólio ou monopólio, reduzindo o número de empresas a operar no mercado internacional.

SECÇÃO I

AS OPERAÇÕES DE CONTRAPARTIDAS (*COUNTERTRADE*)
NO COMÉRCIO INTERNACIONAL: IDENTIFICAÇÃO
E CARACTERIZAÇÃO

2. Em virtude de ter sido consequência das carências inerentes à negociação do comércio internacional, a tipologia das práticas do *countertrade* não é rigorosamente estandardizada.

Countertrade é uma expressão genérica susceptível de abranger uma variedade de operações de comércio internacional[62].

De país para país, de autor para autor, a terminologia usada para fazer referência genérica ao *countertrade* e às suas diversas manifestações varia não apenas por razões de ordem linguística[63], mas também por vezes o «barter» e a «compensation» são usados como expressões genéricas para designar o *countertrade*[64].

Nos instrumentos jurídicos que servem de base a estas transações a expressão eleita para individualizar uma das espécies do género *countertrade* nem sempre é idêntica, verificando-se por vezes o emprego de expressões diferentes para designar a mesma transacção[65], ou

---

[62] Cfr. WELT, *Trade whithout money*, op. cit., pág. 1; ABLA ABDEL-LATIF, op. cit., pág. 17; GUYOT, op. cit., pág. 759; BERNARDINI, op. cit., pág. 100; LUIGI PEDRETTI, op. cit., pág. 441; SCHMITTOF, *The law* ..., op. cit., pág. 154; HOUTTE, op. cit., pág. 345.

[63] Sobre os problemas linguísticos na interpretação dos contratos internacionais v. KAHN, «L'interpretation des contrats internationaux», op. cit., pág. 7 e ss.

[64] Cfr. K. HOBÉR, op. cit., pág. 28.

[65] Cfr. RAJSKY, op. cit., pág. 128. Aliás, mesmo entre as próprias OEI a terminologia não é rigorosamente coincidente; assim, por exemplo, enquanto a ECE/ONU equipara o «contre-achat» ao «achat de contrepartie» — cfr. ECE/ONU, «Contrats internationaux...», op. cit., pág. 1 – a OCDE, «L'évolution récente des échanges compensés», pág. 20-23, distingue o «contre-achat» («counterpurchase») como uma das modalidades da «compensation commerciale» – «contreparties», tal como o «achat de contrepartie» constitui outra. A existência de dois "Guias" para os contratos internacionais de contrapartidas – um da CNUDCI/UNCITRAL, outro da ECE/ONU – não foi isenta de polémica, apesar de se tratar de dois organismos no âmbito da ONU.

a mesma expressão para designar diferentes espécies do género «countertrade»[66].

Por outro lado não é possível individualizar todas as transacções no âmbito do *countertrade*: não apenas o carácter secreto, mas também a constante evolução destas práticas inviabilizariam o propósito.

Não obstante as dificuldades o crescente interesse pelo fenómeno por parte da doutrina e das organizações económicas internacionais, a partir dos anos oitenta, permitiu individualizar uma série de operações no âmbito do *countertrade*.

2.1. «Barter»/«troc»/«bartergeschafte»(«tauschgeschaft»)[67]/«baratto»[68] (troca directa /escambo)[69].

Transacção que, na sua forma pura (sentido estrito), consiste numa simples troca directa de bens por bens, sem intervenção da moeda. Normalmente, a operação comercial (exportação/importação) decorre num curto período de tempo (alguns meses, mas no máximo dois anos) e os produtos trocados (muitas vezes matérias-primas e produtos agrícolas) não têm qualquer relação um com o outro[70]. Envolvendo, regra geral, dois intervenientes, um único contrato regula as importações e as exportações[71].

(A)   Exportador   ——— madeiras ——►   (B) Importador
(A)   Contra-importador   ◄——— cereais ———   (B) Contra-exportador

Apesar de se tratar da mais antiga prática conhecida na história do comércio internacional, nos últimos anos, se bem que não completamente extinta, tem vindo a escassear, limitando-se ao intercâmbio entre Países do Leste e PVD, ou então entre estes últimos[72].

---

[66] Assim BERNARDINI, op. cit., pág. 103 apresenta como variantes do «counterpurchase» operações como «parallel contracts» e «advance purchase».

[67] «Tauschgeschaft» é a palavra alemã sugerida por FRIGANI, *Il contratto internazionale*, op. cit., pág. 344.

[68] Cfr. OCDE, «L'évolution récente des échanges compensés», op. cit., pág. 19; FRIGANI, op. cit., pág. 358-360; L. VALLE, op. cit., pág. 1218.

[69] Tradução sugerida para a língua portuguesa.

[70] Por exemplo: a "Interbras" («trading» da "Petrobras") concluiu um contrato de troca com a "NIOC" (Irão), pelo qual trocava açúcar e produtos químicos brasileiros por petróleo bruto iraniano; contrato entre o Irão e a Nova Zelândia para a troca de petróleo bruto por carne (1982) – cfr. MAYAUDON, op. cit., pág. 729.

[71] Ver infra Capítulo II, Secção 1.

[72] Cfr. NEDJAR, op. cit., pág. 196; WELT, *Trade whithout money*, op. cit., pág. 17. Sobre esta prática no Egipto nos anos 80 v. ABDEL-LATIF, op. cit., pág. 24-26. No caso da China

34   *Dos Contratos de Contrapartidas no Comércio internacional* («countertrade»)

No entanto, a expressão «barter» tem sido usada em alternativa para designar genericamente o *countertrade* (sentido amplo)[73], um acordo intergovernamental de troca de mercadorias, ou ainda operações internacionais de troca de mercadorias em que as transferências internacionais de divisas são eliminadas. Também as operações nas quais um único contrato regula as importações e as exportações («compensation» em sentido restrito) são, por vezes, designadas desta forma[74].

2.2. «Compensation»/«compensation deals»/«linked purchases»/ /«contreparties»/«kompensationsgeschäfte» (compras recíprocas)[75].

Trata-se de um termo genérico susceptível de abranger várias operações relevantes no âmbito do *countertrade* comercial[76], tendo sido também empregue para referir o *countertrade* no conjunto (sentido amplo)[77], ou ainda, os acordos de «clearing»[78] e o «buy-back»[79].

A «compensação» em sentido restrito[80] caracteriza-se por um único

---

o «barter» tem sido amiúde utilizado nas relações com os PVD, enquanto nas relações com os países desenvolvidos tem sido preferido o «counterpurchase» – cfr. S. LINN WILLIIANS/ /STITH, op. cit., pág.10.3. Na realidade o «barter» cedeu o lugar ao «counterpurchase».

[73] Cfr. WELT, *Barter and countertrade*, op. cit., pág. 15; RAJSKY, op. cit., pág. 129 (nota 3); SCHMITTHOFF, op. cit., pág. 159.

[74] Cfr. UNCITRAL, *Legal guide on international countertrade transactions*, op. cit., pág. 196.

[75] Tradução sugerida para a língua portuguesa. Sobre esta terminologia alternativa v. OCDE, «Les échanges Est-Ouest ....», op. cit., pág. 19. LAMBIN, op. cit., pág. 18, refere--se a esta operação sob a designação «semi-barter».

[76] Cfr. OCDE, «L'évolution récente des échanges compensés», op. cit., pág. 19 e ss. Assim, a «pré-compensation»(«anticipatorypurchases»/«linkagedeal»/«junktimgeschaft»), «auflangengeschafte» (operações paralelas), os «accords quadre»/«lettre d'intention»/«long term commercial framework» e o próprio «counterpurchase» constituiriam as outras modalidades (porém, a descrição da OCDE limita-se às relações Este-Oeste).

[77] Na literatura jurídica francesa – cfr. entre outros AMELON, op. cit., pág. 225 – e na literatura jurídica anglo-saxónica HANS VAN HOUTTE, op. cit., pág. 345 refere-se a "compensatory trade", enquanto S. LINN WILLIANS/STITH, op. cit., pág. 10-17, se referem a «advanced purchase».

[78] Sobre o uso alternativo «accord de compensation»/«accord de clearing» cfr. CARREAU/FLORY/JUILLARD, *DIE* (1978), op. cit., pág. 73; JOLLY, op. cit.

[79] Neste sentido WELT, *Trade whithout money*, op. cit., pág. 20; S. LINN WILLIANS/ /STITH, op. cit., pág. 10.11. VERZARIU, op. cit., pág. 27, refere-se ao «buy-back» como «direct compensation». Também RAZOUMOV, op. cit., pág. 81, abrange na «compensation» ("contrats in the basis of compensation") o «buy-back».

[80] Cfr. OCDE, «Les échanges Est-Ouest...», op. cit., pág. 20; LAURA VALLE, op. cit., pág. 1218.

Operações de Contrapartidas («countertrade») no Cómércio Internacional   35

contrato regular a exportação e a obrigação de contrapartidas, correspondendo esta à totalidade ou a uma percentagem da anterior, sendo a facturação em moeda convertível (ao contrário do «barter») objecto de compensação (civilística).

Os riscos inerentes e as as dificuldades em obter o financiamento
bancário determinaram o surgimento de outras modalidades da «compensation», de tal forma que desde há muito a «compensation» em sentido
estrito apresenta apenas um interesse histórico[81].

2.2.1. «Counterpurchase»/«parelleltrading»/«contrachatts»/«gegen-
geschafte»/ «controacquisto»[82] (contratos de compra sobre uma percentagem do valor das vendas ou compras ligadas a vendas)[83].

Operação relevante no âmbito do *countertrade* comercial[84], porventura a mais divulgada desde há alguns anos[85], na qual uma das partes
(exportador) vende bens e/ou serviços a outra (importador), obrigando-
-se a realizar compras futuras (ao importador) sobre uma percentagem do
valor dos bens exportados[86], durante um determinado período de tempo
(desde alguns meses até três anos)[87]. Neste tipo de transacção não se veri-

---

[81] Cfr. OCDE, op. ult. cit., pág. 20; L. VALLE, op. cit., pág. 1219.

[82] V. OCDE, «L'évolution recente des échanges compensés», op. cit., pág. 20; FRI-
GANI, *Il contratto internazionale*, op. cit., pág. 345; ECE/ONU, op. cit., pág. 1.

[83] Proposta de tradução para a língua portuguesa. Sobre esta operação v. OCDE, op.
cit.; MARCEL FONTAINE, op. cit., pág. 183 e ss.; A. BISCAGLIA, op. cit., pág. 21; WELT,
Trade ..., op. cit., pág. 18 e ss.; JERZY RAJSKI, op. cit., pág. 130-133; K. HOBÉR, op. cit.,
pág. 28 e ss.; FRIGANI, «Il countertrade ...», op. cit., pág. 467 e ss.; M. SALEM, op. cit.;
MEZGHANI/BOURAQUI, op. cit.; AMELON, op. cit., pág. 226; LAMBIN, op. cit., pág. 18-19;
ECE/ONU, «Contrats internationaux de contre-achat» (ECE/TRADE/169), op. cit.; BER-
NARDINI, op. cit., pág. 103 e ss.; WOICZICK, op. cit., pág. 163 e ss.; J. RAJSKI, op. cit., pág.
131-3; NEDJAR, op. cit., pág. 189 e ss.; A. ABDEL-LATIF, op. cit., pág. 27 e ss.; UNCITRAL,
Legal Guide on international countertrade transactions, op. cit.; MOATTI, op. cit., pág. 15
e ss.; LAURA VALLE, op. cit., pág. 1219; LESGUILLONS, op. cit., pág. 7/39; WILLIAMS/STITH,
op. cit., pág. 10-4(3); ROWE, op. cit., pág. 8.

[84] De acordo com a OCDE, «L'évolution récente des échanges compensés», op.
cit., pág. 20, o «counterpurchase» seria uma das modalidades da «compensation».

[85] Assim AMELON, op. cit., pág. 226; KAJ HOBÉR, op. cit., pág. 28; NEDJAR, op. cit.,
pág. 189; BERNARDINI, op. cit., pág. 103; SCHMITHOFF, op. cit, pág. 158. Contudo, apesar
de ser a mais divulgada no âmbito do *countertrade,* a partir dos anos oitenta, não é a que
movimenta montantes mais elevados.

[86] O valor dos bens importados em execução do contrato de «counterpurchase»
pode ser inferior, igual ou superior ao valor dos produtos exportados no âmbito da transacção principal – cfr. CEE/ONU/176, op. cit., pág. 1.

[87] Cfr. WELT, *Trade whithout money*, op. cit., pág. 19.

fica qualquer relação entre os bens objecto de exportação/importação[88], sendo celebrados dois contratos separados, juridicamente autónomos e que se desenvolvem de forma independente, atribuindo a cada um deles um valor em divisas[89].

Quanto à natureza dos bens objecto da transacção trata-se de bens manufacturados (produtos finais), semi-manufacturados (semi-produtos), ou por vezes maquinaria, não envolvendo transferências de tecnologia.

Para o importador inicial o interesse desta operação consiste em promover a venda de bens de difícil escoamento, em razão do carácter pouco competitivo ou das limitações do mercado nacional; para o exportador inicial realizar uma venda que de outra forma seria improvável.

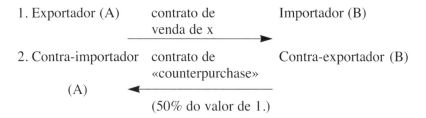

2.2.2. «Forward purchase»/«advanced compensation/purchase» («compensation antecipé»)[90].

Operação caracterizada pelo objectivo de proporcionar ao importador a gestação de meios de pagamento através duma prévia (contra)expor-

---

[88] O que distingue o «counterpurchase» do «buy-back». Aliás, este elemento distintivo é sublinhado pelos "Guias" da UNCITRAL – cfr. *Legal Guide*...,Yearbook, 1992, vol. XXIII, op. cit., pág. 197 – e da CEE/ONU – cfr. ECE/TRADE/176, op. cit., pág. 1.

[89] Para maiores desenvolvimentos sobre a estrutura contratual ver infra Capítulo II, Secção II, Subsecção I.

[90] Cfr. LAURENCE MOATTI, op. cit., pág. 17 e ss. Já S. LINN WILLIANS/STITH, op. cit., pág. 10-17, se referem a «advance purchase», tal como LAURA VALLE, op. cit., pág. 1220 («compensazione antecipata», «pre-compensazione») e a UNCITRAL, *Legal Guide on International Countertrade*, op. cit., pág. 141; VERZARIU, op. cit., pág. 27, refere-se a «reverse countertrade» ("junktim"), tal como GUYOT, op. cit., pág. 764 e VAN HOUTTE, op. cit. pág. 346. Sobre esta operação e respectiva terminologia v. ainda OCDE, «Les échanges Est-Ouest ...»), op. cit., pág. 21; AMELON, op. cit., pág. 226 (précompensation); LAMBIN, op. cit., pág. 18; MAYAUDON, op. cit., pág. 733-4; WOICZVICK, op. cit., pág. 163 e ss.; P. BERNARDINI, op. cit., pág. 105-6; ROWE, op. cit., pág. 9. Sobre esta operação na China v. S. WILLIANS/STITH, op. cit., pág. 10-17.

tação correspondente a uma percentagem do valor da futura importação; a partir desta altura o importador adquire a capacidade necessária para pagar os bens que irá importar, pois obrigatoriamente a facturação é numa moeda convertível depositada numa conta de depósito bancário titulada em conjunto pelos dois intervenientes na transacção ("escrow account")[91], ou então através dum «evidence account»[92]. Nesta situação a exportação principal tem apenas lugar após o fornecimento das contrapartidas (contraexportação), invertendo a ordem cronológica das transacções, ao contrário do que sucede com o «counterpurchase»[93]. A ideia que melhor exprime a lógica subjacente a esta operação é: "comprar hoje para vender amanhã"[94].

A estrutura contratual reclama a utilização de dois contratos de venda internacional, regulando a exportação inicial e a obrigação do vendedor vir a efectuar uma compra paralela ao (contra)importador[95]; do ponto de vista contratual a transacção apenas se considera completa quando o primitivo vendedor efectuar a importação prevista[96].

Apesar de se tratar duma modalidade aconselhável no caso do importador apresentar um elevado risco[97], as instituições de crédito não costumam aceitar financiar este tipo de transacções, razão pela qual não é actualmente muito divulgada.

---

[91] Sobre o recurso a «escrow accounts» no âmbito desta operação v. PIERO BERNARDINI, op. cit., pág. 105-6; PEDRETTI op. cit., pág. 442; MAYAUDON, op. cit., pág. 734, 745 e ss.; WOICZICK, op. cit., pág. 165; UNCITRAL, *Legal Guide on International Countertrade Transactions*, op. cit., pág. 141 e ss. Para maiores desenvolvimentos sobre «escrow accounts» v. infra Cap. II, Secção I.

[92] Sobre esta opcão v. OCDE, «Les échanges compensés ...», op. cit., pág. 21 (nota 2).

[93] Esta a principal diferença da «avanced compensation/purchase» face ao «counterpurchase», o que justifica que alguns autores a considerem como uma sub-espécie ou variante do «counterpurchase» – OCDE, «Èchanges compensés – pratiques des pays en développement», op. cit., pág. 34; P. BERNARDINI, op. cit., pág. 103; L. VALLE, op. cit., pág. 1220.

[94] Assim LAMBIN, op. cit., pág. 20. No entanto, este autor associa esta modalidade a transações a longo prazo no quadro dum «evidence account».

[95] L. MOATTI, op. cit., pág. 18, alude a dois contratos de venda distintos, sem outra particularidade para além da alusão a uma compra futura. Sobre outra estrutura contratual v. BERNARDINI, op. cit., pág. 106.

[96] Cfr. LAMBIN, op. cit., pág. 18.

[97] Sobre os motivos que explicam uma operação deste tipo (indisponibilidade de divisas, segurança ...) v. MAYAUDON, op. cit., pág. 734.

2.3. «Buy-back»/«Rachat» ou «achat en retour»/«rükkanfgeschäfte»[98] ou «produktabnahme»[99] (recompra, retoma)[100].

Nesta operação são exportados bens de equipamento e, o que é mais frequente, transferência de tecnologia, consistindo a originalidade nos bens produzidos ("out-puts") pelo importador com o equipamento e a tecnologia transmitida serem destinados a suportar total ou parcialmente os custos, uma vez que uma parte da produção futura será contra-exportada[101]. Verifica-se pois uma relação directa entre a exportação e as contra-

---

[98] Sobre esta terminologia v. OCDE, «Les échanges Est-Ouest – l'evolution récente des échanges compensés», op. cit., pág. 24 e ss. LEO WELT, *Trade whitout money...*, op. cit., pág. 20, equipara a «compensation» ao «buy-back», reconhecendo o emprego alternativo das expressões para designar o mesma operação, tal como LAVIGNE, op. cit., pág. 241, entre outros.

[99] Cfr. ALDO FRIGANI, *Il contratto internazionale*, op. cit., pág. 345.

[100] Tradução sugerida para a língua portuguesa.

[101] Neste sentido a noção apresentada pela ECE/ONU, «Contrats internationaux d'achats en retour» (ECE/TRADE/176), op. cit., pág. 1, que definiu assim o «achat en retour» (ou «rachat de produits)»: "...l'operation principal porte sur machines, du matériel, des brevets, un savoir-faire ou une assistence technique, qui sont utilisés pour mettre en place des installations de production pour l'acheteur. Les parties conviennent que, ultérieurement, le vendeur achètera à l'acheteur des produits fabriqués dans ses installations de production...".

Também a UNCITRAL apresentou a seguinte noção: "..transaction in wich one party supplies a production facility, or a person designated by the supplier, will buy produts resulting from that production facility. The supplier of the facility often provides technology and training and sometimes components parts or materials to be used in the production." – cfr. UNCITRAL, *Legal Guide...*, Yearbook, 1992, vol.XXIII, op. cit., pág. 96.

Sobre o «buy-back» v. ainda MARCEL FONTAINE, «Aspects juridiques...», op. cit., pág. 216; ROTHEY, op. cit.; WELT, *Trade without money...*,op. cit., pág. 20; RAZOUMOV, op. cit., pág. 92; RAJSKI, op. cit., pág. 133 e ss.; TOWNSEND, op. cit., pág. 14; NEDJAR, op. cit, pág. 194 e ss.; SCHMITTHOFF, *Schmitthoff's Export Trade*, op. cit., pág. 160-161; FRANCESCO DE BARI, op. cit.; MOATTI, op. cit., pág. 19 e ss.; L. VALLE, op. cit., pág. 1221 e ss.; LESGUILLONS, *Lamy Contrats Internationaux*, op. cit., 7/40;.; ROWE, op. cit., pág. 9.

partidas, uma vez que os produtos da contrapartida são fabricados com o equipamento e (ou) a tecnologia importada.

Normalmente estas operações implicam projectos de grande envergadura, envolvendo elevados montantes[102], inerentes à transmissão internacional de tecnologia a médio ou longo prazo (três a vinte e cinco anos), exigindo não só o tempo necessário para a instalação do complexo industrial e do funcionamento do projecto, mas também para que o importador esteja em condições de fornecer as contrapartidas acordadas, que muitas vezes são da ordem dos 100%; assim o «buy-back» compreende três fases sucessivas:

1 – O fornecimento do equipamento e (ou) a montagem da unidade industrial (transferência de tecnologia).
2 – A produção dos bens destinados à (contra)exportação.
3 – A exportação dos bens.

Sendo esta operação para o importador inicial simultaneamente uma forma de exportação e de financiamento, é sem dúvida um meio privilegiado de acesso à transferência de tecnologia para os países carecidos de divisas (o que explica que tenha sido bastante comum no quadro das relações Este-Oeste, nos anos setenta e oitenta)[103], que assim obtêm equipa-

---

[102] A OCDE estimou os contratos de «buy-back» (venda de unidades industriais "chave na mão", material de extracção de recursos do sub-solo...) na década de setenta em 35 biliões de dólares, estimativa que peca por defeito. Ainda em 1979, a "Ocidental Petroleum" concluiu com a URSS um acordo deste tipo no valor de 20 biliões de dólares – cfr. LERAPULO, «Making a 20 billion dollars deal», *License Executive Journal*, Out. 1979, pág. 151.

[103] O primeiro grande contrato deste tipo terá sido celebrado entre a Áustria e a URSS (1968), acordando a Áustria instalar um gasoduto na URSS, em troca do fornecimento de gás natural. Em 1981, novamente a URSS concluiu com 10 empresas europeias um acordo pelo prazo de 20 anos, "Gasoduto Euro- Siberiano", nos mesmos termos do anterior – cfr. MOATTI, op., pág. 20. Conforme refere M. LAVIGNE, op. cit., pág. 240, cerca

40 *Dos Contratos de Contrapartidas no Comércio internacional («countertrade»)*

mento, tecnologia, na forma de licença de direitos da propriedade industrial, "know-how", formação de pessoal técnico especializado ... muitas vezes exclusivamente à custa da produção exportada[104]. Para as empresas ocidentais são uma forma de obter recursos naturais (gás, petróleo ...) e de deslocar a produção com menores custos[105].

Mais recentemente, o «buy-back» inspirou outro tipo de operações como o «lease buy-back»[106] ou o «built-operate-transfer»[107] e derivados[108]: naquela o locador do bem de equipamento recebe do locatário, como forma de remuneração, produtos fabricados com o material locado; o «build-operate-transfer» ("BOT") é uma operação de financiamento de equipamentos públicos praticada nos sectores dos transportes e comunicações[109], cujo projecto, construção, exploração e manutenção são atribuídos

---

de 90% do gás natural soviético exportado para a Europa Ocidental durante os anos 70 teve origem em acordos deste tipo. Sobre o recurso ao «buy-back» no âmbito da indústria química nas relações Este-Oeste v. OCDE, «Échanges Est-Ouest – les échanges Est-Ouest de produits chimiques», op. cit., anexo 1. Para maiores desenvolvimentos v. RAMOUZOV, op. cit. Mas outros sectores industriais experimentaram com sucesso o «buy-back»: a "Levi-Strauss" instalou na Húngria uma unidade fabril e transmitiu a tecnologia necessária à produção de vestuário de ganga, acordando ser paga com 60% da produção anual (cerca de 1 milhão de peças por ano), destinada a ser vendida na Europa e África – cfr. CEDRIC GUYOT, op. cit., pág. 762. Também a China experimentou o «buy-back», na sequência da "Política da porta aberta e das 4 modernizações", muito embora no domínio da transferência de tecnologia não tenha sido a via mais utilizada. Sobre o impacto do «buy-back» na China v. WELT, *Trade whithout money*..., op. cit, pág. 175; WILLIAM STRENG/ ALLEN WILCOX, op. cit., pág. 10-24.

[104] Neste sentido L. VALLE, op. cit., pág. 1222. No entanto, apesar de serem notórias as vantagens para os PVD, não foi no quadro das relações Norte-Sul que se registou o maior número de contratos deste tipo – cfr. NEDJAR, op. cit., pág. 196.

[105] Sobre as vantagens do «buy-back» v. DE BARI, op. cit., pág. 8.

[106] Cfr. L. MOATTI, op. cit., pág. 22.

[107] V. sobre esta operação D. LAMÉTHE, «Les nouveaux contrats internationaux d'industrialisation», op. cit., pág. 85; TERRILE, op. cit., pág. 361 e ss.; MICHAEL ROWE, op. cit., pág. 17, 121-124; LIMA PINHEIRO, op. cit., pág. 66 e 67 (nota 100); COSTA SANTOS, «Sobre a locação financeira ...», op. cit., pág. 590 (nota 9). A UNCITRAL teve recentemente ocasião de se pronunciar sobre o "Built-operate-transfer project financing" – cfr. UNCITRAL A/CN.9/414 de 3.03.95.

[108] "Built-own-operate-transfer" (BOOT) e "Built-own-operate" (BOO). O que distingue o "BOT" do "BOO", é que neste, ao contrário do "BOT", o investidor estrangeiro permanece sempre proprietário do equipamento – para maiores desenvolvimentos v. ROWE, op. cit., pág. 121.

[109] Assim, a sociedade "Transroute" concluiu com o Governo húngaro um contrato para a construção de uma auto-estrada entre Budapeste e Bratislava, consistindo a remu-

Operações de Contrapartidas («countertrade») no Cómércio Internacional 41

por um organismo público (ministério, empresa pública ...) a um investidor estrangeiro que constitui uma sociedade especialmente para o efeito no país do investimento, remunerada com a exploração durante um determinado período de tempo, findo o qual reverte para a entidade pública[110].

2.4. «Offset»[111], "remontée de filiére"[112], "offsetting" (substituição industrial)[113].

---

neração da sociedade nas receitas provenientes da cobrança da portagem durante um determinado período de tempo – cfr. L. MOATTI, op. cit., pág. 23. Na Tailândia, Malásia e países do Golfo centrais energéticas, estações de tratamento de água, têm recorrido a operações deste tipo – cfr. ROWE, op. cit., pág. 121. No "Eurotúnel" a concessão da construção e exploração foi concedida ao mesmo "empreiteiro" por um período de 50 anos (Sociedade "Eurotunnel") – cfr. LIMA PINHEIRO, op. cit., pág. 66 (nota 100); COSTA SANTOS, «Sobre a locação ...», op. cit., pág. 590 (nota 9).

[110] Por vezes estes projectos financeiros são uma alternativa à total privatização e liberalização da economia nos países do Leste e nos PVD, pois além de obterem o contributo de empresas privadas estrangeiras, permitem assegurar o controlo do projecto – cfr. M. ROWE, op. cit., pág. 121; noutros casos são integrados em programas de privatizações, tal como sucedeu nas Filipinas (anos oitenta) e no Omã (1994) – cfr. ROWE, op. cit., pág. 124. BAPTISTA/BARTHEZ, op. cit., pág. 27, referem-se a estes projectos no âmbito duma «joint-venture» de construção.

[111] V. sobre esta operação VERZARIU, op. cit., pág. 43 e ss.; TOWNSEND, op. cit., pág. 17; FRIGANI, «Il contratto internazionale», op. cit., pág. 345; COSTET, op. cit.; LAMBIN, op. cit., pág. 20; BERNARDINI, op. cit., pág. 107 e ss.; WOICZICK, pág. 167 e ss.; SCHMITHOFF, *Schmithoff's Export Trade*, op. cit, pág. 161; UNCITRAL, *Legal Guide on International Countertrade...*, Yearbook, vol. XXIII, 1992, op. cit., pág. 96; HOUTTE, op. cit., pág. 348; MOATTI, op. cit., pág. 23; WILLIANS/STITH, «Countertrade», op. cit., pág. 10-20.; OMC-Acordo (plurilateral) sobre os Mercados Públicos (art. XV); M. ROWE, op. cit., pág. 109 e ss.; PALMA FÉRIA, op. cit., pág. 11e ss.

Na versão francesa de 1990 do «Project de Guide Juridique... (A/CN.9/332)», op. cit., a terminologia empregue para designar o «offset» é "compensation industrielle", opção que era merecedora de reparos na medida em que pode sugerir não só que esta é a única forma de «offset» (excluindo o «offset» indirecto) como ainda que esta é a única manifestação do «countertrade» industrial, excluindo o «buy-back». V. infra Capítulo II, Secção II, Subsecção II, a propósito da possibilidade do «buy-back» ser considerado uma forma de cooperação industrial.

O Acordo (plurilateral) sobre Mercados Públicos (OMC), artigo XV, ao pretender apresentar uma noção legal de «offset», prima pela falta de exactidão ao apresentar o *countertrade* como uma das formas do «offset», ao lado do investimento estrangeiro, da licença de tecnologia..., como que ignorando afinal que são modalidades do «offset». Nesta linha tambem VERZARIU, op. cit., pág. 44-45.

[112] Terminologia sugerida por WOICZICK, op. cit., pág. 168.

[113] «Offset» traduz-se por compensação, compensar – cfr. *Dicionário Inglês-*

42 *Dos Contratos de Contrapartidas no Comércio internacional* («countertrade»)

Originariamente estes acordos tiveram como objecto exclusivo o fornecimento de equipamento militar de alta tecnologia e foram celebrados a partir dos anos cinquenta entre os E.U.A. e estados membros da NATO[114], que fabricavam localmente acessórios. A partir da década de oitenta o «offset» abrangerá equipamento de alta tecnologia não exclusivamente para fins militares (aeronáutica[115], transportes, telecomunicações, informática, energia nuclear...) e revestirá a forma privilegiada de comércio por contrapartidas entre empresas e países da OCDE[116].

O sucesso destas operações no domínio não estritamente militar permitiu às empresas e aos próprios países industrializados experimentar os méritos do *countertrade*, na medida em que o importador reduz os elevados custos[117] inerentes à importação de material de tecnologia de ponta, beneficiando de transmissão de tecnologia que lhe permitirá melhorar a capacidade de produção e diminuir a dependência tecnológico-industrial face ao estrangeiro[118], incrementando o investimento estrangeiro, cumprindo simultâneamente objectivos de política sócio-económica como a criação de emprego[119], o desenvolvimento regional[120], ou ainda o desenvolvimento de "indústrias nascentes"[121]; enquanto o exportador experi-

---

-*Português*, Porto Editora. PALMA FÉRIA, op. cit., pág. 12, sugere facilitar (ou «to offset»). Parece mais adequado considerar o «offset» (directo) como uma substituição parcial do fornecedor estrangeiro, uma vez que o fornecedor vai participar no processo de produção – neste sentido a sugestão de WOICZICK, op. cit., pág. 168 (nota 58) considerando «offset» a substituição duma coisa por outra.

[114] Cfr. VERZARIU, op. cit., pág. 46. Também o Japão beneficiou do fornecimento de material de guerra nestas condições – cfr. LAURENCE MOATTI, op. cit., pág. 29, nota 26.

[115] Sobre o «offset» na indústria aeronáutica v. VERZARIU, op. cit., pág. 47 e ss.

[116] OCDE, «Échanges compensés – pratiques des pays en developpement», op. cit., pág. 9. No entanto, mais recentemente L. MOATTI, op. cit., pág. 23, refere a extensão destes contratos aos próprios PVD. Porém, convém precisar que se trata do núcleo restrito formado pelos "NIP", uma vez que ao menos o «offset» directo pressupõe um determinado nível de desenvolvimento tecnológico – neste sentido ROWE, op. cit., pág. 110.

[117] Não é invulgar a taxa de contrapartidas ser superior a 100%. No acordo "Boeing"/Reino Unido a venda de aeronaves "AWAKS" implicou contrapartidas da ordem dos 130% – cfr. WOICZICK, op. cit., pág. 168 (nota 59).

[118] De salientar, nestas operações no quadro das relações entre países desenvolvidos, a motivação não ser tanto a carência de divisas ou as dificuldades financeiras, antes tentar obter a autosuficiência tecnológica – cfr. FRIGANI, *Il contratto internzionale*, op. cit., pág. 345; BERNARDINI, op. cit., pág. 107.

[119] Cfr. GUYOT, op. cit., pág. 780.

[120] Por vezes os governos indicam as regiões a beneficiar – cfr. UNCITRAL, *Legal guide...*, op. cit., pág. 97.

[121] Neste sentido ROWE, op. cit., pág. 110.

Operações de Contrapartidas («countertrade») no Comércio Internacional 43

menta a vantagem de deslocar uma parte da produção e o acesso a um mercado regional.

Implicando custos bastante elevados, estas operações têm sido realizadas entre grandes empresas ocidentais e estados desenvolvidos que exigem contrapartidas directamente relacionadas com o objecto das importações, respeitando à fabricação nacional de componentes do material importado (valor acrescentado nacional), envolvendo as mais das vezes a transferência de tecnologia necessária – «offset» directo[122].

No «offset» indirecto as prestações de contrapartidas não se encontram directamente relacionadas com a exportação, ou seja, não são componentes do material exportado nem são produzidas graças aos meios de produção fornecidos pelo exportador. Normalmente, um organismo estatal ou uma empresa do sector público do país importador exige à empresa exportadora a realização de compras equivalentes a uma determinada percentagem do valor da exportação, na forma de produtos locais, investimentos locais, transferência de tecnologia, serviços de assistência na comercialização, publicidade... indicando porventura os sectores industriais ou as regiões a beneficiar[123].

O «offset» misto, implicando contrapartidas directamente relacionadas com o objecto da importação e outras em que não se verifica esta relação directa, combina caracteres inerentes ao «offset» directo e indirecto[124].

---

[122] Por vezes designado «industrial offset» – cfr. UNCITRAL, *Legal Guide...*, op. cit, pág. 96; LAMBIN, op. cit., pág. 20.

Nesta modalidade se integra, por exemplo, o contrato concluído na década de oitenta entre a "McDonnel Douglas" e o Governo espanhol, relativo ao fornecimento de aeronaves militares "F-18" à Força Aérea Espanhola, compreendendo o fabrico de 12 componentes e a montagem de 76 das 84 aeronaves pela indústria espanhola como contrapartida e a futura exportação daqueles componentes – cfr. CEDRIC GUYOT, op. cit., pág. 762 – bem como o contrato concluído em 1993 entre a mesma empresa americana e o governo malásio – cfr. MOATTI, op. cit., pág. 24.

[123] Cfr. HOUTTE, op. cit., pág. 348. A Nova Zelândia, em 1982, concluiu um contrato com várias sociedades dinamarquesas para a construção de um "cargo ferry"", as quais acordaram importar produtos da Nova Zelândia durante dez anos – cfr. ROWE, op. cit, pág. 110.

[124] Cfr. UNCITRAL, *Legal Guide on International Countertrade...*, op. cit., pág. 97. Por exemplo, a Sociedade "Dassault" exportou para a Grécia aeronaves "Mirage", sendo previstas no contrato então celebrado obrigações de «offset» no valor de 120% do valor da importação, compreendendo a fabricação de certos componentes das aeronaves na Grécia, a sub-contratação de empresas locais para o fabrico de material aeronáutico, serviços de promoção do turismo na Grécia, bem como a comercialização de produtos gregos no estrangeiro – cfr. L. MOATTI, op. cit., pág. 24.

Nalguns países[125]/[126] o «offset» é imposto nas compras do sector público ao estrangeiro[127] e obedece a um quadro legal previamente definido; noutros assume um carácter informal[128].

2.5. Acordos internacionais.

2.5.1. «Long term commercial framework agreements» – «Long term commercial framework agreements, protocol-type arrangements», «produt exchange agreement», «accord-cadre», «lettre d'intention», «framework agreements»[129] (acordos comerciais bilaterais a longo prazo)[130].

Surgidos nos anos trinta, estes acordos regressaram nas últimas décadas no âmbito da cooperação económica interestadual permitindo planificar as trocas recíprocas entre parceiros comerciais, caracterizando-se pelas intenções das partes serem expressas em termos gerais, através de listas de produtos (anexas ao acordo) fixando quotas e contingentes de importação/exportação[131], sendo concluídos ao seu abrigo diferentes con-

---

[125] É o caso, entre outros, da Áustrália, Nova Zelândia, Canadá, Arábia Sáudita, Emiratos Árabes Unidos, Koweit, Índia, Coreia do Sul, Portugal, e, mais recentemente, a Alemanha, Grécia e a Turquia – cfr. GUYOT, op. cit., pág. 780; «OCDE surveys offset schemes of members», "Countertrade outlook", Abril, 1989; BANCAL, «Ingéniérie juridique, financiére et fiscal des coopérations industrielles en Arabie Saoudite», op. cit., pág. 688; MOATTI, op. cit., pág. 25. No caso australiano são aceites formas de «offset», que pela sua variedade se integram no «offset» misto; a saber: transferência de tecnologia, investigação e desenvolvimento, co-produção, "joint-ventures", "marketing", compra de produtos e serviços locais, ofertas às empresas locais de dinheiro, equipamento, "software, investimento directo ou indirecto estrangeiro – cfr."DTI Brochure on Countertrade quoted", pág. 155, apud CLIVE SCHMITTHOFF, *The law and pratice of International Trade*, op. cit., pág. 161.

[126] Sobre a legislação portuguesa sobre «offset» v. infra Cap. II, Secção II, Subsecção III.

[127] O Acordo (plurilateral) sobre mercados públicos, no âmbito da OMC, contemplando estes casos, apresentou uma noção legal de «offset» – v. infra Capítulo III, Secção I.

[128] Acordo de «offset» entre o Governo espanhol e a "Mc Douglas " – v. supra nota 122.

[129] A equivalência entre estas designações é apresentada pela OCDE, 1981, op. cit., pág. 23. Sobre estes acordos v. ainda VERZARIU, op. cit., pág. 35; NEDJAR, op. cit., pág. 201-202; ROWE, op. cit., pág. 11.

[130] Tradução sugerida para a língua portuguesa.

[131] Cfr. BARRE, op. cit., pág. 644; TAMANES, op. cit., pág. 31; MEZGHANI/BOURAQUI, op. cit., pág. 336-337.

Operações de Contrapartidas («countertrade») no Cómércio Internacional   45

tratos produto por produto[132] entre os exportadores (públicos ou privados) dos dois estados sem se verificar um quadro rígido para o desenrolar das transacções[133].

Geralmente, contêm uma obrigação jurídica, pela qual os dois estados convencionam vir a celebrar um acordo financeiro sobre o pagamento dos produtos, evitando trasferências de divisas – acordo de «clearing»[134].

Estes acordos surgem no desenvolvimento de relações comerciais bilaterais com antecedentes e o intercâmbio não é imposto, antes resulta de uma vontade mútua.

Muitos acordos deste tipo surgiram no âmbito da cooperação entre países e não se limitam à cooperação comercial, mas também à industrial[135].

2.5.2. Acordos bilaterais de «clearing»[136], «accords de compensation» (acordos bilaterais de compensação)[137].

Correspondendo à necessidade de evitar pagamentos internacionais e de impedir o desequilíbrio da balança de pagamentos, tais acordos inter-

---

[132] Trata-se de contratos de venda internacional de mercadorias, conformes às Regras Uniformes relativas aos Créditos Documentários, com a única particularidade de terem de indicar o preço na unidade de conta estabelecida no acordo quadro e do pagamento ter lugar em moeda nacional (tal como previsto no acordo de pagamentos) – cfr. NEDJAR, op. cit., pág. 205.

[133] Sobre estes acordos no quadro das relações Este-Oeste v. LAVIGNE, op. cit., pág. 100 e ss.

[134] Cfr. NEDJAR, op. cit., pág. 202; ROWE, op. cit., pág. 11. Esta a razão pela qual alguns autores associam estes acordos aos acordos de «clearing» – cfr. KREDIETBANK, op. cit. pág. 2; L. MOATTI, op. cit., pág. 14.

[135] Cfr. OCDE, 1981, op. cit. , pág. 24

[136] Ver sobre o «clearing», antes da II.ª Guerra Mundial – JOLLY, op. cit., pág. 1 ss.; BARRE, op. cit., pág. 642 e ss.; CARREAU/JUILLARD/FLORY, *DIE* (1978), cit., pág. 73; TAMANES, op. cit., pág. 31, TEIXEIRA RIBEIRO, *EP* (1962-63), op. cit., pág. 177 e ss. – nas relações económicas Este-Oeste antes da "queda do muro de Berlim" – LAVIGNE, op. cit., pág. 53- -101-136; OCDE, *Les échanges Est-Ouest*, op. cit.; ABDEL-LATIF, op. cit., pág. 22-23 – no resto do mundo desde os anos setenta – OTTORINO ASCANI, «Gli scambi in compensazione», op. cit., pág. 797; WELT, *Trade whithout money*, op. cit., pág. 25 e s.; VERZARIU, op. cit., pág. 35-37 ; LAMBIN, op. cit., pág. 21; CEDERIC GUYOT, op. cit., pág. 762; MEZGHANI/BOURAQUI, op. cit., pág. 337-8; VAN HOUTTE, op. cit., pág. 348 e 349; NEDJAR, op cit., pág. 199 e ss.; S. LINN/CLARCK, op. cit.; ROWE, op. cit., pág. 11.

[137] A terminologia acordo de «clearing»/«accord de compensation» (acordo de compensação) tem sido empregue alternativamente, em sinonímia, para designar a mesma realidade – assim JOLLY, op. cit.; BARRE, op. cit., pág. 642; TAMANES, op. cit., pág. 31; CARRREAU/JUILLARD/FLORY (1978), op. cit., pág. 73; A. COTTA, *Dicionário de Economia*, pág. 90 – pois «clearing» traduz-se por compensação/«compensation».

46 *Dos Contratos de Contrapartidas no Comércio internacional* («countertrade»)

estaduais[138], sujeitos ao Direito Internacional, terão tido a sua origem[139] no contexto do bilateralismo dos anos trinta[140], experimentando então uma divulgação generalizada até aos anos do pós-guerra[141].

Evitando os pagamentos internacionais através dum mecanismo interno de regulação, os bancos centrais de cada um dos Estados abriam nos seus livros uma conta em nome do outro: durante um determinado período de tempo (geralmente um ano, por vezes renovável), previamente acordado, esta era creditada nas importações e debitada nas exportações, pagando o importador em moeda nacional, recebendo o exportador o seu crédito também em moeda nacional[142]; assim o problema do câmbio era eliminado (a unidade de conta era previamente escolhida – divisa «clearing»[143] – ou

---

[138] "Inter-étatiques" lhes chamam MEZGHANI/BOURAQUI, cfr. op. cit., pág. 337. Sobre a polémica natureza jurídica destes acordos v. DIDIER NEDJAR, op. cit., pág. 203. Enquanto este autor os considera "Acordos comerciais", outros autores entendem que se trata de "Tratados Comerciais". Do que não resta dúvida, é que se encontram sujeitos ao Direito Internacional, ao contrário do «barter», ainda que concluído entre dois estados.

[139] Porém, é possível encontrar no mercantilismo os antecedentes do «clearing». As dificuldades experimentadas pelo "sistema da balança dos contratos" – v. supra nota anterior – terão determinado a sua substituição pela "balança do comércio": conforme salienta MARNOCO E SOUSA (1997), op. cit., pág. 38, agora "...não se atende às consequências de uma operação mercantil, considerada isoladamente, mas ao conjunto das operações de comércio. Por isso o Estado devia dirigir o complexo das operações comerciais por forma a que o valor das mercadorias exportadas fosse superior ao das importadas, obtendo-se assim um saldo fatalmente pago em moeda...". Ora se o "sistema da balança dos contratos" terá sido o antecedente do *countertrade* (comercial), o sistema da "balança do comércio" apresenta uma evidente analogia com o «clearing», tal como veio a ser entendido nos anos trinta do nosso século, se não o inspirou mesmo. Na verdade, o equilíbrio entre as importações e exportações (balança comercial, hoje integrada na balança de transacções correntes) constituiu uma preocupação característica do pensamento mercantilista, que ainda encontra hoje expressão nos acordos de «clearing».

[140] Cfr. TAMANES, op. cit., pág. 31; CARREAU/JUILLARD/FLORY, *DIE* (1978), pág. 73; WOICZICK, op. cit., pág. 139.

[141] A União Europeia de Pagamentos (1950), no âmbito da OECE, instituiu um sistema de «clearing» multilateral entre vários países europeus, antes das respectivas moedas se terem tornado convertíveis no SMI do FMI, beneficiando dum período transitório – para maiores desenvolvimentos v. BARRE, op. cit., pág. 650 e ss..

[142] Cfr. CARREAU/JUILLARD/FLORY, *DIE* (1978), op. cit., pág. 73; VERZARIU, op. cit., pág. 33; para maiores desenvolvimentos sobre a técnica do «clearing» v. JOLLY, op. cit., pág. 39 e ss.

[143] Unidade de conta artificial ("rublos transferíveis"), não obstante adoptar, por vezes, a designação duma divisa ("clearing dollar", francos suíços,...), nem expressando a taxa de câmbio de mercado, tal como o preço dos bens não ser também o de mercado – cfr. ABLA ABDEL-LATIF, op. cit., pág. 23.

então as taxas de câmbio eram fixadas arbitrariamente pelos governos) dando lugar a um sistema de compensação[144] interna de créditos e débitos sobre o estrangeiro.

Nos anos que se seguiram à II Guerra, a prática do «clearing» foi progressivamente abandonada pela maior parte dos estados por força dos

---

[144] A técnica da operação apresenta paralelismo com o "clearing bancário", com origem nos usos da banca londrina do último quartel do século XVIII (1775) e que foram o antecedente das "clearing houses", divulgadas posteriormente noutros países ("chambres de compensation", em França; câmaras de compensação em Portugal, posteriormente substituídas pelos serviços de compensação... actualmente regulado na lei n.º 5/98, de 31.01) – para maiores desenvolvimentos ver MARNOCO E SOUSA, *Sciencia Economica*, op cit., pág. 1242 e ss. É assim possível distinguir um «clearing bancário» e um «clearing» comercial (comércio internacional), com origens e fins diferentes. A propósito, JOLLY, op. cit., pág. 20 e ss., distingue o «clearing bancário» do «clearing comercial» (internacional): não obstante o objectivo comum consistir em evitar pagamentos, o «clearing» internacional tem origem em acordos inter-estaduais regulados pelo Direito Internacional, controlando as importações e exportações, ultrapassando problemas de falta de divisas, enquanto o «clearing» bancário assenta sobre princípios imutáveis, conceitos simples e rigorosamente definidos.

Por outro lado, os mecanismos do «clearing» inspiraram outras aplicações mais recentes: a banca internacional pratica sistemas de compensação bancária designados «conta clearing»; tal sucede no âmbito das unidades de conta compósitas – DES e ECUs (até 1998). Assim, o BPI, na qualidade de mandatário e de banqueiro dos bancos de compensação, abre a cada um desses bancos uma «conta clearing» e uma conta à ordem em ECU: na «conta clearing» o estado dos créditos e débitos em ECU do banco de compensação titular face a outros bancos de compensação e apurados no fecho das operações de pagamento do dia... Para maiores desenvolvimentos v. LEFORT, «Problèmes juridiques soulevés par l'utilisation privée des monnnaies composites», op. cit., pág. 409.

[145] No PAÍS I, A e D são exportadores enquanto B e C são importadores, respectivamente nos contratos de venda internacional 1 e 4, 2 e 3; no país II, E e H são importadores nos contratos 1 e 4, F e G são exportadores, nos contratos 2 e 3. O equilíbrio seria obtido se o valor das exportações do PAÍS I (1 e 4) fosse igual ao das exportações do PAÍS II (2 e 3).

48 Dos Contratos de Contrapartidas no Comércio internacional («countertrade»)

compromissos assumidos no âmbito do FMI[146]; porém, a partir dos anos setenta a crise petrolífera influenciará países como a França e o Brasil a celebrar acordos de «clearing» com os países produtores de petróleo (Irão, Iraque, Argélia, Angola e México)[147]. Em breve, esta prática ultrapassará o sector petrolífero, abrangendo os mais diversos produtos[148].

Porém, nos anos mais recentes, tem vindo a escassear, limitando-se a casos pontuais.

2.5.3. Acordos de pagamentos[149].

Surgindo como uma alternativa[150] ou na sequência[151] dos acordos

---

[146] Nos termos do artigo VIII, Secção V- xii). No entanto, entre os países não membros, de acordo com "relatório" do FMI, ainda em 1991 a China mantinha acordos de «clearing» bilaterais com o Afeganistão, Albânia, Bangladesh, Bulgária, Cuba, Checoslovaquia, Ghana, Guiné, Húngria, Irão, Mongólia, Koreia do Norte, Paquistão, Polónia e Roménia – cfr. S. LINN/WILLIANS, op. cit., pág. 10-21.

[147] O mais célebre foi o acordo concluído entre o Brasil e o Iraque, no valor de 1 bilião de dólares, sendo o petróleo importado contra produtos brasileiros, durante um determinado período de tempo – cfr. NEDJAR, op. cit., pág. 200; MAYAUDON, op. cit., pág. 729-30. Sobre outros acordos v. VERZARIU, op. cit., pág. 36-7

[148] Os E.U.A. celebraram um acordo deste tipo com a Jamaica em 1982, pelo qual trocaram laticínios por bauxite da Jamaica – cfr. LEE, «Bauxite for butter: the U.S., Jamaican Agreement», Law & Policy in International Business, vol. 16, 1984 – a Argentina e a Venezuela cereais contra urânio; a Colômbia e Israel, carvão contra material militar; a Coreia do Sul e a Tailândia, "engrais" por tapioca – cfr. OCDE, 1979, pág. 33-45 – podendo estimar-se, até 1990, vinte acordos bilaterais de «clearing» celebrados entre Países em vias de desenvolvimento – cfr. NEDJAR, op. cit., pág. 201. Mais recentemente, 1991, a «Asian Clearing Union», cujos membros são o Bangladesh, a Índia, o Irão, Myanmar, Nepal, Paquistão e o Sri Lanka, convidaram a China, a Malásia, as Filipinas, o Bhutan e o Vietname a associar-se a esta iniciativa – cfr. S. LINN WILLIAMS/CLARK D. STITH, op. cit., pág. 10-22. Neste caso trata-se de «clearing» multilateral e não bilateral. Para um quadro dos países que praticavam o «clearing» nos anos oitenta v. VERZARIU, op. cit., pág. 35-37.

[149] Sobre estes acordos v. JOLLY, op. cit; pág. 83-120,173; BARRE, op. cit., pág. 645; CARREAU/JUILLARD/FLORY, DIE (1978), op. cit., pág. 73; DIDIER NEDJAR, op. cit., pág. 203 e ss.

[150] Para JOLLY, op. cit., pág. 173, os acordos de pagamentos e os acordos de «clearing» partilham dos mesmos princípios, apenas com diferenças nas modalidades dos pagamentos; nos acordos de «clearing» as transferências são proibidas, nos acordos de pagamentos os pagamentos efectuam-se directamente entre interessados. No mesmo sentido BARRE, op. cit., pág. 645; para CARREAU/FLORY/JUILLARD, DIE (1978), op. cit., pág. 73, a diferença entre o acordo de «clearing» e o acordo de pagamentos, não obstante as semelhanças, consistiria na possibilidade de neste último o saldo negativo apresentado por um país ser pago em divisas ou em ouro, atenuando a rigidez inerente ao «clearing».

[151] NEDJAR, op. cit., pág. 201 e ss., considerando vários casos analisados apresenta

Operações de Contrapartidas («countertrade») *no Cómércio Internacional* 49

bilaterais de «clearing» e/ou dos acordos comerciais bilaterais (intergovernamentais), os acordos de pagamentos são destinados a regular o pagamento das exportações/importações dos produtos previamente seleccionados e constantes das listas (anexas ao acordo)[152]. Assim, por estes acordos o Banco Central obriga-se a pagar aos exportadores nacionais, em moeda nacional (ao câmbio desta pela unidade de conta de referência), as facturas na unidade de conta convencionada, mediante a apresentação dos documentos de expedição conformes às regras dos Créditos Documentários[153].

O outro banco contabilizaria, numa conta especial, os pagamentos efectuados aos exportadores nacionais e a liquidação do saldo apurado (se, eventualmente, o equilíbrio não fosse alcançado) no final do período acordado ou então quando fosse excedido o crédito previsto («swing»)[154].

2.6. «Evidence accounts»[155]/«trade account»/«conte-témoin» (conta corrente)[156].

---

uma sequência constituída por um acordo comercial bilateral, um acordo bilateral de «clearing», um acordo de pagamentos e vários contratos comerciais de execução.

[152] A que correspondiam contratos de comércio internacional, semelhantes aos tradicionais contratos de compra e venda internacional de mercadorias, com a variante do preço ser expresso na unidade de conta previamente acordada (unidade «clearing») – cfr. NEDJAR, op. cit., pág. 205.

[153] Actualmente constantes das Regras e Usos Uniformes Relativos aos Créditos Documentários, Publicação CCI n.º 500, op. cit. Estes documentos são além da factura comercial (artigo 37.º), o conhecimento de embarque marítimo (artigo 23.º), ou de «charter-party» (artigo 25.º), carta de porte marítimo (artigo 24.º), documento de transporte multimodal (artigo 26.º), por via aérea (artigo 27.º), por terra, caminho de ferro ou vias interiores navegáveis (artigo 28.º), por transitários (artigo 30.º) a apólice do seguro (artigo 34.º e ss.) ou outros (artigo 38.º). A selecção dos documentos dependerá do INCOTERM escolhido, tendo em consideração o meio de transporte internacional (marítimo ou fluvial, aéreo, rodoviário ou ferroviário).

[154] V. infra «switch trading».

[155] V. sobre os «evidence accounts» LEO WELT, *Trade whithout money...*, op. cit., pág. 25 e 26; VERZARIU, op. cit., pág. 31-3; CEDRIC GUYOT, op. cit., pág. 762; P. BERNARDINI, op. cit., pág. 101; UNCITRAL, *Legal Guide on International Countertrade*, op. cit., pág. 115; WILLIANS/STITH, op. cit., pág. 10-33; ROWE, op. cit., pág. 13.

[156] Proposta de tradução para a língua portuguesa.

Conforme reconhece expressamente o Guia Jurídico da UNCITRAL, op. cit., pág. 144-145, este tipo de acordo entre as partes corresponde em vários sistemas jurídicos nacionais ao contrato designado "compte courant", "cuenta corriente", "kontokorrent". Com divulgação anterior, mas regulado sobretudo a partir do século XIX na legislação de vários países – v. MÁRIO DE FIGUEIREDO, op. cit., Cap. I, pág. 19 e ss. – em Portugal, o con-

50   *Dos Contratos de Contrapartidas no Comércio internacional* («countertrade»)

Muito embora previstos em cláusulas próprias em vários tipos de contratos decorrentes do *countertrade* comercial[157] como uma sequência previsível ou um instrumento de regulação contabílistica indispensável, constituindo assim como que um segundo estágio duma transacção, os «evidence accounts» podem ainda servir de quadro duma operação principal[158].

---

trato de conta corrente mercantil tendo sido conhecido ainda antes do primitivo Cód. Com. de 1833 (FERREIRA BORGES) é actualmente previsto e regulado nos artigos 344.º a 350.º do Cód. Com., não se confundindo com o processo de escrituração ou forma contabilística designado por conta de devedores-credores e por contas de posição – cfr. MÁRIO FIGUEIREDO, op. cit., pág. 2 e ss.; CUNHA GONÇALVES, *Com. Cód. Com.*, II, op. cit., pág. 235 – nem com a abertura de crédito em conta corrente – cfr. MÁRIO FIGUEIREDO, op. cit., pág. 62 e ss. – nem com a conta corrente bancária – v. sobre este contrato ATHAYDE/BRANCO, «Operações bancárias», op. cit., pág. 323 e ss. – pois apenas o saldo final é exigível; é este um dos aspectos que permite distinguir a conta corrente mercantil da conta corrente bancária.

Enquanto em vários países a legislação e a doutrina não distinguem ou limitam-se a admitir a conta corrente bancária como uma modalidade da conta corrente – França, cfr. RIPERT/ROBLOT, op. cit., vol. II, pág. 391 e ss.; MESTRE, op. cit., pág. 433 e ss.; Alemanha ... cfr. BRANCO, op. cit., pág. 42 – em Portugal a doutrina tem-se empenhado em distinguir o contrato de conta corrente mercantil do contrato de conta corrente bancária, uma vez que este último não é objecto de regulação especial. Assim: enquanto na conta corrente mercantil pelo efeito da fusão dos créditos anotados na conta corrente só é exigível o saldo final apurado no momento do encerramento, na conta corrente bancária o saldo é apurado em qualquer momento, não produzindo um efeito novatório, os juros são calculados de forma diferente, a compensação recíproca de créditos ... Já MÁRIO FIGUEIREDO, op. cit., pág. 62 e ss., conquanto se referisse ao "depósito regular em conta corrente", se empenhava em o distinguir da conta corrente, tal como PINTO COELHO, op. cit., pág. 51, a propósito do "depósito bancário"; v. mais recentemente quanto à distinção entre conta corrente mercantil e conta corrente bancária LUÍS BRANCO, «Conta corrente bancária...», op. cit.

Ora o mecanismo jurídico em análise – «evidence account», «trade account» – é o da conta corrente mercantil, tal como é regulada em vários sistemas jurídicos nacionais, pois afinal o que interessa apurar é o saldo final, independentemente dessa conta corrente ser administrada pelas partes ou por um ou vários bancos – cfr. UNCITRAL, *Legal Guide...*, op. cit., pág. 144.

A conta corrente conhece inúmeras aplicações para além do *countertrade*, nomeadamente nos contratos de «factoring» – cfr. L. P. VASCONCELOS, *Dos contratos de cessão financeira*, op. cit., pág. 205.

[157] Assim, nos contratos designados por «pré-compensation», «paralell transaction» é previsto um «evidence account» – cfr. UNCITRAL, *Legal Guide*, op. cit. Revela-se um instrumento contabilístico útil quando a operação implica entregas sucessivas, faseadas por um período de tempo longo, o que pode ainda suceder no «buy-back».

[158] V. UNCITRAL, *Legal Guide...*, op. cit., pág. 115; VERZARIU, op. cit., pág. 31; WILLIANS/STITH, op. cit., pág. 10-33, indica que o «evidence account» pode legalmente ser reconhecido como o «fulfillment agreement» de uma obrigação de *countertrade*.

Amiúde o «evidence account» é um acordo entre uma empresa privada (vendedora/ exportadora) e um país comprador cujo organismo importador se encarrega (geralmente através do banco central) de creditar as compras (importações) a favor da empresa exportadora ou contra as vendas (exportações) desse país. Para o efeito é aberta uma "conta-corrente (registo)" em nome da empresa (sediada num país industrializado) onde são inscritas todas as suas vendas e compras e cada uma das partes fornece uma lista dos produtos que tem para vender, originando as compras e vendas (exportações e importações) créditos e débitos na conta, que tem como unidade de cálculo uma moeda convertível (divisa forte) ou artificial ("rublos transferíveis"). Ao fim de um período previamente acordado é calculado o balanço da conta e, se a empresa ou o país com saldo negativo não dispõe de produtos para vender nesse valor, dá lugar a um "crédito clearing". Apesar deste valor ter sido calculado com base numa moeda convertível não é transferível em moeda corrente, dando lugar ao «switch trading».

Este tipo de acordos foi muito comum entre empresas ocidentais e países do Leste (Checoslováquia, Hungria e Polónia) e, mais recentemente, com a China[159] enquadrando-se no seu sistema de economia planificada, permitindo um elevado grau de flexibilidade nas compras de produtos ocidentais e garantindo as exportações dos seus produtos. Para as empresas dos países industrializados este tipo de transacções tem a vantagem de permitir exportar um leque mais amplo de produtos, dispensando morosas negociações para cada um, sendo as vendas prosseguidas apenas tendo em conta considerações comerciais. Todavia, a empresa ocidental deve procurar garantir a disponibilidade dos bens adquiridos, para futuras operações com terceiros.

Permitem, ainda, ultrapassar restrições cambiais[160].

Apresentando bastantes semelhanças com os acordos de «clearing», a principal diferença reside na qualidade dos sujeitos intervenientes: enquanto o acordo de «clearing» é celebrado entre dois estados, o «evidence

---

[159] Em 1981 a "Machimpex" (empresa pública chinesa fabricante de máquinas) e a "Motor trading Corporation" (empresa do grupo "General Motors") celebraram um «evidence account» pelo período de um ano, renovável – cfr. CEDRIC GUYOT, op. cit., pág. 763.

[160] Por exemplo, um país de economia planificada exige a uma empresa ocidental que tem uma filial nesse país, aceitar importações de valor equivalente às importações de material e equipamento feitas pela filial.

Também, no caso das "blocked currencies" – impedimento de uma sociedade transnacional repatriar lucros e dividendos do país para onde exporta – pode levar a que essa empresa compre produtos locais, que assim poderá exportar.

account» é, geralmente, celebrado entre duas sociedade comerciais privadas, ou então entre uma sociedade privada e uma pessoa de direito público (organismo responsável pelas importações ou empresa do sector público), com implicações ao nível do instrumento jurídico que serve de suporte à transacção.

2.7. «Switch trading»[161] (operações triangulares/trilaterais)[162].

Muitas vezes o prazo previsto nos acordos de «clearing» e nos «evidence accounts»[163] termina sem ser alcançado o equilíbrio nas contas, pelo que um dos estados (ou empresa) apresenta um saldo positivo (a que corresponde um saldo negativo de outro). Não existindo uma obrigação recíproca quanto à equivalência dos valores das importações/exportações e não sendo o crédito susceptível de ser convertido em divisas (a unidade de conta é um divisa «clearing»), o país com balança superavitária ou a empresa credora, poderá pretender transferir o crédito para um terceiro, possibilidade que terá ou não sido prevista no acordo inicial[164].

Normalmente, considerando que o destino dum acordo de «clearing» ou dum «evidence account» raramente é o equilíbrio e acabará por conduzir a um saldo negativo/positivo, é previsto um nível máximo de desequilíbrio na conta «clearing» ou na "conta corrente" (25% a 30% do volume

---

[161] V. sobre estes acordos Pascal Durand-Bartez, op. cit., pág. 206 e ss.; L. Welt, *Trade whithout money*, op. cit., pág. 26; Verzariu, op. cit., pág. 34-5; Townsend, op. cit., pág. 52-54; Kredit Bank, op. cit., pág. 2; Amelon, op. cit., pág. 227; Cederic Guyot, op. cit., pág. 763; Nedjar, op. cit., pág. 205; M. Woiczik, op. cit., pág. 171; L. Moatti, op. cit., pág. 14; Clark D. Stith, op. cit., pág. 10-22.

[162] Proposta de tradução de «switch trading» para a língua portuguesa.
Esta designação, ou melhor «operations de compensation triangulaire», conforme a sistematização sugerida pelo "Kredietbank", op. cit., pág. 2, ou ainda "three-way transaction" – cfr. Guyot, op. cit., pág. 763 – apresenta o inconveniente de sugerir que apenas nestas operações as relações seriam trilaterais, o que não é rigorosamente correcto, pois a intervenção de terceiros sucede bastas vezes noutras operações relevantes do *countertrade*, nomeadamente no «counterpurchase», em relação à obrigação de contrapartida. Esclareça-se, no entanto, que aqui é uma característica de verificação obrigatória enquanto nas outras operações não assume este carácter. Por outro lado o número de intervenientes pode ser superior a três – cfr. Frigani, «Countertrade...», op. cit., pág. 466.

[163] Sobre a origem do «switch» num acordo de «clearing» ou num «evidence account» v. Woiczick, op. cit., pág. 170. Sobre outras transacções que podem preceder o «switch trading» para além do «clearing» e dos evidence accounts», como a dívida dos PVD ou outro crédito internacional, v. Woivzick, op. cit., pág. 169.

[164] Verzariu, op. cit, pág. 34.

Operações de Contrapartidas («countertrade») no Cómércio Internacional   53

de comércio, designado por "swing")[165], que uma vez ultrapassado suspenderá as trocas até que o parceiro em débito regularize a dívida[166].

A solução para uma situação como a descrita poderá consistir no estado (ou empresa) que apresenta um saldo positivo procurar transferir esse crédito para um estado (ou empresa) em relação ao qual apresente um deficit no quadro doutro acordo de «clearing» – transferência de saldos[167].

Outra possibilidade consiste no Estado titular do crédito «clearing» o ceder a um terceiro, sendo pago em divisas – «switch» financeiro[168].

Finalmente – «switch» comercial[169] – o estado titular do crédito poderá cedê-lo em troca de mercadoria a outro estado (terceiro) ou empresa exportadora, mediante um "cheque a depositar em conta"[170].

As dificuldades em encontrar o terceiro ideal, tornam muitas vezes indispensável o recurso a um intermediário especializado – «switch trading

---

[165] Cfr. LEO WELT, *Trade whithout money...*, op. cit., pág. 97; MEZGHANI/BOURAQUI, op. cit., pág. 338; CLARK D. STITH, op. cit., pág. 10-22.

[166] Cfr. ASCANI, op. cit., pág. 197.

[167] Porém, no «clearing» nem sempre esta solução é possível, pois o acordo pode determinar que o saldo credor apurado no final do período terá de ser destinado à aquisição de produtos no outro país – neste sentido TAMANES, *Estrutura económica internacional*, Lisboa, 2000, pág. 37. Neste caso a negociação dum novo acordo de «clearing» registando o saldo credor como um débito na conta «clearing» poderia ser a opção, a não ser que o país devedor não dispusesse de mais mercadorias para fins de pagamento, ou que o país credor não desejasse essas mercadorias.

[168] Cfr. PASCAL DURAND BARTEZ, op. cit., pág. 207; NEDJAR, op. cit., pág. 206

[169] Cfr. PASCAL DURAND BARTEZ, op. cit., pág. 206; D. NEDJAR, op. cit., pág. 206. O exemplo fornecido por AMELON, op. cit., pág. 227, é esclarecedor: o Brasil e a RDA celebraram um acordo bilateral de «clearing», pelo qual uma conta em "dollar clearing" foi aberta junto do banco central de cada um dos países, vendendo (exportando) a RDA produtos químicos ao Brasil, que creditava a conta «clearing» da RDA, créditos que seria utilizado para a compra de café brasileiro... Por fim um saldo excedentário da conta «clearing» da RDA era cedido a uma terceira parte que o utilizaria para comprar café brasileiro.

BARTEZ, op. cit., pág. 206-207 sugere ainda outra origem para o «switch trading» comercial, que não o «clearing»: na sequência de um contrato de «counterpurchase», a empresa exportadora obrigada a comprar mercadorias ao importador, em lugar de as revender a um terceiro, troca-as por créditos sobre outras mercadorias na titularidade deste, para as quais tenha destino; nesta perspectiva o «switch» teria como antecedente outra operação que não o «clearing» ou um «evidence account». Ao fim e ao cabo com características semelhantes à intervenção de terceiros noutros contratos de *countertrade*.

[170] Trata-se duma modalidade de cheque prevista na Convenção de Genebra sobre o Cheque (1931), pela qual deve o cheque ser obrigatoriamente depositado em conta e usado para compensação – cfr. PASCAL DURAND-BARTEZ, op. cit., pág. 206.

house» (mais conhecidas por sociedades «switchers»)[171] – que entregará mercadoria em troca do crédito cedido («switch comercial»), ou então comprará o crédito contra divisas («switch» financeiro); neste último caso a «switcher» usará o crédito na compra de produtos do país em deficit, tendo de descobrir um terceiro interessado, a quem venderá os produtos em causa, por vezes após uma série de operações complicadas (que podem implicar operações de «barter»), logrando, finalmente, obter divisas que então são transferidas para o país credor.

A intervenção das «switcher» implica a cobrança duma "comissão"[172] a obter do credor, mais ou menos elevada, consoante as expectativas das dificuldades a experimentar na venda dos produtos do país em deficit ("Pick's Currency Report")[173].

Estas operações triangulares, pelas quais se estabelece um contacto entre três entidades diferentes, correspondem, no caso de terem tido origem num acordo de «clearing» ou num «evidence account» a um segundo estágio da transacção inicial ... e a um terceiro se for incluída a intervenção da «switcher» («swith» financeiro) e do futuro comprador.

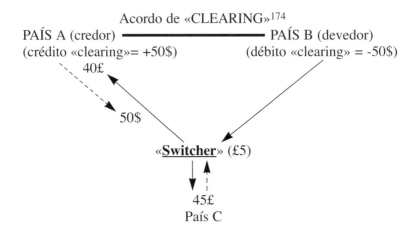

---

[171] Cfr. L. WELT, *Trade whithout money*, op. cit., pág. 27. Estas sociedades, criadas a partir dos finais dos anos sessenta, encontravam-se sediadas em Zurique, Viena e Londres.

[172] Outra forma de remuneração possível, se o devedor for um país de "comércio de Estado", poderá consistir numa vantagem comercial, como por exemplo uma licença de importação. Assim NEDJAR, op. cit., pág. 206.

[173] Tratou-se de uma cotação internacional para as percentagens relativas à remuneração das «switchers» – cfr. BARTEZ, op. cit., pág. 207.

[174] Terminado o prazo previsto no acordo de «clearing» entre o PAÍS A e o país B,

Operações de Contrapartidas («countertrade») *no Cómércio Internacional*   55

A distinção de outros instrumentos financeiros como o contrato de cessão financeira («factoring»)[175] ou do «forfaiting»[176], não obstante as diferenças entre estes dois meios de financiamento[177], surge evidente: é

---

o PAÍS A (credor) cede o crédito «clearing» de 50$ a um terceiro (sociedade «switcher»), mediante um pagamento de 40£ em divisas – «switch» financeiro. A «switcher», por sua vez, vende as mercadorias obtidas de B (correspondentes ao crédito «clearing» de 50$) ao PAÍS C pelo preço de 45£, realizando assim um lucro de 5£=45£-40£. Outra hipótese consistiria no país A usar o crédito «clearing» para pagamento de mercadorias fornecidas pela «switcher» – «switch» comercial – encarregando-se esta de comprar a B neste valor (cobrando uma comissão).

[175] V. sobre este contrato RUI PINTO DUARTE, «Notas sobre o contrato de factoring», op. cit.; ANTÓNIO MENEZES CORDEIRO, *Da cessão financeira*, op. cit.; LUÍS MIGUEL PESTANA VASCONCELOS, op. cit..

[176] V. sobre este contrato WELT, «Countertrade», op. cit., pág. 45; JOSÉ BRAZ SILVA, op. cit., pág. 19 e ss.; FRIGANI, *Il contratto internazionale*, op. cit., pág. 223; ROWE, *Guarantees, stand by letters of credit and other securities*, 1987, Cap. 6, pág. 33 e ss.; MARGARITA PITTALIS, «Forfaiting», op. cit.; HOUTTE, op. cit., pág. 290-1.

[177] O «forfaiting» e o «factoring» são ambos meios de crédito à exportação com reconhecido sucesso no comércio internacional. O «factoring» é semelhante ao «forfaiting» com a diferença de que:

– O «factoring» é usado para financiar a exportação de bens de consumo e não bens de capital – cfr. WELT, «Countertrade», op. cit., pág. 45.

– O «factoring» é um meio de financiamento a curto prazo (90-180 dias), enquanto o «forfaiting» é um meio de financiamento a médio prazo (geralmente de 3 a 5 anos, muito embora possa durar de 1 a 10 anos): assim no âmbito das operações do *countertrade* o «factoring» é o instrumento ideal para transacções de valor menos elevado e repetitivas, como as que integram um contrato de «counterpurchase», onde as contrapartidas não têm lugar simultâneamente, antes são repartidas por várias fases, enquanto o «forfaiting» respeita a montantes mais elevados (100.000 a 60 milhões de dólares).

– No «forfaiting», o exportador transfere todos os riscos para a sociedade «forfaiter» (excepto qualquer reclamação acerca da qualidade dos produtos), pelo que é um contrato, por natureza, sem recurso, logo, sem risco financeiro para o exportador; enquanto que o «factoring» geralmente admite o recurso pela má cobrança do crédito (neste caso o banco ou a sociedade factor poderá exigir ao aderente o montante do crédito adiantado) – cfr. DELACOLETTE, op. cit., pág. 79; WELT, «Countertrade», op. cit., pág. 46 – no «factoring» a antecipação de fundos e a assunção de riscos de crédito não são essenciais à essência do contrato (antes são elementos acidentais), pois apenas o serviço de cobrança é elemento essencial. Sobre a exclusão do recurso v. HOUTTE, op. cit., pág. 291.

– No «forfaiting» a antecipação dos créditos é a 100%, enquanto no «factoring» é de 75-90% – cfr. WELT, «Countertrade», op. cit., pág. 45 – e apenas quando prevista, não sendo sequer necessária.

– Ainda que seja acordado que os riscos da cobrança do crédito antecipado não admitam recurso para o exportador, no «factoring» a segurança ainda assim não é a mesma,

56 *Dos Contratos de Contrapartidas no Comércio internacional* («countertrade»)

que o país «switch» ou a sociedade «switcher» terá de encontrar um terceiro interessado a quem venderá o crédito obtido, enquanto a sociedade «factor» ou «forfaiter» apenas terá de aguardar o vencimento dos créditos que antecipou, assim se compreendendo que a «switcher» cobre uma percentagem mais elevada pelos serviços prestados. Aliás, o «forfaiting» e o «factoring» resultariam incompatíveis com o âmbito dum «evidence account» ou dum acordo de «clearing», operações que as mais das vezes estão na origem do «switch trading», muito embora tenham um lugar no âmbito de outras operações relevantes do *countertrade*.

2.8. A extraordinária variedade de instrumentos jurídicos usados na negociação do «countertrade» não permite uma descrição taxativa; contudo, a identificação anterior corresponde às mais divulgadas não excluindo outros possíveis modelos: é o caso dos «swaps»[178], nos quais, inicialmente, os produtos de diferentes proveniências eram comercializados a fim de evitar custos de transporte[179], tendendo, actualmente a abranger as técnicas sofisticadas de conversão de dívidas[180], o «develop-for-import»[181], opera-

---

pois o «factoring», ao contrário do forfaiting», não cobre os riscos políticos, de convertibilidade, câmbio (variação da taxa) e transferência da moeda.

Os instrumentos de débito mais usuais no «forfaiting» são as notas promissórias, letras ou livranças (compradas por desconto pelo banco ou sociedade «forfaiter» sem recurso para o exportador e que serão sacadas pelo exportador sobre o importador, sendo normal que sejam avalizadas (ou garantidas) pelo banco do país ou empresa importadora e cujo montante será recebido no momento do desconto dos "efeitos comerciais" – para maiores desenvolvimentos v. ROWE, *Guarantees...*, op. cit., pág. 33 e ss..

Os contratos de «factoring» em Portugal foram objecto de regulação através do Decreto-Lei nº 56/86, posteriormente revogado pelo Dec.-Lei n.º 171/95. O Decreto-Lei n.º 298/92 de 31 de Dezembro, veio possibilitar aos bancos a actividade de «factoring», ao lado das sociedades de «factoring».

A não aceitação destas modalidades de financiamento por muitos países do Leste Europeu, tornou impossível o recurso a este meio de crédito por parte de muitas empresas ocidentais que negociavam com estes países.

[178] Não confundir com os «swaps» de divisas e taxas de câmbio.

[179] Cfr. TOWSEND, op. cit., pág. 18; CEDRIC GUYOT, op. cit., pág. 763; MAYAUDON, op. cit., pág. 731. Este seria o entendimento tradicional; a partir dos anos oitenta a designação «swap» abrangeu um conjunto de operações e converteu-se num instrumento privilegiado de conversão de dívidas pela utilização dos títulos de crédito em meios de pagamento para a compra de bens no país do comprador: «debt-commodoty swap» (DCS) e o «debt-equity swap» (DES) – cfr. WOICZICK, op. cit., pág. 170.

[180] V. ARNOLDO WALD/MICALI, «Conversion de la dette en investissements...», op. cit., sobre a conversão dos títulos de dívida externa brasileira.

[181] Cfr. CEDRIC GUYOT, op. cit., pág. 763. O Japão tem liderado estas operações

Operações de Contrapartidas («countertrade») no Cómércio Internacional 57

ção que permite a um país industrializado obter garantias a longo prazo para obtenção de matérias-primas.

Porém, a extraordinária diversidade oferecida pelos negócios apresenta casos de difícil qualificação, que não se enquadram facilmente nos modelos propostos, apresentando características próprias de mais de um, sem contudo se identificarem rigorosamente com nenhum, mas as possibilidades de variação reconduzem-se, por vezes, a combinações das anteriores[182].

De qualquer forma, o sucesso do *countertrade*, aliado ao dinamismo das suas várias manifestações, permitirá decerto considerar a evolução das existentes e o surgimento de novas modalidades.

SECÇÃO II
SISTEMATIZAÇÃO

3. A assinalada confusão terminológica, a infindável variedade de instrumentos negociais, apresentaria como tarefa difícil, ou pelo menos desaconselhável, a tentativa de sistematização das operações de contrapartidas no comércio internacional. Porém, não será esse o caminho trilhado; desde a última década a divulgação pela literatura especializada destas operações proporcionou uma selecção, afirmando-se a tendência no sentido de tornar mais frequente a escolha deste ou daquele tipo por parte dos operadores no comércio internacional.

3.1. Critérios económicos, jurídicos e outros foram propostos pelos autores e por algumas organizações internacionais na tentativa de distin-

---

tendo tido projectos em curso no Irão e em Singapura (petroquímica); Indonésia (bauxite-alumínio) e Brasil (bauxite-alumínio) – cfr. Leo Welt, *Trade whithout money...*, op. cit., pág. 98-99.

[182] Assim o «offset» (misto) combina características do *countertrade* industrial, com características do *countertrade comercial*. A construção em França pela "Elf-Aquitaine" duma refinaria destinada exclusivamente à refinação de petróleo bruto da Venezuela, tendo como contrapartida uma quota dos produtos resultantes, poderia corresponder a uma operação de «buy-back» (venda «chave na mão» duma unidade industrial e recompra da produção resultante), mas também a uma operação de «barter» (troca duma unidade industrial por um produto) no caso de não implicar qualquer pagamento – sobre esta hipótese v. Mayaudon, op. cit., pág. 730. A troca antecipada («troc anticipé»/«advance barters») – operação sugerida por Mayaudon, op. cit., pág. 734 – tanto poderia pertencer à categoria do «barter» como à «advanced compensartion».

58 *Dos Contratos de Contrapartidas no Comércio internacional* («countertrade»)

guir, classificar, sistematizar ou agrupar as operações de *countertrade* considerando as possíveis variantes.

Uma possível sistematização das operações de «countertrade» (contrapartidas) consistirá em classificá-las em contrapartidas comerciais e contrapartidas industriais, segundo um critério económico[183].

As contrapartidas comerciais caracterizam-se por respeitarem a transacções ocasionais, montantes moderados, gama variada de mercadorias sem ligações entre si[184], duração relativamente rápida.[185]

As operações relevantes no âmbito das contrapartidas industriais correspondem a transacções de montante elevado, a médio ou longo prazo (três a vinte e cinco anos) respeitantes à venda de equipamentos industriais, instalações de linhas de montagem, unidades fabris, complexos industriais, envolvendo transferências de tecnologia[186] através de licença/cessão de direitos da propriedade industrial, comunicação de «know-how», assistência técnica, formação de pessoal técnico especializado, «engineering»...

O *countertrade* de carácter financeiro respeitaria a operações como o «clearing», os «evidence accounts», o «switch trading» e os «swaps», variando o número de operações a incluir conforme os autores[187].

Outra sistematização possível utilizaria como critério o elemento tempo: distinguindo entre as operações de contrapartidas as transacções a

---

[183] Atendendo a que, de acordo com um critério jurídico o comércio abrange a indústria – por ex.: artigo 230.° do Cód. Com. – o critério não poderá ser senão o proposto por COLIN CLARCK em *The conditions of economic progress*, segundo o qual o autor consagrando a actividade profissional (relacionando a estrutura económica e profissional) distinguiu três sectores da actividade económica: sector primário, sector secundário e sector terciário, posteriormente (3.ª edição-1957) designados por agricultura, indústria e serviços, respectivamente.

[184] Esta seria a característica determinante para as distinguir do «countertrade» industrial; contudo, sempre cumprirá observar que no «offset» indirecto os produtos não apresentam relação entre si.

[185] V. sobre esta tipologia OCDE, «Échanges compensés...», pág. 11; LAMBIN, op. cit., pág. 17.

[186] DELACOLLETE, op. cit., pág. 82, indica a transferência de tecnologia como uma característica comum a todos os contratos de «compensation» – "Sont qualifiés contrats de compensation, les contrats de transfert de technologie dont le prix n'est pas exclusivement payé en devises." (Contrats de compensation – 4.1. Généralités; 4.2. Contrat de contre-achat) – o que não pode deixar de merecer reparo, uma vez que o contrato de «contre--achat» («counterpurchase»), tal como os outros contratos decorrentes do «countertrade» comercial, não envolverem transferência de tecnologia. Sobre este contrato ver supra 2.2.

[187] Assim, por exemplo WOICZICK, op. cit., pág. 169 e ss., apenas inclui nas "transactions réciproques à caractère financier" o «switch» e os «swaps».

Operações de Contrapartidas («countertrade») no Cómércio Internacional 59

curto prazo e transacções a longo prazo; na generalidade as contrapartidas comerciais são transacções a curto prazo, as contrapartidas industriais são transacções a médio ou longo prazo, pelo que é possível associar as contrapartidas comerciais a transacções a curto prazo e as contrapartidas industriais a transacções a longo prazo[188].

A qualidade e a variedade dos produtos objecto de contrapartida seria também susceptível de permitir outra classificação: matérias-primas ou produtos base («barter»), produtos semi-acabados e produtos acabados[189]; produtos de exportação (concorrenciais e vendáveis mesmo na ausência de contrapartidas) e produtos de difícil exportação[190] ...

O(s) instrumento(s) jurídico(s) que serve(m) de suporte à transacção também permitiriam outra sistematização: aquelas operações que são negociadas com recurso aos instrumentos de direito privado – contratos internacionais – e as que são negociadas com base em instrumentos de direito internacional (público) – tratados, acordos comerciais bilaterais a longo prazo, acordos de «clearing», acordos de «switch trading» entre Estados[191]. A maior parte das transacções são negociadas com recurso a instrumentos de direito privado.

Por sua vez o número de instrumentos jurídicos utilizados permitiria outra distinção: as transacções que são negociadas com recurso a um único instrumento jurídico («barter», «compensation») e aquelas que são negociadas com recurso a vários (todas as outras)[192].

A existência ou não de uma relação entre os produtos exportados e os produtos importados permite outra distinção: contrapartidas directas e indirectas; na maior parte das operações de contrapartidas não se verifica esta relação directa; apenas no «buy-back e no «offset» directo[193].

O interesse das partes na operação de contrapartidas seria susceptível de fornecer outro critério: por vezes o interesse é recíproco, noutras tran-

---

[188] Neste sentido LAMBIN, op. cit., pág. 17.

[189] Neste sentido LAVIGNE, op. cit., pág. 241.

[190] Idem, ibidem.

[191] V. infra neste Capítulo Secção III, a propósito do conceito de *countertrade* e distinção de figuras afins.

[192] Note-se, no entanto, que nada obriga ao recurso a vários instrumentos contratuais, muito embora se torne aconselhável na maior parte dos casos.

[193] De certa forma partilhando esta orientação S. LINN WILLIANS/CLARCK D. STITH, op. cit., pág. 10-11 e ss., refere-se ao «counterpurchase» como "indirect compensation trade" e ao «buy-back» como "direct compensation trade".

60 *Dos Contratos de Contrapartidas no Comércio internacional («countertrade»)*

sações uma das partes sujeita-se à obrigação de contrapartida na expectativa de obter a exportação[194].

Nalgumas operações as relações são sempre triangulares (trilaterais) – «switch trading» – noutras podem ser ou não – «counterpurchase» – noutras não são – «barter»; o que indicaria um critério quanto ao número de sujeitos intervenientes.

Outras variantes seriam ainda as percentagens das contrapartidas, a inserção ou não duma cláusula de transferência para terceiros das obrigações de contrapartidas...

Várias tipologias têm sido propostas[195], mas seria tarefa inglória identificá-las todas[196].

3.2. De acordo com os critérios propostos pelos vários autores poderiam ser assim sistematizadas as várias formas de *countertrade*:

---

[194] Assim CNUDCI, ACNUDCI, 1990, vol. XXI, op. cit., pág. 196. Por vezes é a legislação do estado importador que impõe o recurso obrigatório às contrapartidas.

[195] Outras classificações ou sistematizações foram tentadas, como a apresentada pelo "Kredietbank", op. cit., pág. 1 e seguintes e que distingue entre:

– Transacções comerciais abrangendo a importação e exportação de bens e serviços: «barter» (ou troca) – compensação total, contrapartidas.

– Acordos de cooperação económica decorrentes da compensação: «buy-back», contratos de chave na mão, contratos de «Know-how» em que se verifique uma parte em compensação.

– Compras públicas de bens de equipamento de elevado custo tais como material de defesa, aviões, aparelhos de telecomunicações: «off-set» directo e «off-set» indirecto.

– Operações de «countertrade» triangulares resultantes de acordos de compensação bilaterais (acordos de «clearing») em que dois países se comprometem a adquirir reciprocamente bens por um mesmo valor durante um período de tempo convencionado; a situação das importações e exportações é acompanhada por uma conta de regularização numa moeda não convertível. Uma operação de compensação triangular será possível quando um dos países acumular um crédito na moeda escolhida para compensação, e o crédito pode ser vendido em troca de moeda convertível a um terceiro que está interessado na importação de bens provenientes do outro país.

[196] Como refere WOICZICK, op. cit., pág. 140, "... il semble y avoir tant de compensations que de compensateurs, et autant de typologies que d'auteurs concernés".

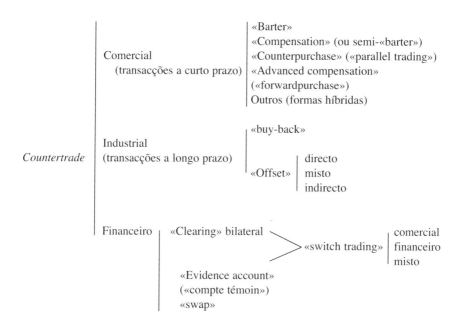

3.3. A sistematização das operações de *countertrade*, de acordo com os critérios oportunamente considerados, permite constatar as diferenças entre estas, mas não a característica comum às várias. Assim, a Secção seguinte tentará apurar da possibilidade dum critério (económico, jurídico) que permita agrupar as várias operações no âmbito do *countertrade*.

SECÇÃO III
CONCEITO DE *COUNTERTRADE*

4. A maioria dos autores que se debruçam sobre a temática do *countertrade* limitam-se a uma breve descrição das principais operações tal como são divulgadas nos negócios internacionais, como que reconhecendo uma realidade de facto, sem se preocuparem em identificar o critério geral que as permita unificar sob um denominador comum[197]. Por outro lado, critérios demasiado genéricos permitindo a inclusão das mais variadas operações resultam num alargamento do conceito, com contornos mal defi-

---

[197] Entre outros BISCAGLIA, op. cit., pág. 21; AMELON, op. cit., pág. 225 e 226.

nidos[198]. È certo que apesar de todos concordarem que o *countertrade* é um termo genérico susceptível de abranger um conjunto variado de operações internacionais[199], incorrem por vezes no inconveniente de identificarem o género pela espécie, isto é; o conceito apresentado é válido para um (ou alguns) dos tipos de operações, mas já não o é para designar o conjunto[200]. A relevância do problema consiste no seguinte: ou se verifica um ou vários elementos comuns a todas as operações, ou tal identificação não é possível apresentando cada operação características diferentes, sendo então preferível renunciar ao emprego da expressão «countertrade» para designar tal realidade; aliás, sempre importará distinguir no âmbito do comércio internacional o que é uma operação de *countertrade* daquilo que não é[201].

O que importa é averiguar se é possível encontrar um critério que não só permita agrupar um conjunto homogéneo de transacções internacionais, como ainda que permita distinguir as transacções de *countertrade* das transacções afins no comércio internacional (venda internacional de mercadorias, venda internacional de tecnologia, cooperação comercial internacional, investimento internacional...).

Ora na ausência duma definição legal[202] de *countertrade* o objectivo

---

[198] Neste sentido a noção de CARREAU/FLORY/JUILLARD, *DIE* (1990), op. cit., pág. 251-2: "... on peut définir une opération d'échanges compensés comme étant une transaction assortie d'un paiement sous forme de livraison de biens ou de services qui remplace ou complète un règlement pécuniaire. En d'autres termes, le vendeur accepte comme règlement de ses exportations une livraison de produits (ou de services) en provenance du pays acheteur."

[199] Neste sentido entre outros OCDE, «Les échanges Est-Ouest ...», op. cit., pág. 9; SCHMITTHOFF, op. cit., pág. 154; HOUTTE, op. cit., pág. 345;

[200] Assim RAZOUMOV, op. cit., pág. 92 apresenta uma definição de *countertrade* ("contrat sur la base de compensations") que corresponde ao conceito de «buy-back»: "constitue un contrat sur la base de compensation, un accord conclu par une longue duréee avec un firme ou un groupe de firmes étrangéres, concernant l'achat à crédit de produits et de services, de brevets, de know-how et autres produits nécessaires à l'equipement d'une unité........le remboursement du crédit étant effectué par la livraison à l'étranger des produits fabriqués dans cette unité et spécifiés dans l'accord ou bien par la prestation de services...".

[201] Neste sentido FRIGANI, «Countertrade...», op. cit., pág. 465, sugere uma definição pela negativa e pela positiva.

[202] A ECE/ONU apresentou uma noção de *countertrade*, porém, limitada ao espaço europeu – cfr. «Coutertrade practices in the EEC Region», TRADE/R. 385, Nov. 1979: "a commercial transaction in wich provisions are made, in one or a series of related contracts, for payement by deliveries of goods and/or services in addition to or in place of finantial

que deverá orientar o jurista que lida com o comércio internacional, mas também a primeira dificuldade, será interpretar aquilo a que se refere.

4.1. Noção de contrapartidas no comércio internacional.

Numa primeira tentativa de aproximação, influenciada pela sugestão partilhada por vários autores, o *countertrade* respeitaria a transacções comerciais internacionais em que a totalidade ou parte do pagamento não teria lugar em divisas, mas em bens ou serviços[203] ("trade without money", "trade whithout cash")[204].

Tal acepção teria o mérito de excluir do âmbito do *countertrade* operações de venda (internacional) cruzadas, ainda que simultâneas, em que o vendedor (exportador) surgisse como comprador (importador) noutro contrato de venda com o primitivo comprador e em que o pagamento tivesse lugar em divisas, mas incluiria duas vendas internacionais cruzadas de idêntico valor ou de valor diverso objecto de compensação (civil), ainda que sem qualquer relação de dependência juridicamente estabelecida entre os contratos.

---

settlement. A countertrade arrangement, therefore, goes beyond a straighforward commercial transaction by virtue of the fact that the buyers and sellers accept reciprocal deliveries in part or full settlement of the value of the deliveries".

A OCDE (1981) apresentou uma proposta no âmbito das relações Este-Oeste ("verbungeschäfte"): transacção comercial internacional no quadro da qual o vendedor é obrigado a aceitar como pagamento total ou parcial das exportações, mercadorias originárias do país comprador.

A CNUDCI, ao longo do demorado percurso que ocupou os trabalhos preparatórios do grupo de trabalho que proporcionou a redacção do *Legal guide on international countertrade transactions*, apesar de ter sido considerada a oportunidade duma convenção-modelo, veio a renunciar a tal projecto considerando a variedade de operações a abranger, ficando-se pelo ... Guia Jurídico; no entanto, foi apresentada uma noção restrita ao âmbito deste Guia.

O Acordo (plurilateral) sobre Mercados Públicos negociado no âmbito do GATT//OMC apresenta uma noção, todavia limitada ao «offset» – para a crítica desta noção v. infra Capítulo III, 2.3.

[203] Assim, entre muitos outros, RASMUSSEN, op. cit., pág. 33; RAZOUMOV em relação aos "contrats d'echange de produits", op. cit., pág. 91; AMELON, op. cit., pág. 225; FRIGANI, «Countertrade...», pág. 465; CARREAU/JUILLLARD/FLORY, *DIE* (1990), op. cit., pág. 251-2; DELACOLLETE, op. cit., pág. 82; WILLIANS/STITH, op. cit., pág. 10-2.

[204] A primeira frase corresponde ao título da obra de LEO WELT, enquanto a segunda pertence a KYOUNG, op. cit., mas a expressão ultrapassou os autores sendo divulgada na gíria dos negócios internacionais.

64   *Dos Contratos de Contrapartidas no Comércio internacional («countertrade»)*

Em abono da verdade deverá ser observado que, actualmente, a troca directa («barter») é rara, primando a maior parte das transacções no âmbito do *countertrade* por envolverem um pagamento, ainda que parcial, em divisas[205]. Por outro lado, se uma transacção de bens por dinheiro sem obrigações ou compromissos não pode ser incluída no âmbito do *countertrade*, uma transacção de bens por moeda (divisa) poderia integrar o *countertrade* se o vendedor (exportador) acordar em efectuar uma compra (importação) no futuro – «counterpurchase» – ou se a tiver realizado no passado – caso do «forward purchase»[206]. Nesta perspectiva a intenção das partes constituirá um elemento a ter em consideração[207].

Assim, a ausência de pagamento em divisas não deverá ser considerada critério suficiente para agrupar todas as operações relevantes no âmbito do *countertrade*. Tal concepção é tributária do *countertrade* tal como era negociado inicialmente («barter»), ou do «clearing», não se prestando a abranger a variedade de operações e a sofistificação experimentada posteriormente[208].

A dupla qualidade de exportador/importador – importador/exportador inerente a cada um dos contraentes também não se presta, só por si, a ser considerada critério suficiente: em dois contratos internacionais de venda cruzados (juridicamente independentes), as partes envolvidas podem apresentar esta dupla qualidade, apesar da ausência de qualquer ligação jurídica entre os contratos[209].

Ultrapassando a dificuldade, uma concepção do *countertrade* como função de pagamento apresenta (as "transacções recíprocas") como "...transacções de carácter comercial, industrial ou financeiro, gerando os meios de pagamento necessários à sua realização pela organização bilateral de prestações recíprocas em bens ou serviços fornecidos por cada uma das partes corresponde a aceitar a execução das prestações respectivas das

---

[205] Neste sentido MAYAUDON, op. cit., pág. 729.

[206] V. supra Secção I, neste capítulo.

[207] Assim JACK HERVEY, op. cit., pág. 30.

[208] Melhor será, como RAJSKI, op. cit., pág. 129, indicar em vez, ou para além, de pagamentos em divisas, fluxos de bens e serviços.

[209] Não é invulgar duas sociedades exportação/importação inverterem a posição contratual em duas operações distintas no comércio internacional; por exemplo: a sociedade A, residente no país x, vende à sociedade B, residente no país y, calçado......B, posteriormente vende a A vestuário; A, no primeiro contrato é exportador, enquanto no segundo é importador; B no primeiro contrato é importador, enquanto no segundo é exportador. As vendas, em ambos os casos são pagas em dinheiro, não havendo qualquer ligação jurídica entre os contratos.

Operações de Contrapartidas («countertrade») no Cómércio Internacional   65

partes a execução de obrigações de pagamento..."[210]; isto é; analisar a reciprocidade das contrapartidas como forma de gerar meios de pagamento.

Tal concepção, embora amiúde esteja presente na vontade das partes («advanced purchase», «switch trading»), nem sempre constituirá a motivação principal: assim, no *countertrade* industrial («buy-back», «offset») a cooperação no domínio industrial[211], objectivos de política económica sobrepõem-se frequentemente aquele objectivo.

Outros autores apresentam a reciprocidade, a ligação[212] entre os contratos, como os atributos susceptíveis de caracterizar o *countertrade* e de o distinguir das outras operações de comércio internacional: "...a contrapartida da obrigação de compra duma parte reside na obrigação de compra da outra", constituindo a dependência das obrigações de compra o aspecto jurídico distintivo do *countertrade*[213], que "... são transacções internacionais nas quais obrigações de compra recíprocas são associadas à exportação de bens ou serviços"[214]... transacções recíprocas[215], compras recíprocas, vendas recíprocas, ou mais rigorosamente "compras ligadas a vendas"[216], ou vendas ligadas a compras[217].

Sempre cumprirá observar que não obstante ser válido para a maior parte das operações relevantes no âmbito do *countertrade*, o «barter», juridicamente, não se identifica com compras e vendas, uma vez que de troca se trata.

As operações de *countertrade* podem ser transacções recíprocas, logo a reciprocidade seria uma característica do *countertrade*. Todavia, há

---

[210] WOICZICK, op. cit., pág. 154.

[211] V. infra Capítulo II, Secção II, Subsecção II, sobre «buy-back» e cooperação industrial.

[212] RAJSKI, op. cit., pág. 129, refere que os termos reciprocidade, ligação, tal como compensação são usados com frequência para designar as operações de *countertrade* na generalidade.

[213] Cfr. MAHMOUD SALEM, «Les substituts aux transactions monétaires...», op. cit., pág. 511.

[214] Cfr. LAMBIN, op. cit., pág. 17.

[215] Reconhecendo a reciprocidade WOICZIK, op. cit., pág. 147, propõe "transactions réciproques" como expressão genérica, enquanto SCHMITTHOFF , *Schmitthoff's Export Trade*, pág. 157/158 e HOUTTE, op. cit., pág. 347, reservam a expressão «reciprocal trade» para referir o «counterpurchase» e a «advanced compensation».

[216] Assim WOICZICK, op. cit., pág. 147. O autor entende que a maior parte das transacções relevantes no âmbito do *countertrade* deverão ser interpretadas como compras ligadas a vendas e não vendas ligadas (o que apenas sucede na «compensation antecipé»).

[217] Na verdade, a ordem das transacções depende, por vezes, da operação em causa («compensation antecipé», «counterpurchase», «buy-back», «offset» ...), do sujeito considerado (exportador, importador).

66   *Dos Contratos de Contrapartidas no Comércio internacional* («countertrade»)

transacções que não são recíprocas e são *countertrade*, o que demonstra a inaptidão da reciprocidade para servir de critério jurídico para identificar o *countertrade*. Na realidade, a dependência entre a exportação e a importação poderá não ser recíproca, mas tão somente unilateral, dependendo unilateralmente uma das operações da outra.

A característica privativa do *countertrade* enquanto operação singular no comércio internacional consiste na ..."ligação contratual criada entre uma exportação e uma operação comercial inversa que não tem necessariamente uma relação directa com aquela"[218], "subordinação (dependência) de uma transacção a outra"[219], isto é; a "relação de subordinação (dependência) entre uma exportação e uma importação"[220], a dependência entre a exportação e a contra-importação ou entre a importação e a contra-exportação, ou entre ambas.

Necessário é que a dependência seja estabelecida juridicamente[221], pontualmente, operação a operação (exportação/contra-importação, importação/contra-exportação/)[222], contrato a contrato[223]: assim a obrigação assumida contratualmente pelo exportador em relação ao importador (que se torna contra-exportador) de (contra)importar e (ou) do importador em relação ao exportador; isto é, uma exportação sujeita a uma obrigação de (contra)importação com ou sem ligação directa entre os produtos (no primeiro caso o «buy-back» e o «offset» directo; no segundo o «offset» indirecto e ainda todas as transacções relevantes do *countertrade* comercial – «barter», «counterpurchase»...), evidenciando afinal fluxos de bens e serviços nos dois sentidos que poderão ser estabelecidos mediante um único contrato («barter», «compensation») ou vários («counterpurchase», «buy-back», «offset»).

---

[218] OCDE, «Les échanges Est-Ouest ...», op. cit., pág. 9.

[219] NEDJAR, op. cit., pág. 187.

[220] MOATTI, op. cit., pág. 4.

[221] A dependência entre a exportação/importação, nas transacções que envolvam mais que um contrato poderá ser estabelecida de várias formas, de acordo com a escolha das partes, contratualmente prevista, quanto à relação entre a exportação e a importação – dependência bilateral, dependência unilateral da exportação em relação à importação, dependência unilateral da importação em relação à exportação. Quanto a esta relação v. infra Cap. II, Secção II, Subsecção I.

[222] Neste sentido RAJSKI, op. cit., pág. 129, apresenta a seguinte definição de countertrade: "commercial transactions in wich special links are created between an import and export operations providing for reciprocal nom monetary perfomances instead of or in addition to financial payement".

[223] Cfr. MEZGHANI/BOURAQUI, op. cit., pág. 338.

De acordo com esta orientação a UNCITRAL, no propósito de identificar as transacções relevantes no âmbito do *countertrade* e de excluir as operações afins, apresentou a seguinte noção:

"...Countertrade transactions covered by the Legal Guide are those transactions in wich one party supllies goods, services, techonology or other economic value to the second party, and, in return, the first party purchases from the second party an agreed amount of goods, services, techonology or other economic value. A distinctive feature of these transactions is the link between the supplies in the two directions in thath the conclusion of the supply contract or contracts in one direction is conditioned upon the conclusion of the supply contract or contracts in the other direction. When the parties enter into contracts in opposite directions without expressing such a link between them, the contrats, as regards contratual rights and obligations of the parties, can not be distinguished from straightforward independent transactions"[224].

Assim, de acordo com o Guia Jurídico da UNCITRAL a relação entre a exportação e a importação tem de ser estabelecida mediante uma ligação entre os contratos[225], dependendo a conclusão do contrato de exportação numa direcção da conclusão do contrato de exportação na outra (contra-exportação)[226]; não sendo a ligação entre a exportação e a importação contratualmente[227] estabelecida não deverá ser considerada como uma operação de *countertrade*[228].

---

[224] UNCITRAL, *Legal Guide on International Countertrade* ..., op. cit., pág. 95.

[225] Esta ligação entre os contratos deverá ser estabelecida através do «countertrade agreement», conforme aconselha o Guia Jurídico da UNCITRAL. Porém, cumpre observar que esta solução não tem sentido no «barter», negociado através dum único contrato, e que a ligação poderá ser estabelecida mediante remissão dum contrato para o outro.

[226] Cumprirá observar que no «barter» a obrigação de *countertrade* consta dum único contrato que prevê fluxos de bens nos dois sentidos (exportação/importação, contra--exportação/contra-importação), o que afecta o alcance genérico desta proposta de delimitação legal do *countertrade,* que apenas se torna válida para as transacções negociadas através de vários contratos. Aliás, o Guia reconhece noutra sede aquela singularidade do «barter», nomeadamente a propósito da noção de «barter» – cfr. pág. 96 e 99 («barter contract»).

[227] Neste sentido também a noção de WELT, *Trade* ..., op. cit., pág. 5: "...countertrade means those modes of trade in wich the seller is contractually obligated to purchase goods or services from the party, organization, ministry or country to wich a sale is made...".

[228] Neste sentido LAURA VALLE, op. cit., pág. 1238: "... Si può in conclusione notare che nelle ipotesi in cui non si realzzi un collegamento giuridico tra in contratti che disciplinano rispettivamente l'esportazione e l'importazione dei beni la parola countertrade non avrá significato giuridico, ma solo economico".

De acordo com este critério jurídico – sentido negativo – não constituirão uma operação de «counterpurchase» duas vendas internacionais cruzadas se não se verificar uma ligação jurídica entre os dois contratos; tal como não será uma operação de «buy-back» uma transferência internacional de tecnologia seguida duma compra dos produtos resultantes, se essa compra não corresponder a uma obrigação de contrapartidas; ou ainda não será uma operação de «offset» uma venda de equipamento seguida da subcontratação de componentes pelo comprador, a não ser que tal resulte duma obrigação de «offset».

Ora a orientação mais correcta, susceptível de servir de critério de definição (sentido positivo) e de delimitação (sentido negativo) do *countertrade* no comércio internacional haverá pois de considerar vários elementos cumulativos:

– Internacionalidade[229], pois se trata de uma operação de comércio internacional[230], excluindo-se assim as operações deste tipo sem expressão internacional.

– Ligação jurídica estabelecida entre uma exportação e outra exportação de sentido inverso[231], fazendo depender senão as duas operações uma da outra, reciprocamente, pelo menos uma das operações da outra[232] unilateralmente, determinando relações de comércio internacional nos dois sentidos: a ligação será estabelecida através de instrumento jurídico próprio (contrato)[233].

---

[229] Sobre este conceito v. infra Capítulo II, Introdução.

[230] Sobre operação de comércio internacional v. FERRER CORREIA, *Da arbitragem comercial internacional*, op. cit., pág. 187.

[231] Esta ligação jurídica entre os contratos de exportação nos dois sentidos, formando uma união de contratos, pode ser alternativamente estabelecida pelas partes através duma dependência bilateral ou recíproca; uma dependência unilateral do contrato de contrapartidas em relação ao contrato de venda/transferência de tecnologia; ou ainda uma dependência unilateral do contrato de venda/transferência de tecnologia em relação ao contrato de contrapartidas. Para maiores desenvolvimentos v. infra Cap. II.

[232] Geralmente a exportação principal precede a importação, pois apenas na «advanced compensation»/«pré-compensation/«compensation antecipé» a exportação (contra-exportação) precede a importação principal – v. supra Secção I, «advanced compensation».

[233] Como se analisará oportunamente, à excepção do «barter» onde as obrigações das partes constam dum único contrato, a ligação jurídica entre os contratos poderá ser estabelecida através do «protocol agreement», ou ainda mediante a remissão para outro dos contratos – v. infra Capítulo II, Secção II.

Operações de Contrapartidas («countertrade») no Cómércio Internacional 69

– A dupla qualidade de exportador/contra-importador e de importador/contra-exportador reunidas em cada um dos contraentes[234]: assim o exportador é simultâneamente contra-importador e o importador contra-exportador, uma vez que na mesma operação se consideram duas transacções.

– Ausência total ou parcial de pagamentos internacionais.

4.2. Distinção de figuras afins.

4.2.1. Compensação.

4.2.1.1. Compensação e *countertrade*.

A referência comum ao *countertrade* como compensação («compensation»), torna conveniente determinar se o regime jurídico correspondente a este instituto no direito nacional é não só extensível ao comércio internacional[235], como ainda aos contratos de *countertrade*.

Com origens ancestrais no Direito Romano[236], a noção jurídica de compensação apresenta, actualmente, nos sistemas jurídicos romano-germânicos um conteúdo bem definido como um modo de extinção de obrigações[237] "... sendo o credor de uma delas devedor na outra, e o credor desta última devedor na primeira ..."[238], considerando-se, no caso de reciprocidade, os créditos extintos por encontro de contas[239], simplificando e garantindo os pagamentos[240], de sorte a que funciona ainda que as dívidas

---

[234] No entanto, a obrigação de contra-importar ou de contra-exportar poderá não incidir sobre o primitivo exportador/importador, mas antes sobre um terceiro prévia ou posteriormente designado (cessão da posição contratual). Logo, o primitivo exportador nem sempre será o contra-importador, ...pelo que a dupla qualidade de exportador-importador (ou contra-importador, cfr. CNUDCI) nem sempre se verifica.

[235] A propósito da compensação no comércio internacional, em sentido económico, v. BEITONE/DOLLO, GUIDONI/LEGARDEZ, *Dicionário de Ciências Económicas*, Asa, pág. 40.

[236] Sobre a evolução deste instituto desde o direito romano (Direito Justinianeu) até à Codificação v. GUIDO ASTUTI, «Compensazione – premessa storica», op. cit., pág. 1 a 17.

[237] No direito português – Cód. Civil, arts. 847.º a 856.º; no direito espanhol – C.Civ., art. 1202.º; no direito francês – «Code Civil» (Napoleónico), artigos 1289.º a 1299.º; no direito italiano «compensazione» – C.Civ., art. 1242.º e ss.; no direito alemão «autrechnung» – §388; no direito suíço – art. 124.º; no direito grego – art. 441.º...

Sobre a compensação ("set-off") no direito britânico v. M. PAUL ELLINGTON, DPCI, 1981, pág. 225-228.

[238] ALMEIDA COSTA, op. cit., pág. 938.

[239] Cfr. ANTUNES VARELA, *Das Obrigações*..., vol. II, op. cit., pág. 186.

[240] Cfr. ANTUNES VARELA, *Das Obrigações*..., vol. II, op. cit, pág. 187; RAGUSA-MAGGIORE, op. cit., pág. 17.

70   *Dos Contratos de Contrapartidas no Comércio internacional* («countertrade»)

não sejam de igual valor[241]. Assim, embora os requisitos de aplicação variem consoante o sistema jurídico nacional em causa[242] a compensação legal prescinde do acordo das partes (ao contrário da compensação voluntária)[243] ou duma decisão constitutiva dos tribunais (compensação judiciária)[244] para admitir a extinção das dívidas compensáveis. A reciprocidade dos créditos, a validade, exigibilidade e exequibilidade, bem como a fungibilidade do objecto das obrigações são os requisitos exigidos em vários sistemas jurídicos nacionais para que opere a compensação legal[245].

Algumas dificuldades se apresentam na tentativa de submeter as operações relevantes do *countertrade* ao regime jurídico da compensação[246].

Assim, por exemplo, as dívidas devem resultar de relações jurídicas distintas, não se verificando a compensação entre obrigações recíprocas das partes no âmbito dum contrato sinalagmático, o que retiraria ao contrato qualquer utilidade[247].

Num contrato de «buy-back», a compensação não pode funcionar entre a obrigação de instalar uma refinaria e a obrigação de produzir petróleo em contrapartida, pois as dívidas não têm como objecto coisas fungíveis

---

[241] Cfr. ANTUNES VARELA, *Das Obrigações*..., vol. II, op. cit., pág. 186 e 196; MENEZES CORDEIRO, op. cit., pág. 223.

[242] Assim, enquanto no direito português, alemão, suíço e grego depende de uma declaração de vontade de uma das partes à outra, no direito francês, italiano, espanhol verifica-se *ipso iure* – cfr. PIRES DE LIMA/ANTUNES VARELA, op. cit., pág. 117.

[243] Todavia, é submetida à disciplina dos contratos e não ao regime jurídico próprio da compensação – cfr. PIRES DE LIMA/ANTUNES VARELA, op. cit., pág. 119.

[244] Cfr. ANTUNES VARELA, *Das Obrigações*..., vol. II, op. cit., pág. 188.

[245] No Cód. Civ. português, art. 847.º. Sobre estes requisitos v. PIRES DE LIMA/ /ANTUNES VARELA, op. cit., pág. 117 e ss.; ANTUNES VARELA, *Das Obrigações*..., op. cit., pág. 338 e ss.;

[246] Esta tentativa foi apresentada entre outros por NIGGEMAN, «Formes et aspects juridiques des contrats de compensation», Liége, 1987, pág. 6, apud WOICZICK, op. cit., pág. 146, tendo em consideração o direito alemão, nos seguintes termos: "...les contrats prévoyant la livraison et la compensation réciproque de marchandises ainsi qu'un payement partiel, dans le quadre d'un seul contrat, sont les contrats de compensation dans le sens juridique du terme, puisque la compensation des valeurs est effectivement opérée".

[247] Cfr. em relação ao direito francês, MARCEL FONTAINE, «Aspects juridiques...», op. cit., pág. 192. A «compensation» – é regulada de forma semelhante ao do direito português, apresentando por conseguinte os mesmos inconvenientes para traduzir o fenómeno do *countertrade* – neste sentido v. ALI MEZGHANI e BOURAQUI, op. cit., pág. 341 e ss.; M. WOICZICK, «La compensation dans les échanges internationaux: une approche de la function de payement», op. cit.

da mesma espécie e qualidade e a extinção das obrigações implica que os respectivos objectos sejam fungíveis entre si[248].

Por outro lado, a intervenção de terceiros nos contratos de contrapartidas implica que o devedor da dívida no contrato acessório não é o credor da dívida no contrato principal, ou seja; não se verifica a reciprocidade dos créditos, impossibilitando a compensação[249].

A troca («barter»), em que não é fixado um preço para os bens objecto da permuta, nem têm lugar pagamentos em dinheiro, é incompatível com a compensação.

Já o «clearing» foi entendido como uma adaptação a nível internacional da compensação civilística[250]: os créditos e débitos provenientes do fluxo de exportações e importações entre dois países dão lugar a uma compensação com o objectivo de equilibrar as trocas e evitar pagamentos internacionais; contudo, cumpre notar que a compensação civilística é individual (entre dois devedores) e não colectiva, ao contrário do que sucede no «clearing»[251].

A compensação, quando tenha lugar nos contratos internacionais de contrapartidas é de natureza convencional, pois a prática internacional desconhece a compensação legal. Então, quando a compensação é de origem convencional (compensação voluntária), os requisitos de exigibilidade e de fungibilidade já não são obrigatórios.

Aliás, a compensação deve aplicar-se, tanto no direito interno como no comércio internacional, aos pagamentos e não às compras ou vendas[252], como um modo de extinção das obrigações. Ora as obrigações resultantes dum contrato de contrapartidas podem ser recíprocas e não serem compensadas, tal como as obrigações resultantes dum outro contrato internacional podem ser compensadas sem serem contrapartidas.

---

[248] Em relação à fungibilidade do objecto das obrigações no regime legal português cfr. ANTUNES VARELA, *Das obrigações em geral*, II, op. cit., pág. 195; ALMEIDA COSTA, op. cit., pág. 674.

[249] Neste sentido o art. 847.°, n.° 1 e o 851.° do Cód. Civ. português ao dispor que "a compensação apenas pode abranger a dívida do declarante, e não a de terceiro..." e no n.° 2 que "o declarante só pode usar para a compensação créditos que sejam seus, e não créditos alheios...". V. ANTUNES VARELA, op. cit., pág. 190; ALMEIDA COSTA, op. cit., pág. 940-941; no Direito Italiano, RAGGUSA-MAGGIORE, op. cit., pág. 23; no Direito Francês MEZGHANI/BOURAQUI, op. cit., pág. 351.

[250] Cfr. FARJAT, *Droit Privé de l'Economie*, Thémis, 1975, pág. 495.

[251] Neste sentido JOLLY, op. cit., pág. 24.

[252] Neste sentido WOICZICK, op. cit., pág. 147.

O *countertrade* é uma forma de comprar ou vender (ou trocar) e não uma forma de pagamento[253].

Sempre caberá notar que os contratos de *countertrade*, atenta a prática contratual, fruto da vontade das partes, são em tudo regidos pelas próprias disposições e, supletivamente, pelo direito aplicável ao contrato (as mais das vezes escolhido pelas partes), não sendo líquido que o emprego da expressão compensação («compensation») remeta para a correspondente figura no direito nacional, atento o significado que assumiu nos contratos de comércio internacional.

Aliás, este problema apenas teria de ser considerado na hipótese das partes não indicarem o direito aplicável ao(s) contrato(s), o que não é vulgar no *countertrade*.

4.2.1.2. Conclusão.

O instituto jurídico da compensação, tal como é regulado nos vários sistemas jurídicos nacionais de inspiração romano-germânica não só não cobre toda a realidade jurídica dos contratos internacionais de contrapartidas, como se revela imprestável para regular alguns deles, além de ser ignorado por outros, pelo que a melhor solução consistiria em renunciar a esta terminologia genérica, porque juridicamente incorrecta.

A explicação para a divulgação internacional deste termo genérico poderá ter consistido na afinidade histórica com os acordos de «clearing» (também designados «acordos de compensação») surgidos nos anos trinta ou pela vulgarização no mundo dos negócios duma expressão sem preocupações de índole jurídica, afinal o equivalente económico do conceito jurídico de compensação aplicado a uma operação económica.

Tal não significa que o regime jurídico da compensação resulte sempre incompatível com os contratos internacionais de contrapartidas, mas apenas que não é uma característica geral destes contratos.

No âmbito deste estudo, para além do sentido jurídico (civílistico) que lhe é próprio, a compensação será reservada para designar exclusivamente a «compensation» (sentido estrito) e a «advanced compensation»/ /«compensation anticipé» ...[254], operações relevantes no âmbito das contrapartidas comerciais, reconhecendo que a prática contratual consagrou a expressão.

---

[253] Neste sentido WOICZIK, op. cit., pág. 157.
[254] V. supra neste Capítulo, Secção I, 2.2.

4.2.2. Acordos de «clearing».

Alguns autores incluem no conceito de *countertrade* os acordos bilaterais de «clearing», bem como os «evidence accounts», ou ainda o «switch trading», como manifestações do *countertrade* financeiro[255].

No âmbito do acordo de «clearing» há um fluxo de bens nos dois sentidos: durante um determinado período de tempo, previamente estabelecido, cada um dos países exporta/importa bens ....

O acordo de «clearing» concluído entre Estados não dispensa a conclusão de vários contratos comerciais internacionais individuais entre os fornecedores públicos e privados residentes em cada um dos Estados[256], em tudo semelhantes aos tradicionais contratos de venda internacional de mercadorias, excepto no que respeita ao preço exigindo que este seja indicado na unidade de conta «clearing».

Sempre será conveniente distinguir o acordo de «clearing» dos contratos de exportação concluídos ao abrigo daquele, pois tais contratos não são ou podem não ser contratos de *countertrade,* uma vez que não tem de se verificar qualquer ligação jurídica entre estes[257]. Aliás, nem sequer o acordo de «clearing» se presta a servir de quadro à conclusão dum contrato de *countertrade,* uma vez que nenhuma exportação terá de ser subordinada a uma importação[258].

Os acordos de «clearing» não respeitam a uma importação dependente de uma exportação, nenhuma importação está necessàriamente subordinada à realização duma exportação, pontualmente, caso a caso, contrato a contrato[259], isto é: cada transacção (exportação) individualmente considerada não depende da outra, não se verificando necessariamente uma relação

---

[255] Entre outros WELT, *Trade* ..., op. cit., pág. 5; VERZARIU, op. cit., pág. 31-35; LAMBIN, op. cit., pág. 21; "Kredietbank", op. cit., pág. 2; HERVEY, op. cit., pág. 32; WOICZICK, op. cit., pág. 169; STITH, op. cit., pág. 10.21-22.

[256] Sobre as dificuldades de articulação entre o acordo de «clearing» e a execução dos correspondentes contratos de exportação v. ABDEL-LATIF, op. cit., pág. 23.

[257] Apenas existiria se os contratos concluídos ao abrigo do acordo de «clearing» fossem contratos de *countertrade,* o que não é exigido pelo acordo de «clearing» – neste sentido DURAND BARTEZ, «Le troc dans le commerce international ...», op. cit., pág. 205; UNCITRAL, *Legal Guide on Countertrade Transactions,* op. cit., pág. 144-5.

[258] Neste sentido ALI MEZGHANI/BOURAQUI, op. cit., pág. 338. Em sentido diferente DURAND BARTEZ, op. cit., pág. 205, entende que os contratos concluídos entre exportadores e importadores no âmbito dum acordo de «clearing» podem ou não implicar obrigações de *countertrade,* mas estas não surgem como uma consequência necessária do «clearing».

[259] As exportações realizadas no âmbito dum acordo de «clearing» assumem a forma jurídica dum tradicional contrato internacional de venda de mercadorias e não dum contrato de «countertrade». V. supra neste capítulo sobre acordos de «clearing» e de pagamentos.

74 *Dos Contratos de Contrapartidas no Comércio internacional* («countertrade»)

entre cada uma das importações (compra) e cada uma das exportações (venda), nem a coincidência exportador/contra-importador, importador/ /contra-exportador[260], nem qualquer ligação jurídica entre os respectivos contratos numa direcção ou noutra[261], antes é o conjunto das exportações que deverá equilibrar o conjunto das importações, é o saldo (deficit, supe-ravit, equilíbrio) apurado ao fim de determinado período de tempo que interessa apurar.

Aliás, atenta a natureza destes acordos[262], não deverão ser conside-rados acordos comerciais ou «barter» a longo prazo[263]. O «clearing» dife-rencia-se do «barter», pois enquanto o objectivo deste é a troca directa de bens por bens (ausência de preço), o «clearing» é uma alternativa à troca directa («barter»), quando não é viável o pagamento em divisas[264]; afinal a novidade face à forma tradicional como se processavam as exportações/ /importações reside no preço ser indicado numa unidade de conta «clea-ring» e na forma do pagamento não ser em divisas, mas na moeda nacional do exportador.

---

[260] V. supra esquema sobre o «clearing». O que apenas sucederia na hipótese de existir um único exportador/importador em cada um dos países, hipótese pelo menos pouco frequente: corresponderia a um acordo de «clearing» entre dois países de "comér-cio de Estado", em que um organismo público teria o monopólio das exportações/impor-tações ("monopólio bilateral" – v. sobre esta forma de mercado PEREIRA DE MOURA, op. cit., pág. 155 e ss.; SOARES MARTINEZ, *Economia*, op. cit., pág. 640 e ss.).

[261] Por este motivo a UNCITRAL não inclui os acordos de «clearing» no âmbito das operações de *countertrade* consideradas no Guia Jurídico – cfr. UNCITRAL, *Legal Guide on International Countertrade* ..., op. cit., pág. 145.

[262] MEZGHANI/BOURAQUI, op. cit., pág. 338, entendem que se trata de acordos de pagamento bilaterais.

[263] Neste último sentido LAMBIN, op. cit., pág. 21, equipara o «clearing» a um "long term barter arrangement betweeen two countries, while the forms of CT described so far are ad hoc transaction-by-transaction forms of barter...". No mesmo sentido S. LINN WILLIIAMS/C. STITH, op. cit., pág. 10-20. Ora, tal apenas sucederia se, efectivamente, o equilíbrio se verificasse transacção a transacção, o que não parece ser exigido pelo «clea-ring». Aliás, no «barter» não é fixado preço, ao contrário do «clearing», onde têm lugar pagamentos em dinheiro, não em divisas, mas na moeda nacional de cada um dos con-tratantes (importador/exportador); o objectivo do «clearing» é evitar pagamentos em divisas e não pagamentos em dinheiro.

[264] A distinção conceptual entre acordos de «clearing» e a troca directa («barter») foi oportunamente apresentada nos estudos contemporâneos do apogeu do «clearing» (anos trinta); o «clearing», enquanto forma de "compensação" de natureza pública, surgiu como uma alternativa à troca directa, de natureza privada – neste sentido v. JOLLY (1939), op. cit., pág. 151 (nota 1). Mais recentemente ABDEL-LATIF, op. cit., pág. 22-23; NEDJAR, op. cit., pág. 202.

Outros autores associam o «clearing» à compensação civilística[265], assim se explicando a designação alternativa acordos de compensação/ /«clearing»[266].

Não obstante a ausência de pagamentos em divisas, inerente ao «clearing», estes acordos não dispensam o pagamento em moeda nacional, originando muitas vezes um pagamento em divisas correspondente à diferença entre os registos a débito e a crédito (saldo previsto no acordo de pagamentos)[267]; ou então ao «switch trading»[268].

Historicamente, os acordos de «clearing» tiveram a sua origem num período anterior ao considerado para o actual *countertrade*, num contexto não exactamente correspondente.

Além do mais, o «clearing», tal como os acordos comerciais bilaterais, é negociado com recurso a instrumentos de Direito Internacional (Público) e não através contratos internacionais inspirados no direito privado, pois são acordos negociados entre estados na qualidade de sujeitos de Direito Internacional Público[269].

A OCDE salienta que o *countertrade* correspondeu a uma reivindicação dos PVD, na intenção de abandonar a prática do «clearing»[270], o que pode ser interpretado no sentido de que esta instituição internacional considera práticas conceptualmente distintas no comércio internacional o «clearing» e o «countertrade».

Algumas sistematizações do *countertrade* não incluem o «clearing»[271], o que também pode ser interpretado no sentido anterior.

---

[265] FARJAT, *Droit privée de l'économie*, T. II, pág. 486, apud WOICZICK, op. cit., pág. 38; OTTORINO ASCANI, op. cit., pág. 797.

[266] Aliás, é bastante divulgada a sinonímia acordos de «clearing»/compensação – cfr. TAMANES, op. cit., pág. 31; CARREAU (e outros), *DIE* (1978), op. cit., pág. 73; ALAIN COTTA, *Dicionário de Economia*, D. Quixote, 4.ª ed.; MEZGHANI/BOURAQUI, op. cit., pág. 337, referindo-se aos acordos de «clearing» celebrados pela Tunísia, classifica-os como acordos de compensação.

[267] Assim o problema dos saldos correspondentes à diferença entre as exportações e as importações, inerente aos acordos de «clearing», não tem sentido no «barter».

[268] Ver supra neste capítulo 2.8. sobre «switch trading».

[269] Neste sentido NEDJAR, op. cit., pág. 202; MEZGHANI/BOURAQUI, op. cit., pág. pág. 336.

[270] Cfr. OCDE, «Échanges compensés – pratiques des pays en developpement», op. cit., pág. 8.

[271] Cfr. KREDIETBANK, op. cit., pág. 2. Vários autores apesar de não adoptarem uma posição sobre a distinção em análise não incluem na sistematização do *countertrade* os acordos de «clearing» – entre outros RAJSKI, op. cit.

76 *Dos Contratos de Contrapartidas no Comércio internacional («countertrade»)*

Assim, ao contrário de muitos autores[272], pelos motivos expostos, a não ser num sentido amplo (sem preocupações de índole jurídica), os acordos de «clearing», os acordos comerciais bilaterais[273] e os acordos de pagamentos, não se enquadram no conceito de *countertrade* proposto.

Conclusão: o acordo de «clearing» regido pelo Direito Internacional não é uma operação de *countertrade*; os contratos de exportação/importação concluídos entre os fornecedores de cada um dos países ao abrigo do acordo de «clearing» podem ou não ser contratos de *countertrade*; geralmente são contratos de compra e venda internacional regulados pelo direito privado, aos quais são aplicáveis as regras inerentes aos créditos documentários, sendo atribuído um preço às mercadorias expresso na unidade de conta «clearing»; nesta medida nunca podem ser contratos «barter» (ausência de preço). Excepcionalmente, se forem contratos de *countertrade* assumirão a forma do «counterpurchase» ou da «advanced compensation», mas tal opção não será uma consequência necessária do acordo de «clearing», antes se deverá aos exportadores de cada um dos países.

4.2.3. «Evidence accounts».

Idênticas conclusões podem ser retiradas (com as adaptações necessárias) acerca dos «evidence accounts»[274], não devendo por conseguinte ser considerados autonomamente, isto é: os «evidence accounts» não são considerados uma operação autónoma no âmbito do *countertrade*, nem um meio de pagamento, mas tão somente um instrumento auxiliar introduzido nalguns contratos deste tipo[275], com a função de registar o cumprimento e o valor do fluxo de exportações/importações recíprocas de mercadorias inerentes a contratos de longa duração que pressuponham a entrega fa-

---

[272] Considerando expressamente os acordos de «clearing» e (ou) os acordos comerciais bilaterais como uma das manifestações do *countertrade*, entre outros, DURAND-BARTEZ, op. cit., pág. 204 e ss.; WELT, *Trade without money*, op. cit., pág. 5; CEDRIC GUYOT, op. cit., pág. 762; AMELON, op. cit., pág. 227; LAMBIN, op. cit., pág. 17-21; ABLA ABDEL-LATIF, op. cit., pág. 22; MOATTI, op. cit., pág.14; HOUTTE, op. cit., pág. 348-349; LAURA VALLE, op. cit., pág. 1228; LINN WILLIAMS/STITH, op. cit., pág. 10.21. Não tem sido raro os autores associarem o «barter» aos acordos comerciais bilaterais e aos acordos de «clearing», confusão que explica mas não justifica a sua inclusão no âmbito do *countertrade*.

[273] Neste sentido VERZARIU, op. cit., pág. 38.

[274] Em sentido contrário, considerando os «evidence accounts» uma das manifestações do *countertrade*, entre outros WELT, *Trade whithout money* ..., op. cit., pág. 5; LAMBIN, op. cit., pág. 21; KREDIETBANK, op. cit., pág. 2.

[275] Neste sentido ROWE, op. cit., pág. 13. Assim, num contrato de «counterpurchase», «buy-back», «offset», ou outro que exija fornecimentos protelados no tempo.

seada das mercadorias[276]. Será neste sentido que serão considerados neste estudo.

4.2.4. «Swith trading».

O «switch trading» também não será considerado uma manifestação do *countertrade*, atenta a sua natureza financeira, o que é pelo menos evidente no «switch» financeiro (onde não têm lugar duas exportações do sentido inverso ligadas contratualmente, uma vez que há apenas um movimento de mercadorias num sentido e em que acaba por ter lugar um pagamento integral em divisas[277] no outro); de qualquer forma não é uma operação independente uma vez que pressupõe uma anterior transacção, que até pode nem ser um acordo de «clearing» ou um «evidence account», mas outra que tenha gerado créditos/débitos[278], correspondendo a um segundo estágio.

O caracter estritamente financeiro também exclui os «swaps» do âmbito do *countertrade*.

4.2.5. Conclusão.

A exclusão da acepção estrita de *countertrade* dos acordos comerciais bilaterais, dos acordos de «clearing», dos «evidence accounts», dos acordos de pagamentos, do «switch trading», dos «swaps», permite concluir que todas as demais operações relevantes, incluindo aquelas em que intervém uma pessoa de Direito Público, são negociadas com recurso a um instrumento jurídico inspirado no direito privado: o contrato internacional[279]; assim às operações de *countertrade* correspondem contratos internacionais de *countertrade*.

4.3. Terminologia adoptada.

Apesar da assinalada confusão terminológica, a expressão anglo--saxónica «countertrade»[280] impôs-se no léxico dos negócios internacio-

---

[276] Neste sentido UNCITRAL, *Legal Guide on International Countertrade*, op. cit., pág. 115.

[277] Logo, uma modalidade particular de pagamento – assim WOICZICK, op cit., pág. 170.

[278] Cfr. WOICZICK, op. cit., pág. 169.

[279] Neste sentido CNUDCI, «Opérations internationales d'échanges compensés: project de guide juridique pour l'élaboration de contrats internationaux d'échanges compensés...» (A/CN.9/332), op. cit.

[280] A expressão *countertrade* apenas se vulgarizou nos anos oitenta – cfr. ABDEL--LATIF, op. cit., pág. 17. «Countertrade» teria sido o resultado da tradução da expressão original alemã «gegengeschäfte», o que não parece difícil de aceitar atendendo a que a língua alemã foi amiúde divulgada inicialmente nos contratos Este-Oeste que estiveram na

78 *Dos Contratos de Contrapartidas no Comércio internacional* («countertrade»)

nais e na literatura especializada como termo genérico para designar o conjunto das operações em análise, não obstante outros idiomas terem reivindicado a correspondente tradução[281].

Assim, seria oportuno encontrar a correspondente tradução na língua portuguesa[282] ou em alternativa optar por uma expressão susceptível de

---

origem recente destas operações. Porém, o estudo da OCDE – «Les échanges Est-Ouest...», op. cit., pág. 18 e 19 – preferiu traduzir «gegengeschäfte» por «counterpurchase» («contre--achat») e «kompensationsgeschäfte» por «compensation» («contreparties») e «countertrade» por «verbundgeschäfte» – op. ult. cit., pág. 9.

[281] Os autores de língua francesa «compensation» ou «échanges compensés» – cfr. CARREAU/FLORY/JUILLARD, *DIE* (1990), op. cit., pág. 250; na literatura jurídica italiana «scambio in compensazione» – cfr. FRIGANI, *Il contratto internazionale*, op. cit., pág. 343; LAURA VALLE, op. cit., pág. 1215; os alemães «kompensationvertrag» ou «verbungeschäfte» – cfr. OCDE, op. ult. cit., pág. 9.

[282] A tradução literal de «countertrade» para a língua portuguesa seria "contra-comércio", palavra que não existe no vocabulário português e, além disso, pouco elucidativa acerca do conteúdo, pelo que será de rejeitar.

A palavra "troca", se bem que susceptível de captar a problemática em causa, ultrapassa-a pelo seu alcance genérico, uma vez que não é usada apenas para designar a operação comercial em causa: interpretar mal, mudança, correspondência recíproca, transformação, compensação, são alguns dos significados – cfr. *Dicionário de Língua Portuguesa*, Porto Editora, 5.ª edição; *Dicionário Enciclopédico Koogan/Larousse/Selecções*.

Ao contrário do que possa sugerir, atendendo à operação comercial que representa ter origem na Pré-História, a expressão troca/trocar tem origem recente. Conforme demonstrou o estudo de SERVET, «... la fable du troc», op. cit., pág. 54 e ss., com o declínio do latim enquanto língua culta as línguas nacionais vão encontrar a sua própria linguagem técnica; até ao século XVIII o vocábulo trocar ("troquer", em francês; "tauschen", em alemão; "traujamancar", em espanhol; trocar, em português; "baratto", em italiano) assume um conteúdo indeterminado, quer designando o objecto da troca in natura, quer o vocabulário dos mercadores ou ainda outras realidades.... Apenas na Grã-Bretanha, mercê dos estudos sobre Economia Política terem precedido os dos outros países europeus, o «barter» assume o significado actual desde muito cedo; em França deveu-se o significado actual ao artigo de Quesnay "grains", na Enciclopédia, que definiu como "échanger des denrées mêmes".

O termo «escambo» (ou escâmbio) poderia prestar-se a designar a problemática em causa; todavia, apesar de ter sido divulgado em tempos passados, na língua portuguesa, caiu em desuso em Portugal (mas não no Brasil), não obstante figurar ainda nos dicionários da língua portuguesa – cfr. *Dicionário da Língua Portuguesa*, Porto Editora, 5.ª edição, pág. 564; *Dicionário Enciclopédico Koogan – Larousse – Seleções* (I vol. – Léxico comum), pág. 333; *Dicionário Lello*, Enciclopédia Portuguesa-Brasileira; Enciclopédia Luso-Brasileira – com o significado de câmbio, permuta, troca, acordo em virtude do qual se dá uma coisa por outra. Aliás, foi e é consagrado na legislação portuguesa – cfr. Código Comercial, Título XVIII (Do escambo ou troca), artigo 480.º ("Comercialidade da troca");

Operações de Contrapartidas («countertrade») no Comércio Internacional 79

abranger a problemática em causa: afastada a primeira hipótese, analisadas as alternativas, a solução adoptada consiste em optar por contrapartidas[283], solução ainda assim não isenta de inconvenientes[284].

no revogado Código Civil de 1867, artigo 1592° e ss., 1545° – pelo que não seria uma possibilidade a descurar. No entanto, no âmbito deste estudo a palavra escambo será adoptada como tradução de «barter», pois juridicamente será duvidoso abranger todas as operações relevantes no âmbito do *countertrade* pelo regime jurídico da troca.

Comércio por compensação, ou simplesmente compensação – enquanto tradução indirecta da expressão francesa «compensation» – não seria a alternativa mais aconselhável, já que se trata duma das operações tipo do «countertrade», incorrendo-se no erro de designar o género pela espécie, além da mesma expressão se referir à compensação civilística (caso da literatura jurídica francesa especializada).

Além do mais, a «compensação» no direito português é um conceito jurídico próprio do Direito das Obrigações e que consiste num modo de extinção das obrigações, sendo regulado no Código Civil (artigos 847.° a 856.°) e ainda noutros diplomas legais – nomeadamente no Regulamento da CMVM n.° 95/12, de 30 de Novembro – e, se bem que não de todo estranho à problemática do *countertrade*, não se identifica rigorosamente com esta, que respeita exclusivamente ao comércio internacional (v. supra nesta Secção 4.2.1.)

Entre nós a terminologia contratos internacionais de "trocas compensadas" foi empregue pela primeira vez por MOURA RAMOS, «Reunião da 22.ª Sessão da CNUDCI», op. cit., pág. 824, como tradução de «countertrade» e de «échanges compensés», opção que não se afigura a mais acertada pelos motivos oportunamente considerados.

O Regulamento (CEE) n.° 812/86 do Conselho, de 14.03.1986 (JO L de 24.3.1986) sobre «dumping» intracomunitário, na tradução portuguesa referia-se a "compensação" e a "acordos de compensação", tradução à letra, que se revela inadequada à problemática em causa, o mesmo sucedendo com a tradução portuguesa do Acordo relativo à interpretação do Artigo VI do GATT.

Outro sentido a que anda ligada a compensação é a indemnização – cfr. *Dicionário de Língua Portuguesa*, Porto Editora – tal como sucede com o vocábulo inglês «compensation». Neste sentido MEZGHANI/BOURAQUI, op. cit., pág. 352, invocam outro significado de «compensation», que não a compensação civil (vantagem que "compensa" uma desvantagem), o qual se adapta à problemática das contrapartidas no comércio internacional.

[283] A terminologia é sugestiva, atentas as características; aceitando que contrapartidas é a tradução do original alemão «gegengeschäfte» – neste sentido NAGELS, *Laisser faire, laisser troquer*, 1987; finalmente, impõe-se na medida em que a legislação portuguesa elegeu esta terminologia para se referir ao *countertrade* no conjunto – cfr. Despacho Conjunto dos Ministros da Defesa Nacional e da Indústria e Comércio de 22.05.86, Despacho Conjunto n.° 341/99 de 8 de Abril (que revogou o anterior), bem como o Dec. lei n.° 33/99 de 5 de Fevereiro de 1999 (art. 8.°, n.° 3); v. Capítulo II, Secção II, Subsecção III («offset») – o que dalguma forma retira interesse à possível escolha. De notar, porém, que o vocábulo contrapartidas tem outras aplicações que não a realidade em consideração – comércio internacional – pelo que exige uma referência obrigatória ao comércio internacional.

[284] Contratos de contrapartidas são uma das variantes do *countertrade* – cfr. OCDE,

80 *Dos Contratos de Contrapartidas no Comércio internacional («countertrade»)*

Então, doravante, neste estudo a terminologia[285] eleita para aludir ao *countertrade* será contrapartidas, comércio internacional por contrapartidas, operações internacionais de contrapartidas, contratos internacionais de contrapartidas: os instrumentos jurídicos que servem de base às operações de contrapartidas são os contratos internacionais de contrapartidas, a problemática jurídico-económica inerente o comércio internacional por contrapartidas:

– Operação de contrapartidas: a operação económica[286] de contrapartidas subjacente ao contrato de contrapartidas, ou o conjunto de contratos inerentes à operação de contrapartidas.

– Contrato de exportação/importação: contrato principal (por exemplo, o contrato de venda internacional de mercadorias no «counterpurchase»; o contrato de transferência de tecnologia no «buy-back»).

– Contrato de contra-exportação/contra-importação: contrato secundário (por exemplo, o contrato de contrapartidas no «counterpurchase; o contrato de recompra no «buy-back»).

– Exportador/contra-importador[287]: a parte que no contrato principal exporta (exportador/vendedor) e que no segundo contrato acorda importar (contra-importar) em cumprimento da obrigação de contrapartidas.

– Importador/contra-exportador[288]: a parte que no contrato principal importa (importador/comprador) e que se obriga a exportar (contra-exportar) no âmbito do outro contrato.

– Taxa de contrapartida: a percentagem ou o montante das contrapartidas por referência à exportação principal. Este valor pode ser inferior, igual ou superior ao da exportação principal.

«Les échanges Est-Ouest...», op. cit., pág. 19. Por outro lado, o CMVM, Título III, Capítulo II, Secção VIII (Das operações de contrapartidas), apresenta no art. 473.º um conceito de operações de contrapartidas, num contexto diferente.

[285] Sobre outra proposta de terminologia v. ECE/ONU, «Contrats internationaux d'achats en retour», op. cit.

[286] Operação económica internacional subjacente ao contrato de contrapartidas, assim a operação económica apela à realidade económico-social, o contrato constituindo a formalização jurídica da operação económica. O contrato conceito jurídico resulta instrumental da operação económica – sobre a relação entre a operação económica e o contrato v. Enzo Roppo, op. cit., pág. 7 e ss. Sobre operação de comércio internacional v. Ferrer Correia, «Da arbitragem comercial internacional», op. cit.

[287] Terminologia adoptada pela UNCITRAL, *Legal guide on international countertrade transactions*, op. cit., pág. 97.

[288] Terminologia adoptada no *Legal guide on international countertrade...*, op. cit., pág. 97.

4.4. Conclusão.

Consideram-se operações de contrapartidas (*countertrade*) no comércio internacional, aquelas operações surgidas historicamente com o intercâmbio Leste-Oeste no pós guerra (anos sessenta e setenta), caracterizadas pela relação entre uma exportação e uma importação, prevendo fluxos de bens e serviços nos dois sentidos, dependência essa estabelecida juridicamente através da conclusão de contratos internacionais (como o «barter», o «counterpurchase», o «buy-back» e o «offset»...), geralmente caracterizados pela ausência total ou parcial de pagamentos internacionais, bem como pela dupla função de exportador/contra-importador – importador/contra-exportador inerente a cada um dos contraentes.

Tal acepção de contrapartidas exclui aquelas operações de comércio internacional em que se não verifica uma dependência entre a importação e a exportação estabelecida juridicamente (vendas internacionais cruzadas, juridicamente independentes), quer aquelas que são negociadas com recurso a instrumentos de Direito Internacional (acordos comerciais bilaterais, acordos de «clearing», acordos de pagamentos, «switch trading») e (ou) que não estabelecem juridicamente esta ligação.

Algumas destas operações de contrapartidas caracterizam-se ainda por terem lugar num curto espaço de tempo (curto prazo) e respeitarem ao comércio de matérias-primas, produtos manufacturados, sem qualquer transferência de tecnologia (comerciais) – «barter», «compensation», «counterpurchase» – ou então respeitarem a transacções a médio ou longo prazo implicando significativas transferências de tecnologia (industriais) – «buy-back», «offset» – noutros casos combinando as duas – «offset» misto; é ainda possível estabelecer uma relação directa ou indirecta entre as contrapartidas e a exportação principal; bem como distinguir as que são negociadas com recurso a um único contrato («barter») das que são habitualmente negociadas com recurso a vários contratos.

4.5. Sistematização adoptada.

O apuramento dum conceito de contrapartidas no comércio internacional, a exclusão de figuras afins, permite a adoptar a seguinte sistematização dos contratos internacionais de contrapartidas:

Contrapartidas

- Comerciais
  - «Barter»
  - «Compensation»
    - «counterpurchase»
    - «advanced compensation»
- Industriais
  - «Buy-back»
  - «Offset»
    - directo
    - indirecto
    - misto

Considerando a relação (directa e indirecta) entre a exportação principal e as contrapartidas:

Contrapartidas

- relação directa
  - «buy-back»
  - «offset» directo
  - «offset» misto
- s/relação directa
  - «barter»
  - «forward purchase»
  - «counterpurchase»
  - «offset» indirecto

Considerando o número de contratos:

Contrapartidas

- um único contrato
  - «barter»
  - «compensation»
- vários contratos
  - «counterpurchase
  - «advanced compensation»
  - «buy-back»
  - «offset»

Finalmente, em síntese, considerando simultâneamente o número de contratos, a natureza comercial e industrial e a relação (directa ou indirecta) entre a exportação principal e as contrapartidas:

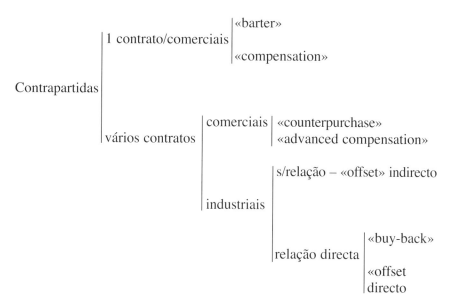

CAPÍTULO II
CONTRATOS INTERNACIONAIS DE CONTRAPARTIDAS

1. INTRODUÇÃO

1.1. Uma vez apurada a noção de contrapartidas no comércio internacional, descritas as principais operações (económicas), ocupa-se o presente capítulo da análise dos instrumentos jurídicos que lhes servem de suporte – os contratos internacionais de contrapartidas.

Assim, para efeitos deste estudo, as operações de contrapartidas são negociadas através de contratos internacionais de contrapartidas.

É considerando a sistematização adoptada no I Capítulo, que no II Capítulo serão analisadas as operações de contrapartidas negociadas com recurso a um único contrato («barter» – Secção I), no âmbito das transacções a curto prazo, contrapartidas comerciais e as operações negociadas com recurso a vários contratos (Secção II), considerando a relação indirecta entre a exportação principal e as contrapartidas, bem como o carácter comercial («counterpurchase»-Subsecção I), ou directa de carácter industrial («buy-back»-Subsecção II) ou simultâneamente directa e indirecta, comercial e industrial (Subsecção III – «offset»).

Neste propósito é analisado um contrato por cada categoria, de acordo com a sistematização proposta (operações negociadas apenas através dum contrato, operações negociadas com recurso a vários contratos, relação entre a exportação principal e as contrapartidas), o que afasta a solução duma estrutura contratual comum às várias operações[1].

Os contratos de execução e os anexos[2], apenas serão considerados na medida em que for necessário para a compreensão da estrutura da operação.

---

[1] Em contrário, entre outros, BERNARDINI, op. cit., pág. 112.

[2] Conforme refere PHILIPPE KAHN, «L'interpretation des contrats internationaux», op. cit., pág. 16, um contrato «chave na mão» pode fácilmente implicar mais de vinte anexos, desde as garantias bancárias aos dados técnicos que desenvolvem as obrigações constantes do contrato principal.

Enquanto contratos internacionais, os contratos de contrapartidas apresentam problemas jurídicos comuns aos demais contratos de comércio internacional[3]; outros são exclusivos.

1.2. Se, de acordo com um critério económico bastante divulgado, um contrato é internacional se estão em jogo interesses do comércio internacional, se existem transacções transfronteiriças[4], os contratos de contrapartidas são contratos internacionais[5].

Do ponto de vista jurídico um contrato é internacional se se verificar uma ligação com mais do que um sistema jurídico; entre várias sistemas jurídicos nacionais, ou com este(s) e a ordem jurídica internacional[6].

---

[3] V. sobre a problemática jurídica (pluridisciplinar) inerente ao contrato internacional FRIGANI, *Il contratto internazionale*, op. cit., pág. 3 e ss.

[4] Este critério, adoptado sobretudo pela jurisprudência francesa desde os anos trinta, incide sobre o impacto económico da operação subjacente ao contrato, nomeadamente: movimento de valores além fronteiras, comércio entre Estados, implicações nas reservas em divisas dum estado... – cfr. MARCEL FONTAINE, *Le contrat économique international*, op. cit., pág. 31; LESGUILLONS, *Contrats Internationaux*, T. I, op. cit., Subsecção II; ISABEL MAGALHÃES COLLAÇO, op. cit., pág. 85; DÁRIO MOURA VICENTE, op. cit., pág. 39. Nesta orientação o critério dos pagamentos internacionais/pagamentos nacionais ("Doutrina Matter" – 1927, que influenciou Capitant, Savatier...) – cfr. KASSIS, op. cit., pág. 54 e ss.; HENRY LESGUILLLONS, *Lamy Contrats Internationaux*, op cit, T. I, 1/2. Foi este o conceito de internacionalidade adoptado pelo Direito Português em matéria de arbitragem internacional – artigo 32.º da Lei n. 31/86, de 29/08 – para maiores desenvolvimentos v. LIMA PINHEIRO, op. cit., pág. 363 e ss.

[5] Neste sentido MEZGHANI/BOURAQUI, op. cit., pág. 350.

[6] Cfr. BATIFFOL, *Droit International Privé*, Dalloz, Paris; KASSIS, op. cit., pág. 19 e ss. TOUSCOZ, *Direito Internacional*, op. cit., pág. 304; inversamente, um contrato não seria internacional, logo seria um contrato interno, caso não se verificasse esta ligação a várias ordens jurídicas. Porém, a distinção nem sempre será isenta de dificuldades conforme demonstrou ISABEL MAGALHÃES COLAÇO, op. cit., pág. 75, que na esteira de JITTA, distingue a este propósito contrato interno, contrato estrangeiro e contrato internacional.

Nas Convenções Internacionais a Convenção de Haia de 14.06.1955 sobre a lei aplicável às vendas de carácter internacional de objectos mobiliários corpóreos o critério é negativo, enquanto nas Convenções de Haia de 1964 sobre a venda de objectos mobiliários (L.U.V.I. e L.U.F.C.) se adopta um duplo critério: primeiro, as partes devem ter o seu estabelecimento em Estados diferentes (estabelecimento ou residência); segundo, a mercadoria objecto do contrato é ou será transportada dum estado para o território doutro estado, sendo os actos constitutivos da oferta e respectiva aceitação negociados em estados diferentes e a entrega da coisa deve ter lugar no território dum estado diferente daquele onde tiveram lugar os actos constitutivos da oferta e da sua aceitação. As Convenções sobre Transportes Internacionais adoptam o critério da realização do transporte entre o ter-

Contratos Internacionais de Contrapartidas

O problema seria irrelevante se o regime legal a aplicar fosse idêntico nos vários sistemas jurídicos nacionais.

Atendendo a que são frequentes os conflitos entre os vários sistemas jurídicos em contacto, é necessário determinar qual a lei aplicável: ao Direito Internacional Privado, através das regras de conflitos («choice-of-law rules», «kollisionsnormen») – método conflitual[7] – cabe determinar qual a lei nacional aplicável; como cada ordem jurídica nacional possui um sistema de normas de conflitos, os conflitos conduzem à aplicação de um direito nacional, determinado pelos elementos ou factores de conexão (nacionalidade, domicílio ou residência habitual, lugar de celebração ou da execução do contrato...)[8].

Porém, nos contratos de comércio internacional a nacionalidade é um factor de conexão secundário e de reduzido préstimo para a qualificação destes contratos[9].

Aqui, o elemento "extranacional" ou de estraneidade consagrado é o domicílio, a residência habitual ou o estabelecimento comercial das partes em Estados contratantes distintos[10].

Ao DIP, para a teoria clássica, compete, através da norma de conflitos, designar a lei nacional aplicável ás diferentes situações plurilocalizadas, dentre os vários sistemas jurídicos em concurso; o que em última análise se reconduz ao problema de escolha de lei. Ora independentemente

---

ritório de dois estados diferentes; a Convenção de Roma de 1980 sobre a lei aplicável às obrigações contratuais o critério positivo das situações que impliquem um conflito de leis (artigo 1.º); a Lei-tipo da CNUDCI sobre as Transferências Internacionais o critério da localização do banco expedidor e receptor em Estados diferentes.

Sobre outros critérios noutros sistemas jurídicos nacionais v. LESGUILLONS, op. cit., T. 1, Secção II e III; LIMA PINHEIRO, op. cit., pág. 361 e ss. Para uma apreciação crítica dos vários critérios sobre a internacionalidade v. KASSIS, op. cit., pág. 19 e ss.

[7] Sobre o sistema de regras de conflitos, por todos v. FERRER CORREIA, *Lições...*, op. cit., pág. 205 e ss.

[8] Idem, ibidem, pág. 17-18.

[9] Neste sentido ISABEL MAGALHÃES COLAÇO, op. cit., pág. 80; LUÍS LIMA PINHEIRO, op. cit., pág. 375. Também o C. Civ. (art. 42.º) não considera a nacionalidade como elemento de conexão.

[10] Assim, na Convenção das Nações Unidas sobre os Contratos de Venda Internacional de Mercadorias (Viena-1980) o elemento relevante é o estabelecimento, sendo a nacionalidade expressamente excluída como elemento de conexão (art. 1, n.º 3); tb. a Convenção de Haia sobre a Lei Aplicável aos Contratos de Venda Internacional de Mercadorias (Haia-1986) considera elemento de conexão o estabelecimento das partes em Estados distintos; a Convenção de Roma sobre a lei aplicável às obrigações contratuais (1980)... também não inclui a nacionalidade entre os elementos de conexão.

das críticas[11] a que ultimamente tem sido submetida esta concepção, importa sobretudo considerar que em matéria de comércio internacional as soluções do direito nacional (do foro), qualquer que este seja, ainda que não se trate das normas determinadas pelo DIP clássico, elaboradas tendo em vista as situações da vida jurídica nacional e a elas dirigidas podem não ser, ou não são as mais adequadas[12], ou até podem mesmo não existir. Assim, nem todos os contratos internacionais têm um equivalente no direito interno[13]: estarão nesta situação os contratos internacionais de contrapartidas.

Aliás, os problemas do DIP não são um exclusivo dos contratos internacionais de contrapartidas, mas, comuns a todos os contratos internacionais, pelo que não assumem nesta sede relevância exclusiva.

Alguns estados possuem legislação especial (direito material especial) sobre o comércio externo[14], o que é excepcional e não corresponde a uma tendência do direito contemporâneo[15].

Ademais, nos contratos de comércio internacional, as regras de conflitos têm sido preteridas a favor do Direito Uniforme[16], das Leis-modelo[17]

---

[11] V. sobre os opositores da "teoria tradicional" nos EUA, FERRER CORREIA, *Direito Internacional Privado. Alguns problemas*, op. cit., pág. 25.

[12] A este propósito v. MARIA ISABEL JALLES, «A plurilocalização e a deslocalização espacial das situações jurídicas internacionais», op. cit., pág. 65 e ss.

Note-se, a título de exemplo, que a sanção da nulidade do contrato poderá significar, num contrato internacional, um prémio à má fé de quem a invoca. Ademais, nos contratos internacionais, o grau de profissionalização é bastante superior ao dos contratos internos.

[13] Neste sentido FRIGANI, *Il contratto internazionale*, op. cit., pág. 129, que refere com pertinência que no comércio internacional não é frequente o recurso a uma forma pura de contrato típico, não só porque nem todas as figuras correspondem a tipos contratuais previstos simultaneamente na legislação dos países dos contraentes, mas também porque os objectivo económicos das partes não se compadecem com os tipos criados pelo legislador, antes combinam elementos próprios de vários contratos (contrato misto) ou resultam em novas figuras contratuais.

[14] Trata-se sobretudo dos países de Comércio de Estado: Checoslováquia – Código de Comércio Internacional de 4/12/63; a antiga República Democrática Alemã – Lei sobre os contratos económicos internacionais (5/2/76); Hungria – Dec.lei n.º 8/78; Roménia – Lei n.º 3/79, sobre contratos económicos; China – Lei de 21/03/85 (sobre os contratos económicos com o estrangeiro).

[15] Cfr. FERRER CORREIA, *Direito Internacional Privado. Alguns problemas*, op. cit., pág. 81 e ss.

[16] Convenções sobre transporte internacional – Convenção de Berna de 1890 (transporte por caminho de ferro), Convenção de Varsóvia de 1929 e Convenção de Roma de

Contratos Internacionais de Contrapartidas   89

e dos regulamentos de arbitragem, que aí encontraram o campo de aplicação privilegiado[18].

Nos contratos de *countertrade* é usual e aconselhável a escolha da lei aplicável ser objecto de cláusula própria[19], incluindo o recurso à arbitragem[20], tal como aliás, sucede nos demais contratos de comércio interna-

---

1933 (transporte aéreo), Convenção de Genebra de 1956 (transporte rodoviário), Convenção de Bruxelas de 1924 (transporte marítimo), Convenção das Nações Unidas sobre o transporte de mercadorias por mar —"Regras de Hamburgo" de 1978; Convenção das Nações Unidas sobre os Contratos de Venda Internacional de Mercadorias (Viena-1980); Convenção de Haia sobre a Lei Aplicável aos Contratos de Venda Internacional de Mercadorias (1986); Convenção de Roma sobre a lei aplicável às obrigações contratuais (1980). No âmbito da UNIDROIT regras uniformes de direito privado originaram várias convenções internacionais, a saber: Convenção de Haia sobre a venda de móveis (1964); Convenção de Bruxelas sobre contratos de viagem (1970); Convenção de Genebra sobre representação na venda internacional de mercadorias (1983); Convenção de Otava sobre locação financeira (1988); Convenção de Otava sobre cessão financeira (1988); Convenção de Roma sobre bens culturais subtraídos ou ilicitamente exportados (1995).

A Conferência de Haia de Direito Internacional Privado, cujo objectivo consiste na promoção da unificação neste domínio, não obstante privilegiar o direito internacional privado da família e das relações interpessoais, tem reconhecido progressivamente a importancia do comércio internacional: Convenção de 15/07/1955 sobre a lei aplicável às vendas de carácter internacional de objectos móveis; Convenção de 1/06/1956 sobre o reconhecimento da personalidade jurídica das sociedades, associações e fundações estrangeiras ...

[17] Ex: Lei-modelo da CNUDCI sobre a arbitragem internacional de 21/6/1985; Lei-tipo sobre as transferências internacionais (1982). V. J.M. JACQUET/P. DELEBECQUE, op. cit., pág. 72.

[18] Cfr. ISABEL MAGALHÃES COLAÇO, op. cit., pág. 5.

[19] Neste sentido UNCITRAL, *Legal Guide* ..., op. cit., pág. 174. Aliás, esta possibilidade é consagrada na Convenção de Roma sobre a lei aplicável às obrigações contratuais (19.06.1980), sendo a escolha das partes o critério fundamental (artigo 3.°) para determinar a lei aplicável (o critério do artigo 4.° é supletivo) – v. sobre esta Convenção FERRER CORREIA, «Algumas considerações sobre a Convenção de Roma», op. cit.; RUI MOURA RAMOS, «L' adhésion du Portugal aux Conventions communautaires en matiére de Droit International Privé», op. cit., pág 75 e ss. Outra possibilidade admitida pela Convenção – e também pela Convenção de Haia (1985) – é a "dépeçage", pela qual as partes podem designar diferentes leis aplicáveis a partes distintas do contrato – cfr. FRIGANI, *Il contratto Internazionale*, op. cit., pág. 139. Sobre a possibilidade dum contrato de venda internacional de mercadorias integrando uma operação de contrapartidas ser sujeito à Convenção de Viena (NU-1980) v. UNCITRAL, *Legal Guide* ..., op. cit., pág. 174.

[20] Cfr. MEZGHANI/BOURAQUI, op. cit., pág. 350; LAURA VALLE, op. cit., pág. 1224. Uma das principais vantagens da arbitragem consiste na possibilidade de escolher árbitros especialistas nesta temática, bem como tribunais especializados (Londres, Estocolmo ...),

90 Dos Contratos de Contrapartidas no Comércio internacional («countertrade»)

cional[21], o que limita o recurso ao método de conflitos do Direito Internacional Privado[22].

Na realidade, os contratos internacionais de contrapartidas não são férteis em contencioso, o que entre outras causas se explicará pela preocupação de sigilo de que são rodeados, mas também pelo cuidado que as partes impõem à respectiva redacção.

As críticas a que tem sido sujeito o método clássico do Direito Internacional Privado, mas sobretudo o extraordinário crescimento do comér-

---

lei aplicável, língua, sendo os procedimentos mais expedictos, menos dispendiosos, confidenciais ... Sobre a conveniência de recurso à arbitragem para dirimir conflitos surgidos no âmbito dos contratos de *countertrade* v. UNCITRAL, *Legal Guide*, op. cit., pág. 179 e ss.

A arbitragem tem sido a opção mais bem sucedida para dirimir os conflitos suscitados pelos contratos comerciais internacionais. Se bem que tenha origens ancestrais – é possível localizar manifestações do recurso à arbitragem no século XVI quando por iniciativa de D. João III as presas do "corso" francês foram sujeitas a um tribunal arbitral misto – v. MAGALHÃES GODINHO, Mito ..., op. cit., pág. 470 e ss. – a arbitragem pública, ou pelo menos a arbitragem mista, terá precedido a arbitragem privada. A expansão do comércio internacional no pós guerra, e consequentemente, do número de litígios emergentes, não pouco terão contribuído para o recurso à arbitragem: a arbitragem privada irá tentar repetir os méritos da arbitragem pública. Assim, na sequência do Protocolo de Genebra relativo ás Cláusulas de Arbitragem (1923), a Convenção de Genebra para a execução das Sentenças Arbitrais Estrangeiras (1927); Convenção de Nova Iorque sobre o Reconhecimento e a Execução das Sentenças Arbitrais Estrangeiras (Nações Unidas-1958), completada pela Convenção Europeia sobre a Arbitragem Comercial Internacional (ECE/ONU, Genebra-1961,1966); Convenção para a Resolução de Diferendos Relativos a Investimentos entre Estados e Nacionais de Outros Estados – CIRDI (BM, Washington, 1965); Lei Uniforme em Matéria de Arbitragem (Conselho da Europa, Estrasburgo, 1966), Regulamento de arbitragem da UNCITRAL (aprovado pelo Reg. n.º 31/98 de 15/12/76); Lei-modelo da UNCITRAL (1985); Regulamento de arbitragem da Câmara de Comércio Internacional (última versão, 1997 – Pub. n.º 581 da CCI). Sobre as fontes da arbitragem internacional v. MOURA VICENTE, op. cit., pág. 55 e ss.; HOUTTE, op. cit., pág. 383 e ss.; JEAN-MICHEL JACQUET/PHILIPPE DELEBECQUE, *Droit du commerce international*, op. cit., pág. 305 e ss.; «Princípios relativos aos contratos de comércio internacional» elaborados sob a égide da UNIDROIT.

[21] Em 1989, a resolução da grande maioria dos litígios emergentes de relações mercantis internacionais (80 a 90%) era confiada a árbitros e a tendência era crescente. Sobre esta tendência e as razões que a justificam v. FERRER CORREIA, «Da arbitragem comercial internacional», in *Temas de Direito Comercial e de Direito Internacional Privado,* op. cit., pág. 173 e ss.; DÁRIO MOURA VICENTE, op. cit., pág. 18; FRIGANI, *Il contratto internazionale*, pág. 137 e ss.

[22] No entanto, FERRER CORREIA, *Direito Internacional Privado. Alguns problemas,* op. cit., pág. 87-88, não deixa de reconhecer que os conflitos de leis não deixarão de existir, apesar de se não referir exclusivamente ao comércio internacional.

cio internacional nas últimas décadas[23] e, por conseguinte, dos problemas jurídicos inerentes à negociação e aos litígios emergentes, proporcionou um amplo debate doutrinal sobre a oportunidade dum «Direito dos contratos de comércio internacional», considerando não só as insuficiências dos sistemas jurídicos nacionais e a sua inadaptação, bem como a ausência de regras internacionais[24], a que não são estranhas as concepções da «lex mercatoria»[25], enquanto conjunto de normas criadas pelos operadores

---

[23] V. sobre esta tendência e respectivas consequências a nível jurídico JACQUET/ /DELEBECQUE, *Droit du commerce international*, op. cit., pág. 1 e ss. V. infra Capítulo III, Introdução.

[24] A UNIDROIT tentou empreender, a partir dos anos setenta a progressiva codificação do direito do comércio internacional. Contudo, o ambicioso projecto terá decerto de compreender várias fases tendo a primeira comissão nomeada (1974) limitado os trabalhos ao direito geral dos contratos; numa segunda fase os tipos de contratos ... sobre esta iniciativa v. BONELL, «The UNIDROIT iniciative for the progressive codification of international trade law», Int'l Comp. L. Q., 1978. Os «Princípios da UNIDROIT sobre contratos comerciais internacionais (1994)» ambicionam constituir um "código internacional de direito das obrigações" – cfr. SALAH, «La problématique ...», op. cit., pág. 171 – servindo de modelo aos legisladores internacionais e nacionais – v. preâmbulo dos «Princípios» in *UNIDROIT Principles for International Contracts*, op. cit., pág. 17.

A Comissão das Nações Unidas para o Direito do Comércio Internacional (CNUDCI/ /UNCITRAL), criada em 1966 com o fim de promover a harmonização e a unificação progressiva do Direito do Comércio Internacional mediante a redução dos entraves jurídicos às trocas internacionais, tem desempenhado também um importante papel neste domínio, tendo sido apresentado um projecto duma Convenção-quadro relativa ao direito comum do comércio internacional (3.ª sessão da CNUDCI-Nova Iorque, 1970), embora até à data não tenha sido concretizado. Os principais textos jurídicos elaborados foram a Convenção das Nações Unidas para o transporte de mercadorias por mar de 1978 ("Regras de Hamburgo"); a Convenção de Viena de 11.04.80 sobre a venda internacional de mercadorias; a Convenção das Nações Unidas sobre os exploradores de terminais de transporte no comércio internacional (Viena-1991); Lei-tipo sobre arbitragem comercial internacional (1985); Lei-tipo sobre transferências internacionais (1992); Lei-tipo sobre mercados de bens, construção e serviços (1994); Lei-tipo sobre o comércio electrónico (1996); Lei-tipo sobre a insolvência internacional (1997), para além de guias jurídicos – para maiores desenvolvimentos sobre outros projectos v. ACNUDCI. Sobre a actividade de outras organizações internacionais v. JACQUET/DELEBECQUE, op. cit., pág. 33 e ss.

[25] A «lex mercatoria» teve origem medieval, na «lex mercatora», «jus mercatorum», regras de origem costumeira ciadas pelos comerciantes envolvidos no comércio internacional do final da Idade Média – sobre a evolução histórica e a natureza internacional do Direito Comercial v. RIPERT/ROBLOT, op. cit., pág. 10-13. Entre os autores que se referiram à «lex mercatoria» v. MALYNES, *Consuetudo vel lex mercatoria, or the ancient law-merchant*, Londres, 1622.

Le droit corporatif international des ventes de soies (LAMBERT/ISHIZAKI-1928), o

92   *Dos Contratos de Contrapartidas no Comércio internacional* («countertrade»)

do comércio internacional, tal como os usos comerciais internacionais codificados pela CCI – INCOTERMS[26], créditos documentários[27],... – ou então a regulamentação especialmente adequada às transacções interna-

---

"Direito autónomo do comércio internacional" (GROSSMANN-DOERTH 1929-33), a "societé internationale de acheteurs et vendeurs" ("societas mercatorum") – PHILIPPE KAHN, *La vente commerciale internationale* (1961) – representada pelos operadores do comércio internacional, teria permitido o desenvolvimento de usos e práticas inerentes ao comércio internacional ainda não codificados, constituindo uma ordem jurídica do comércio internacional (*lex mercatoria*) que para SCHMITTOFF seria um direito transnacional cujas fontes seriam a legislação internacional (convenções internacionais, leis modelo) e o costume mercantil internacional – práticas comerciais, modelos contratuais, usos ou cláusulas- -padrão revelados em publicações de organizações internacionais não governamentais como a CCI (*INCOTERMS*, Regras e Usos Uniformes relativos aos Créditos Documentários, às Garantias, às Cobranças,...) ou da CNUDCI (Guias Jurídicos), da ECE/ /ONU... ; ou ainda para GOLDMAN a regulação profissional dos transportes internacionais, certas sociedades internacionais, os tribunais arbitrais, cláusulas contratuais ("hardship", força maior), princípios gerais de direito, constituiriam uma ordem jurídica autónoma do comércio internacional, ainda que em formação... – cfr. GOLDMAN, «Frontiéres du droit...», op. cit.; «La lex mercatoria...», op. cit. – e uma das suas manifestações a arbitragem comercial internacional (FOUCHARD). Sobre os adeptos desta doutrina v. DÁRIO MOURA VICENTE, op. cit., pág. 135 e ss.

Conforme observou pertinentemente LAGARDE, «Approche critique de la lex mercatoria», op. cit., um dos principais problemas a considerar seria o da insuficiência deste novo ordenamento jurídico para a resolução de todos os problemas jurídicos relacionados com o comércio internacional.

Para uma apreciação crítica das várias teses da «lex mercatoria» v. DÁRIO MOURA VICENTE, *Da arbitragem comercial internacional*, op. cit., pág. 156 e ss.; RUI MOURA RAMOS, *Da lei aplicável ao contrato de trabalho internacional*, op. cit., pág. 495 e ss.; JACQUET/DELEBECQUE, op. cit., pág. 90 e ss.; LUÍS LIMA PINHEIRO, *Joint venture...*, op. cit., pág. 605 e ss.

[26] Os *INCOTERMS* ("International Commercial Termes"), que a CCI publicou pela primeira vez em 1936 ("INCOTERMS 1936") embora usados desde o século XVIII (FOB) e XIX (CIF) – cfr. JACQUET/DELEBECQUE, op. cit., pág. 75 – são um conjunto de regras internacionais para a interpretação de termos comerciais mais utilizados nas trocas com o estrangeiro assumindo, desde então, uma importante função entre os operadores no comércio internacional. Com efeito, os *INCOTERMS* são muito mais do que um mero glossário de termos internacionais aplicáveis ao comércio internacional – ao contrário do que entende KAHN, «L'interpretation des contrats internationaux», op. cit., pág. 10 – pois definem as obrigações das partes num contrato internacional no que respeita à entrega das mercadorias e à transferência de riscos, em termos inequívocos – assim GOLDMAN, «Frontiéres du droit et "lex mercatoria", op. cit., pág. 181. O sucesso destas regras no comércio internacional, desde 1936, tem sido confirmado pelos aditamentos e correcções introduzidas em 1953, 1967, 1976, 1980, 1990 e 2000, demonstrando a preocupação de as actualizar

Contratos Internacionais de Contrapartidas 93

cionais como os contratos-tipo, a adaptação dos contratos, o transporte marítimo internacional, as condições gerais... ou ainda os princípios sobre contratos internacionais[28].

face à evolução das técnicas comerciais internacionais. A penúltima revisão (1990) foi motivada pela adaptação dos termos à utilização de mensagens informáticas e das técnicas de transporte (carga em contentores, transporte multimodal e tráfego "roll-on/roll-off.."), determinando uma nova forma de apresentação dos INCOTERMS. Os *INCOTERMS 1990*, entraram em vigor a 1 de Julho de 1990 – para maiores desenvolvimentos v. CCI--*INCOTERMS 1990*, op. cit.; JAN RAMBERG, *Guia dos INCOTERMS*, op. cit.; SCHMITTHOFF, *Schmitthoff's Export Trade*, op. cit., pág. 9 e ss.; CARLOS M. FERREIRA CARVALHO, op. cit., pág. 484 e ss.; HANS VAN HOUTTE, op. cit., pág. 149 e ss.; SCHAPIRA/LEBEN, op. cit., pág. 38; MOUSSERON/RAYNARD/FABRE/PIERRE, op. cit., pág. 177 e ss. A utilização crescente dos "INCOTERMS", sobretudo nos mercados americano e asiáticos, as formalidades alfandegárias nos espaços de integração económica internacional, a revisão do "FCA" e "DEQ" determinaram a última revisão (1999) – *INCOTERMS 2000* – que entrou em vigor em 1 de Janeiro de 2000.

[27] É a partir do século XIX (livre cambismo) que, com a extinção dos monopólios das companhias de comércio internacional, se divulgam os créditos documentários entre os operadores no comércio internacional. Doravante, a separação entre o transporte e a propriedade das mercadorias exportadas, o desconhecimento das partes quanto à honorabilidade e solvência mútuas e os riscos inerentes à transacção, determinarão a necessidade de meios de pagamentos adequados: os créditos documentários assegurariam que o vendedor receberia o preço acordado e o comprador apenas pagaria se a mercadoria tivesse sido expedida nas condições exigidas, o que seria comprovado através de determinados documentos (factura comercial, documentos de transporte, seguro), apresentados ao banco encarregado do pagamento; desta forma associaram os bancos ao comércio internacional.

As *Regras e Usos Uniformes relativos aos Créditos Documentários* foram publicadas pela CCI pela primeira vez em 1933, tendo sido sucessivamente revistas desde então (1951, 1962, 1974, 1983 e 1993). As novas Regras (Publicação CCI, n.° 500), em vigor desde 1.01.94, vêm substituir a anterior versão (Publicação CCI n.° 400, de 1983). Destinadas a regular as obrigações das partes nos contratos internacionais quanto às formas de pagamento das mercadorias, foram adoptadas pelos bancos de mais de 160 países, até 1994 – cfr. CCI, Publicação n.° 500, op. cit. Para maiores desenvolvimentos sobre os créditos documentários v. PINTO COELHO, *Operações bancárias*, op. cit., pág. 133 e ss.; FERNANDO OLAVO, *Abertura de crédito documentário*, op. cit.; J. CALVÃO SILVA, «Crédito documentário e conhecimento de embarque», in *Estudos de Direito Comercial*, op. cit., pág. 49 e ss.; MENEZES CORDEIRO, *Direito Bancário*, op. cit., pág. 545-6; GONÇALO ANDRADE CASTRO, *O crédito documentário irrevogável*, UCP, 1999; CARLOS COSTA PINA, *Créditos documentários*, op. cit.; EISEMANN/BONTOUX, *Le crédit documentaire dans le commerce exterieur*, op. cit.; FRIGANI, «Il contratto internazionale», op. cit., pág. 215 e ss.; SCHMITTHOFF, *Schmitthoff's Export Trade*, op. cit., pág. 400 e ss.; LA COLETTE, op. cit., pág. 35-39; HOUTTE, op. cit., pág. 257 e ss.; JACQUET/DELEBECQUE, op. cit., pág. 203 e ss.

[28] V. a propósito *UNIDROIT principles for international commercial contracts: a new lex mercatoria?*, op. cit.

94 Dos Contratos de Contrapartidas no Comércio internacional («countertrade»)

Quanto à natureza dos sujeitos intervenientes, os contratos internacionais de contrapartidas são celebrados entre os mais variados operadores do comércio internacional: entre empresas privadas, entre empresas privadas e empresas do sector público ou institutos públicos, entre empresas do sector público, entre Estados e empresas privadas.

Sendo frequente a intervenção de terceiros, é de destacar a participação de sociedades especializadas nestas operações – "trading houses"[29] e no caso do «switch trading» as "switchers" – bem como de bancos familiarizados ou departamentos de grandes sociedades transnacionais especializados, ou mesmo empresas subsidiárias criadas exclusivamente para o efeito[30].

A intervenção do estado como operador no comércio internacional tem crescido nas últimas décadas[31]. A conclusão de contratos entre um Estado (ou outra pessoa colectiva de Direito Público) e uma sociedade privada estrangeira[32], se bem que não seja um exclusivo do comércio internacional por contrapartidas, tem sido e é bastante frequente nestas operações, não apenas entre países de comércio de Estado[33] ou no quadro das negociações das sociedades transnacionais com PVD (concessão de exploração de recursos naturais, exportação/importação de bens, transferência internacional de tecnologia...), como ainda no quadro do «offset». Assim, muitos contratos de contrapartidas, não obstante a intervenção duma pessoa colectiva de Direito Público não seriam submetidos a um regime de direito nacional, antes seriam «Contratos de Estado»[34].

---

[29] Sobre «tradings» v. GIAN CESARE MARCHESI, «Trading companies», op. cit. Para uma relação das «trading houses» a operar desde a década de oitenta nos vários países v. WELT, *Trade whithout money*, op. cit., pág. 24 e ss.

[30] Caso paradigmático foi o da "Rockwell Corporation", criando em 1982, uma «trading» para a comercialização dos próprios produtos exclusivamente no âmbito do *countertrade* – cfr. RASMUSSEN, op. cit., pág. 17.

[31] Sobre o Estado enquanto operador no comércio internacional v. JEAN-MICHEL JACQUET, «L'État operateur du commerce international», op cit.; ALDO FRIGANI, *Il contratto internazionale*, op. cit., Cap. 3; HANS VAN HOUTTE, *The law of international trade*, pág. 31 e ss.; SHAPIRA/LEBEN, op. cit., pág.71 e ss.: JEAN M. JACQUET/P. DELEBECQUE, *Droit du commerce International*, op. cit., pág. 11 e ss.

[32] TOUSCOZ, *Direito Internacional*, op. cit., pág. 305, considera "Contrato de Estado" aquele que é concluído entre dois Estados, embora admita também nesta categoria aqueles que são concluídos entre um Estado ou outras pessoas colectivas de Direito Público e uma pessoa singular ou colectiva estrangeira privada (contratos mistos). A este propósito v. VERHOEVEN, «Traités ou contrats entre États?», op. cit.

[33] Países em que o comércio externo é monopólio do Estado.

[34] A jurisprudência do Tribunal Internacional de Justiça (Haia), desde 1929, consi-

derava que "todo o contrato que não seja um contrato entre Estados enquanto sujeitos de Direito Internacional tem o seu fundamento na lei nacional" (caso dos "Empréstimos Sérvios"). Esta jurisprudência foi confirmada, no «caso Anglo-Iranian» (1952), na sentença arbitral "Aramco" (1958) – cfr. SCHAPIRA/LEBEN, op. cit., pág. 78 e ss.

A partir da década de sessenta esta orientação foi repetidamente afastada pelos tribunais arbitrais a propósito dos litígios emergentes de concessões de explorações de recursos naturais por sociedades transnacionais nos PVD: invocando a inexistente ou inadequada legislação do Estado – caso "Texaco", Clunet, 1977, pág. 359 – a protecção mais eficaz contra a intervenção abrupta e unilateral do Estado por via legislativa ou administrativa (nacionalizações, expropriações, ...), pretendia agora, a doutrina do «contrato de Estado» excluir o recurso ao direito nacional, submetendo tais contratos ao Direito Internacional, considerando a internacionalização do contrato como forma mais eficaz de tutelar os interesses em causa.

A doutrina do «contrato de Estado», em breve alargou-se a outros domínios que não exclusivamente a exploração de recursos naturais através de contratos de concessão, contemplando essencialmente os contratos de investimento estrangeiro, mas também o financiamento internacional, o fornecimento de bens e serviços, a cooperação industrial, os grandes projectos de obras públicas... – como alternativa aos contratos administrativos submetidos ao direito nacional do Estado contraente.

A Convenção de Washington, «Convenção para a Resolução de Diferendos relativos a Investimentos entre Estados e nacionais de outros Estados» (1965), em vigor desde 1966 (actualmente ratificada por mais de 130 Estados), criando o CIRDI no âmbito do "Grupo do Banco Mundial", a quem passou a caber a resolução dos litígios de acordo com o Direito Internacional e não de acordo com o direito nacional exclusivamente, veio a constituir um importante contributo para o desenvolvimento desta doutrina. O artgo 42.° estipula que o tribunal julga o litígio de acordo com as regras de direito escolhido pelas partes, apenas na falta destas poderá aplicar o direito do Estado contratante.

A Convenção de Seul, que instituiu a MIGA (1985), assumindo como objectivo principal a garantia de riscos não comerciais dos investidores dos países desenvolvidos nos PVD, isto é, sobre os contratos de investimento concluídos entre investidores (privados) residentes em países desenvolvidos nos Estados em vias de desenvolvimento – «contrato de Estado» – prevendo no art. 57. que os litígios entre a Agência (agindo na qualidade de sub-rogado de um investidor) serão resolvidos de acordo com o procedimento previsto na Arbitragem, aplicando o Tribunal entre outras disposições, além da própria Convenção – artigo 4 g) do Anexo II – o Direito Internacional, que se destina à resolução de litígios originados por «contratos de Estado».

A doutrina sobre o «Contrato de Estado» não é completamente consensual, pois embora reconhecendo que o direito aplicável não é o do estado contratante, alguns autores consideram que o direito aplicável é o Direito Internacional (Público), outros entendem

96 *Dos Contratos de Contrapartidas no Comércio internacional* («countertrade»)

Se nem todos os estados possuem legislação específica[35] sobre contratos internacionais de contrapartidas, todos possuem legislação genérica

---

que é a «lex mercatoria» – para uma abordagem crítica das várias teorias sobre o "contrato de Estado" v. Luís Lima Pinheiro, *Joint venture* ......, op. cit., pág. 507 e ss.

Sobre a noção do «contrato de Estado» v. P. Mayer, «La neutralisation du pouvoir normatif de l'État em matiére de contrats d'État», op. cit.; Seidl-Hohenveldern, *International Economic Law*, op. cit., pág. 45 e ss.; Joe Verhoeven, «Traités ou contrats entre États?», op. cit.; Prosper Weil, «Droit International et contrats d'État», «Principes géneraux de droit et contrats d'État», op. cit.; Leboulanger, *Les contrats entre États et entreprises étrangéres*, op. cit., pág.16 e ss.; P. Kahn, «Contrats d'État et nationalisation», op, cit.; Patrick Juillard, «Contrats d'Ètat et investissement», op. cit.; Hervé Cassan, *Contrats internationaux et pays en devellopement*, op. cit.; Dominique Carreau/Juillard/ /Flory, *Droit International Économique* (1990), op. cit., pág. 652 e ss.; Feuer/Cassan, *Droit International du Développement*, op. cit., pág. 177 e ss.; Frigani, *Il contratto internazionale*, op. cit., pág. 57 e ss.; J. M. Jacquet, «L'État, operateur du commerce international», op. cit.; A. Azevedo Soares, *Direito Internacional Público*, op. cit., pág. 133 e ss.; Rui Moura Ramos, *Da lei aplicável ao contrato de trabalho internacional*, op. cit., pág. 481 e ss.; André Gonçalves Pereira/Fausto Quadros, op. cit., pág. 176 e ss.; Jean Schapira/ /Charles Leben, *Le Droit International des Affaires*, pág. 78 e ss.; Henry Lesguillons, op. cit., T., pág. 3.149 e ss.; Lima Pinheiro, *Joint venture*..., op. cit., pág. 507 e ss.

[35] Actualmente, são vários os países que possuem legislação sobre *countertrade*: Schmitthoff, *Schmitthoff's Export Trade*, op. cit. pág. 155, indica que de 27 em 1979 o número elevou-se para 100 em 1986. Porém, convém notar que se nalguns esta é minuciosa ao ponto de tratar não só da imposição de operações de contrapartidas, mas também da definição destas operações e dos instrumentos jurídicos que as formalizam, na maior parte limitam-se a impor obrigações de *countertrade* nas relações comerciais com o estrangeiro. Assim, muitas vezes a obtenção duma licença de exportação é condicionada por uma obrigação de contrapartida. Sobre o conteúdo desta variada legislação v. *Legal Guide on International Countertrade Transactions*, op. cit., pág. 95-96.

S. Linn Williians/Clark D. Stith, op. cit., pág. 10.7 e ss., propõem uma sistematização dos regimes legais (nacionais) do *countertrade* em três modelos: o dos países industrializados, o dos países da Europa do Leste (antes de 1989) e o dos países em vias de desenvolvimento (PVD).

A Roménia desde 1980 (lei de 17.12.80) adoptou o *countertrade* como política económica externa – cfr. Carreau/Juillard/Flory, *DIE* (1990), op. cit., pág. 253; na Jugoslávia – Lei sobre as trocas compensadas de 5/5/1982 – é previsto como condição da transacção de contrapartidas a exportação de produtos jugoslavos difíceis de comercializar no mercado;

Na América Central e do Sul vários países criaram legislação semelhante, estabelecendo um quadro legal para o *countertrade* sob supervisão governamental: a Costa Rica – Decreto n.º 14125, de 14.12.1982 – e a República Dominicana – Decreto n.º 2005 de 17.05.1984 – legalizaram um «barter» system licence; o Uruguai – Regulamentação de 1983; Colômbia – Lei de 1983, Dec. n.º 370 de 15.02.1984; o Equador, Regulamentação

sobre comércio externo[36]: exportações e importações de mercadorias e serviços (pautas alfandegárias), pagamentos externos, câmbios, concorrência, investimento estrangeiro[37], são geralmente objecto de regras jurídicas potencialmente aplicáveis às transacções decorrentes das contrapartidas.

As obras recentes dos autores não têm hesitado na consagração dos contratos internacionais de contrapartidas enquanto espécie do género contratos de comércio internacional[38].

---

n.° 187 de 4.09.1984; o Perú – Decreto de 16/5/1985: legislação bastante completa, contendo definições dos principais contratos de *countertrade* e prevendo que estas operações deverão favorecer prioritariamente a exportação de produtos peruanos "não tradicionais" e para os quais não exista mercado; o México – Decreto 176/85, Res. M.E. 551/85; a Argentina – Decreto 176/85, Res. ME 551/85.

A Indonésia adoptou em 1982 legislação que impõe para as compras públicas de valor superior a 500 milhões de rupias, aquisição de produtos nacionais.

Na Índia os dois departamentos estaduais exercem o monopólio das importações impõem obrigações de compra para os contratos de importação; na China, apesar da regulamentação do comércio externo não ser transparente e não existir legislação específica sobre *countertrade,* é possível encontrar na regulamentação sobre importações/exportações disposições directamente alicáveis: o Ministério das Relações Económicas Externas e Comércio (MOFERT) publicou, em 1982, regulamentos que respeitam ao «buy-back» e ao «counterpurchase», criando vários organismos especializados – cfr. WILLIAMS/STITH, op. cit., pág. 10-24 e ss.; a Austrália, com tradições neste domínio desde 1970 (importações de equipamento militar), em 1986 impôs que as compras do sector público fossem negociadas com base no «offset», definindo as operações susceptíveis de integrar este tipo, tal como Nova Zelândia, a Arábia Sáudita (1984) e Portugal (1987). Sobre as várias legislações nacionais impondo *countertrade* v. CEDRIC GUYOT, «Countertrade recent legal developements and comparative study», op. cit., pág. 764 e ss.; DIDIER NEDJAR, op. cit., pág. 190; CLIVE SCHMITHOF, *Schmithoff's Export Trade*, op. cit., pág. 154. Porém, interessa observar que países tradicionalmente envolvidos no *countertrade* – por exemplo o Brasil – não possuem legislação específica, cabendo a negociação dos contratos às empresas directamente envolvidas.

[36] Neste sentido UNCITRAL, Legal Guide ..., op. cit., pág. 174; JACQUET/DELEBECQUE, op. cit., pág. 65.

[37] V. infra Subsecção II sobre o conceito de investimento internacional.

[38] Nomeadamente, consagrando um capítulo aos contratos de contrapartidas. Neste sentido DELACOLLETTE, *Contrats de commerce internationaux*, op. cit., pág. 82 e ss.; CLIVE SCHMITTOHOFF, *The law and pratice of international trade*, Capítulo 10, op. cit.; ALDO FRIGANI, Il contratto internazionale, 1990, Capítulo 7-secção 2, op. cit.; HANS VAN HOUTTE, *The law of International trade*, 1995, Parte VI, op. cit.; HENRY LESGUILLONS, *Contrats Internationaux*, op. cit., 7/40; OSVALDO MORZORATI, *Direcho de los negocios internacionales*, op. cit., Cap. IV-F).

98 Dos Contratos de Contrapartidas no Comércio internacional («countertrade»)

Os contratos de *countertrade*, tal como outros contratos comerciais não foram o resultado duma criação do legislador, nem tão pouco da doutrina (que apenas tardiamente deles se ocupou); antes foram uma realidade que se impôs na casuística dos negócios internacionais, diversificando-se à medida das exigências manifestadas pelos operadores do comércio internacional. Foram estas mesmas exigências que determinaram a progressiva extinção do «barter» enquanto forma negocial, a favor do «counterpurchase» e do «buy-back» ou do «offset».

Assim se compreende a inexistência dum contrato tipo.

Analisadas as vantagens e os inconvenientes duma convenção-modelo a CNUDCI optou em 1992 por um Guia-modelo (publicado em 1994)[39], tal como a CEE/ONU[40] e a ACECO[41].

Contrariamente ao que sucede no direito nacional, no Direito Internacional não existe uma classificação (tipificação) legal dos contratos internacionais[42].

---

[39] Os trabalhos da CNUDCI acerca do *countertrade* iniciaram-se na 19.ª sessão (1986), no contexto da análise do tema "Futuros trabalhos sobre a NOEI" (A/CN/277), tendo o Secretariado sido encarregado de preparar um estudo preliminar sobre o tema. Na 21.ª Sessão (1988) foi apresentado à Comissão um relatório intitulado "Preliminary study of legal issues in international countertrade" (A/CN.9/302), tendo a Comissão entendido que seria desejável preparar um GUIA JURÍDICO sobre a elaboração de contratos de *countertrade*, encarregando novamente o Secretariado de apresentar na Sessão seguinte um Projecto de GUIA JURÍDICO. Na 22.ª Sessão (1989) a Comissão examinou um relatório designado "Draft outline of the possible content and struture of a legal guide on drawing up international countertrade contrats" (A/CN.9/322), tendo decidido que tal GUIA JURÍDICO deveria ser ultimado, sendo o Secretariado encarregue de preparar para a Sessão seguinte os Projectos dos Capítulos do GUIA JURÌDICO. Na 23.ª Sessão (1990) foram analisados os Projectos dos Capítulos... sendo decidido que o texto final do GUIA JURÍDICO lhe deveria ser submetido à aprovação na 25.ª Sessão. Finalmente, na 25.ª Sessão (1992), a Comissão reviu o Projecto dos Capítulos e aprovou o GUIA JURÍDICO sobre os Contratos Internacionais de *Countertrade* (A/CN.9/362/Add.1). A terminologia e as soluções do Guia apenas serão vinculativas para as partes se estas o declararem expressamente – cfr. *Legal Guide*, pág. 93 (8).

[40] V. ECE/ONU, «Contrats internationaux de contre-achat» (ECE/TRADE/169); «Contrats internationaux d'achat en retour», Guia elaborado sob os auspícios do Comité para o desenvolvimento do comércio, redigido pelo Grupo de Trabalho sobre os Contratos Internacionais usados na indústria (ECE/TRADE/176), aprovado na 36.ª sessão (Junho) de 1990, publicado em 1991.

[41] V. ACECO, *Guide juridique*.

[42] Neste sentido TOUSCOZ, *Direito Internacional*, op. cit., pág. 306. Também a interpretação dos contratos internacionais é relativamente recente – neste sentido KAHN, «L'interpretation ...», op. cit., pág. 5.

Considerando as classificações dos contratos internacionais divulgadas pelos autores, não se revela fácil reconduzir a estes modelos os contratos de contrapartidas.

Assim, não são susceptíveis de integrar a tipologia apresentada por Philipe Kahn[43], que distingue entre contratos de troca, contratos de produção e contratos de fornecimento, uma vez que integram, quando considerados na globalidade, aspectos próprios destas três categorias; nem a sistematização proposta por Touscoz[44], distinguindo contratos principais (venda, prestação de serviços, cooperação entre empresas, financiamento) e secundários (transporte internacional); ou ainda a que distingue entre mercados públicos, venda, contratos de distribuição, contratos de construção, contratos industriais[45]; ou a sistematização dos contratos de transferência de tecnologia[46] e a da cooperação económica internacional[47] ....

Entre os autores que consideram expressamente as contrapartidas, alguns integram estes contratos internacionais no financiamento ou pagamentos internacionais[48].

Autores como Schmittoff ou Frigani integram o "scambi in compensazione" na área da compra e venda internacional[49], não reconhecendo

---

[43] Ver PHILIPPE KAHN, *Le contrat économique international – stabilité et évolution*, op. cit., pág. 180.

[44] JEAN TOUSCOZ, *Direito Internacional*, op. cit., pág. 306 e ss.

[45] Cfr. HENRY LESGUILLONS, *Contrats internationaux*, op. cit., 7/37.

[46] V. a proposta de G. FEUER/H. CASSAN, op. cit., pág. 351.

[47] Como se demonstrará posteriormente nem sempre os contratos de contrapartidas industriais («buy-back») são susceptíveis de se identificar com a cooperação industrial internacional – sobre a relação entre contrapartidas e cooperação industrial internacional v. infra neste capítulo, Subsecção II, 4.2.3. Em sentido contrário, considerando o «buy-back» e o «offset» formas de cooperação industrial DE BARI, op. cit.

[48] Cfr. HANS VAN HOUTTE, op. cit., Cap. IX ("International Payement"), Parte VI (*Countertrade*), pág. 345 e ss.; JEAN-MICHEL JACQUET, *Droit du commerce international*, op. cit., pág. 226.

[49] Cfr. SCHMITTHOFF, op. cit., I Parte – «The international Sale of Goods» – 10. «Countertrade»; ALDO FRIGANI, *Il contratto internazionale*, op. cit., Cap. 7.º/Secção II. SCHMITTHOFF considera irrelevante a forma do pagamento, ainda que consista em bens (*in natura*), aceite por várias legislações nacionais, o que equipararia o «barter» ao contrato de venda internacional de mercadorias – cfr. op. ult. cit., pág. 154. Todavia, não parece ser critério aceitável considerando a variedade dos contratos de contrapartidas. De notar que o Guia Jurídico da UNCITRAL considera problemática a aplicação da Convenção de Viena sobre venda internacional de mercadorias (1980) aos contratos de «counterpurchase» quando os produtos a fornecer em contrapartida ainda não estejam determinados – cfr. UNCITRAL, «...project de guide juridique ...», op. cit.; quanto aos contratos de con-

pois, do ponto de vista da sistematização, qualquer particularidade a estes contratos internacionais.

Ao contrário, a classificação de Delacollette[50], subdividindo os contratos de comércio internacional em contratos de venda internacional de mercadorias, contratos internacionais de transferência de tecnologia e contratos com intermediários comerciais, considera os «contrats de compensation» (contratos de «contre-achat», «buy-back») uma das modalidades dos contratos internacionais de transferência de tecnologia (?).

Tais classificações não consideram a pluralidade dos contratos de contrapartidas, antes parecem inspiradas apenas nalgum ou nalguns destes, revelando-se imprestáveis para abranger a totalidade[51] numa perspectiva unitária.

A desconsideração dos contratos de contrapartidas como unidade, do ponto de vista duma classificação dos contratos de comércio internacional, permitirá a fragmentação e integração em categorias já divulgadas pela doutrina: assim, os contratos de contrapartidas comerciais («counterpurchase», «compensation» ...) seriam susceptíveis de ser integrados na área da venda internacional; os contratos de contrapartidas industriais («buy--back», «offset») na área dos contratos internacionais de transferência de tecnologia e (ou) da cooperação comercial internacional.

Independentemente das diferenças entre os vários contratos internacionais de contrapartidas (número de instrumentos jurídicos, cláusulas habituais...) estes contratos apresentam outras particularidades que não as resultantes do pagamento. A dependência jurídica entre os vários instrumentos jurídicos determina implicações a nível da estrutura e das cláusulas, não se identificando facilmente com os modelos divulgados de contratos[52] ... sendo preferível considerar uma categoria distinta dos contratos internacionais "clássicos".

Por outro lado, à excepção do «barter», é duvidoso que estes contratos internacionais encontrem uma figura correspondente nos sistemas jurídicos nacionais: a troca, a venda, a venda de coisas futuras, a cessão de créditos, os contratos de empresa, a subcontratação, figuras comuns aos

---

trapartidas industriais, envolvendo transferências de tecnologia («buy-back», «offset»), são expressamente excluídos do âmbito de aplicação da Convenção (artigo 3).

[50] Cfr. JEAN DELACOLLETTE, op. cit., pág. 1-3, 82 e ss.

[51] Nomeadamente os contratos oportunamente considerados neste estudo – v. supra Cap. I.

[52] Neste sentido RAJSKY, op. cit., pág. 128; MEZGHANI/BOURAQUI, op. cit., pág. 325, 327.

Contratos Internacionais de Contrapartidas 101

sistemas jurídicos romano-germânicos[53] seriam as alternativas a considerar[54]. Então:

– O regime aplicável ao «barter» seria o do escambo ou troca, previsto no artigo 480.° do Código Comercial (comercialidade da troca) e que remete para o regime da compra e venda do Código Civil (artigo 874.° e ss.)[55].

– O regime jurídico da venda, prevista no artigos 874.° a 939.° do Código Civil seria aplicável ao «counterpurchase».

– O regime previsto para a venda de coisas futuras[56] – artigo 880.° (211.° e 399.°) do Cód. Civil seria aplicável ao «buy-back» e à «advanced compensation».

– A cessão de créditos, prevista no artigo 577.° e ss. do Cód. Civ. seria o regime jurídico aplicável ao «switch trading».

– Ao «offset», corresponderiam regimes jurídicos inerentes a vários contratos tal como a subcontratação, a sociedade, a associação em participação, o contrato de tabalho …

Ora à excepção do «barter», as outras operações («counterpurchase», «buy-back», «offset»)[57] quando considerados os contratos que as integram no conjunto, apesar de incluirem elementos de outros contratos já conhecidos (assim no «counterpurchase» o contrato de venda internacional de mer-

---

[53] Nos países da "common law" não seria tão fácil encontrar esta correspondência. V. infra neste capítulo Secção I, a propósito da regulação da troca em direito comparado.

[54] A qualificação é um problema jurídico distinto da interpretação, embora conexo – assim PAIS DE VASCONCELOS, op. cit., pág. 131-2: o tema das qualificações teve origem no direito internacional privado (FRANZ KHAN, 1891) – cfr. OLIVEIRA ASCENSÃO/MENEZES CORDEIRO, «Cessão de exploração de estabelecimento comercial...», ROA, Ano 47-III. Sobre a qualificação em DIP v. FERRER CORREIA, *Lições* ..., op. cit., pág. 268 e ss. Para maiores desenvolvimentos v. PAIS DE VASCONCELOS, op. cit., pág. 131 e ss. Sobre as dificuldades na qualificação dos contratos de *countertrade* v. MEZGHANI/BOURAQUI, op. cit., pág. 327, 349-52.

[55] No direito italiano o artigo 1552.° do respectivo Código Civil ("permuta") – cfr. L. VALLE, op. cit., pág. 1234; no direito francês o artigo 1702.° a 1707.° – cfr. WITZ, op. cit., pág. 145.

[56] Na esteira de VAZ SERRA, RLJ, n.° 106, pág. 198 e n.° 107, pág. 107 e ss. e M. BENTO SOARES/MOURA RAMOS, *Contratos Internacionais*, op. cit., pág. 28, tais contratos seriam considerados contratos mistos.

[57] Desde logo não é possível qualificar todas as operações relevantes no âmbito das contrapartidas no regime jurídico da troca: a obrigação de pagar o preço está presente em muitos destes contratos.

102   *Dos Contratos de Contrapartidas no Comércio internacional («countertrade»)*

cadorias; no «buy-back» o contrato de transferência de tecnologia; no «off-set» contratos de transferência de tecnologia, subcontratação, trabalho ...) não correspondem a qualquer contrato divulgado quer no direito interno, quer no direito internacional[58].

Melhor será reconhecer que os objectivos inerentes ao comércio internacional por contrapartidas nem sempre se adaptam aos contratos típicos do direito interno, antes obrigam as partes a combinar elementos típicos de vários contratos (contrato misto) ou mesmo originar novas figuras contratuais, desconhecidas do direito interno[59], quer do direito dos contratos internacionais[60].

SECÇÃO I
OPERAÇÕES NEGOCIADAS COM RECURSO A UM ÚNICO CONTRATO

2. «BARTER» (ESCAMBO OU TROCA).

2.1. Aspectos contratuais.

O «barter» integra-se naquela categoria de operações internacionais de contrapartidas que são obrigatoriamente negociadas com recurso a um

---

[58] Na verdade, como observou pertinentemente FRIGANI, «Il contratto internazionale», op. cit., pág. 129, é pouco frequente no comércio internacional recorrer-se a uma forma pura de contrato típico: não só porque nem sempre os sistemas jurídicos de ambos os contraentes regulam a mesma figura contratual, como também o objectivo económico desejado nem sempre corresponde a contratos típicos, o que obriga a combinar elementos próprios de vários contratos (contrato misto). Esta particularidade foi reconhecida na Convenção de Viena sobre a Venda Internacional, prevendo a possibilidade deste contrato conter elementos próprios de outros contratos (prestação de serviços, empreitada, mão de obra), desde que não constituam a parte preponderante da obrigação do contraente que fornece as mercadorias (art. 3.°, n.° 2). Além do mais, o comércio internacional deu origem a figuras contratuais desconhecidas do direito nacional – neste sentido KAHN, «L'interpretation des contrats internationaux», op. cit., pág. 11, a propósito dos novos contratos de transferência de tecnologia. Os países que adoptaram legislação especial sobre os contratos de contrapartidas, terão assim demonstrado que tais contratos não encontravam figura homóloga no direito nacional.

[59] Neste sentido RAJSKI, op. cit., pág. 129.

[60] Para MEZGHANI/BOURAQUI, op. cit., pág. 349, o contrato de contrapartidas é um contrato internacional, atípico e inominado, acessório, consensual, sinalagmático, oneroso e de execução sucessiva.

único contrato[61]: um único contrato cobre a exportação e a importação, designando os produtos objecto da transacção, qualidade, quantidades (expressas através de unidades de peso e de medida), bem como o período em que terão lugar as obrigações inerentes a cada um dos dois sujeitos intervenientes. A coincidência de interesses de ambas as partes dispensaria não só cláusulas penais como garantias bancárias[62] e a intervenção de terceiros[63].

Atendendo a que estas prestações são em género e respeitam a dois permutantes, o que duplica os riscos de conflito, deverão ser meticulosamente delineadas, tanto mais que se trata de uma permuta de bens por bens, já entregues ou por entregar (sem estipulação de preço). A exigência da coincidência das necessidades das partes quanto aos bens a trocar e respectivas quantidades, tornando difícil a execução instantânea, faz dos bens fungíveis (tal como as matérias-primas e os produtos agrícolas) os instrumentos de troca preferidos nestes contratos[64]; é por isso que em lugar de transacções pontuais se tornam preferíveis acordos a longo prazo, concluídos entre estados, se bem que aqui as motivações sejam outras, bem como os instrumentos jurídicos que lhes servem de suporte[65].

2.2. Financiamento.

Daqui resulta a primeira dificuldade para obter o financiamento do «barter» por parte dum banco: a atribuição dum valor monetário (preço)[66] a uma operação comercial de troca directa de bens por bens. Ora bancos e

---

[61] Cfr. WELT, *Trade whihout money*, op. cit., pág. 17; HOBER, op. cit., pág. 30; VERZARIU, op. cit., pág. 24; LAMBIN, op. cit., pág. 18; FRIGANI, op. cit., pág. 474; HOUTTE, op. cit., pág. 347; UNCITRAL, *Legal guide on international countertrade contracts*, op. cit., pág. 99, § 3 a 8; no entanto, tal prática também se verifica na «compensation» (sentido estrito) – v. supra sobre este contrato Cap. I, Secção I.

[62] A coincidência de interesses de ambas as partes, considerando as necessidades que determinaram a troca, explicaria, de acordo com MARCEL FONTAINE, «Aspects juridiques...», op. cit., pág. 218, não só a inexistência de cláusulas penais, como também não ser obrigatória a garantia bancária.

[63] Cfr. KYOUNG, op. cit., pág. 14; VERZARIU, op. cit., pág. 24; LAMBIN, op. cit., pág. 18; L. VALLE, op. cit., pág. 1217.

[64] Neste sentido PASCAL DURAND-BARTEZ, «Le troc dans le commerce international et les opérations de switch», op. cit., pág. 196; HENRY LESGUILLONS, op. cit., t. 5, pág. 7-37/39.

[65] V. supra sobre estes acordos a longo prazo Cap. I, 2.5.

[66] No direito civil o que caracteriza o contrato de troca é a ausência de preço – cfr. PIRES DE LIMA/ANTUNES VARELA, *Cód. Civil anotado*, op. cit., pág. 145. Tal característica é comum a outros sistemas jurídicos continentais (direito italiano, alemão, francês ...).

seguradoras levantarão problemas quanto ao financiamento e garantia de um contrato único relativo a uma operação de exportação/importação recíproca em que o beneficiário está na dependência da outra parte[67].

A alternativa poderia consistir em prever entregas simultâneas, contudo, atendendo a que raramente é possível no comércio internacional, a outra solução consistiria em aguardar um dos exportadores até que o outro expedisse as suas mercadorias; porém, tal opção apresentaria notórios inconvenientes: para a parte que conseguiu preparar as mercadorias nos prazos acordados e que é obrigada a conservá-las em seu poder mais tempo do que o desejável (o que até pode nem ser possível se se tratar de bens perecíveis) e para a parte que as não recebe a tempo.

Outra hipótese consistiria em recorrer a créditos documentários[68]: para o vendedor/exportador primário existe o risco na produção dos bens e na contrapartida a obter como forma de pagamento do preço dos bens a exportar; para o importador/contra-exportador o risco da mercadoria chegar ao destino em más condições ou verificar-se um deficiente cumprimento do contrato. O cruzamento dos dois riscos e das duas garantias encontraria solução em créditos documentários cruzados, pelos quais o banco de cada um dos devedores se obriga por escrito, mediante ordem de cada um dos "importadores", a pagar o valor das mercadorias aos exportadores, contra entrega por parte destes dos documentos referidos no crédito documentário (factura final, conhecimento de embarque, apólice de seguro...)[69]. Porém, esta solução vulgar nos contratos de venda internacional de mercadorias, torna-se impossível no «barter» por não ter lugar qualquer pagamento em dinheiro[70].

---

[67] Neste sentido WELT, *Trade whithout money...*, op. cit., pág. 18.

[68] A noção de Crédito Documentário consta do artigo 2.º das As *Regras e Usos rela-tivos aos Créditos Documentários* (Publicação CCI n.º 500), revistas em 1993, em vigor desde 1994: "...todo o acordo, de qualquer modo denominado ou descrito, pelo qual um banco (o Banco Emitente) actuando a pedido e por instruções de um cliente (o Ordenador) ou por sua própria conta fica obrigado a efectuar um pagamento a um terceiro (o Beneficiário) ou à sua ordem, ou a aceitar e pagar efeitos comerciais (Saques) sacados pelo Beneficiário ...".

[69] Cfr. *Regras e Usos Uniformes relativos aos Créditos Documentários* (artigos 23.º a 38.º).

[70] Neste sentido WELT, *Trade...*, op. cit., pág. 18; UNCITRAL, *Legal guide on international countertrade transactions*, op. cit., pág. 99. Aliás, o problema já fora considerado no «Projecto do Guia Jurídico...», op. cit., pág. 200. Em sentido contrário LAURENCE MOATTI, op. cit., pág. 7, refere expressamente a utilização dos créditos documentários em contratos deste tipo; no entanto, indica outras formas de cobertura dos riscos

Afastada a possibilidade de recurso a créditos documentários, em caso de ruptura do contrato por uma das partes, a melhor solução é prever "liquidated damages" monetárias[71], não obstante a ausência de pagamentos em moeda, característica destes contratos. Aliás, não é por este motivo que é dispensado o recurso ao financiamento bancário, tal como nos outros contratos de comércio internacional: as garantias bancárias[72], os créditos «stand by»[73], são alguns destes instrumentos de financiamento.

Outra dificuldade experimentada por este tipo de contratos resultava da necessidade de atribuir um preço aos produtos para efeitos de cobrança de impostos alfandegários; nas modernas pautas alfandegárias os direitos alfandegários são geralmente cobrados em função do valor das mercadorias ("ad valorem")[74] e não em função da natureza das mesmas (direitos alfandegários "específicos" [75] e mistos[76]), pelo que surgia a necessidade das partes atribuírem um valor às mercadorias ou então sujeitarem-se aos vários métodos usados pelas alfândegas[77].

A ausência de preço dificultava ainda o recurso aos INCOTERMS.

---

inerentes à operação («stand by letter of credit», «escrow account»). Decerto considera não o puro «barter», mas o «barter» de segunda geração (semi-«barter»), no qual os bens objecto de transacção são avaliados em dinheiro – v. infra nota sobre o «semi-barter».

[71] Cfr. HOBER, op. cit., pág. 30. Sobre «liquidated damages» v. infra Secção II, 3.4.i).

[72] Neste sentido WELT, *Trade*..., op. cit., pág. 18.

[73] Assim CNUDCI, *Legal Guide*..., op. cit., pág. 99 (gar. bancária autónomas).

[74] Os direitos aduaneiros "ad valorem" correspondem a uma determinada percentagem do valor da mercadoria – cfr. MEDEIROS, *O Direito Aduaneiro* ..., op. cit., pág. 16. Sobre esta tendência para a fixação de direitos alfandegários "ad valorem" nas modernas pautas alfandegárias v. PORTO, *Estrutura e política alfandegária*..., op. cit., pág. 17.

[75] O imposto cobrado incide sobre uma unidade física (metro, quilo ...) da mercadoria onerada – cfr. MEDEIROS, *O Direito Aduaneiro*, op. cit., pág. 16. Conforme refere PORTO, *Teoria* ..., op. cit., pág. 113, a distinção entre direitos "ad valorem" e direitos específicos reside no modo de apuramento da matéria colectável.

[76] Combinando características dos direitos "ad valorem" e dos direitos específicos, já que se prevê a cobrança simultânea de um direito "ad valorem" e de um direito específico (ex: direito "ad valorem" de 20%, com um mínimo de direito específico de 10$ por quilo) – cfr. J. SILVA LOPES, *Introdução à teoria da integração económica*, ISCSP, 1964, pág. 71.

[77] O Acordo do GATT previa no artigo VII vários métodos para determinar o valor das mercadorias quando este não constar da factura, tal como a Convenção de Bruxelas e os vários sistemas de avaliações nacionais – VAULONT, op. cit., pág. 57 e ss. Para maiores desenvolvimentos v. infra Cap. III, Secção I, 2.1.

106 *Dos Contratos de Contrapartidas no Comércio internacional* («countertrade»)

Por outro lado, eram frequentemente submetidos a um direito nacional, apesar da eleição dum sistema de contencioso de direito privado[78].

2.3. «Semi-barter».

As dificuldades inerentes ao financiamento determinaram a preferência por outra solução: o «barter» de segunda geração ou «semi-barter»[79]/ /«quasi-barter», que melhor seria designar por «compensation» (sentido estrito)[80]. Agora, apesar do recurso a um único contrato, os bens objecto de transacção nos dois sentidos eram objecto de avaliação pecuniária, podendo as obrigações contratuais de contrapartidas ser transmitidas a terceiros. Esta opção permitirá ultrapassar os problemas inerentes ao valor aduaneiro para efeitos de cobrança de impostos alfandegários, bem como a utlização de instrumentos bancários adequados ao financiamento, tal como os créditos documentários e os «escrow accounts»[81].

O recurso a «escrow accounts»[82] torna indispensável proceder a uma

---

[78] O acordo entre a "Bauxite and Alumina Trading Company Ltd." (Jamaica) e uma agência do Departamento de Agricultura dos E.U.A. ("CCC"), em 1982, previa a aplicação do direito do Estado de Nova Iorque e a arbitragem da CCI (Paris) – cfr. NEDJAR, op. cit., pág. 202.

[79] Sobre esta terminologia v. LAMBIN, op. cit., pág. 18.

[80] Ver supra Capítulo I, 2.2. RAJSKI, op. cit., pág. 130, refere-se a «barter like contrats» ou "quasi-barter", expressão usada também num sentido mais amplo por KYOUNG, op. cit., pág. 14; SCHMITTHOFF, op. cit., pág. 160, «valued barter»; FRIGANI, *Il contratto internazionale*, op. cit., pág. 360, alude a um «barter» de segunda geração, transacção de bens por bens, mas avaliados em moeda, originando por este motivo pequenas diferenças quanto ao valor do fluxo de mercadorias nos dois sentidos, saldadas em dinheiro. Na verdade, como reconhece o citado autor, este «barter» de segunda geração perde a autonomia conceptual face à «compensation» (sentido estrito), com a qual se confunde, motivo pelo qual se renuncia à respectiva consideração. Afinal todas estas expressões se referem à operação designada por «compensation» em sentido estrito, terminologia doravante adoptada – v. supra Cap. I /2.2.

[81] Terminologia divulgada nos EUA. Também designado «trust account» na Grã-Bretanha, por referência ao banco "trustee" depositário, ou ainda «special account» – cfr. BERNARDINI, op. cit., pág. 105; MAYAUDON, op. cit., pág. 744 e ss.; PEDRETTI, op. cit., pág. 440. Muito embora este tipo de contas bancárias seja conhecido em vários países de sistema jurídico continental (no direito francês "compte bloqué") não se destinam ao comércio internacional, pelo que a expressão anglo saxónica tem sido preferida neste âmbito. Aliás, os bancos preferidos para estas operações estão sediados em Londres, Nova Iorque, Genebra, Singapura ...

[82] A função dos «escrow accounts» consiste na consignação a um banco duma quantia em dinheiro a título de garantia da obrigação do titular da conta; no *countertrade* é necessário que se trate de moeda convertível (divisas) assegurando que existirão fundos

Contratos Internacionais de Contrapartidas 107

rigorosa identificação dos produtos, sua colocação, previsão dos mecanismos de controlo, da qualidade dos produtos antes da expedição e à escolha de banqueiros familiarizados com este tipo de operações.

2.4. Distinção da venda internacional.

Compreende-se que com a divulgação duma moeda internacional (padrão-ouro), a partir do século XIX, o contrato de compra e venda se tenha tornado o contrato mais divulgado no comércio internacional[83] – tal como outrora a moeda tinha permitido a nível nacional – e que outros contratos internacionais tenham sido modelados por aquele ("venda internacional de tecnologia"...), considerado o "contrato máximo do comércio"[84], o contrato típico da economia monetária. Assim podia Cesare Vivante concluir que "... quando se faz uma troca de mercadorias com mercadorias, o negócio apresenta-se com os caracteres mercantis e jurídicos da venda, porque não são elas avaliadas uma por meio da outra, mas pela medida

---

disponíveis para o pagamento da obrigação prevista no contrato principal. Os «escrow accounts» experimentaram especial sucesso no «advanced purchase» e no «counterpurchase»; naquele caso, precedendo a contra-exportação a importação (gerando os meios de pagamento), constitui uma garantia do contraexportador na forma duma conta vinculada ao pagamento da exportação principal. Sobre a função de «escrow accounts» nos contratos de *countertrade* v. M.H. KYOUNG, op. cit., pág. 15; F. DIERCKX, «L'utilisation de l'escrow account dans les operations de contre-achat», RDAI, n.º 7 (1985); MAYAUDON, op. cit., pág. 744 e ss.; BERNARDINI, op. cit., pág. 116-120; M. SALEM, «Les substituts aux transactions monétaires...», op. cit., pág. 520-521; PEDRETTI, «Gli escrow accounts nelle operazione di countertrade», op. cit; UNCITRAL, *Legal guide...*, op. cit., pág. 142 e ss.; LAURA VALLE, op. cit., pág. 1220.

[83] Assim se compreendendo não só que seja o mais estudado pela doutrina – entre outros DELACOLETTE, op. cit., pág. 18 e ss.; CLIVE SCHMITTHOFF, *Schmitthoff's export trade*, op. cit., pág. 140 e ss.; KASSIS, op. cit., Parte II; HANS VAN HOUTTE, op. cit., pág. 121 e ss.; FERRARI, «La vendita internazionale ...», op. cit.; JACQUET/DELEBECQUE, op. cit., pág. 130 e ss.; em Portugal, ISABEL MAGALHÃES COLLAÇO, *Da compra e venda em Direito Internacional privado*, op. cit.; M. A. BENTO SOARES/MOURA RAMOS, «Do contrato de compra e venda internacional», in *Contratos internacionais*, op. cit. – como ainda tenha sido objecto de várias convenções-modelo (Convenção de Haia; Convenção de Viena sobre a venda internacional de mercadorias-1980-UNCITRAL).

[84] Assim CUNHA GONÇALVES, *Da compra e venda*, op. cit., pág. 13. "Rei dos contratos", CUNHA GONÇALVES, *Tratado de Direito Civil*, X-745. Também GALVÃO TELLES, *Contratos civis*, op. cit., pág. 33, reconheceu que "...a compra e venda, pela sua importância e riqueza de aspectos, foi tomada como modelo dos contratos onerosos alienatórios...". Para maiores desenvolvimentos sobre o regime jurídico deste contrato v. MANUEL BAPTISTA LOPES, *Do contrato de compra e venda* ..., op. cit.; ALMEIDA COSTA, «compra e venda», op. cit.

comum do dinheiro..."[85]. Nesta medida se compreende senão o desaparecimento, ao menos o apagamento da troca nalguns sistemas jurídicos nacionais[86].

---

[85] CESARE VIVANTE, *Trattato di diritto commmerciale*, vol. 4.º, 1.ª parte, apud CUNHA GONÇALVES, *Da compra e venda*, op. cit., pág. 13. Assim se explica a substituição "barter" pelo "semi-barter".

[86] A troca directa historicamente precedeu a compra-venda e na perspectiva do direito dos contratos, o regime jurídico do contrato de troca («barter»), sendo um instituto divulgado pelos sistemas jurídicos nacionais continentais não apresenta, além do carácter internacional, qualquer novidade.

Já o Código Comercial de 1833 (FERREIRA BORGES) incluía na enumeração dos actos de comércio o escambo ou troca (artigo 203.º).

O Código Comercial (VEIGA BEIRÃO) trata no Livro II dos contratos especiais de comércio, Título XVIII, artigo 480.º, do escambo ou troca (comercialidade da troca), remetendo quanto ao regime jurídico aplicável para o Código Civil (compra e venda). A comercialidade da troca (bem como a da compra e venda) resultava de ser destinada a revenda a coisa trocada – neste sentido CUNHA GONÇALVES, *Comentário ao Código Comercial*, op. cit., III vol., 3; *Da compra e venda* ..., op. cit., pág. 88 e ss.

O Código Civil de 1867 tratava no Capítulo IX – do escambo ou troca, artigo 1592.º, que dispunha: "Escambo ou troca é o contrato por que se dá uma coisa por outra, ou uma espécie de moeda por outra espécie dela. Único....... Dando-se dinheiro por outra coisa, será de venda ou de escambo, segundo o disposto nos artigos 1544.º e 1545.º ". Para a crítica desta definição legal v. CUNHA GONÇALVES, *Dos contratos em especial*, op. cit., pág. 293-294.

O artigo 1545.º (capítulo VIII – Secção I – Da compra e venda em geral) dispunha: "Se o preço da coisa consistir, parte em dinheiro e parte em outra coisa, o contrato será de venda, quando a parte em dinheiro for a maior das duas e será de troca ou escambo, quando essa parte em dinheiro for a de menor valor. Único. Quando os valores das duas partes forem iguais, presumir-se-á que o contrato é de venda."

O artigo 1594.º dispunha ainda: "são aplicáveis a este contrato as regras do contrato de compra e venda, excepto na parte relativa ao preço", o que, de acordo com CUNHA GONÇALVES, op. ult. cit., pág. 294, deverá ser interpretado "no sentido de excepto aquelas que são efeito necessário da existência do preço". Além do mais, os contraentes da troca estão em posição igual e dizem-se permutantes, enquanto na compra e venda os contraentes estão em posição inversa e chamam-se vendedor e comprador. Assim, de acordo com o mesmo autor, eram aplicáveis os artigos 1547.º a 1551.º, 1553.º a 1558.º e os artigos 1559.º a 1563.º, mas já não os arts. 1552.º e 1570.º, porque não há na troca comprador e vendedor; quanto às obrigações do vendedor, os permutantes devem cumprir o disposto no art. 1568.º, n.º1 a 3, mas não o n.º 4, que é inaplicável à troca; aplicavam-se ainda os artigos 1569.º, 1561.º e 1575.º, mas não os artigos 1573.º e 15785.º, uma vez que na troca não há prestação em dinheiro; quanto á forma aplicavam-se ainda os artigos 1589.º e 1590.º.

A compra e venda comercial (art. 463.º do Cód. Com. – comercialidade da compra e venda), distingue-se da compra e venda civil (art. 464.º do Cód. Com.) porquanto o

Considerando o interesse recíproco das partes inerente ao «barter», este contrato não corresponde a dois contratos de venda (exportação) cruzadas e independentes juridicamente, com transmissão correspectiva do direito de propriedade e do preço[87], pois no «barter» à transmissão do direito de propriedade dos bens corresponde apenas a transmissão doutro direito de propriedade sobre outros bens[88]. Ao «barter», negociado através dum contrato único corresponde, por conseguinte, um regime jurídico diferente daquele que seria próprio de dois contratos internacionais de venda autónomos e independentes do ponto de vista jurídico.

As vendas internacionais cruzadas objecto de compensação (civilística), ainda assim não constituirão um exemplo de «barter», pois contêm

---

objectivo da primeira é a revenda para obtenção dum lucro, enquanto a segunda tem por finalidade o consumo ou uso pessoal do comprador – para maiores desenvolvimentos CUNHA GONÇALVES, *Da compra e venda ...*, op. cit., pág. 88 e ss.

O contrato de escambo ou troca deixou de ser objecto de regulação específica no actual Código Civil, mas não pode subsistir a mínima dúvida de que, face ao princípio da liberdade contratual – art. 405.° do Cód. Civil – e do disposto no artigo 939.° e seguintes do Cód. Civil lhe sejam aplicáveis as normas previstas para o contrato de compra e venda (artigo 874.° e ss. do Cód. Civil) "na medida em que sejam conformes com a sua natureza e não estejam em contradição com as disposições legais respectivas" – cfr. PIRES DE LIMA/ANTUNES VARELA, *Cód. Civil anotado*, II, op. cit., pág. 145-147, 227; no mesmo sentido GALVÃO TELLES, *Contratos civis*, op. cit., pág. 33 "...as disposições sobre compra e venda devem alargar-se, em princípio, aos outros contratos onerosos de alienação ou oneração de bens, como a troca, a dação em pagamento ... Foi por isso que se julgou desnecessário regular autónomamente a troca, cujo regime jurídico se extrairá da compra e venda".

[87] A compra e venda é um contrato oneroso, bilateral, com prestações recíprocas e dotado de eficácia real ou translativa. Nos termos do artigo 879.° do Cód. Civ. os efeitos essenciais da compra e venda são a transmissão da propriedade ou da titularidade do direito, obrigação de entregar a coisa e a obrigação de pagar o preço.

[88] Sobre a distinção entre o contrato de compra e venda e o contrato de troca v. CUNHA GONÇALVES, *Da compra e venda no Direito Comercial Português*, op. cit., pág. 71 e ss; PIRES DE LIMA/ANTUNES VARELA, *Cód. Civil anotado*, II, op. cit., pág. 145.

A distinção pode oferecer na prática algumas dificuldades: a classificação do vulgar contrato de venda de automóvel com retoma do antigo automóvel do comprador permite várias opções. PAIS DE VASCONCELOS, op. cit., pág. 225, considerando que o valor da retoma pode ser igual ou inferior ao preço da venda apresenta várias possibilidades de qualificação: troca de automóvel por automóvel, quando haja equivalência do valor sem pagamento em dinheiro; compra e venda do automóvel novo com dação do velho em pagamento parcial (ou total) do preço; duas compras e vendas cruzadas, com compensação total ou parcial do preço. Ora várias destas hipóteses poderiam ser transpostas para o «barter», enquanto transacção internacional.

um elemento que não existe no «barter» (o preço), apesar da ausência de pagamentos.

O «barter» também não se confunde com uma venda com pagamento *in natura* (géneros ...) como prevêm alguns sistemas jurídicos nacionais[89].

O «barter» (troca) também não corresponde a uma dação em pagamento do preço da venda[90].

Nem tão pouco pode ser entendido como uma venda sob condição suspensiva: a exportação principal não depende da importação, o exportador obrigou-se a exportar e a contra-importar reciprocamente, tal como o importador se obrigou a importar e a contra-exportar, recíprocamente (A obriga-se a comprar a B e B obriga-se a comprar a A, em vez de A se obrigar a comprar a B, se B lhe comprar)[91].

O «barter» é um contrato sinalagmático, as obrigações são recíprocas, a causa das obrigações duma parte é o objecto das obrigações da outra.

Consequência: executada a exportação, o incumprimento da obrigação de contrapartida, ainda que por motivos estranhos ao exportador, permitiria ao importador invocar a excepção do não cumprimento[92]. Afinal, um prémio para a má fé duma das partes.

Assim se compreende, no futuro a tendência para as partes se prevenirem contra estes efeitos indesejáveis, consequência do recurso a um

---

[89] Na «common law», enquanto (EUA) para o UCC, s.2304(1), um contrato «barter» é um contrato de venda em que "o pagamento do preço pode ser em dinheiro ou doutra forma" – cfr. SCHMITTHOFF, op. cit., pág. 154; HOUTTE, op. cit., pág. 347 – na «common law» britânica a equiparação à venda é duvidosa ("Sale of goods act de 1979") – cfr. MARCEL FONTAINE, «Les aspects juridiques...», op. cit., pág. 217 (nota 53); SCHMITTHOFF, op. ult. cit., pág. 154. Porém, este último autor, considerando o disposto no "Supply of Goods and Services Act", Parte I (em vigor desde 1/1/83), equipara por analogia, afinal, o «barter» à venda.

Esta definição jurídica, equiparando o «barter» à venda com pagamento do preço em géneros, explicará porventura que alguns autores classifiquem como «barter» operações de comércio internacional com pagamento do preço em géneros, sem implicarem pagamentos em dinheiro – assim MAYAUDON, op. cit., pág. 730.

[90] Sobre a dação em pagamento, ou melhor, dação em cumprimento, v. ANTUNES VARELA, *Das obrigações em geral* (vol. II), op. cit., pág. 160. Sobre a distinção entre a compra e venda e a dação em pagamento v. CUNHA GONÇALVES, *Da compra e venda...* (1924), op. cit., pág. 70 e ss.

[91] Assim não é feliz a fórmula proposta por WELT, *Trade...*, op. cit., pág. 6: "I'll buy a pig from you for $20, but only if you agree to buy $20 worth of corn from me".

[92] Por exemplo os produtos exportados em cumprimento da obrigação de contrapartida poderiam não apresentar a qualidade desejada. Neste sentido v. WELT, *Trade whithout money...*, op. cit., pág. 40; HOBER, op. cit., pág. 29.

único contrato, através do recurso a dois ou mais contratos, individualizando as obrigações respectivas e impedindo que os problemas inerentes a um dos contratos se repercutisse no outro – a alternativa veio a ser o «counterpurchase».

2.5. Conclusão.

Os riscos comerciais inerentes ao «barter», a dificuldade em encontrar a exacta reciprocidade nos valores das mercadorias (afinal uma das causas pelas quais a troca directa foi substituída pela moeda)[93], as dificuldades de financiamento e, sobretudo, as outras opções contratuais desenvolvidas pela prática do *countertrade,* tornaram esta figura contratual pouco solicitada nos últimos tempos; o interesse no estudo desta forma pura e primitiva reside em ter inspirado todos os demais contratos de contrapartidas, nomeadamente o «compensation».

SECÇÃO II

OPERAÇÕES NEGOCIADAS
COM RECURSO A VÁRIOS CONTRATOS

SUBSECÇÃO I

OPERAÇÕES SEM RELAÇÃO DIRECTA ENTRE
A EXPORTAÇÃO E AS CONTRAPARTIDAS

3. «COUNTERPURCHASE»

3.1. Estrutura contratual.

Os contratos de «counterpurchase», compras ligadas a vendas («counterpurchase» ou «contre-achats»), correspondem à figura contratual mais divulgada do *countertrade* e porventura a mais complexa.

Caracterizam-se pelo uso de vários instrumentos jurídicos (distinguindo-se assim do «barter» e suas variantes), mas com um único objectivo económico que aglutina os vários contratos[94].

---

[93] Provérbio chinês: "a troca jamais substituirá a moeda, porque a moeda foi inventada há muito tempo atrás para substituir a troca".

[94] Cfr. ALDO FRIGANI, «Countertrade...», op. cit., pág. 467.

112 *Dos Contratos de Contrapartidas no Comércio internacional* («countertrade»)

Quanto ao número de contratos, os autores, atento o objectivo económico e a prática contratual, entendem que a operação de «counterpurchase» deverá compreender um mínimo de dois instrumentos jurídicos, podendo, no entanto, esse número ser alargado a três ou mesmo mais[95], a saber:

– Contrato de exportação/contrato internacional de venda de bens (contrato principal).
– Contrato de «counterpurchase» (contrato secundário ou acessório).
– «Fulfilment agreement».
– Contrato de ligação («protocol agreement»)[96].

Na hipótese das partes adoptarem uma estrutura contratual que compreenda quatro contratos, além dos dois contratos usuais (venda internacional de bens e «counterpurchase»), surge um «fulfilment agreement», cabendo ao «protocol agreement» a função de ligar os três contratos. É, porém, no contrato de «counterpurchase» que a operação de *countertrade* se começa a tornar evidente: trata-se de um acordo pelo qual uma das partes (o exportador) promete vir a comprar bens à outra, numa data futura; bens a adquirir como "pagamento" parcial dos bens importados ("counterpurchase ratio"). Esta posterior compra de bens ao importador é coberta por um «fulfilment agreement», na forma de um contrato internacional de venda de bens[97].

Se esta solução se ajusta particularmente no caso dos produtos objecto da obrigação de «counterpurchase» ainda não estarem determinados[98], sendo posteriormente concluído o «fulfiment agreement» com este escopo,

---

[95] Cfr. KAJ HOBER, op. cit., pág. 28, refere-se a quatro contratos, hipótese extrema apresentada pelo autor, que, todavia, não tem sido a mais usual.

[96] Também designado «gentleman's agreement», «agreement to agree», «frame agreement», «framework agreement», «accord cadre», «contrat cadre», «lettera di intenti», «acordo confidenziale» – cfr. ALDO FRIGANI, «Countertrade...», op. cit., pág. 466 – ou ainda «countertrade protocol», «umbrella agreement», «memorandum of understanding», «letter of understanding» – cfr. UNCITRAL, *Legal Guide on international countertrade...*, op. cit., pág. 97.

[97] Cfr. KAJ HOBBER, op. cit., pág. 28 e 29.

[98] Neste caso as respectivas cláusulas apresentarão um elevado grau de generalidade superior ao que é comum nestes contratos (ausência de referências quanto à qualidade, quantidade, preço ...); contudo, deverá ser acautelada a possibilidade destas cláusulas serem tão vagas que sejam susceptíveis de afectar a validade e o cumprimento do contrato. Evitando estes inconvenientes é aconselhável serem incluídas listas de produtos elegíveis, bem como preços (ou fórmulas de cálculo), prazos de entrega, "counterpurchase ratio" e outros elementos considerados essenciais – neste sentido RAJSKI, op. cit., pág. 132.

Contratos Internacionais de Contrapartidas 113

nada obsta a que existindo acordo das partes quanto aos produtos, qualidade, quantidade, preços ... e outros aspectos considerados essenciais, o contrato de «counterpurchase» possa conter estas características, sendo concluído simultâneamente com o contrato de exportação e dispensando o ulterior contrato de execução[99].

Assim, a prática contratual tem consagrado a opção por dois contratos[100] – (1) venda internacional de bens e (2) contrato de «counterpurchase» (sentido restrito) – independentes e separados, nalguns casos ligados por um (3) «protocol agreement»[101], que neste caso será um «counterpurchase agreement»[102].

3.1.1. Relações entre os contratos.

A necessária ligação jurídica entre os contratos (conjunto de contratos)[103], indispensável a uma operação de «counterpurchase», enquanto operação relevante no âmbito do *countertrade*, poderá ser estabelecida de várias formas alternativas[104]/[105]:

– Dependência bilateral (recíproca) entre o contrato de venda inter-

---

[99] As várias possibilidades quanto à estrutura contratual e características da operação de «counterpurchase» são contempladas pelo Guia Jurídico da UNCITRAL, pág. 100 e ss.

[100] Neste sentido OCDE, *Les échanges Est-Ouest...*, op. cit., pág. 20; J.L. AMELON, op. cit., pág. 226.

[101] Neste sentido MARCEL FONTAINE, «Aspects juridiques...», op. cit., pág. 193; WELT, *Trade without money...*, op. cit., pág. 18, 39 e s.; ALDO FRIGANI, «Il contratto internazionale», op. cit., pág. 347; SCHMITTOFF, op. cit., pág. 158; UNCITRAL, *Legal Guide...*, op. cit., pág. 98.

[102] Cfr. UNCITRAL, *Legal Guide...*, op. cit., pág. 98.

[103] A doutrina portuguesa tem-se ocupado desta questão a propósito da distinção entre contratos mistos, fusão, união e coligação de contratos – v. VAZ SERRA, «União de contratos»; ANTUNES VARELA, «Contrato misto», op. cit., pág. 149 e ss.; ANTUNES VARELA, *Das Obrigações em geral*, op. cit., pág. 240 e ss.; GALVÃO TELLES, *Manual dos contratos em geral*, 3.ª edição, pág. 395 e ss.; *Direito das Obrigações*, op. cit., pág. 58 e ss.; ALMEIDA COSTA, *Direito das Obrigações*, op. cit., pág. 318 e ss.; MENEZES CORDEIRO, *Direito das Obrigações*, op. cit., pág. 424 e ss.; MENEZES CORDEIRO, «Empréstimos "Cristal"...», op. cit., pág. 491 e ss.; PAIS DE VASCONCELOS, *Contratos atípicos*, op. cit., pág. 215 e ss.

[104] A doutrina portuguesa refere-se a união de contratos: "união com dependência recíproca ou unilateral" – VAZ SERRA, «União de contratos – contratos mistos», op. cit. – "coligação de contratos", com relação de interdependência bilateral ou unilateral – ANTUNES VARELA, «Contratos mistos», op. cit. – "união com dependência bilateral ou unilateral" – GALVÃO TELLES, *Manual dos contratos ...*, op. cit.

[105] Neste sentido LAURA VALLE, op. cit., pág. 1235.

114 *Dos Contratos de Contrapartidas no Comércio internacional («countertrade»)*

nacional de mercadorias (exportação) e o contrato de «counterpurchase» (sentido estrito)[106].

– Dependência unilateral[107] do contrato de «counterpurchase» em relação ao contrato de venda[108]: neste caso o contrato principal é independente do contrato de «counterpurchase» e no caso de resolução ou invalidade deste o contrato principal não será afectado[109].

– Dependência unilateral do contrato de venda em relação ao contrato de «counterpurchase».

Considerando que a operação de «counterpurchase» implica a conclusão de dois ou mais contratos separados importa analisar as consequências da resolução, nulidade, incumprimento... do contrato de venda (qualquer que seja a causa) sobre o contrato de «counterpurchase» e vice-versa.

Na generalidade, as partes prevêem nas cláusulas contratuais as relações entre os contratos (venda e «counterpurchase»), como, aliás, aconselha o Guia da ECE/ONU (n.° 15)[110], nomeadamente em relação aos efeitos da resolução[111] do contrato principal sobre o contrato acessório («counterpurchase»): assim, (1) qualquer que seja a causa da resolução, se não resultar de incumprimento por parte do exportador, este deverá resolver o

---

[106] Na doutrina portuguesa VAZ SERRA, op. cit., pág. 13, refere-se a uniões com dependência recíproca em que os dois contratos dependem um do outro, de modo que se um for nulo o será também o outro e, se um for revogado se entende também revogado o outro, salvo se da interpretação das partes outra coisa se concluir, regendo-se cada um dos contratos pelas próprias regras; GALVÃO TELLES, *Manual dos contratos em geral*, op. cit., pág. 395, "união com dependência", em que se celebram dois ou mais contratos completos, formando um conjunto económico, verificando-se entre eles um laço de dependência, bilateral se os contratos dependerem recìprocamente uns dos outros; ANTUNES VARELA, *Das obrigações em geral*, op. cit., pág. , 242, "coligação de contratos". Em relação aos contratos de *countertrade* M. SALEM, op. cit., pág. 513.

[107] Na doutrina portuguesa VAZ SERRA, «União de contratos ...»; GALVÃO TELLES, *Manual dos contratos ...*, op. cit., pág. 395 e ss., unilateral se só algum (contrato) ou alguns dependem dos demais; ANTUNES VARELA, *Das obrigações ...*, op. cit., pág. 242-243, um "nexo funcional" entre os contratos, embora mantendo a sua individualidade, cria entre eles uma relação de interdependência (unilatetral), podendo um dos contratos funcionar como condição, contraprestação, ou base negocial do outro.

[108] Cfr. M. FONTAINE, «Aspects juridiques ...», op. cit., pág. 189; M. SALEM, op. cit., pág. 514-515.

[109] Assim LAURA VALLE, op. cit., op. cit., pág. 1236.

[110] «Contrats internationaux de contre-achat» (ECE/TRADE/169), op. cit.

[111] A resolução é entendida no Guia como o fim do contrato, quaisquer que sejam as suas causas e efeitos.

Contratos Internacionais de Contrapartidas

contrato de «counterpurchase»; (2) se o contrato principal for resolvido parcialmente, o contrato de «counterpurchase» será resolvido num montante proporcionalmente correspondente à resolução do contrato principal; (3) ou ainda que o exportador deseje manter a sua obrigação de contrapartida, quaisquer que sejam os motivos determinantes da resolução do contrato principal[112].

Na ausência de cláusula expressa a resolução deste problema dependerá da solução do direito aplicável, o que nem sempre será fácil, a não ser no caso dos estados com legislação especial sobre *countertrade*[113], pois esta operação nem sempre encontra uma figura correspondente nos sistemas jurídicos nacionais (a venda, tal como é regulada no Cód. Civ. – artigo 874.º e ss.– e noutros códigos dos países de sistema romano-germânico, seria a alternativa), uma vez que o contrato de «counterpurchase» (em sentido amplo) deverá ser considerado um contrato atípico e (ou) inominado[114].

Importa sobretudo esclarecer o objectivo económico da operação, atenta a vontade das partes[115].

A dificuldade resulta da operação ser negociada com recurso a dois contratos, já que se apenas se considerasse um a determinação da causa consistiria na contra-prestação que cada uma das partes exigiria da outra

---

[112] Cfr. ECE/ONU, «Contrats internationaux de contre-achat», op. cit.

[113] Por exemplo, a legislação indonésia sobre *countertrade* de 1982, dispõe que os contratos de «counterpurchase» serão automaticamente resolvidos na hipótese de resolução do contrato principal – cfr. NEDJAR, op. cit., pág. 192.

[114] Muito embora parte da doutrina se refira indistintamente a contratos atípicos ou inominados por oposição a contratos típicos ou nominados, que são aqueles que se acham expressamente previstos e regulados na lei – cfr. ANTUNES VARELA, «Contratos mistos», op. cit., pág. 148; GALVÃO TELLES, *Direito das Obrigações*, op. cit., pág. 58; ALMEIDA COSTA, *Direito das Obrigações*, op. cit., pág. 318; GHESTIN, op. cit., pág. 23 – já alguns autores distinguem os contratos nominados dos contratos típicos: nominados seriam aqueles que têm um "nomem iuris" na lei, ou seja, quando são expressamente mencionados na lei; típicos seriam aqueles cuja regulamentação conste da lei – cfr. ORLANDO CARVALHO, *Critério e estrutura do estabelecimento comercial*, Coimbra, 1968, pág. 658 e ss.; OLIVEIRA ASCENSÃO, *A tipicidade dos Direitos Reais*, Lisboa, 1968; PESSOA JORGE, *Direito das Obrigações*, I, pág. 223; MENEZES CORDEIRO, *Direito das Obrigações*, vol. I, op. cit., pág. 418; PAIS DE VASCONCELOS, op. cit., pág. 207 e ss. Conforme salienta GHESTIN, op. cit., pág. 23, a distinção perdeu parte do interesse que apresentava para o direito romano, em virtude da consagração do princípio da liberdade contratual.

[115] Neste sentido GALVÃO TELLES, *Manual dos contratos*, op. cit., pág. 396, refere que, "... no silêncio dos contraentes, a sua intenção determinar-se-á nos termos gerais, e designadamente em atenção às relações económicas existentes entre as várias prestações".

(como, aliás, sucede no «barter», que é um contrato sinalagmático): a causa das obrigações de uma parte é o objecto das obrigações da outra.

A análise jurídica dos contratos de «counterpurchase» (e de uma forma geral, dos contratos de *countertrade*) considera, as mais das vezes, apenas o objectivo económico do importador, o que equivale a considerar apenas a operação na perspectiva do importador/contra-exportador.

Ora numa operação de «counterpurchase», ainda que não seja o mais frequente, as compras cruzadas podem corresponder ao interesse mútuo das partes[116], ou podem apenas ser um meio para o contra-exportador no contrato de contrapartidas conseguir exportar produtos de difícil colocação; ou um meio para o exportador no contrato principal conseguir a venda principal[117], ou ainda para o exportador obter o fornecimento, embora a título de contrapartida, duma mercadoria que lhe interessa sobremaneira[118]. Apenas a vontade das partes permitirá esclarecer qual o verdadeiro objectivo da operação, pelo que não se pode considerar uma resposta única como sempre válida, mas várias possíveis.

Assim, a causa "económica" da operação[119] nem sempre é a mesma.

Pressuposto é que a interdependência económica entre os contratos não ofereça dúvidas, por constar expressamente (quer através do «protocol agreement», ou de qualquer referência numa cláusula dum dos contratos, nomeadamente a "counterpurchase ratio"), ou por via da interpretação[120], pois caso contrário não se tratará duma operação de *countertrade*. Mas, na ausência de estipulação expressa das partes, o esclarecimento da interdependência económica e da dependência jurídica entre os contratos poderá indicar conforme os casos diferentes relações:

– O contrato de venda é o contrato principal e o contrato de «counterpurchase» o contrato acessório[121]. O que determina a aceitação da obri-

---

[116] Cfr. UNCITRAL, «Project de Guide juridique pour l'élaboration de contrats internationaux d'échanges compensés...» (A/CN.9/332), op. cit., pág. 196; v. supra Capítulo I, sistematização.

[117] Idem, ibidem.

[118] O exemplo indicado por M. FONTAINE, «Aspects juridiques...», op. cit., pág. 190, é esclarecedor: o produto da contrapartida apresenta especial interesse para o contra-importador, pois é petróleo; neste caso o interesse do contra-importador sobrepõe-se ao do importador.

[119] Sobre a aplicação da noção de causa aos "grupos de contratos" e em particular aos contratos de *countertrade* v. WOICZICK, op. cit., pág. 157 e ss. e a bibliografia citada. Para uma evolução histórica da noção de causa v. PAIS VASCONCELOS, op. cit., pág. 117 e ss.

[120] Por exemplo, sendo concluídos ao mesmo tempo – v. nota seguinte.

[121] Neste sentido M. MEZGANI, «Les contrats de compensation dans les relations Nord-Sud...», op. cit., pág. 335, pressupõe, mesmo na ausência de cláusula expressa, um

Contratos Internacionais de Contrapartidas   117

gação de contrapartida constante do segundo contrato («counterpurchase») seria o objectivo de obter a exportação principal.

– O contrato de «counterpurchase» é a causa do contrato principal (venda).

– O contrato de «counterpurchase» e o contrato de venda formam um único contrato.

– Cada um dos contratos – venda e «counterpurchase» – porque separados e independentes apresenta, distintamente, um regime jurídico específico.

As possibilidades oferecidas pela interpretação da vontade das partes, num conjunto de contratos, atento o objectivo económico da operação, são pois variadas e implicando diversas consequências jurídicas: dependência bilateral, dependência unilateral do contrato de venda em relação ao contrato de «counterpurchase»[122], dependência unilateral do contrato de «counterpurchase» em relação ao contrato principal[123]... não permitindo adoptar uma única solução.

Ora nem sempre será possível reconstituir a vontade das partes[124].

---

nexo necessário de acessoriedade que une o contrato de contrapartida («counterpurchase») ao contrato principal: "...parce qu'il est necessairement conclu à l'ocasion d'une opération d'importation le contrat de compensation ne peut être consideré isolément: il n'est qu'un instrument permettant la réalisation de la vente principale, et revêt à cet égard, un caractère accessoire.....le contrat de contre-achat ne peut être analisé comme un simple contrat de vente. Le transfert de proprieté des marchandises de compensation contre des devises, object du contrat de compensation, n'est qu'un moyen d'obtenir un resultat: acquérir la forniture principale". Em abono desta tese PAIS DE VASCONCELOS, op. cit., pág. 218, nota pertinentemente "... que só muito raramente, se é que alguma vez, dois ou mais contratos se encontrarão por acaso no mesmo documento ou no mesmo acto, sem que algo de não ocasional, sem que algo de importante, tenha determinado a coincidência. A contextualidade e a contemporaneidade são geralmente indícios de uma ligação de outra ordem que exista entre os contratos".

[122] É esta a orientação partilhada pelos autores dos PECO e dos PVD – cfr. CAPATINA, «Considerations sur les opérations de contre-achat dans les relations de commerce extérieur de la Roumanie», DPCI, 1982.

[123] A doutrina dos autores ocidentais orienta-se no sentido de tornar o contrato principal de exportação tão independente quanto possível do contrato de «counterpurchase», da mesma forma que o contrato de «counterpurchase» deve ser unilateralmente dependente do contrato principal – cfr. FEDUCI (1982); RAJSKI, op. cit., pág. 35; BERNARDINI, op. cit., pág. 115.

[124] Note-se que numa operação de «buy-back» ou «offset» directo, atenta a relação directa entre a exportação e os produtos objecto das contrapartidas, é mais viável interpretar a relação de dependência (unilateral) entre os contratos.

118 *Dos Contratos de Contrapartidas no Comércio internacional* («countertrade»)

Assim, não sendo possível interpretar o verdadeiro objectivo da operação, a opção por dois contratos de venda de sentido inverso (vendas internacionais cruzadas), esclarece que a vontade das partes pretendeu distinguir cada um, individualmente, quanto às obrigações assumidas (cada um prevê uma venda e um pagamento em divisas) e respectiva execução, de tal modo que os problemas inerentes a um não se repercutam no outro[125], ao contrário do que sucederia no «barter» (no qual as duas transacções constam dum único contrato). A dependência não foi excluída, antes limitada por razões de segurança jurídica (evitando os riscos das consequências jurídicas da dependência)[126]: a consequência do desaparecimento dum dos contratos consistirá num pagamento integral em divisas, que não teria lugar doutra forma, uma vez que os pagamentos previstos em cada um dos contratos teriam vocação a ser compensados (parcial ou totalmente). Neste caso não será possível estabelecer uma ligação jurídica entre os contratos, mas apenas económica[127].

O desaparecimento de um dos contratos é fonte de problemas jurídicos delicados, de difícil solução, pelo que as partes deverão prever expressamente as respectivas consequências jurídicas, esclarecendo a relação entre os contratos[128].

3.1.2. A função do «protocol agreement».

Considerando a adopção de dois contratos separados, juridicamente autónomos e desenrolando-se de forma independente, sem qualquer referência recíproca importa estabelecer em termos jurídicos a relação entre estes.

A melhor técnica contratual aconselha que os dois (ou três) contratos sejam ligados por um contrato de ligação («protocol agreement»), através do qual as partes estabelecem a forma como o contrato principal e o contrato de «counterpurchase» vão ser ligados, esclarecendo a relação entre os contratos de acordo com as opções oportunamente consideradas no número anterior (dependência bilateral ou unilateral), nomeadamente assegurando

---

[125] Neste sentido M. FONTAINE, «Aspects juridiques...», op. cit., pág. 187. Em sentido contrário CAPATINA, «Considerations sur les opérations de contre-achat dans les relations de commerce exterieur de la Roménie», DPCI (1982), pág. 180-3, veio a entender que, mesmo na ausência de manifestação das partes, o contrato principal e o contrato de «counterpurchase» formam um único contrato.

[126] Cfr. WOICZICK, op. cit., pág. 159.

[127] Neste sentido L. VALLE, op. cit., pág. 1238.

[128] Neste sentido BERNARDINI, op. cit., pág. 116.

a cada uma das partes que um dos contratos não será válido sem o(s) outro(s) ou garantindo se as obrigações contratuais do contra-exportador (no segundo contrato) cessarão ou não no caso de incumprimento ou resolução do primeiro. Importa ter presente que se trata de dois contratos internacionais de venda paralelos – o contrato de exportação (principal) e o de venda por contrapartidas – e é o contrato de ligação que tem a função de ligar estes dois contratos determinando a obrigação do exportador no contrato principal (contra-importador) e que consiste em comprar determinados bens específicos produzidos no país do comprador (abrangendo uma percentagem do valor do primeiro contrato de venda, ou então uma quantia fixa, que deverá ser referida – "counterpurchase ratio").

No caso das vendas realizadas ao abrigo do segundo contrato não cobrirem o valor total da operação, deverá ser a diferença paga em divisas.

Na ausência do «protocol agreement» as alternativas possíveis para estabelecer a ligação entre os contratos serão as seguintes[129]:

– No contrato principal não é mencionado o contrato de «counterpurchase», ainda que este mencione o principal. A dependência do contrato de «counterpurchase» em relação ao contrato principal poderá ser estabelecida através da inclusão duma cláusula especial no contrato «counterpurchase», prevendo o valor deste contrato como uma percentagem do valor da venda inicial, ou seja à taxa de contrapartida ("counterpurchase ratio")[130], ou ainda através da referência à conclusão ou à entrada em vigor do contrato principal, ou invocando um anexo, à possibilidade de cláusulas comuns nos dois contratos através do reenvio para as cláusulas equivalentes do contrato principal, indicando quais as disposições deste último aplicáveis ao contrato de «counterpurchase» (cláusulas de arbitragem, força maior, designação do direito aplicável...)[131].

– No contrato principal menciona-se o contrato de «counterpurchase» como parte integrante[132].

Vários motivos podem ser apontados para desaconselhar o recurso a esta última solução.

---

[129] Sobre estas hipóteses v. FRIGANI, «Il contratto internazionale», op. cit., pág. 352; L. VALLE, op. cit., pág. 1235.

[130] Neste sentido RAJSKI, op. cit., pág. 131.

[131] Cfr. M. FONTAINE, «Aspects juridiques...», op. cit., pág. 189; WELT, *Trade without money*, op. cit., pág. 42; WOICZICK, op. cit, pág. 157.

[132] Cfr. ALDO FRIGANI, «Il Contratto Internazionale», op. cit., pág. 352-353.

120 *Dos Contratos de Contrapartidas no Comércio internacional («countertrade»)*

3.1.3. Separação de contratos (venda internacional de mercadorias e «counterpurchase»).

A opção por vários contratos em lugar dum único justifica-se por vários motivos. Desde logo, a segurança jurídica da operação; qualquer que seja o número de instrumentos jurídicos usados pelas partes a separação entre o contrato de venda internacional de bens (contrato principal) e o contrato de «counterpurchase» é fundamental: contratos separados possibilitarão que as obrigações contratuais emergentes de cada um deles permanecem isoladas umas das outras, pelo que o contrato primário de venda não deverá mencionar o contrato de «counterpurchase» nem como uma parte da transacção global, nem como condição da venda inicial, sob pena dessa referência poder ser entendida como uma condição da venda inicial[133], dificultando o pagamento dos bens vendidos no âmbito do primeiro contrato[134].

Não omitindo a necessidade duma adequada articulação entre as cláusulas dos dois contratos (o principal e o secundário ou acessório), esta dualidade de instrumentos jurídicos possibilita uma maior flexibilidade[135]

---

[133] DELACOLLETTE, op. cit., pág. 83, aconselha que o contrato de «counterpurchase» seja concluído na condição suspensiva da entrada em vigor do contrato principal (venda). O mesmo autor aconselha uma cláusula expressa prevendo o destino do contrato de contrapartida no caso de perturbações decorrentes da execução do contrato principal.

[134] Ilustrativo o exemplo fornecido por HOBER, op. cit., pág. 29: assim, se vierem a suceder problemas relacionados com o cumprimento das obrigações contratuais decorrentes do contrato de «counterpurchase», ainda que por motivos estranhos ao exportador (por exemplo: fornecimento dos bens previstos no contrato de «counterpurchase»), caso as duas obrigações não estiverem claramente distinguidas e isoladas, o importador poderá suspender o pagamento dos bens entretanto já recebidos no âmbito do contrato primário de compra e venda, invocando o não cumprimento do contrato de «counterpurchase».

A mesma observação é feita por WELT, *Trade...,* op. cit., pág. 40; OCDE, «Les échanges Est-Ouest...», op. cit., pág. 27, contudo, como consequência da transacção ser levada a cabo através de um único instrumento jurídico (hipótese também considerada por DELACOLLETTE, op. cit., pág. 83), o que, aliás, permite a seguinte conclusão: ainda que sejam utilizados vários contratos, se o contrato principal (contrato de venda internacional de bens) mencionar de qualquer forma o contrato secundário (contrato de «counterpurchase»), perderá a sua individualidade, tudo funcionando como se de um único contrato se tratasse, sem separação das obrigações contratuais fixadas num e noutro contrato.

Ainda se os contratos não estiverem separados o mesmo sucederá em caso de litígio se o contrato de contrapartida for sujeito a um tribunal arbitral ou se as obrigações contratuais forem transmitidas a uma terceira parte.

[135] Por exemplo, conforme refere WELT, *Trade whithout money*, op. cit., pág. 41, poderá ser estabelecido para o contrato de «counterpurchase» um prazo de cumprimento mais dilatado que o do contrato principal. Normalmente, o prazo de cumprimento do con-

no cumprimento das cláusulas contratuais, impedindo, aliás, que qualquer problema surgido com um dos contratos se repercuta no outro. Trata-se afinal de limitar a interdependência jurídica entre os contratos[136].

Prevendo a transmissão das obrigações contratuais (no âmbito do contrato de venda internacional de bens ou do contrato de «counterpurchase») a uma terceira parte revela-se útil a separação dos contratos: um exportador poderá pretender ceder a sua posição contratual a uma sociedade «factor», ou a uma «trading», que lhe pagará o valor da transacção descontando uma comissão pelo serviço prestado e solicitando uma garantia bancária ao exportador.

A separação de contratos permite ainda a individualização da lei aplicável a cada contrato.

O financiamento e a cobertura dos riscos de crédito será mais facilmente obtido se a transacção compreender dois instrumentos jurídicos independentes e separados: um banco não apresentará dificuldades em financiar um contrato internacional de venda de bens (contrato primário) que não esteja dependente doutro contrato internacional de venda de bens («counterpurchase»), o mesmo sucedendo com o seguro de exportação. Pelo contrário, bancos e seguradoras levantarão problemas em relação a um contrato internacional cujo preço não seja exclusivamente fixado em divisas[137] ou em que a respectiva redacção permita ao importador/contra-exportador recusar o pagamento com fundamento no incumprimento das obrigações de contrapartida pelo exportador/contra-importador, pois neste caso o risco coberto não resulta apenas da capacidade financeira do importador, mas também da capacidade do contra-importador[138].

Outra razão para a separação dos contratos pode ser aconselhada pela legislação fiscal de uma das partes[139].

3.2. Sequência.

Na análise subsequente a estrutura contratual considerada refere-se ao modelo de dois contratos separados e independentes ligados por um

---

trato de «counterpurchase» é mais longo do que o do contrato de exportação principal, sendo a exportação principal executada primeiro, pelo que o incumprimento do segundo apenas pode ser invocado quando o primeiro tiver sido concluído – neste sentido HOBÉR, op. cit., pág. 20.

[136] Neste WOICZICK, op. cit., pág.155.

[137] Cfr. WELT, *Trade whithout money*.., op. cit., pág. 41; HOBÉR, op. cit., pág. 20; SCHMITTHOFF, op. cit., pág. 158; WOICZICK, op. cit., pág., 157.

[138] Cfr. WOICZCIK, op. cit., pág. 156.

[139] Cfr. ALDO FRIGANI, «Countertrade...», op. cit., pág. 467.

122   *Dos Contratos de Contrapartidas no Comércio internacional* («countertrade»)

«protocol agreement», ou então a uma estrutura contratual compreendendo o contrato internacional de venda de mercadorias e um contrato de «counterpurchase» com referência expressa ao contrato principal (dependência unilateral face ao contrato principal), excluindo quer a hipótese da dependência bilateral, quer a hipótese do contrato principal com referência ao contrato de «counterpurchase» (dependência unilateral do contrato principal em relação ao contrato de «counterpurchase»)[140].

3.3. Contrato de venda internacional de mercadorias.

O contrato de exportação (contrato principal) representa um contrato internacional de venda de mercadorias contendo as designações usuais acerca da identificação dos bens, quantidades, preços, escolha de lei e arbitragem, bem como outros quaisquer aspectos que as partes entendam útil estabelecer. A lei aplicável deve ser escolhida pelas partes, ou então ser submetido à Convenção das Nações Unidas sobre a venda internacional de mercadorias no âmbito da UNCITRAL (Viena-1980)[141], não sendo necessariamente a lei escolhida para o contrato de «counterpurchase»[142].

Este contrato não deverá mencionar de modo nenhum o contrato de «counterpurchase»[143], sob pena de perder a sua autonomia jurídica, passando então a formar com o contrato de «counterpurchase» um contrato único.

3.4. Contrato de «counterpurchase».

A previsão de idênticas cláusulas nos dois contratos (principal e «counterpurchase») evitará diferenças de tratamento e permitirá salva-

---

[140] Opção partilhada pelos juristas ocidentais, que desaconselham quer a dependência bilateral, quer a dependência unilateral do contrato de venda em relação ao contrato de «counterpurchase», pelo menos desde 1982 no Colóquio Internacional então promovido pela FEDUCI. Sobre as razões que desaconselham esta última solução v. ainda RAJSKI, op. cit., pág. 131; BERNARDINI, op. cit., pág. 115.

[141] A Convenção-modelo no âmbito da UNCITRAL – Convenção das Nações Unidas sobre os contratos de venda internacional de mercadorias de 11 de Abril de 1980 – encontra-se actualmente ratificada por um elevado número de estados. Sobre o contrato internacional de venda de mercadorias v. M. BENTO SOARES/MOURA RAMOS, *Contratos Internacionais*, op. cit.; DELACOLLETTE, op. cit., pág. 7 e ss.; CLAUDE WITZ, op. cit.; FRANCO FERRARI, «La vendita internazionale», op. cit.

[142] Neste sentido UNCITRAL, *Legal Guide*...(Cap. XIII), op. cit., pág. 174. Porém, subsistem algumas dúvidas sobre a aplicabilidade da Convenção em relação a contratos de venda a celebrar no futuro, o que relevará no «counterpurchase», nas hipóteses em que não estejam ainda determinados os bens, quantidades, entrada em vigor – v. supra 3.1.

[143] Cfr. HOBÉR, op. cit., pág. 29.

Contratos Internacionais de Contrapartidas

guardar os interesses mútuos das partes no caso de problemas que surjam durante o período de cumprimento dos contratos; assim, muito embora a negociação tenha lugar mediante contratos separados não deverá ser omitida uma adequada articulação entre as cláusulas dos dois contratos paralelos de venda: o da exportação e o de contrapartidas.

a) Objecto.

O objecto do contrato deverá ser sempre definido nos seus elementos característicos, tanto mais que a indeterminação deste objecto poderá ser causa da sua invalidade. A fim de permitir uma correcta interpretação da terminologia utilizada evitando equívocos deverão, em cláusula própria, ser definidos os termos fundamentais (definições).

b) Produtos.

Os produtos objecto da obrigação de «counterpurchase» deverão ser discriminados permitindo que o objecto do contrato seja determinado ou se torne determinável (na prática é fornecida uma lista de produtos a exportar por parte do importador que poderá ser anexada ao contrato de «counterpurchase» ou ao «protocol agreement»), sob pena de poder ser considerado inválido por indeterminação do objecto[144].

c) Preços.

Em qualquer dos contratos o valor das operações é expresso em moeda, tendo o sentido duma obrigação alternativa que pode ser liberada com divisas (não se esqueça que a contrapartida é, as mais das vezes, parcial): no principal é sempre determinado, muito embora no contrato de «counterpurchase» seja normal encontrar as expressões "nas condições do mercado internacional dos bens em causa", "nas condições de cliente mais favorecido"[145]. Tal pode suceder quando a determinação do preço é deixada para um momento ulterior (fornecimento efectivo das mercadorias). Nestes casos trata-se de prevenir problemas como a flutuação do preço no mercado mundial do produto em causa.

O que interessa, na hipótese de não indicação expressa de preço – no contrato de «counterpurchase» – é que sejam fornecidos critérios que permitam a sua determinação[146].

---

[144] Assim, a legislação de vários países sanciona a indeterminação do objecto com a nulidade.

[145] Cfr. UNCITRAL, *Legal Guide*...(Cap. VI), op. cit., pág. 127 e ss.

[146] Não deverá ser menosprezado o facto da aceitação das obrigações de «counter-

124   *Dos Contratos de Contrapartidas no Comércio internacional* («countertrade»)

Sendo o valor determinado na altura da conclusão do contrato a oscilação cambial da moeda escolhida para unidade de conta deverá ser devidamente acautelada[147]. Desde 1971, altura em que foi abandonado o primitivo SMI[148], a execução das obrigações pecuniárias tem constituído uma preocupação para os operadores do comércio internacional: indexação[149], cláusula "hardship"[150], escolha de mais de uma divisa[151], cláusulas de

---

purchase» implicar custos adicionais na colocação dos bens provenientes das contrapartidas, que deverão ser tomados em conta no preço do contrato de exportação inicial.

Assim, muitas vezes no âmbito do contrato de «counterpurchase» é previsto que o exportador no contrato principal (venda) possa transmitir a sua obrigação de «counterpurchase» a uma terceira parte – cessão da posição contratual onerosa (geralmente a uma «trading house») – que cobrará uma comissão calculada em função do valor do contrato. Tal custo deverá ser acautelado no preço atribuído ao contrato de venda inicial.

Finalmente, para que uma terceira parte («trading house») possa aceitar a cessão da posição contratual no que respeita à compra de bens por contrapartida torna-se imprescindível a determinação do preço.

Prevendo que a execução do contrato de «counterpurchase» se poderá arrastar por vários anos deverão ser indicados critérios de actualização: se assim não suceder o exportador inicial, que se obrigou a aceitar o pagamento parcial em bens a fornecer em contrapartida pelo importador arrisca-se a que o preço destes seja inflaccionado.

As dificuldades na determinação do preço podem surgir se a quantidade e o género dos bens, bem como a data exacta do contrato de «counterpurchase» ainda não tiverem sido definidos, caso contrário o preço pode ser fixado. Mas, sucedendo amiúde, os produtos objecto das contrapartidas não estarem ainda designados no início das negociações, torna útil a fixação de uma fórmula em lugar dum preço fixo, contendo indicação como "preços competitivos no mercado mundial" ou "most favoured-customer" (esta estipulação garante que os mesmos produtos ou outros semelhantes não serão vendidos pelo importador-vendedor a outro cliente a um preço mais baixo).

O sistema jurídico anglo-saxónico, britânico ("The Sale of Goods Act 1979") e o americano (Cód. Comercial Uniforme-UCC)) permitem a fórmula do "open price" que, aliás, também foi aceite pela Convenção de Viena de 1980. Também o Cód. Civ. francês (art. 1583.°) aceita um método para a determinação do preço, em lugar dum preço determinado.

[147] Sobre estes problemas v. UNCITRAL, *Legal guide...*, op. cit., pág. 126 e ss.

[148] V. infra Capítulo III, Secção II. Consequentemente, a "cláusula ouro" até então bastante utilizada, perdeu interesse em virtude da flutuação do preço do ouro.

[149] A inclusão duma cláusula de indexação, obedece ao propósito de permitir rever o preço dos bens, ligando-os ao(s) preço(s) de outros bens – preços-índice (geralmente as matérias-primas necessárias para produzir as contrapartidas, cujo preços são publicados por organismos como as câmaras de comércio, organizações internacionais): a variação dos preços índice traduz-se numa alteração automática do preço dos produtos da contrapartida – cfr. UNCITRAL, *Legal Guide...*, op. ,cit., pág. 131.

[150] Uma cláusula deste tipo permitirá a revisão do preço em caso de oscilação cam-

moeda estrangeira, "cláusulas de garantia monetária"[152], cláusula de moeda compósita (variante da cláusula de moeda estrangeira, aproximando-se das "cláusulas de garantia monetária")[153] – moeda cabaz como os «direitos especiais de saque» (FMI)[154] ou até 1998 o "ECU" (Comunidade Europeia)[155], quer como unidade de conta e (ou) como meio de pagamento[156]

---

bial significativa da moeda escolhida para pagamento – cfr. LEFORT, op. cit., pág. 369; HOUTTE, op. cit., pág. 326.

[151] Esta possibilidade é expressamente contemplada pela UNCITRAL, *Legal guide*.., op. cit., pág. 132.

[152] Segundo esta cláusula a moeda de referência (unidade de conta) e a moeda de pagamento são distintas – cfr. LEFORT, op. cit., pág. 375; B. INZITARI, op. cit., pág. 138 e ss; HOUTTE, op. cit., pág. 320. Neste caso os contratos que prevejam o pagamento em moeda nacional devem conter as disposições relativas à convertibilidade, data, lugar e formas de determinação da taxa de câmbio aplicável, previamente estabelecidas entre as partes – cfr. "International Law Association", «Rapport du Comité de Droit Monétaire International», Belgrado, 1980, pág. 333.

[153] Cfr. LEFORT, op. cit., pág. 375. A "International Law Association", na 57.ª Conferência (Madrid-1976) aconselhou aos membros o recurso a estas cláusulas nas operações comerciais internacionais a longo prazo. A Convenção de Roma sobre a lei aplicável às obrigações contratuais (UNIDROIT, 1980), art. 7.°, reconhece a validade destas cláusulas.

[154] V. infra Cap. III, Secção II, sobre os direitos especiais de saque (DES). Os DES, enquanto moeda-cabaz encontram-se menos sujeitos aos riscos cambiais e sendo escolhidos como unidade de conta, diariamente, é possível determinar o câmbio em relação à moeda de pagamento – v. UNCITRAL, *Legal guide*..., op. cit., pág. 132.

[155] "Unit currency unit": unidade de conta artificial e compósita, criada pela então CEE, em 1978, iniciando o seu funcionamento em 1979. O "ECU" sucedeu à "UCE" (criada no âmbito da União Europeia de Pagamentos) e à experiência da "serpente monetária europeia" (1971...); como moeda cabaz dependia da oscilação cambial das moedas nacionais dos Estados membros da CEE que integravam o sistema monetário europeu (SME), as quais aferiam a respectiva paridade em relação ao ECU (cotação central: +/- 2.25%), o que significava que estava menos sujeita a variações cambiais, já que a valorização/ /desvalorização de uma moeda poderia ser compensada pela desvalorização/valorização de outra. O ECU possibilitava a utilização como moeda de referência e (ou) como moeda de pagamento, simultaneamente – v. HOUTTE, op. cit., pág. 332. Para maiores desenvolvimentos sobre o SME e o "ECU" v. YPERSELE/KOEUNE, *O Sistema Monetário Europeu*, Comissão das Comunidades Europeias; SWANN, *The Economics of the Common* Market, op. cit., pág. 181 e ss.; MARGARIDA LOPES SANTOS, *ECU– Moeda europeia?*, Coimbra, 1991.

Desde 1999 que o ECU foi substituído pelo EURO, iniciando a 3.ª fase de realização da União Económica e Monetária, que culminará na moeda única. Para maiores desenvolvimentos v. SIMÕES PATRÍCIO, *Regime jurídico do Euro*, op. cit.; JOÃO CALVÃO DA SILVA, *Euro e Direito*, op. cit.

[156] A função da moeda escolhida para unidade de conta e a função da moeda de

126 *Dos Contratos de Contrapartidas no Comércio internacional («countertrade»)*

– o recurso aos mercados cambiais a prazo («forward»[157], «swap»[158]), contratos de futuros e opções sobre divisas[159], representam algumas das soluções contra os riscos cambiais.

Dúvidas ou futuros litígios quanto ao significado do preço, nomeadamente se inclui apenas o custo dos bens, ou também os custos de transporte, seguro, direitos alfandegários ... serão evitadas pelo emprego dos adequados INCOTERMS[160], permitindo uma rigorosa identificação das

---

pagamento pode ser distinta ou complementar, o que sucede amiúde com as "cláusulas de garantia monetária" – cfr. LEFORT, op. cit., pág. 375.

Inicialmente os DES e o ECU experimentaram apenas uma função de unidade de conta nos contratos internacionais: os primeiros eram destinados a serem usados exclusivamente por estados e Organizações internacionais; o que explica estas limitações. Cedo porém se desenvolveu um mercado privado dos DES a partir de 1975-81— obrigações, depósitos à ordem ou a prazo, empréstimos bancários sindicados, depósitos e certificados de depósito; desde 1981 o "Morgan Guaranty Trust Company" (Bruxelas) disponibilizou aos clientes contas de depósito em DES – cfr. LEFORT, op. cit., pág. 402.

[157] A taxa de câmbio entre duas moedas é logo fixada, mas a transacção cambial será efectivada num momento posterior (os vencimentos mais comuns são a trinta, sessenta, noventa dias, seis meses e um ano – cfr. GUILLOCHON, op. cit., pág. 242). Ao contrário das operações no mercado de câmbios à vista («spot») que tomam como referência o câmbio do momento, as taxas de câmbio «forward» são influenciadas por expectativas sobre a oscilação futura das moedas.

[158] Combina numa mesma operação cambial uma transacção «spot» e uma transacção «forward»: compra/venda «spot» de uma moeda, contratando simultaneamente a sua venda/compra «forward» – «swap»= transacção «spot» + transacção «forward» – cfr. WALTER MARQUES, *Moeda e instituições financeiras*, op.cit., pág. 270-71.

[159] O contrato de futuros sobre divisas é um contrato negociável, efectuado num mercado organizado, em que as partes se obrigam a comprar/vender um determinado activo (divisa), em quantidades e qualidades normalizadas, numa data pré-fixada, a um preço acordado no presente; ao contrário do contrato «forward» a efectiva entrega de moeda no termo do prazo apenas sucederá se os contraentes conservarem o contrato até ao vencimento. A opção sobre divisa ou câmbio é um direito de comprar ("call") ou de vender ("put") uma divisa contra outra divisa, numa certa data a um certo preço, chamado preço de exercício ("strike price") – cfr. GUILLOCHON, op. cit., pág. 243.

[160] Actualmente *INCOTERMS 2000* da CCI, Pub. n.º 560 (1999), em vigor desde 1 de Janeiro de 2000, que substituiram os *INCOTERMS 1990*, da CCI, Pub. n.º 460, op. cit., são agrupados em quatro categorias diferentes: o grupo "E"(EXW), único termo pelo qual o vendedor coloca as mercadorias à disposição do comprador nas instalações do próprio vendedor; o grupo "F" (FCA,FAS e FOB), pelo qual o vendedor entrega a mercadoria a um transportador nomeado pelo comprador; o grupo "C" (CFR, CIF, CPT e CIP), em que o vendedor se encarrega de contratar o transporte mas não assume o risco de perdas e danos da mercadoria, nem os devidos a eventos ocorridos após o embarque e a expedição; e os do grupo "D" (DAF, DES, DEQ, DDU e DDP), suportando neste caso o vendedor

Contratos Internacionais de Contrapartidas

responsabilidades contratuais do vendedor (contra-exportador) e do comprador (contra-importador). Assim, deverá ser especificada a remissão ao INCOTERM escolhido. Atendendo a que estes termos respeitam exclusivamente ao contrato de venda, haverá que acautelar o emprego de idênticos termos no contrato de transporte internacional de mercadorias[161], já que nestes últimos, por vezes, são usados com conteúdo diferente; nesta medida a articulação entre o INCOTERM e o contrato de transporte revela-se indispensável.

A referência a um ou mais INCOTERMS não constituiu qualquer obrigatoriedade de recurso ao Tribunal Internacional de Arbitragem da CCI, pelo que se for esta a intenção deverá ser objecto de cláusula própria.

d) O transporte dos produtos e respectivos prazos de entrega deverão fazer parte de cláusula própria (ou dum anexo)[162].

e) Prazo de cumprimento (data de início e termo do contrato).

A cláusula que determina o prazo para a execução do contrato de contrapartida («counterpurchase») deverá estabelecer que o início deste prazo seja simultâneo ao do contrato principal. O termo do prazo será importante especialmente se tiver lugar uma cláusula de penalidades e outra de garantias bancárias, pois será a partir deste prazo que terá lugar o pagamento das penalidades.

---

todos os custos e riscos inerentes ao trajecto da mercadoria até ao país de destino. Assim, na modalidade mais simples a referência a "EXW" significa que o vendedor cumpre a sua obrigação entregando a mercadoria ao comprador nas suas próprias instalações (fábrica, armazém, etc...); enquanto na modalidade mais exigente "DDP", são obrigações do vendedor o desembaraço alfandegário no país de exportação, transporte internacional da mercadoria até ao país de destino, o desembaraço alfandegário no país da importação e, por vezes, o IVA.

[161] Embora no comércio internacional o meio de transporte mais frequente seja o marítimo e fluvial, o transporte ferroviário, rodoviário e aéreo também são utilizados, sendo abrangidos pelos INCOTERMS. No entanto, certos INCOTERMS referem-se apenas ao transporte marítimo e fluvial (FAS, FOB, CRF, CIF, DES e DEQ), enquanto outros abrangem as várias modalidades de transporte, podendo ser utilizados no transporte multimodal.

[162] Sobre os contratos de transporte internacional e respectivas convenções v. supra Introdução e TOUSCOZ, *Direito Internacional*, op. cit., pág. 318 e ss.; JACQUET/DELEBECQUE, op. cit., pág. 158 e ss.

128 Dos Contratos de Contrapartidas no Comércio internacional («countertrade»)

f) Qualidade dos produtos da contrapartida.

Porque há o risco dos produtos oferecidos em contrapartida apresentarem qualidade inferior o contra-importador deverá em cláusula própria acautelar a qualidade dos produtos impondo exigências quanto à "export quality", medida por produtos similares. Deverá ser prevista a hipótese de não satisfazendo os produtos os padrões de qualidade desejados, poderem ser devolvidos (para voltarem a ser exportados em melhores condições). A um "inspector neutral" poderá ser cometida a tarefa de inspeccionar os produtos e pronunciar-se sobre a compatibilidade do seu padrão de qualidade face às exigências contratuais (que poderão respeitar à apresentação, embalagem, ...)[163].

g) Restrições territoriais.

Na intenção de defesa do mercado poderão ou não ser impostas restrições à revenda dos produtos a terceiros, por parte do importador que fornece os produtos de contrapartida. O adquirente deverá procurar conservar a máxima liberdade no que respeita ao preço de revenda, tanto mais se não tiver capacidade de absorver as contrapartidas.

h) Intervenção de terceiros.

Deverá ser prevista a possibilidade das obrigações de «counterpurchase» (por parte do exportador/contra-importador) poderem ser transferidas para uma terceira parte, vulgarmente uma «trading house» ("trading companie"): mediante a inclusão de uma cláusula deste tipo o exportador poderá negociar com uma sociedade «trading» a colocação dos produtos recebidos em contrapartida. Atendendo a que o exportador pode não ter destino para os produtos que terá de importar em cumprimento da sua obrigação de contrapartida, a inclusão duma cláusula deste tipo revela-se aconselhável para evitar restrições de revenda. A complexidade da operação também torna desejável, especialmente se se tratar de uma entidade pouco familiarizada com este tipo de operações, o conselho e acompanhamento duma «trading» a quem possa transmitir a posição contratual[164]. Uma vez exportados os bens no âmbito do contrato principal torna-se conveniente ceder apenas as obrigações de contrapartida.

---

[163] HOBER, op. cit., pág. 91, entende que esta inspecção das mercadorias apenas deve ser cometida a um inspector neutral na hipótese de cada um dos contraentes não aceitar que essas funções sejam atribuídas ao outro.

[164] Para maiores desenvolvimentos sobre a intervenção de terceiros v. FRIGANI, «Countertrade...», op. cit., pág. 472.

Porém, a aceitação das obrigações emergentes do contrato de «counter-purchase» por parte duma «trading» apresentará um custo expresso através do "disagio" (que consiste no valor cobrado a favor da «trading», compreendendo uma percentagem do valor dos bens entregues em contrapartida, que será descontada no preço de venda futura tornando-os mais competitivos no mercado, e ainda uma percentagem, a título de honorários)[165].

Caso seja prevista a transmissão das obrigações contratuais a uma «trading house» o exportador deverá tentar incluir o "disagio" no preço de venda dos bens inicialmente exportados (no primitivo contrato de venda). Também o género de bens que a «trading» comercializa poderá ser restrito, pelo que deverá ser cuidada a avaliação dos bens que interessam, em função dos que são apresentados nas listas anexas ao contrato de «counter-purchase» (listas fornecidas pelo importador).

i) Cláusulas penais/penalidades.

Trata-se de um acordo mediante o qual as partes prevêm que no caso de inexecução das obrigações contratuais assumidas, a parte inadimplente fica obrigada a entregar à outra uma determinada quantia em dinheiro, revestindo natureza apenas cominatória ou então repressiva – apresentando--se como autênticas penas privadas, com a ameaça das quais se pretende forçar o cumprimento das obrigações contratuais consideradas[166].

Estas cláusulas penais têm lugar, geralmente, no interesse do importador (contra-exportador, no contrato «counterpurchase») que pretenderá que as obrigações de contrapartida do contra-importador estejam sujeitas

---

[165] Cfr. WELT, op. cit., pág. 20; OCDE, «Les échanges Est-Ouest..», op. cit., Parte II – n.° 3; AMELON, op. cit., pág. 228.

[166] Assim MOURA RAMOS, «Cláusulas penais em contratos internacionais: análise das Regras Uniformes da C.N.U.D.C.I. de 1983 ...», op. cit., pág. 275 e ss. A expressão corresponderia às cláusulas penais no direito português e no direito francês a "clauses pénales".

Todavia, a expressão cláusulas penais ("clauses pénales") nos sistemas de «civil law» abrange tanto as cláusulas penais propriamente ditas ("penalty clauses", nos países da «common law») como as perdas e danos indemnizatórios («dommages intérêt libératoires» no direito francês, «schadenpanshale» no direito alemão e «liquidated damages» na «common law»). Ora, as «liquidated damages» (indemnizações por perdas e danos) "limitavam-se a pré-determinar o montante da indemnização a versar pela parte inadimplente", tendo em vista os prejuízos eventualmente causados pela ruptura do contrato.

Foi tentando ultrapassar esta distinção quanto às finalidades pretendidas por estas cláusulas contratuais que a CNUCDI aprovou (Viena, 1983) as *Regras Uniformes relativas às cláusulas contratuais estipulando o pagamento de uma quantia em caso de incumprimento*, agrupando as duas categorias atrás descriminadas.

a penalidades por incumprimento[167]. A penalidade é calculada em função do valor das obrigações de contrapartidas não cumpridas (e não do valor total do contrato), variando de contrato para contrato, mas normalmente é indicada uma percentagem, que varia de 10 a 15%[168], sendo pouco comum a indicação de uma soma fixa.

É razoável que o exportador/contra-importador veja no pagamento das penalidades uma forma de considerar extintas as suas obrigações decorrentes do contrato de «counterpurchase», caso não pretenda ou não possa cumprir a obrigação inicialmente prevista. Se tal for o fim pretendido, deverá ser expressamente acordado, evitando futuros litígios[169].

Na prática, as penalidades («penalties», «clauses pénales»), bem como a indemnização por perdas e danos («liquidated damages», «dommages interets liberatoires», «schadenpanshale»), são as únicas formas de compensação que o importador/contra-exportador pode obter em caso de incumprimento de parte ou da totalidade das obrigações de contrapartida pelo contra-importador. Assim, nada obstaria a que para além duma cláusula relativa às penalidades ("penalties") outra tivesse lugar relativa à indemnização por perdas e danos ("liquidated damages") respeitante aos prejuízos decorrentes do não cumprimento do contrato de «counterpurchase». Porém, se tal solução é aconselhável para os sistemas de "civil law", o mesmo já não sucede nos sistemas da "common law", onde os tribunais se revelam relutantes em tornar exequíveis as "penalties clauses", pronunciando-se

---

[167] No entanto, não é de descurar a hipótese do contra-importador apresentar particular interesse no produto da contrapartida; então, nesta hipótese será normal que as penalidades e (ou) a indemnização por perdas e danos sejam no seu interesse, acautelando o incumprimento do contra-exportador – cfr. UNCITRAL, «Considerations of draft chapters of Legal Guide on International Countertrade», *Yearbook* (1992), Cap. XI, pág. 65.

[168] Cfr. HOBÉR, op. cit., pág. 17. No entanto, registam-se casos em que as taxas de penalidade ultrapassam esta percentagem....

[169] Neste sentido a legislação portuguesa sobre contrapartidas – v. infra Capítulo II, Secção II, Subsecção III. Sobre este problema v. UNCITRAL, «Considerations of draft chapters of Legal Guide...», *Yearbook* (1992), op. cit., pág. 70.

WELT,, *Trade without money...*, op. cit., pág. 44, refere que era frequente nos países de comércio de Estado, os organismos de comércio externo exigirem a execução específica do contrato, não obstante as penalidades terem sido pagas, o que equivale a não aceitarem o pagamento da "penalty clause" prevista como uma forma de extinção da obrigação contratual. Atendendo a que, não é vulgar os organismos de comércio externos destes países aceitarem o recurso à arbitragem, torna-se difícil deixar de fazer face a esta exigência.

pela sua invalidade[170], pelo que se a lei aplicável ao contrato for a destes últimos há que optar por incluir apenas "liquidated damages"[171].

Será normal que, a qualquer dos contraentes seja exigida pela outro garantia bancária destinada a cobrir o valor das penalidades e (ou) indemnizações; particularmente ao contra-importador no caso de não cumprir as suas obrigações de contrapartida, ou seja, no caso de não proceder à importação dos produtos de contrapartida antes do termo fixado (período de cumprimento).

Atendendo a que a cláusula referente às penalidades dispõe uma série de medidas destinadas a fazer face ao incumprimento das obrigações de «counterpurchase» por parte do contra-importador, as condições em que estes pagamentos terão lugar deverão ser separadas, a fim de se tornarem independentes das obrigações do exportador no âmbito do contrato de venda internacional de bens (contrato de exportação – contrato principal): apenas as obrigações de contrapartida do exportador aqui (contrato acessório) deverão ser discriminadas[172].

j) Garantias bancárias.

Os usos comerciais determinam habitual que ambas as partes, ou pelo menos o contra-exportador[173] impusesse uma cláusula de garantia bancária tendo em vista assegurar o pontual cumprimento, por parte do contra-importador, das obrigações contratuais de «counterpurchase»; assim as penalidades ("penalties") e (ou) as indemnizações por perdas e danos ("liquidated damages") previstas no contrato de contrapartida («counterpurchase») serão as mais das vezes objecto de uma garantia bancária («payment guarantee»)[174], muito embora outros instrumentos

---

[170] Cfr. HOBÉR, op. cit., pág.17. No mesmo sentido MOURA RAMOS, «Cláusulas penais em contratos internacionais», pág. 282 (nota 14), refere que nos países da common law as «penalty clause» são consideradas pura e simplesmente nulas (sendo calculada a indemnização eventualmente devida pelo contraente faltoso com base nos danos eventualmente sofridos).

[171] Ainda assim com limitações quanto à forma como são calculadas – PHILIP WOOD, op. cit., pág. 172, 319.

[172] Cfr. SCHMITTHOFF, *Schmitthoff's Export Trade*, op. cit., pág. 163; M. SALEM, «Les substituts aux transactions monétaires», op. cit., pág. 516.

[173] Neste sentido UNCITRAL, *Legal guide on international countertrade...*, Cap. XII, op. cit., pág. 159 e ss.

[174] Garantia de pagamento: é uma garantia cujo beneficiário é o exportador (no caso em apreciação contra-exportador), destinando-se a garantir o pagamento pelo importador

(contra-importador); assegura ao credor uma prestação pecuniária o pagamento da dívida, caso o obrigado principal não cumpra.

Para além das «payment guarantee», os principais tipos de garantia bancária, de acordo com a respectiva finalidade, são:

– «Perfomance bond», «leistungs, lieferungs oder erfüllungsgarantie», «garantie de bonne execution», «garanzie de buona esecuzione» (garantia de boa execução do contrato): destina-se a garantir perante o beneficiário (importador) a correcta execução das obrigações assumidas pelo outro contraente, nomeadamente que a entrega da mercadoria se processará conforme o acordado.

– «Tender guarantee» ou «bid bonds», «bietungsgarantie», «garantie de soumission», «garanzia di offerta» (garantia de oferta ou de honorabilidade da proposta): trata-se de uma garantia pré-contratual exigida ao concorrente de certa empreitada (caso mais frequente), pela qual um banco se compromete a pagar determinada soma pecuniária no caso do concorrente não vir a assinar o contrato ou não prestar a garantia de boa execução.

– «Advance payment bond», «Repayment guarantee», «Anzahlungsgarantie», «garantie de reversement d'acomptes» (garantia de reembolso de pagamentos antecipados).

– «Retention bond», «Maintenance bond», «gwährleisungsgarantie», «warranty garantee», «garantie de bon fonctionnement» (cfr. FRIGANI, *Il contratto internazionale*, op. cit., pág. 184): divulgadas a propósito de obras de engenharia civil, asseguram ao comprador uma percentagem do preço da obra (10%) até à respectiva conclusão, evitando este pagamento pelo fornecedor.

Sobre garantias bancárias autónomas v. BONTOUX, «Les garanties bancaires ...», op. cit.; AMELON, op. cit., pág. 207 e ss.; BONNELLI, op. cit.; ROWE, «Guarantees ...», op. cit.; CANARIS, *Bankvertragsrecht*, Berlim, 1988, pág. 748 e ss.; FRIGANI, *Il contratto internazionale*, op. cit., pág. 182 e ss.; STOUFFLET, «La garantie bancaire ...», op. cit.; SCHMITTHOFF, *Schmitthoff's Export Trade*, op. cit., pág. 446 e ss.; WOOD, op. cit., pág. 295 e ss.; HOUTTE, op. cit., pág. 299 e ss.; VIALLE, «Le garanzie bancaire», op. cit.; LESGUILLONS, op. cit., t. 6. V. infra Subsecção III sobre bibliografia nacional. Sobre as funções das garantias bancárias nos contratos de *countertrade* v. UNCITRAL, *Legal guide on international countertrade...*, cap. XII, op. cit.

Outras classificações de garantias bancárias, para além da proposta pela CCI e que se relacionam com a respectiva finalidade, foram divulgadas: assim outra distinção poderia respeitar às «demand guarantees» (garantia autónoma, independente, automática, à primeira solicitação), em que o garante tem de pagar ao beneficiário, mediante um pedido deste de forma tangível (forma escrita, carta, telegrama, telex, fax) e as garantias condicionais ou documentárias, cujo pagamento ficará dependente da entrega de certos documentos; outra classificação permitiria distinguir as garantias obtidas pelo vendedor (exportador), das obtidas pelo importador (comprador) – cfr. SCHMITTHOFF, op. cit., pág. 449.

Sobre contragarantias, supergarantias (garantia de garantia) e "syndicated bond facilities» no comércio internacional ver C. SCHMITTOFF, pág. 448 e 449.

Reconhecendo o uso generalizado destas garantias no comércio internacional, em 1978, a Câmara de Comércio Internacional elaborou as *Regras Uniformes sobre garantias contratuais* (Publicação n.° 325), na tentativa de aproximar o regime das garantias pres-

bancários e não bancários[175] possam ser utilizados com finalidade idêntica.

Assim, a penalidade devida pelo exportador/contra-importador em caso de não execução das contrapartidas será deduzida aos pagamentos

---

tadas por bancos e seguradoras. Contudo, as *Regras Uniformes sobre Garantias Contratuais* têm tido uma aplicação limitada nos contratos de comércio internacional, pois estas regras tratam de garantias documentárias (condicionais) e não à primeira solicitação («demand guarantees»), que são as mais usadas no comércio internacional; porém, nada parecia obstar a que fossem aplicáveis parcialmente, em tudo o que não for incompatível com as garantias autónomas à primeira solicitação.

Ultrapassando estas dificuldades a CCI publicou em 1992 as *Uniform Rules for Demand Guarantees* (Publicação n.º 458), op. cit., aplicáveis às relações entre garante e beneficiário e às contragarantias. Para uma análise das características destas novas regras v. VASSEUR, «Les nouvelles régles de la CCI pour les garanties sur demande», op. cit. De futuro o problema será a compatibilidade das regras da CCI com as da UNCITRAL (Convenção das NU sobre as garantias independentes e letras de crédito «stand by»), que entraram em vigor em 2000. Sobre os problemas da codificação da garantia autónoma pela CCI ver J. STOUFFLET, «L'óeuvre normative de la Chambre de Commerce International dans le domaine bancaire», op. cit., pág. 363.

[175] O tipo de garantia prestada não é exclusivo dos bancos, já que também as seguradoras podem prestar garantias deste género, designando-se neste caso «proven default bond».

Nos E.U.A., devido a limitações legais quanto à capacidade das instituições de crédito garantirem contratos de comércio externo através de garantia bancária, é generalizado o uso de créditos «stand-by» («stand-by letters of credit») em lugar das garantias bancárias – cfr. WELT, *Trade without money*..., op. cit., pág. 62; S. PATRÍCIO, op. cit., pág. 684; BACHIR G. AFFAKI, op. cit., pág. 68 (nota 11) – que, ao contrário das garantias bancárias, têm um período de validade pré-fixado, que não pode ser prolongado. Estes instrumentos bancários eram regulados pela Câmara de Comércio Internacional – *Regras Uniformes*..., Publicação n.º 400, 1983, posteriormente substituídas pelas *Regras e Usos Uniformes relativas aos Créditos Documentários,* Publicação n.º 500 (Revisão de 1993), que dispõem no artigo 1.º (campo de aplicação) "...ser aplicáveis às Cartas de Crédito Stand by...". Também a UNCITRAL se pronunciou sobre «Stand by Letters of Credit and Garanties» – v. UNCITRAL, «Report of the Working Groupe on International Contract Pratices on the work of its twelfth session» (Vienna, 21-30 November 1988), Yearbook, 1989.

O uso de cartas de crédito – «carta de conforto» («Patronaterklärung», «lettre de confort», «lettre de patronage», «lettere di patrocinio») – também pode desempenhar a mesma função, com a vantagem de se tornar menos dispendioso para o exportador; porém, apesar de não serem garantias acessórias, nem reais, não são exigíveis à primeira solicitação: trata-se de um acordo entre o patrocinante que envia a "carta" ao patrocinado – v. P. WOOD, op. cit., pág. 307; SINDE MONTEIRO, «Responsabilidade por conselhos, recomendações ou informações», 1990, pág. 557; MENEZES CORDEIRO, *Das cartas de Conforto no Direito Bancário*, op. cit.; CALVÃO DA SILVA, *Estudos de Direito Comercial*, op. cit., pág. 369 e ss.

134 *Dos Contratos de Contrapartidas no Comércio internacional* («countertrade»)

que o contra-exportador, porventura, tenha que efectuar ao contra-importador, no âmbito do contrato principal[176].

Em rigor, a previsão de uma cláusula deste tipo dá lugar a um contrato de garantia[177], contrato unilateral que resulta duma declaração tácita

---

[176] Os efeitos do pagamento da garantia bancária deverão ser previstos expressamente, nomeadamente se assumem um efeito liberatório em relação à obrigação de «counterpurchase» do contra-importador, evitando futuros litígios – neste sentido UNCITRAL, *Legal guide...*, op. cit., pág. 160.

[177] O estudo teórico do contrato de garantia deveu-se a STAMMLER que nos finais do século XIX apresentou a distinção entre as garantias acessórias da obrigação principal (fiança, mandato de crédito) das garantias autónomas, independentes da relação garantida e cujo fundamento decorre da autonomia privada. Na base desta garantia, um contrato de garantia ("Garantievertrag") cuja razão de ser se fundamenta na autonomia privada.

O sucesso do contrato de garantia na doutrina e jurisprudência alemãs justificou-se pela especial aptidão para regulamentar juridicamente transacções em relação às quais a fiança (como garantia acessória) se revelava limitada, contribuindo, após a II Guerra Mundial e em especial a partir dos anos 70, para que se tornasse num instrumento muito divulgado nos contratos de comércio internacional, atenta a sua autonomia que permite "...tornar inoponíveis ao beneficiário as excepções fundadas na relação principal" – M. J. ALMEIDA COSTA/PINTO MONTEIRO, op. cit. Os contraentes, porque se situam em países diferentes, desconhecem-se mutuamente, ignorando a capacidade patrimonial e honorabilidade um do outro, razão pela qual se "... tornou habitual a inserção nos contratos internacionais de maior volume, de uma cláusula dita de garantia bancária, pela qual uma das partes promete à outra (quando não se dá o caso de ambas se comprometerem mutuamente) que um certo banco se constituirá garante da correcta e pontual execução das obrigações contratuais ..." – cfr. FERRER CORREIA, «Notas...», op. cit., pág. 247. Porque as partes contratantes se situam em países distintos, o dador da ordem de garantia (mandante) há-de dirigi-la a um banco da sua praça, enquanto o beneficiário da garantia (garantido) há-de pretender que a garantia lhe seja assegurada por um banco da sua praça. Para tal, o banco do mandante há-de procurar um banco correspondente no país do beneficiário exigindo uma contragarantia. Assim, bancos e seguradoras passam a integrar, juntamente com o garantido e com o beneficiário da garantia uma relação trilateral, dando lugar à «Bankgarantie», que assentará numa garantia de natureza pessoal prestada por um banco, e cujo valor decorre da reconhecida solvabilidade dos bancos e do zelo que colocam no cumprimento destes compromissos, vindo a consistir na garantia duma prestação, "independentemente de a circunstância da obrigação do devedor principal subsistir ou de se ter tornado impossível de cumprir («auf gedenfall») – cfr. M. J. ALMEIDA COSTA/PINTO MONTEIRO, op. cit. Contrato unilateral para alguns, negócio jurídico unilateral para outros, que resulta de uma declaração tácita, a carta de garantia teria o significado jurídico de uma proposta contratual, cuja aceitação seria indiciada pelo facto de ter sido solicitada pelo beneficiário interessado que pediu a inserção no contrato da cláusula de garantia – assim F. CORREIA, op. cit.; CANNARIS, *Bankvertragsrecht*.

Comparada com a caução (depósito bancário) a garantia bancária oferece desde logo a vantagem de não obrigar o garantido a uma mobilização da quantia em causa.

do beneficiário – a carta de garantia – que será anexada ao contrato de «counterpurchase».

Esta garantia bancária de pagamento poderia revestir a forma de garantia condicional ou documentária, dependendo o pagamento da quantia acordada da verificação de certos pressupostos, cabendo então ao banco (ou seguradora) uma missão importante na verificação dos mesmos[178], ou então, o que é mais frequente no comércio internacional, uma garantia incondicional (garantia autónoma ou independente) de pagamento imediato comportando uma cláusula de pagamento automático à primeira solicitação ("upon first demand")[179].

---

[178] Em qualquer dos casos caberá ao banco garante face à proposta que lhe é enviada pelo dador da ordem (com base na minuta que lhe foi fornecida pelo beneficiário) analisar cuidadosamente os termos em que a garantia vai ser prestada, informando e aconselhando o seu cliente, alertando-o para eventuais irregularidades e vícios do texto constante da minuta proposta.

No caso de se tratar de garantia condicional ou documentária será importante que fiquem rigorosamente determinados os documentos que o beneficiário deverá apresentar para poder exigir o pagamento da soma acordada, o que muitas vezes incluirá um certificado confirmando que o beneficiário (exportador) não cumpriu as suas obrigações contratuais.

Será útil que o banco garante providencie para que o pagamento ao beneficiário apenas tenha lugar algum tempo após ter recebido informação do dador da ordem.

Tratando-se de uma garantia incondicional ou autónoma, independente, automática, à primeira solicitação, mais rigor será de exigir na sua redacção, já que o banco terá de pagar o que consta da "carta de garantia", de harmonia com o teor respectivo, pelo que os termos em que será redigida a garantia terão que ser cautelosos. Então, o banco não se deverá limitar a copiar o texto da garantia – que as mais das vezes lhe é enviado pelo cliente sob proposta do beneficiário – mas, sendo caso disso sujeitá-lo a alterações. O período de validade da «demand guarantee», deverá ser rigorosamente fixado.

[179] O contrato de garantia tal como tem sido entendido, não eliminava todos os riscos inerentes à actividade comercial: a descoberto ficava ainda o risco de ter de se provar a ocorrência dos pressupostos que condicionam o direito do beneficiário, o que poderia adiar o pagamento da soma estipulada.

As referidas garantias bancárias tal como tinham sido inicialmente formuladas eram sobretudo condicionais ou documentárias (em que a obrigação do garante tinha lugar pela apresentação dum documento – cfr. DELACOLLETTE, op. cit., pág. 130; S. PATRÍCIO, op. cit., pág. 685) o que significava que o pagamento da garantia acordada ficava na dependência da prova da ocorrência dos pressupostos que condicionavam o direito do beneficiário, o que poderia adiar o pagamento da soma estipulada. Obstando a este inconveniente as necessidades do comércio internacional forjaram a "cláusula de pagamento à primeira solicitação" ("upon first demand", "auf ertes anfordern"). Assim, a garantia bancária (porque as mais das vezes é prestada por um banco) autónoma ou independente, quando comportasse uma cláusula deste tipo deveria ter as seguintes implicações (HEFERMEHL, *Die Bankgarantie*; CANNARIS, *Bankvertragesrecht*, citados por FERRER CORREIA):

– O banco renuncia a opor ao beneficiário quaisquer excepções derivadas tanto da sua relação com o cliente e mandante (relação interna), como da relação causal (relação entre devedor principal e o beneficiário). Assim, o banco não poderá furtar-se ao pagamento, alegando que a obrigação garantida é nula por vício de fundo ou de forma, que o devedor invocou perante o credor a compensação, que aquele assiste um direito de retenção contra o último.

– O beneficiário ficaria isento do ónus da prova dos pressupostos do seu crédito contra o banco: a simples interpelação do primeiro (nos termos acordados) seria suficiente para que o segundo se visse compelido a efectuar de imediato o pagamento solicitado, sem ter a possibilidade de apresentar objecções ou fazer indagações, obtendo posteriormente do mandante o reembolso da quantia paga. Na hipótese deste entender que a exigência do pagamento foi indevida, após reembolsar o garante da quantia paga por este ao beneficiário, terá o ónus de intentar procedimento judicial para reaver a quantia dispendida e com a seguinte consequência: a recusa de pagamento seria susceptível de constituir o banco em mora, a partir do momento em que fosse interpelado.

As vantagens da garantia bancária autónoma ou independente à primeira solicitação são inegáveis no domínio do comércio internacional, assim se compreendendo o incremento da sua utilização nos contratos internacionais nas últimas duas décadas. A autonomia da garantia face à relação principal (devedor-beneficiário) conquistou o sufrágio dos próprios bancos que evitam a indagação dos pressupostos em que se fundamenta o pedido de pagamento do beneficiário, não se envolvendo em litígios e honrando a sua reputação internacional, além de cobrarem ao cliente uma comissão mais elevada.

Por outro lado o beneficiário da garantia passará a dispor de um excelente elemento de coacção no que respeita ao pontual cumprimento do contrato ou da obrigação contratual garantida, já que poderá exigir o pagamento da prestação sem ter o ónus de provar o fundamento da sua pretensão, nem de recorrer à via judicial ou arbitral – cfr. S. PATRÍCIO, op. cit., pág. 679. O dador da ordem não tem de mobilizar o dinheiro, com os custos inerentes, dado que o banco funciona como seu substituto, tudo se passando como um depósito de valores ou dinheiro tivesse sido constituído.. Além do mais, conforme refere FERRER CORREIA, «Notas...», op. cit., pág. 252, a dúvida sobre o saber se em determinado caso "existe uma garantia simples (porventura uma fiança) ou um contrato realmente autónomo em face da relação obrigacional principal (abstracto) pode apresentar dificuldades ... a dúvida deixa, porém, de existir se o banco se compromete a pagar à primeira interpelação". Aliás, por vezes consta uma declaração pela qual o garante se compromete a não invocar excepções baseadas no contrato base. É que, não obstante a decidida preferência pelas garantias bancárias autónomas nos contratos de comércio internacional outras garantias seriam possíveis: desde logo a fiança (garantia acessória), o aval (específico dos títulos de crédito é que é uma obrigação autónoma), que são garantias pessoais, a abertura de crédito documentário (em que o banqueiro do comprador tem a tarefa de pagar o preço, por conta do comprador, ainda que em nome próprio, porém, apenas quando os documentos de venda lhe forem apresentados). Aliás, o depósito de dinheiro à ordem do exportador como forma de garantia superaria as desvantagens inerentes à fiança (como garantia acessória da relação principal), evitando igualmente demoras no pagamento provenientes dum demorado processo judicial internacional não fosse o inconveniente da mobilização do dinheiro, pois a função da garantia autónoma é a mesma do depósito bancário de dinheiro ou de valores à ordem do beneficiário, contudo, sem a desvantagem que a imobilização do dinheiro representaria, (tanto mais que poderia vir a revelar-se desnecessária), mas tudo decorrendo como se afinal existisse um depósito à ordem. Sobre a distinção da garantia autónoma à primeira solicitação de figuras afins ver GALVÃO TELLES, «Garantia autónoma», op. cit., pág. 23 e seguintes.

Ora a cláusula de pagamento à primeira interpelação, "...sem quaisquer excepções ou objecções, é efectivamente de um rigor draconiano. A sua utilização cria ao garante (e ao devedor principal) uma situação extremamente gravosa, envolvendo perigos manifestos de abuso: de exigências totalmente injustificadas de pagamento feitas ao banco emitente de garantia" – cfr. FERRER CORREIA, «Notas ...», op. cit., pág. 56.

Assim, alguns autores pretenderam que não seria um atentado ao instituto fazer depender a obrigação de pagar do banco da apresentação de certos documentos ou certificados sobre a produção do dano, os vícios da coisa... ou fazê-la depender de uma decisão arbitral, ou então incluir na "carta de garantia" estipulações que limitariam o alcance do pagamento à primeira solicitação, " quando e se o dano se verificar" ou então – no caso que serve de hipótese se o exportador não cumprir as suas obrigações de importação de contrapartida – o que se não serviria a eliminar os riscos, ao menos para os limitar.

Porém, tal solução seria susceptível de afectar o sentido da "cláusula à primeira interpelação" levando a que este tipo de garantias não se distinguisse das demais. CANNARIS, *Bankvertragsrecht*, entende que o garante não pode pretender eximir-se ao cumprimento mediante a invocação de factos inerentes à relação causal, aceitando que será legítimo exigir ao beneficiário a prova do facto gerador do seu direito. Os princípios gerais da boa-fé e do abrigo de direito seriam outros tantos limites aos perigos apresentados por este tipo de garantia. Estes limites colheram o sufrágio até dos autores – incluídos os que não partilham a doutrina da independência (abstracção) da obrigação de garantia (v. ALMEIDA COSTA/P. MONTEIRO, op. cit., pág. 21). Assim sendo, o princípio que o banco deve prestar de imediato a garantia, logo que solicitada pelo beneficiário sofre, ao menos, uma excepção: o banco deverá recusar-se a pagar a quantia acordada na garantia, em caso de fraude manifesta ou de abuso por parte do beneficiário – esta excepção colhe o aplauso da maioria dos autores, v. SCHMITHOFF, op. cit., pág. 451-452; GALVÃO TELLES, *Garantia autónoma*, op. cit., pág. 37; F. CORREIA, cit., pág. 257; ALMEIDA COSTA/ PINTO MONTEIRO, op. cit., pág. 27.

Todavia, ao banco não bastará alegar, mas terá de provar a má-fé do beneficiário;

138 *Dos Contratos de Contrapartidas no Comércio internacional* («countertrade»)

É fundamental articular o funcionamento da garantia bancária não apenas com a cláusula que fixa as penalidades ou as indemnizações por perdas e danos, mas também com a que estabelece o prazo para a obrigação da contrapartida. Considerando uma garantia bancária em que o beneficiário é o contra-exportador que deseja colocar os seus produtos de contrapartida, o funcionamento da cláusula relativa às penalidades e (ou) às indemnizações por perdas e danos dando lugar ao pagamento acordado na garantia bancária apenas deverá ter lugar após o fim deste prazo, pelo que tal estipulação deverá constar do contrato de garantia.

l) Lei aplicável.

Deverá ter lugar uma cláusula respeitante ao procedimento a adoptar em caso de litígio. Atendendo a que as partes podem pretender que a lei aplicável ao contrato principal seja diferente da do contrato de «counterpurchase», esta última deverá ser prevista neste último contrato. Simplificará a resolução do conflito os vários contratos (venda internacional de bens, «counterpurchase» e contrato de ligação) escolherem a mesma lei.

Contudo, a melhor solução consistirá em prever o recurso à arbitragem: as partes poderão escolher o tribunal, a língua e os árbitros para resolver a disputa de forma célere, informal e flexível, sem os inconvenientes da publicidade da decisão. A natureza internacional da transacção tornaria a resolução do litígio por um tribunal nacional demorada, dispendiosa...

Saliente-se que para muitos contratos de contrapartidas, nomeadamente aqueles que envolvem sujeitos de Direito Público (organismos de comércio externo ...), a arbitragem será a única solução aceitável. Aliás, a aceitação da arbitragem funciona como uma renúncia à imunidade soberana, em particular no que respeita ao cumprimento e execução da sentença.

Por outro lado não será comum encontrar tribunais familiarizados com este tipo de operações.

Assim, a melhor solução consistirá em incluir na mesma cláusula a escolha da lei aplicável ao contrato, conjuntamente com as provisões referentes à arbitragem.

---

porém, como refere F. CORREIA o princípio da fraude nos sistemas da «common law» é de aplicação extremamente restrita.

Assim sendo, a melhor solução destinada a evitar abusos consistirá na prestação da garantia autónoma mediante contra-garantia, como um seguro apropriado (seguro caução «first demand»).

Por vezes as partes pretendem que os usos comerciais internacionais vinculem o contrato. Trata-se de normas de comportamento consideradas "sagradas", para os operadores do comércio internacional («lex mercatoria»)[180] e que tanto podem respeitar a usos comerciais codificados («INCOTERMS», créditos documentários, garantias bancárias ...), tipos contratuais, quer a sentenças arbitrais publicadas ("Journal de Commerce International"). Embora não se trate de um sistema exaustivo de soluções, as partes, no intuito de o tornar aplicável devem consagrá-lo expressa ou tacitamente[181].

Desde 1994, a publicação pela UNCITRAL do *Legal Guide on international countertrade transactions* apresenta um conjunto de soluções para os problemas contratuais do *countertrade*: caso as partes aceitem estas disposições devem optar por remissão expressa, pois doutra forma não serão vinculativas[182].

3.5. Conclusão da Subsecção I.

O financiamento bancário e a cobertura dos riscos determinaram que a prática contratual do «counterpurchase» optasse pela conclusão de contratos separados, autónomos do ponto de vista jurídico.

A existência de vários contratos separados levanta o problema da relação entre estes: este problema deverá ser previsto em cláusula própria, ("counterpurchase agreement") esclarecendo o objectivo económico da operação, evitando dificuldades relacionadas com a interpretação da vontade das partes.

Nos contratos de «counterpurchase» a dependência da obrigação de contrapartidas reveste um efeito útil através da adequada previsão duma penalidade estabelecida a favor do credor (contra-exportador), objecto duma garantia bancária. Em caso de violação a sanção correspondente consiste no pagamento da penalidade pela parte inadimplente (contra-importador). Nesta situação a compra principal será integralmente paga em divisas. Assim se compreende que a taxa da penalidade, quando liberatória, ultrapasse amiúde os 5 ou 10%, para se fixar nos 20, 50 ou mesmo 100%[183].

---

[180] V. supra neste Capítulo-Introdução.

[181] A Convenção de Viena (art. 9.°) reconhece tal "sistema", pelo que se as partes se regerem pela Convenção de Viena, tacitamente aceitam tais "normas".Também em matéria de arbitragem é corrente recorrer aos usos comerciais, se as disposições contratuais se revelarem insuficientes (art. 13.5 do Regulamento de Conciliação e Arbitragem da C.C.I., art. VII da Convenção Europeia sobre Arbitragem Comercial Internacional de 20/4/61).

[182] V. *Legal Guide* ..., op. cit., pág. 94.

[183] Conforme referem vários autores – destacando-se o estudo da O.C.D.E., «L'evolution récente des échanges compensés», pág. 57 – no quadro dum contrato de «counter-

SUBSECÇÃO I

RELAÇÃO DIRECTA ENTRE AS CONTRAPARTIDAS
E A EXPORTAÇÃO PRINCIPAL

4. «BUY-BACK»

4.1. Estrutura contratual.

No contrato de «buy-back», cujo objectivo económico não é tanto a venda de bens de equipamento, mas antes a transferência internacional de tecnologia, a estrutura contratual pode compreender de um a três instrumentos jurídicos: assim, a obrigação de recompra pode não ser mais que uma cláusula de um contrato único de transferência internacional de tecnologia[184], como poderá fazer parte de um contrato separado. Contudo,

---

purchase» entre uma empresa exportadora ocidental e um país do Leste (importador e fornecedor de contrapartidas) sucedia frequentemente que a exportadora entendia a cobertura da cláusula sobre penalidades por uma garantia bancária como um custo adicional da operação de venda, não desejando efectivamente cumprir a obrigação de contrapartida, pelo que o pagamento de uma quantia objecto de uma garantia bancária era incluído no preço final do contrato principal. Contudo, não se tratará de um custo excessivo se a taxa prevista na penalidade e (ou) indemnização for de 5% a 10%; atendendo a que o valor da contrapartida é tendencialmente inferior a metade da exportação inicial (30 a 40%), a penalidade não ultrapassará os 3% do valor total da operação. A este tipo de comportamentos reagem os fornecedores de contrapartidas elevando a taxa de penalidade, ou então não aceitando que o pagamento das penalidades ponha termo à obrigação de adquirir as contrapartidas por parte do exportador inicial. Assim se compreendendo, por exemplo, que a legislação indonésia determine uma cláusula penal de 50% do valor dos bens não exportados, em caso de inexecução parcial ou total do contrato de «counterpurchase» – cfr. CEDRIC GUYOT, op. cit., pág. 778. Face a uma prática deste tipo, constata-se que a penalidade e a respectiva garantia podem ultrapassar neste tipo de contratos a sua função principal, que é a de forçar a parte inadimplente a cumprir o contrato através do pagamento "ad terrorem" – penalidade propriamente dita – e (ou) então indemnizar a parte contratante prejudicada com o não cumprimento, no entendimento de que as partes pretendem levar até ao fim a operação acordada.

[184] Neste sentido DELACOLLETTE, op. cit., pág. 82. Esta opção é partilhada por FRIGANI, «Countertrade..», op. cit., pág. 473, que a apresenta como a "fattispecie" mais frequente, muito embora reconheça a possibilidade, aliás também confirmada pela prática contratual, da utilização de vários contratos separados. Como justificação para esta opção indica FRIGANI que os contratos de «buy-back» surgem amiúde no âmbito de acordos de cooperação industrial interestaduais. A ECE/ONU, «Contrats internationaux d'achats en retour», op. cit., pág. 2, muito embora reconheça a possibilidade do contrato único, não deixa de admitir que poderão surgir motivos para a conclusão de vários contratos. No

razões de vária ordem apontam no sentido de tornar mais aconselhável a utilização de vários instrumentos contratuais: o financiamento bancário e a intervenção de terceiros[185], bem como os riscos inerentes ao fornecimento dos produtos das contrapartidas serão as determinantes. Assim, deverão ser utilizados dois ou três contratos[186]:

– Contrato internacional de transferência de tecnologia.
– Contrato de «buy-back» (sentido estrito).
– «Protocol agreement» (contrato de ligação/preâmbulo).

A diferença desta fórmula contratual em relação ao contrato «barter» (em sentido restrito) consiste em que no «buy-back» as obrigações contratuais das duas partes são sempre expressas em dinheiro; ao contrário do contrato de «counterpurchase» importa registar que no «buy-back» o primeiro contrato (transferência de tecnologia) é o mais complexo e susceptível de apresentar maior número de problemas, atendendo a que a duração prevista será, em princípio, longa e os riscos elevados.

4.1.1. Contrato de transferência internacional de tecnologia.

A evolução histórica do contrato de transferência de tecnologia desde o século XIX até à actualidade determinou a que estes se tornassem cada vez mais complexos, à medida do objectivo económico-tecnológico pretendido[187]. As carências tecnológicas dos países mais atrasados do

---

mesmo sentido UNCITRAL, *Legal guide on international countertrade transactions*, op. cit., pág. 100.

[185] Neste sentido WELT, *Trade whithout money...*, op cit., pág. 21.

[186] Neste sentido WELT, *Trade without money...*, op. cit., pág. 20; OCDE, «Les échanges Est-Ouest...», op. cit., pág. 24; RAJSKI, op. cit., pág. 133; LAMBIN, op. cit., pág. 20; F. DE BARI, op. cit., pág. 8; L. MOATTI, op. cit., pág. 20.

[187] A transferência de conhecimentos técnicos contra remuneração verificou-se desde há algum tempo na prática comercial (nacional e internacional), como consequência do surto tecnológico e industrial do século XIX, pelo menos na forma de contrato de licença de patente.

O elevado número de contratos comerciais celebrados entre empresas dos E.U.A. e dos países europeus após a II Guerra Mundial incidiram sobre a transmissão de «knowhow», ultrapassando os limites do contrato de licença (licença de patente) sendo por vezes simultâneamente contratos de licença e de «know-how».

A partir dos anos 60 as carências de industrialização dos países sub-desenvolvidos contribuiram para surgimento de contratos comerciais internacionais ainda mais complexos – celebrados com empresas de países industrializados – já que se tornou necessário preparar agentes não industrializados. Surgiram assim os contratos "chaves na mão" («turn

142   *Dos Contratos de Contrapartidas no Comércio internacional* («countertrade»)

ponto de vista industrial que passaram a ter voz nas organizações económicas internacionais levou a que surgissem, para além dos já conhecidos contratos de licença e cessão de direitos da propriedade industrial[188] – licença

---

key contrats», «contrats clef en main») que consistiram na entrega ao cliente comprador (receptor de tecnologia) duma unidade industrial em perfeito estado de funcionamento.

Porém, como se a construção do complexo industrial (construção de edifícios e trabalhos de engenharia civil, coordenação de obras, montagem e instalação de equipamentos) se revelasse insuficiente no que respeitava à formação do pessoal técnico especializado surgiu o «contrato produto em mão» («produits en main»).

Todavia, uma unidade industrial vê-se na posse de um produto que não sabe colocar no mercado, e então, destinado a ultrapassar esta lacuna surgem os contratos «marché en mains», pelo qual os fornecedores da tecnologia "ensinam" a vender os produtos fabricados. Porém, tais contratos são excessivamente dispendiosos para as possibilidades dos PVD e a escassez de divisas dos países do Leste impossibilita o seu pagamento em divisas; assim se compreende a alternativa que é o recurso a contrapartidas industrias na forma do «buy-back».

Sobre a evolução histórica precedente ver DELACOLLETTE, op. cit., pág. 48; sobre a evolução do pensamento económico em matéria de tecnologia v. MARQUES DOS SANTOS, op. cit. pág. 35 e ss.; sobre as dificuldades de uma definição jurídica de tecnologia v. MARQUES DOS SANTOS, op. cit., pág. 224 e ss. Para uma perspectiva genérica RENÉ-FRANÇOIS BIZEC, op. cit.; CORADO SIMÕES, op. cit.

[188] Contrato de licença ou cessão de direitos da propriedade industrial (patentes, marca, modelos e desenhos industriais) – v. RIPERT/ROBLOT, op. cit., pág. 402 e ss. Sobre a propriedade industrial v. OLIVEIRA ASCENSÃO, op. cit.; CARLOS OLAVO, op. cit. Sobre a qualificação da propriedade industrial v. MARQUES DOS SANTOS, op. cit., pág. 236 e ss.

A Convenção de 20.03.1883 instituiu a «União para a protecção da propriedade industrial», mais conhecida por «União de Paris» relativa à propriedade industrial, foi a primeira tentativa de internacionalização da respectiva legislação, posteriormente alterada pelas conferências de Bruxelas (14.12.1900), Washington (2.06.911), Haia (6.11.1925), Londres (2.06.1934), Lisboa (31.11.1958), Estocolmo (14.07.1967). O conceito de propriedade industrial consta do artigo 1.º 2) e 3) da Convenção de Paris – v. Decreto n.º 22/75 de 22 de Janeiro: "A protecção da propriedade industrial tem por objecto as patentes de invenção, os modelos de utilidade, os desenhos ou modelos industriais, as marcas de fábrica ou de comércio, as marcas de serviço, o nome comercial e as indicações de proveniência ou denominações de origem, bem como a repressão da concorrência desleal." 3) "A propriedade industrial entende-se na mais larga acepção e aplica-se não só à indústria e comércio propriamente ditos, mas também às industrias agrícolas e extractivas e a todos os produtos fabricados ou naturais..."

A Organização Mundial da Propriedade Intelectual (O.M.P.I.), criada pela Convenção de Estocolmo de 1967, com sede em Genebra, obedeceu ao propósito de consolidar a cooperação entre a União de Paris e a União de Berna (União para a Protecção das obras literárias e artísticas, criada em 1893), vindo a partir de 1974 a adquirir a cate-

Contratos Internacionais de Contrapartidas   143

ou cessão de patente de invenção[189], marcas[190], modelos e desenhos industriais[191] – de comunicação de «know-how»[192], contratos ou cláusulas con-

---

goria de instituição especializada da O.N.U. (Resolução 3345-XXIX de 17.12.74). O conceito de propriedade intelectual consta do artigo 2.º.

Actualmente, a protecção jurídica concedida aos direitos da propriedade industrial foi reforçada com o Acordo (multilateral) sobre os Aspectos dos Direitos de Propriedade Intelectual Relacionados com o Comércio ("TRIP's"), no âmbito dos Acordos GATT/ /OMC, que inclui as marcas (secção 2), os desenhos e modelos industriais (secção 4), as patentes de invenção (secção 5) e a protecção de informações não divulgadas (secção 7).

[189] A necessidade da protecção internacional das patentes de invenção determinou ainda um tratado de cooperação em matéria de patentes (PCT), Washington-1970, a Convenção de Munique-1973, sobre patentes europeias e a Convenção do Luxemburgo – 1975, sobre a criação duma Patente Comunitária – cfr. DELACOLETTE, op. cit., pág. 51; RIPERT/ROBLOT, op. cit., pág. 403 e ss.; JEHL, op. cit., pág. 44 e ss.

A transferência de tecnologia tem lugar através duma licença de patente quando o respectivo titular concede a uma empresa o uso do seu direito de exploração mediante o pagamento de uma remuneração geralmente proporcional ao volume de negócios que o lucro da exploração do direito industrial proporciona. A licença pode ser exclusiva ou não exclusiva: no primeiro caso o direito de exploração da patente é reservado ao licenciado, pelo menos numa área geográfica determinada, no segundo caso pode explorá-la ele próprio ou conceder outras licenças a outras empresas. Para maiores desenvolvimentos ver DELACOLLETTE, pág. 50 e seguintes; RIPERT/ROBLOT, op. cit., pág. 423 e ss.

Sobre o esvaziamento actual da distinção entre a licença e a cessão de patente v. JOSEPH JEHL, op. cit., pág. 119 e ss.

Sobre as insuficiências deste contrato em relação aos países subdesenvolvidos ver G. FEUER, op. cit., pág. 137.

[190] V. sobre a marca FERRER CORREIA, Lições de Direito Comercial, I, op. cit., pág. 313 e ss.; CARLOS OLAVO, op. cit., pág. 37 e ss.; COUTINHO ABREU, «Marcas ...», op. cit. Sobre o contrato de licença de marca v. MARIA HELENA BRITO, op. cit., pág. 140 e ss. A marca foi objecto da Directiva 89/104/CEE, de 21.12.88, influenciando o Dec.-lei n.º 16/95, que aprovou o Cód. da Propriedade Industrial. V. NOGUEIRA SERENS, A vulgarização da marca na directiva ..., op. cit.; ALBERTO RIBEIRO ALMEIDA, op. cit., pág. 333 e ss.

[191] V. RIPERT/ROBLOT, op. cit., pág. 436.

[192] A expressão «know-how» é a abreviatura do original americano "the know-how to do it", registando-se pela primeira vez o seu emprego na terminologia jurídica em 1916 – cfr. A. CARDOSO MOTA, op. cit., pág. 47. O contrato de comunicação de saber fazer («know-how», «savoir-faire»), como fazer aplicado à actividade industrial e tecnológica – como sugere CALVÃO DA SILVA, Cumprimento ..., op. cit., pág. 43 –, deveu-se à tecnologia possuída por determinada empresa não reunir as características legais para ser patenteada, constituindo apenas num saber fazer, ou seja: um conjunto de conhecimentos técnicos não acessíveis ao público (confidenciais) e transmissíveis, como por exemplo o processo de fabrico dum produto, métodos de gestão, venda, de lançamento dum estabelecimento comercial – cfr. MESTRE, pág. 491; ANTÓNIO CARDOSO MOTA, op. cit., pág. 47 e ss.; M. G.

tratuais de assistência técnica[193], formação de pessoal técnico especializado[194], contratos de «engineering»[195], contrato «chave na mão» («turn

---

FIGUEIREDO DIAS, op. cit., pág. 27 e ss. – enfim, todas as operações e processos necessários à fabricação dum produto. Trata-se de um contrato de empresa, compreendendo uma remuneração. Essencial é que se mantenha em segredo a transferência de conhecimentos técnicos, pelo que cláusula contratual salvaguardará a sua não divulgação, sob pena de os conhecimentos transferidos perderem o seu valor. É importante fixar a duração do contrato, a sua exclusividade ou não, bem como a garantia dos resultados. Para maiores desenvolvimentos v. ANTÓNIO CARDOSO MOTA, op. cit.; DELACOLLETTE, op. cit., pág. 64 e ss.; G. FEUER, pág. 452 e ss.; FEDERICO GALCANO, op. cit. A ECE/ONU elaborou um "Guide sur la rédaction de contrats portant sur le transfert international de «know-how» (savoir faire) dans l'industrie mécanique", TRADE/222/Ver.1, N.I., 1974.

É prática frequente que a comunicação de «know-how» surja como auxiliar duma concessão de licença de patente, especialmente entre empresas de diferentes níveis tecnológicos (como sucede nas transferências de tecnologia entre empresas de países desenvolvidos e países sub-desenvolvidos). Também é usual acrescentar à comunicação de «know-how» prestações de "carácter pedagógico", destinadas a completar a iniciação tecnológica do receptor: assistência técnica e formação de pessoal técnico especializado (local). Muito embora o «know-how», a assistência técnica e a formação de pessoal sejam susceptíveis de constituir contratos autónomos do ponto de vista jurídico (v. DELACOLLETTE, op. cit., pág. 48 e ss.), quando na transferência de tecnologia o receptor é um país sub-desenvolvido, surgem amiúde relacionados, figurando no mesmo contrato. Em princípio o fornecedor de tecnologia não se compromete a qualquer obrigação de resultado, o que é um limite à transferência de tecnologia. Quanto à formação de pessoal, pode apenas corresponder ao objectivo de criar emprego, pelo que nem sempre se verifica o que os franceses chamam a transferência da "maitrise" industrial.

[193] A assistência técnica consiste numa prestação de serviços, cuja finalidade é facultar a outrem uma actuação conduzindo a um resultado concreto a propósito da aplicação de determinadas técnicas ("aditional skill"), resultado esse que tem de ser alcançado por aquele que presta assistência técnica e não por aquele a quem é prestada – cfr. M. G. FIGUEIREDO DIAS, op. cit., pág. 77. Não é vulgar a assistência técnica ser objecto dum contrato autónomo, antes complementa uma operação que lhe é anterior (compra de máquina ou equipamento industrial, licença de patente, «know-how») ou surge integrada noutro contrato, nomeadamente num contrato complexo de transferência de tecnologia, permitindo a utilização eficaz dos conhecimentos recebidos.

[194] Foi apenas recentemente, com as transferências de tecnologia para os PVD, que a formação de pessoal técnico especializado assumiu importância. Por vezes incluída no âmbito dum contrato complexo de transferência de tecnologia, pode ser objecto dum contrato autónomo que definirá a duração e as etapas nas quais a formação será prestada, os meios humanos e pedagógicos, os critérios de selecção dos participantes e os deveres das partes – cfr. SALEM, Les contrats..., op. cit., pág. 149 e ss.; DELACOLLETTE, op. cit., pág. 66.

[195] CALVÃO SILVA, Cumprimento ..., op. cit., pág. 43, sugere como tradução contrato de assistência técnica especializada em engenharia. O «engineering» compreende

key contract», «clef en main»)[196], contrato «produto na mão»[197], contrato «mercado na mão»[198], contrato «cost and fee»[199], contrato «multilots»[200],

---

diversas funções desde a concepção e os estudos, até à construção e coordenação dos equipamentos afectos ao complexo industrial. Muito embora seja possível distinguir o contrato de gestão dos contratos de licença de direitos de propriedade industrial e de «know-how» (apenas estes dois últimos assumindo a natureza de transferência de tecnologia), se na esteira de DELACOLLETTE, op. cit, pág. 71, se compreender no contrato de gestão («engineering») a "consulting engineering" ("ingénérie-conseil" ou consultance) incluindo toda a actividade de estudo dum contrato de transferência de tecnologia: ante-projecto, projecto com especificações técnicas da instalação, custo, programa de realização das obras, este contrato relevará no âmbito da transferência internacional de tecnologia. No comércio internacional é muito frequente que ao "consulting engineering" se juntem outras prestações de assistência ao cliente, tais como adjudicação dos trabalhos, preparação dos contratos e outros documentos, ajuda junto aos bancos e fornecedores.

O "process engineering" ("ingeniére de construction") acaba por respeitar à realização tecnológica do projecto, inerente à licença de patente e à comunicação de «know--how»; enquanto o "contracting engineering"/"ingeniére de procedé" (fornecimento de materiais, construção imobiliária, formação do pessoal e direcção do complexo industrial) não releva directamente no âmbito da transferência de tecnologia.

Sucede por vezes estas funções estarem incluídas no âmbito dum contrato mais ambicioso: o contrato «chave na mão».

V. ainda sobre este contrato ROSSALA CAVALLO BORGIA, op. cit., pág. 1055; ANTUNES/MANSO, op. cit., pág. 39.

[196] O «contrato chave na mão» surgiu nos EUA, em 1929, inicialmente com uma dimensão interna – cfr. SALEM/SANSON-HERMITTE, op. cit., pág. 22 – tendo posteriormente sido introduzido na URSS e nos países da Europa de Leste. Foi baseada nesta divulgação que a ECE/ONU, ECE/TRADE/117, op. cit., apresentou a seguinte noção acerca do contrato de «chave na mão»: "...o contrato de «know-how», isoladamente ou em ligação com os contratos de licença ou cessão de patentes ou com contratos de gestão («engineering») e o contrato de obras públicas ou engenharia civil, compreendendo as condições adoptadas em matéria de engenharia mecânica ... formam os elementos dum conjunto complexo designado «contrato chave na mão», e que tem como objectivo a construção dum complexo industrial por uma empresa ou por um consórcio de empresas". Também PHILIPPE KAHN, «L'interprétation des contrats internationaux», op. cit., pág. 11, apresenta uma noção baseada na redacção dum contrato «chave na mão»

Trata-se de contratos de empresa, implicando, no caso de serem realizados por empresas distintas, que a responsabilidade é solidária face ao cliente receptor do investimento, constituindo uma forma de transferência de tecnologia através do fornecimento de materiais, construção de imóveis, formando pessoal técnico especializado, exercendo a gestão do complexo industrial até se encontrar em perfeitas condições de funcionamento.

A este tipo de contrato recorreram posteriormente os países do Terceiro Mundo, como forma de se industrializar – as estatísticas indicam que a partir dos anos setenta foram os principais "clientes", cfr. M. SALEM/HERMITTE, op. cit., pág. 24 – mas não é uma fórmula destinada exclusivamente aos P.V.D.; antes o seu maior sucesso registou-se entre parceiros de idêntico nível tecnológico. Com efeito, também a transferência de tecnologia por esta forma apresenta limites: limita-se à entrega dum complexo industrial em estado de funcionamento, não assegurando necessariamente o pessoal especializado à continuação da exploração e da gestão. Aliás, as obrigações contratuais do vendedor do complexo industrial cessam a partir do momento em que este se encontra em estado de funcionar, nada garantindo a continuidade. Assim, LAMÉTHE, op. cit, pág. 84, já na década de noventa, refere-se aos "elefantes brancos", que mais não são que grandiosos complexos industriais "fantasmas" espalhados por África, abandonados e sem qualquer utilidade.

Na ausência dum regime legal, quer a nível interno, quer a nível internacional, a doutrina nem sempre é exacta quanto aos contornos desta figura, nomeadamente para distinguir a fronteira entre o contrato «chave na mão» e o «contrato produto na mão»; KAHN, «Typologie des contrats...», op. cit., pág. 435, considera que desde a forma mais simples do contrato «chave na mão» à fórmula mais sofisticada é possível estabelecer diferenças tais que seria inviável apresentar uma noção comum; já SALEM/SANSON, op. cit., pág. 47 e 57 e ss., com base no objecto do contrato e nas obrigações das partes distinguem duas modalidades: o contrato «chave na mão» "clássico" e o contrato «clé em main lourd»; na segunda variante o número de prestações aumenta, compreendendo ainda a formação profissional e o tempo necessário para assegurar assistência técnica ao funcionamento do complexo industrial. No mesmo sentido PATRICK JUILLARD, op. cit., pág. 173 (nota 29), referindo os regulamentos de execução da Convenção de Séul (MIGA, 1985) descreve o «contrato chave na mão» como aquele em que o fornecedor constrói um complexo industrial de produção de bens ou serviços e aceita gerir o funcionamento durante pelo menos três anos, sendo remunerado com os lucros.

Sobre este contrato v. SALEM/SANSON-HERMITTE, *Les contrats «clé en main»*...; JEHL, op. cit., pág. 437 e ss.; FEUER, «Les contrats Nord-Sud ...», op. cit., pág. 145 e ss.; FEUER/CASSAN, op. cit., pág. 354; HENRY LESGUILLONS, *Contrats de commerce internationaux*, op. cit., 7/5.

Estes contratos «chave na mão» surgem na maior parte dos casos na construção de grandes complexos industriais (como por exemplo uma refinaria de petróleo) no quadro do investimento estrangeiro de empresas transnacionais em PVD (tratando-se pois daquilo que os autores designam por «contratos de Estado»: P. LEBOULANGER, «Les contrats entre L´État et enterprises étrangéres», Economica, 1985, pág. 16 e ss.; NEDGAR, op. cit., pág. 195). V. supra neste Capítulo, Introdução, sobre «Contratos de Estado».

[197] A fórmula do «contrato produto na mão», foi apresentada pela Argélia, em 1975, na Conferência dos países membros da O.P.E.P., em Argel, integrada na promoção da Nova Ordem Económica Internacional. Concebido para as transferências de tecnologia entre empresas de países desenvolvidos e países do Terceiro Mundo, portanto, de nível tecnológico-industrial muito diferente, privilegiando pois a iniciação tecnológica, pretendendo ultrapassar as limitações do «contrato chave na mão», entendido como mera venda de complexo industrial.

A transmissão da capacidade tecnológica é a obrigação principal do fornecedor, implicando não apenas a participação entre este e o adquirente de tecnologia, mas visando atingir a auto-suficiência tecnológica deste em relação ao projecto em causa; há pois uma obrigação de resultado em que o fornecedor se compromete não apenas a construir o complexo industrial e a colocá-lo em estado de funcionamento, mas a acompanhar a operação até à altura em que a unidade fabril atinja o estádio de produção, e com pessoal exclusivamente local. A formação de pessoal técnico e a assistência técnica são consideradas as cláusulas mais importantes deste contrato combinado de transferência de tecnologia, definindo com rigor as várias etapas que terão lugar, os meios humanos e pedagógicos a utilizar, critérios de selecção e evolução dos participantes, ligação entre os deveres das partes, o período de formação ... Apenas uma vez atingidos estes fins o fornecedor de tecnologia terá cumprido as suas responsabilidades contratuais. Conforme notam FEUER/ /CASSAN, op. cit., pág. 356, estes contratos transferem a tecnologia necessária à exploração, mas não a técnica de concepção, que permanece com a sociedade exportadora. Para maiores desenvolvimentos v. SALEM/SANSON-HERMITTE, op. cit., pág. 47e ss.; JEHL, op. cit., pág. 442 e ss.; para uma apresentação esquemática v. HENRY LESGUILLONS, op. cit., pág. 7-4.

Porém, se bem que mais completa que a anterior fórmula de contrato «chave na mão», será consideravelmente mais dispendiosa. Também se é a melhor forma de operar a transferência tecnológica, o facto de o fornecedor se manter na direcção do projecto, após a unidade industrial estar apta a funcionar, prolonga a permanência e o domínio do fornecedor, mantendo uma dependência nem sempre desejável do ponto de vista da autonomia tecnológica pretendida – assim G. FEUER, op. cit., pág. 149; SCHAPIRA, op. cit., pág. 332.

[198] O contrato «mercado na mão» («marché en main») pretende ser uma fórmula contratual de transferência de tecnologia mais ambiciosa que os anteriores – «clé en main», «clés en main lourd», «produit em main» – já que para além de prever a entrega de uma unidade industrial em perfeito estado de funcionamento e utilizando pessoal técnico local na produção, ainda prepara os contratos de venda dos produtos que assegurarão o escoamento da produção durante um determinado período fixado contratualmente. Pensada para os países tecnologicamente atrasados esta fórmula possibilita não apenas a transferência de tecnologia, mas também a gestão, o «marketing», a difusão e a comercialização efectiva dos produtos, ultrapassando a ausência do espírito de empresa nos sectores de comércio de exportação dos PVD. Ensina-se o receptor de tecnologia não só a produzir por si próprio, mas também a vender. Para maiores desenvolvimentos consultar SHAPIRA, «Maîtrise et autonomie technologuiques...», op. cit., pág. 336 e ss.; pág. 48; FEUER, «Contats Nord-Sud et transferts de technologie», op. cit., pág. 146 e ss.; DELACOLLETTE, op. cit., pág. 48.

Observe-se como limite ao êxito desta fórmula, a resistência por parte dos fornecedores industrializados em "entregar" todos os métodos que permitiriam tornar os receptores de tecnologia em concorrentes potenciais. Esta a razão pela qual estes contratos não têm a divulgação desejada.

Atendendo a que a empresa fornecedora de tecnologia é contratualmente obrigada

148   *Dos Contratos de Contrapartidas no Comércio internacional* («countertrade»)

contrato de «partage de production»[201], não sendo excluída a possibilidade de constituição de uma «joint venture» para a produção (co-produção) e (ou) comercialização, ou ainda a subcontratação[202]. Mais recentemente, como

---

a comercializar os produtos fabricados pela empresa receptora, o que pode equivaler a ter de os adquirir total ou parcialmente, não pode subsistir a mínima dúvida de que se poderá tratar de um contrato a situar no âmbito da contrapartidas industriais, na fórmula do «buy--back», com a vantagem das reticências apresentadas, por vezes, pelas empresas dos países ocidentais quanto à qualidade dos produtos de retoma, serem nesta fórmula de todo injustificadas, já que os produtos são fabricados sob controlo da empresa fornecedora da tecnologia – assim SCHAPIRA, op. cit., pág. 336.

Mas a bondade desta fórmula, que tal como o «contrato produto na mão», não é fruto da prática comercial mas antes uma construção doutrinal, não tem, contudo, permitido ainda a sua ampla divulgação, já que muitos contratos em curso não ultrapassaram a fase de execução – ex: contrato de gás natural na Algéria concluído entre "Pullman-Kellog e "El Paso", cfr. DELACOLLETTE, op. cit., pág. 48.

[199] As fórmulas do «cost plus (+)» e «cost and fee», respeitam à forma de remuneração do fornecedor de tecnologia e não pròpriamente à operação de transferência de tecnologia – cfr. DELACOLLETE, op. cit., pág. 55. Este contrato «cost + fee» pode ser decomposto em duas partes: uma cobre os custos suportados pelo vendedor a cargo do comprador ("cost"); a outra corresponde aos honorários inerentes à remuneração dos encargos fixos e aos benefícios ("fee"); assim o preço só poderá ser conhecido após a execução das obrigações – cfr. ALI MEZGHANI, «Le contrat cost + fee», op. cit., pág. 241 e ss. Ao contrário no «cost and fee» o "fee" é fixado previamente, suportando o vendedor os riscos técnicos inerentes à transferência – cfr. GUY FEUER/HERVÉ CASSAN, *Droit International du Developpement*, op. cit., pág. 357.

Assim, estes contratos proporcionam uma forma de remuneração diferente da praticada nos contratos «chave na mão» e «produto na mão» – cfr. JEHL, op. cit., pág. 448.

[200] Concebido para países que apresentem um nível de desenvolvimento intermédio este contrato opera a transferência de tecnologia na forma de licença de marca acompanhada de uma obrigação de garantia de qualidade, cuja finalidade consiste em fabricar produtos finais com os mesmos padrões de qualidade do transmitente. Para tanto a realização do complexo industrial divide-se em fases ("lots") da responsabilidade da sociedade transferente. Distingue-se do contrato «chave na mão», pois além da instalação da fábrica e da licença da marca compreende a transmissão de «know-how», a garantia de qualidade e a assistência na comercialização da produção – cfr. GUY FEUER/HERVÉ CASSAN, op. cit., pág. 357-358.

[201] Neste contrato o investidor estrangeiro obriga-se a efectuar a prospecção de certas áreas geográficas num país com recursos naturais (petróleo, minas ...) e, se bem sucedido, a exploração é empreendida em conjunto – cfr. FEUER/CASSAN, op. cit., pág. 282-3.

[202] A subcontratação industrial é "a operação através da qual uma empresa confia a outra a tarefa de executar para si, de acordo com um caderno de encargos ou requisitos pré estabelecidos, uma parte ou a totalidade dos actos de produção de bens ou determinadas operações específicas, de que conserva a responsabilidade económica final" – MARIA M.

se a busca da fórmula milagrosa do "contrato providência"[203] não se detivesse, os PECO e os países africanos experimentaram um novo tipo de contrato: os contratos de recuperação («réhabilitation d'un bien ancien») e (ou) exploração dum bem recuperado («exploitation d'un bien réhabilité»)[204].

Muito embora, qualquer destes contratos fosse susceptível de integrar a noção de *countertrade* industrial no âmbito do «buy-back», para tal bastando que a futura produção viesse a ser objecto duma obrigação de recompra, as fórmulas mais comuns referem-se ao contrato «chave na mão» e «produto na mão», geralmente de valor bastante elevado, referentes à instalação de grandiosos complexos industriais, extracção mineral ou cadeias de produção em que o fornecedor de tecnologia é uma empresa dum país industrializado.

O contrato de transferência de tecnologia neste âmbito torna-se extraordinariamente complexo, podendo referir-se apenas a um instrumento contratual contendo as cláusulas necessárias às várias funções específicas,

---

LEITÃO MARQUES, *Subcontratação e autonomia empresarial*, op. cit., pág. 65. A subcontratação constitui uma forma de cooperação complementar entre empresas apresentando vantagens como o desenvolvimento da especialização, o aumento da flexibilidade do aparelho produtivo das empresas, a concentração de recursos em fases cruciais, o contacto com novas tecnologias, o acesso a mercados externos; a subcontratação internacional permite ainda a divisão do processo produtivo entre vários países – v. MARIA M. LEITÃO MARQUES, op. ult. cit., pág. 78 e ss..

É comum a distinção entre duas modalidades da subcontratação industrial: subcontratação da capacidade ou conjuntural (intra-sectorial) e subcontratação da especialidade ou estrutural (intersectorial ou complementar), consistindo a primeira numa empresa encarregar outra (subcontratada) de produzir um determinado volume de produtos para poder aumentar a sua oferta no mercado sem aumentar a capacidade produtiva (por exemplo devido a uma encomenda acima das suas capacidades de produção); enquanto na segunda a empresa contratante continua a dirigir o processo produtivo, cabendo-lhe a concepção global do produto, mas recorrendo aos serviços de outra empresa para a execução de alguns produtos componentes do produto final. Para maiores desenvolvimentos sobre esta e outras classificações v. M. LEITÃO MARQUES, op. ult. cit., op. cit., pág. 69 e ss.; LESGUILLONS, op. cit., t. 7, 8/231 e ss..

Convém ter presente que a subcontratação, pode surgir no âmbito dum contrato de transferência de tecnologia (cooperação industrial, co-produção ou mesmo da formação duma «joint-venture») – sobre subcontratação e transferência de tecnologia v. LEITÃO MARQUES, op. cit., pág. 105 e ss. Sobre a subcontratação no âmbito do *countertrade*, nomeadamente no «offset» v. infra neste Cap., Subsecção III.

[203] Expressão de M. SALEM/SANSON HERMITTE, op. cit., pág. 27.

[204] Cfr. LAMÉTHE, op. cit., pág. 86. Neste âmbito a formação duma «joint-venture» entre a sociedade britânica "John Brown Engineering" para a modernização das indústrias químicas na ex-URSS.

150 *Dos Contratos de Contrapartidas no Comércio internacional* («countertrade»)

ou então, vários outros contratos, cada um tratando dum aspecto específico da transferência. Nesta última hipótese tratar-se-á de um "puzzle" contratual composto por vários contratos, cuja coordenação se revelará por vezes difícil por parte do receptor de tecnologia[205].

Considerando que a operação se desenvolve ao longo de três fases sucessivas, (1) a transmissão de tecnologia e (ou) a instalação da unidade industrial é da exclusiva responsabilidade do exportador, (2) a fabricação dos bens a produzir de acordo com os requisitos previstos e a (3) respectiva exportação dos bens a oferecer em contrapartida, são já da responsabilidade do importador/contra-exportador (quer se trate de uma simples licença, de um contrato «chave na mão» ou de um contrato «produto na mão»).

Assim a primeira fase da operação é objecto dum contrato internacional de transferência de tecnologia, enquanto a segunda e a terceira correspondem na maior parte dos casos ao contrato de «buy-back» (em sentido estrito)[206].

Atendendo a que o objectivo da operação não é apenas a venda de equipamento, máquinas ou outro material[207], mas sobretudo a transmissão da tecnologia[208] necessária à fabricação de produtos que virão no futuro a ser adquiridos pelo exportador, a configuração dum mero contrato de venda de bens de equipamento parece ser de rejeitar, tanto mais que a prática não tem registado nenhum caso. Também a mera licença de patente se afigura

---

[205] Assim, a concepção segundo a qual o «contrato chave na mão» enquanto contrato de transferência de tecnologia corresponderia a vários contratos (que fazem parte dele) como a venda de máquinas e equipamentos, licença ou cessão de patente e (ou) «know-how», um «contrato de gestão» (contrato «engineering» ou «ingénierie») e o contrato tendo como objectivo a formação profissional de pessoal técnico atenta contra o objectivo económico (comercial-industrial) unitário da operação, que reclama um regime jurídico unitário, pelo que será mais adequada a perspectiva do contrato único – neste sentido SALEM/SANSON, op. cit., pág. 21; GOLDMAN, «La lex mercatoria dans les contrats...», op. cit., pág. 489. V. ainda ECE/ONU (ECE/TRADE/117), op. cit. sobre o contrato «chave na mão». PAIS DE VASCONCELOS, op. cit., pág. 228-231, entende que se trata dum contrato misto (tipo modificado), assumindo os vários contratos uma função complementar em relação ao contrato de empreitada.

De acordo a orientação anterior não parecerá ousado, por maioria de razão, alargar este regime ao contrato «produto na mão».

[206] Já não assim tratando-se de um contrato «mercado na mão», ou numa «joint-venture de produção», nos quais as responsabilidades da empresa exportadora abrangem a segunda fase.

[207] Na terminologia proposta pela ECE/ONU, *Contrats internationaux d'achat en retour*, op. cit., pág. 3.

[208] Cfr. ECE/ONU, *Contrats internationaux d'achat en retour*, op. cit., pág. 5.

Contratos Internacionais de Contrapartidas 151

insuficiente para prosseguir este objectivo, razão pela qual é acompanhada doutras prestações tal como a assistência técnica, comunicação de «know-how» e a formação de pessoal técnico especializado.

Assim, o contrato internacional de transferência de tecnologia na estrutura contratual do «buy-back» não assumiria qualquer relevo digno de menção[209], uma vez que se remeteria às formas divulgadas no âmbito da transferência internacional de tecnologia[210], pelo que verdadeiramente singular seria o contrato de «buy-back». Contudo, esta concepção não parece a mais adequada à especificidade da operação: é que a originalidade do «buy-back» face aos demais contratos de transferência de tecnologia consiste na tecnologia exportada ser cedida pela parte (exportador) que se obrigará a retomar no futuro a produção (ou parte) fabricada com essa mesma tecnologia; ou seja: há uma relação directa entre a exportação (transferência de tecnologia) e a contra-importação (produtos fabricados com essa tecnologia), que terá consequências na articulação entre os dois contratos – o contrato de transferência de tecnologia e o contrato de «buy-back».

Então, muito embora o contrato de transferência de tecnologia nunca refira o contrato de «buy-back», as respectivas cláusulas deverão ter sempre presente a articulação com este e o verdadeiro objectivo da operação; nesta medida o contrato de transferência de tecnologia é o contrato principal[211].

Neste pressuposto convirá referir algumas das cláusulas próprias do contrato de transferência de tecnologia que merecem especial destaque.

As obrigações contratuais do exportador de tecnologia variarão conforme o modelo do contrato internacional de transferência de tecnologia (licença de patente, «chave na mão», «produto na mão»...); contudo, convirá não esquecer que o material e a tecnologia fornecidos deverão ser adequados às características da produção pretendida, pelo que a descrição, instalação, período de funcionamento do material, deverão ser aspectos a acautelar em cláusula própria[212]; ainda que se trate de transferência de tecnologia na modalidade «chave na mão» ou «produto na mão», as respon-

---

[209] Parece ser esta a orientação da UNCITRAL, *Legal Guide on International Countertrade*, op. cit., pág. 123, que remete para outras publicações da ONU no âmbito da propriedade industrial e das transferências de tecnologia.

[210] V. modelos propostos pela ONU, Código de Transferência Internacional de Tecnologia.

[211] Neste sentido ECE/ONU, *Contrats internationaux d'achat en retour*, (ECE/TRADE/176), cit., pág. 5.

[212] Cfr. ECE/ONU, *Contrats internationaux d'achat en retour*, op. cit., pág. 5.

sabilidades do exportador têm limites que ficam aquém do período de funcionamento necessário para produzir as contrapartidas. Assim:

a) Assistência técnica.
Deverá abranger não só o período de tempo necessário à instalação do material, entrada em funcionamento da unidade fabril, fase do início da produção, mas também todo o período necessário para a produção das contrapartidas (o que poderá implicar vários anos).

b) Atendendo a que o fornecedor de tecnologia será um futuro concorrente do receptor, haverá todo o interesse em acautelar em cláusulas próprias o direito deste usar a marca e os limites territoriais em relação à distribuição dos produtos a produzir.

c) Qualidade.
Os produtos a fabricar deverão cumprir as normas técnicas de fabrico, especificações, qualidade, pelo que o controlo da qualidade deverá ser previsto contratualmente, bem como as consequências da não conformidade a qualquer destes requisitos. Porém, uma vez que o exportador virá a ser um futuro comprador (contra-importador), estará interessado em que os produtos que irá recomprar tenham qualidade internacional, o que nem sempre será garantido, muito embora o receptor de tecnologia possa invocar obrigações de resultado.

d) Garantias.
Este aspecto deverá ser incluído no contrato de «buy-back»; porém, na hipótese da intervenção de terceiros, isto é, da obrigação de recompra incidir sobre outra entidade que não o exportador inicial, será recomendável que constem do contrato principal; no caso dos produtos incluírem a marca de fabrico do transmitente de tecnologia, este terá todo o interesse em que as normas de garantia sejam aplicáveis a terceiros.

e) Preço.
O preço da transferência de tecnologia deverá incluir o preço do equipamento cedido e outros custos inerentes, bem como uma margem de lucro sobre a venda, o prejuízo que é suportado pelo recurso a esta modalidade de fornecimento e o equivalente ao pagamento de "royalties" que seriam devidos pela licença ou cessão dos direitos da propriedade industrial. Nos contratos de «buy-back» o valor é sempre indicado em dinheiro e será em função deste valor (transferência de tecnologia) que será fixada a obrigação de recompra.

Contratos Internacionais de Contrapartidas 153

f) Garantias bancárias.

Tratando-se muitas vezes de "jumbo contracts" o financiamento destes contratos é complexo e funcionarão vários tipos de garantias bancárias (tender/«bid bond», «perfomance bond» e «advanced payement»)[213].

g) Outras.

As vicissitudes a que se encontram sujeitos frequentemente os investimentos estrangeiros nos PVD (guerra, distúrbios civis, inconvertibilidade de moeda, incumprimento do contrato, nacionalizações e medidas afins) tornará recomendável a conclusão de um contrato de garantia com a MIGA[214], beneficiando das garantias contra riscos não comerciais[215].

h) Cláusulas « hardship» e força maior[216].

---

[213] V. supra a secção anterior sobre estas garantias bancárias.

[214] Agência Multilateral de Garantia aos Investimentos, resultante da Convenção de Seul (1985), veio a ser a terceira agência do "Grupo do Banco Mundial" – v. a tradução da Convenção relativa à adesão de Portugal à MIGA, anexa à Res. da A.R. n.º 12-A/88, de 26/5/88 (DR, I.ª Série, n.º 122) – iniciando a sua actividade em 1988, contando em 1998, 145 estados membros – cfr. CARREAU/JUILLARD, *DIE* (1998), op. cit., pág. 517. Classificando os estados membros em duas categorias (1-Países desenvolvidos e 2-PVD), apenas podem ser garantidos os investimentos elegíveis (art. 12. a) realizados pelos investidores elegíveis (art. 13.), nos países de acolhimento elegíveis (categoria 2) – art. 14. – após a celebração de contrato de garantia e respectiva aprovação (art. 15.). Para maiores desenvolvimentos v. JUILLARD, «Investissements», AFDI, XXXII (1986), op. cit., pág. 635 e ss; TOUSCOZ, «L'Agence Multilatérale de Garantie aux Investissements», op. cit.; CARREAU/JUILLARD/FLORY, *DIE*, (1990), op. cit., pág. 684 e ss.; GIOVANNI FONTANA, op. cit., pág. 752 e ss.

[215] As empresas com nacionalidade e sede nos Estados membros da categoria 1 podem beneficiar de garantias contra riscos não comerciais (art. 11): inconvertibilidade de moeda ou de restrição à sua transferência, risco de expropriação e medidas similares (nacionalização, confisco ...), risco de incumprimento do contrato e risco de guerra e distúrbios civis ou outros, à excepção da depreciação da moeda (risco cambial). Para maiores desenvolvimentos v. CARREAU e outros, *DIE* (1990), op. cit., pág. 687 e ss.; BÉLANGER, op. cit., pág. 75. O aumento significativo de estados que aderiram à Convenção, dos quais 128 encontram-se em situação de beneficiar da garantia, bem como mais de 400 contratos de garantia concluídos demonstram o sucesso da actividade da Agência neste domínio – cfr. LESGUILLONS, *Lamy Contrats internationaux*, T. 6, Div. 10/art. 71.

[216] V. infra contrato de «buy-back» (sentido estrito).

154 *Dos Contratos de Contrapartidas no Comércio internacional («countertrade»)*

i) Arbitragem.

A resolução de litígios com recurso à jurisdição do CIRDI[217], é uma alternativa que as partes não deverão descurar, já que concluído frequentemente entre uma sociedade transnacional e um Estado (ou outra pessoa colectiva de direito público)[218] – «Contrato de Estado»[219]— o contrato de transferência de tecnologia no âmbito do «buy-back», corresponde amiúde ao conceito jurídico de investimento internacional[220], pelo que as partes deverão acordar por escrito essa opção[221].

---

[217] O Centro Internacional para a Resolução de Diferendos Relativos a Investimentos (CIRDI), foi criado no âmbito da Convenção para a Resolução de Diferendos relativos a Investimentos entre Estados e Nacionais de outros Estados (Washington, 1965), à qual aderiram até à altura mais de 117 estados – cfr. SHAPIRA/LEBEN, op. cit., pág. 44 – entre os quais Portugal – v. Dec. do Governo n.º 15/84, de 3 de Abril de 1984.

[218] Este é um dos requisitos que delimita a competência do CIRDI, pois de acordo com o art. 25.º-1 – "A competência do Centro abrange os diferendos ... decorrentes ... entre um Estado Contratante (ou pessoa colectiva de direito público ou organismo dele dependente...) e um nacional de outro Estado Contratante...", entendido este último, nos termos do art. 25.º 2 – como a) "qualquer pessoa singular que tenha a nacionalidade de um Estado Contratante, outro que não o Estado parte no diferendo, à data em que as partes hajam consentido em submeter tal diferendo a conciliação ou arbitragem ...".

[219] V. supra neste capítulo Introdução.

[220] V. infra neste capítulo 4.3. Contrapartidas industriais e investimento internacional. Este é outro dos requisitos que delimita a competência do CIRDI, que exige que a relação subjacente ao litígio respeite a um investimento internacional.

Para além das arbitragens no âmbito da Convenção CIRDI, o Conselho de Administração do CIRDI também organiza arbitragens em que se não verifiquem os mencionados pressupostos, embora com recurso às regras da CNUDCI e da CCI – cfr. LIMA PINHEIRO, op. cit., pág. 394 (nota 254). Porém, a actividade do Centro tem sido limitada, já que apenas um número reduzido de litígios tem sido sujeito à sua jurisdição – cfr. MARQUES SANTOS, op. cit., pág. 361; CARREAU/FLORY/JUILLARD, *DIE* (1990), op. cit., pág. 43; SCHAPIRA/LEBEN, op. cit., pág. 44. No entanto, desde 1997, o número de litígios sujeitos à arbitragem CIRDI aumentou notoriamente (10 em 1997, 11 em 1998) – cfr. EMMANUEL GAILLARD, «Chronique des sentences arbitrales», Clunet, 1999, pág. 273 e ss. – ultrapassando a anterior média de um ou dois por ano. Na verdade o contributo mais relevante do Centro tem consistido na formação dum "direito dos contratos de Estado", através das sentenças arbitrais.

[221] Requisito indispensável, nos termos do art. 25.º da Convenção, pelo que deverá ser objecto de cláusula própria, ou então constar da legislação interna do estado de acolhimento, ou ainda de convenções internacionais de investimento. Sobre as várias formas de manifestação de vontade das partes v. PAUL REUTER, op. cit., pág. 13-16.

Contratos Internacionais de Contrapartidas

4.1.2. Contrato «buy-back» (sentido estrito).

Neste contrato o importador de tecnologia compromete-se a pagar a totalidade ou parte do preço da tecnologia recebida com a produção futura, que será em parte (ou na totalidade) adquirida pelo primitivo fornecedor.

É fundamental que este contrato seja negociado e concluido ao mesmo tempo que o contrato principal (transferência de tecnologia): a transmissão de tecnologia deverá ser adequada à fabricação dos produtos objecto de contrapartida, considerando a qualidade, quantidade e o prazo de entrega pretendidos[222]; apenas desta forma será possível alcançar a desejável articulação entre os dois contratos.

As cláusulas do contrato de «buy-back» aparentam um contrato de venda internacional de mercadorias[223] onde constam as obrigações das partes: produtos (de recompra) – (definição, quantidade, qualidade, embalagem), valor total (método de cálculo, moeda), preço (moeda...), intervenção de terceiros, limites à revenda, transporte, lugar e data(s) da entrega, consequências do atraso e da não conformidade dos produtos (penalidades, indemnização por perdas e danos), garantias bancárias, casos de resolução do contrato, data da entrada em vigor, língua, direito aplicável, resolução de litígios ...

Convirá destacar algumas particularidades decorrentes do «buy-back»:

a) Produtos.

Os produtos objecto de recompra são, em princípio, conhecidos do contra-importador, uma vez que forneceu o material através do qual são produzidos e os métodos de fabrico; não será assim quando a tecnologia fornecida permitir produzir uma variada gama de produtos, pelo que nesta hipótese será conveniente identificar rigorosamente os produtos da contrapartida.

b) Preço total do contrato de recompra, dos produtos e moeda.

A obrigação de recompra poderá ser inferior, igual ou superior ao valor da transferência de tecnologia prevista no contrato principal[224]; de qualquer forma o valor total do contrato de recompra é definido em rela-

---

[222] Neste sentido ECE/ONU, *Contrats internationaux d'achat en retour*, op. cit., pág. 7.

[223] Cfr. De Bari, op. cit., pág. 9. Porém, tais contratos estão excluídos do âmbito da Convenção de Viena sobre a venda internacional de mercadorias (Viena-1980)/UNCITRAL, nos termos do artigo 3.º, n.º 1.

[224] Cfr. ECE/ONU, *Les contrats internationaux d'achat en retour*, op. cit., pág. 8.

ção ao valor deste último devendo ser expresso (quantia pré-fixada ou uma percentagem) ou então indicado o método a utilizar[225], bem como a moeda na qual os preços dos produtos serão fixados.

Quer a execução do contrato de recompra tenha lugar numa única expedição ou através de várias, é conveniente indicar através do INCOTERM adequado se se trata do preço FOB, CIF ou outro.

Deverão ser acauteladas as dificuldades que poderão surgir devidas ao facto dos produtos resultantes do investimento transferido serem entregues ao exportador inicial após um período relativamente longo, com a agravante de nem sempre ser fácil de calcular o respectivo valor, pelo que o preço de retoma deverá ser devidamente ponderado, salvaguardando o lucro a longo prazo: a diferença entre o preço de retoma do produto e o preço mundial na altura em que este é comercializado deve cobrir não apenas os custos de distribuição e o lucro normal realizado sobre a venda, mas também a perda que sofre o fornecedor nestas novas modalidades de fornecimento do mercado, incluindo o pagamento de "royalties".

A fixação ulterior do preço poderá, ainda, caber a um árbitro.

c) Cessão da posição contratual.

Nos casos em que a produção obtida com a tecnologia transmitida não apresente interesse para o contra-importador (cujo objectivo consistiu apenas na exportação principal, tendo a obrigação de recompra sido um meio para alcançar tal fim), a entidade que retoma pode não ser o investidor inicial se se tiver verificado uma cessão da posição contratual, pelo que deverá em cláusula própria ser acautelada esta possibilidade.

Contudo, tal opção indicia a ausência da cooperação industrial, ao contrário do que sucede com a maior parte dos contratos de «buy-back»[226], em que o exportador da tecnologia retoma a produção resultante.

d) Período de cumprimento/execução do contrato.

Ainda que negociados e concluídos ao mesmo tempo não é possível a execução simultânea dos dois contratos – (1) o de transferência de tecnologia e (2) o contrato de «buy-back» – uma vez que apenas decorrido um longo período de tempo (por vezes anos) o contra-exportador estará em condições de fornecer as contrapartidas.

---

[225] Conforme observa DE BARI, op. cit., pág. 9, a fórmula adoptada pode depender da natureza do produto, ou então ser prevista a revisão do preço, ou a sua revisão periódica.

[226] V. infra neste capítulo, secção II, subsecção II (4.2.3.) a este propósito a análise da relação entre «countertrade» industrial e cooperação industrial.

Assim, a entrada em vigor do contrato de recompra deverá ser prevista, bem como a das sucessivas exportações (quantidades...) que respeitarem à execução deste contrato, indicando uma data limite para a completa execução do contrato.

Na hipótese de serem previstas entregas sucessivas faseadas no tempo, o cumprimento dos contratos de execução deverá se registado pontualmente num «evidence account» ou num «escrow account» (previsto no «protocol agreement»).

e) Revenda dos produtos.

A revenda dos produtos pelo contra-importador ou por um terceiro (na hipótese de cessão da posição contratual) deverá ter em consideração o território de destino, prevenindo eventuais restrições à revenda determinadas pela legislação nacional sobre concorrência.

f) Força maior, «hardship» (cláusula de salvaguarda).

Eventos imprevisíveis e inevitáveis, exteriores à vontade do devedor (incêndio, catástrofes naturais, greves, embargos[227]...), podem tornar impossível temporária (suspensão) ou definitivamente (resolução) a execução do contrato de «buy-back»: neste caso será conveniente uma cláusula de força maior, prevendo algumas destas circunstancias e os respectivos efeitos, que na prática poderá ser invocada pelo apelo à razoabilidade ou à conformidade aos usos comerciais[228]. Enquanto uma cláusula do tipo "força maior" prevê, geralmente, como impossível a execução do contrato, uma cláusula "hardship" (alteração das circunstancias) torna mais onerosa a execução, mas não impossível[229], conduzindo á revisão (readaptação) ou à resolução do contrato[230].

4.1.3. Relações entre o contrato de transferência de tecnologia e o contrato de «buy-back».

---

[227] V. LAURENCE LAUDY, «L'embargo des Nations Unies contre l'Irak et l'exécution des contrats internationaux», op. cit.

[228] Cfr. MARCEL FONTAINE, *Droit des contrats internationaux*, op. cit., pág. 237; GOLDMAN, «La lex mercatoria dans les contrats...», op. cit., pág. 488, considera estas cláusulas manifestações da «lex mercatoria».

[229] Cfr. MARCEL FONTAINE, op. cit., pág. 238.

[230] Idem, ibidem, pág. 251.

158 *Dos Contratos de Contrapartidas no Comércio internacional («countertrade»)*

4.1.3.1. «Protocol agreement» (contrato de ligação).

A ligação entre os dois contratos tem lugar através deste instrumento: a aparente independência jurídica do contrato de «buy-back» face ao contrato de transferência de tecnologia é afastada e a verdadeira natureza da operação revela-se na relação entre a transmissão de tecnologia e a produção dela resultante, assumindo o «protocol agreement» duas funções principais: garantir que os produtos objecto da obrigação de recompra (contrapartida) sejam de facto produzidos com o equipamento e a tecnologia transmitidos, nos termos especificados no contrato de transferência de tecnologia[231] e prever o mecanismo de registo das exportações-importações a débito e a crédito através dum «escrow account»[232].

Do ponto de vista jurídico a dependência unilateral do contrato «buy-back» em relação ao contrato de transferência de tecnologia assim estabelecida, evitará problemas relativos à determinação da ligação jurídica entre os contratos, nomeadamente o de averiguar da dependência recíproca ou da dependência unilateral do contrato de transferência de tecnologia em relação ao contrato «buy-back».

Considerações de vária ordem poderão desaconselhar estas duas últimas opções.

Na falta de «protocol agreement» ou de previsão expressa quanto à relação entre os contratos[233], interessa analisar as consequências jurídicas do desaparecimento dum dos contratos sobre o destino do outro.

4.1.3.2. Consequências da inexecução ou do deficiente cumprimento do contrato de transferência de tecnologia.

Aspecto importante a considerar será o destino do contrato de recompra («buy-back») na hipótese de inexecução ou deficiente cumprimento do contrato de transferência de tecnologia; neste caso a melhor solução consistirá em prever, através de cláusula expressa, a nulidade do contrato de recompra evitando futuros conflitos[234].

No silêncio das partes, como não é viável a fabricação dos produtos a oferecer em contrapartida sem a precedente transferência de tecnologia, a resolução deste primeiro contrato implicará a nulidade automática do contrato de recompra («buy-back»), uma vez que se verifica uma depen-

---

[231] Cfr. WELT, *Trade without money...*, op. cit., pág. 21.

[232] Sobre as funções do «escrow account» no «buy-back» v. DE BARI, op. cit., pág. 8.

[233] Sobre estes problemas de interpretação v. PHILIPPE KAHN, «L'interpretation des contrats internationaux», op. cit., pág. 15 e ss.

[234] Neste sentido ECE/ONU, *Contrats d'achats en retour*, op. cit., pág. 15.

dência unilateral deste contrato em relação ao contrato de transferência de tecnologia.

4.1.3.3. Inexecução do contrato «buy-back».

Diferente poderá ser a solução no caso do contrato da transferência de tecnologia ter sido executado nos termos contratualmente previstos e não for(em) cumprida(s) a(s) entrega prevista(s) no contrato de recompra; todavia, será conveniente prever expressamente as consequências (por exemplo, da resolução dum ou dos contratos de execução)[235]. Sendo previstas penalidades/indemnização por perdas e danos, a função destas é funcionar como sanção para o incumprimento, através dos pagamentos previstos na garantia bancária autónoma à primeira solicitação.

A conclusão de contratos independentes e separados impedirá que eventos supervenientes à completa execução do contrato de venda do equipamento/complexo industrial (transferência de tecnologia), afectem a validade deste. Assim, na superveniência de certos eventos imprevisíveis e inevitáveis (embargos, ...) que impossibilitem o cumprimento do contrato de «buy-back» (sentido estrito), claúsulas do tipo força maior ou «hardship» possibilitarão a suspensão, adaptação, substituição ou mesmo a resolução deste contrato, sem afectar o anterior. Assim, quaisquer riscos inerentes ao fornecimento de produtos previstos no âmbito do contrato de «buy-back» (contra-exportação), não impedirão o pagamento da transferência de tecnologia importada.

Nesta medida se compreenderá a inconveniência do recurso a um contrato único estabelecendo, do ponto de vista jurídico, um vínculo de dependência bilateral entre a exportação (transferência de tecnologia) e a contra-importação (produtos resultantes).

4.2. Comparação com outros contratos internacionais de transferência de tecnologia.

Importará considerar as razões que levam as partes a optar pelo *countertrade* de carácter industrial, em lugar de contratos de transferência de tecnologia tradicionais, em que não apenas as "royalties", mas a transferência de tecnologia/venda de equipamentos industriais é paga em divisas.

Nalguns casos o montante das transferências de tecnologia desejadas pelos países importadores excede as respectivas disponibilidades em moeda convertível (divisas), pelo que a imposição pelos organismos estatais des-

---

[235] Neste sentido ECE/ONU, cit., pág. 16.

160 *Dos Contratos de Contrapartidas no Comércio internacional* («countertrade»)

tes países aos parceiros comerciais ocidentais dum contrato de recompra («buy-back») surge como uma necessidade[236].

Considerando que o exportador quando vende os equipamentos ou instala unidades industriais assumirá responsabilidades quanto à qualidade dos produtos futuramente fabricados pelo importador (contra-exportador), já que uma parte o terão como destinatário, o importador beneficia duma garantia sobre o bom funcionamento dos equipamentos e da tecnologia, bem como da qualidade dos produtos[237]; por outro lado a futura recompra (tanto mais se respeitar a um valor superior ao da transferência de tecnologia) oferece ao importador um mercado de exportação.

Enfim, o contrato de «buy-back», é simultâneamente para o importador um meio de financiamento, de transferência de tecnologia, de exportação, aos quais não teria acesso doutra forma.

Apesar das vantagens desta operação serem as mais das vezes analisadas do ponto de vista exclusivo do importador (PVD, PECO) convém adiantar, pelo outro lado, as vantagens para a empresa ocidental, nomeadamente, o interesse em obter de forma garantida fornecimentos de produtos energéticos (petróleo, gás...) e matérias-primas, por vezes nem sempre fáceis de obter por outras vias. Aliás, os produtos de retoma são muitas vezes obtidos a preços inferiores aos do mercado, atendendo a que os custos de produção são mais baixos nestes países[238]. Outras vezes o recurso ao «buy-back» permite evitar as restrições ao repatriamento de "royalties" e de proibições à exportação dos produtos resultantes da tecnologia transferida[239].

Contudo, alguns problemas poderão surgir, nomeadamente em relação à qualidade dos produtos a produzir com a tecnologia transmitida. Assim, o exportador pretenderá impor certas normas sobre os padrões de qualidade dos produtos a produzir, cuja violação permitirá recusar a recompra: esta a razão pela qual as empresas dos países industrializados hesitam, por vezes, em adquirir a longo prazo produtos fabricados com tecnologia que

---

[236] Cfr. NEDJAR, op. cit., pág. 197.

[237] A este propósito refere-se DE BARI, op. cit., pág. 5, a uma cooperação industrial "forçada".

[238] Convirá admitir que uma vez concluída a obrigação de recompra no âmbito do «buy-back», a empresa importadora poderá pretender continuar a importação da mercadoria, agora no âmbito dum contrato de contrapartidas de carácter comercial ou outro – cfr. WELT, *Trade whithout money...*, op. cit., pág. 22, RAZOUMOV, op. cit., pág. 85-8; DE BARI, op. cit., pág. 8.

[239] Cfr. MARCEL FONTAINE, «Aspects juridiques des contrats de compensation», op. cit., pág. 217.

os países importadores vão utilizar sobre a sua exclusiva responsabilidade. Portanto, a não ser que os primitivos exportadores, futuros compradores, não tivessem dúvidas sobre a qualidade dos produtos futuros, aceitariam celebrar o acordo de recompra («buy-back»). Aliás, compreende-se que os próprios países importadores de tecnologia, na posse de técnicas mal conhecidas, receiem impor uma obrigação de recompra, que as normas de qualidade poderão inviabilizar.

Porém, a evolução das formas dos contratos de transferência de tecnologia, desde a ancestral licença de patente até ao «marché en main», torna compreensível que no quadro das relações entre empresas de países industrializados e outras (geralmente do sector público) de países em desenvolvimento, a simples licença de patente, o contrato de «know-how», de «engineering» e mesmo o contrato «chave na mão» se revelem insuficientes face às carências próprias do atraso industrial dos países sub-desenvolvidos.

4.2.1. «Buy-back» e «joint-venture».

Devido a problemas de concorrência – é oportuno lembrar que uma vez vendido o equipamento ou operada a transferência de tecnologia a empresa do país importador torna-se uma concorrente da empresa fornecedora – sucede que as empresas dos países industrializados preferem constituir uma «joint-venture»[240] do que celebrar um contrato de «buy-back»[241]:

---

[240] «Joint-venture» (empresa comum): trata-se de uma forma de cooperação entre duas ou mais empresas. Em sentido económico "é a entidade económica constituída conjuntamente por duas ou mais empresas económica e juridicamente independentes, que exerce as funções de uma empresa ou, pelo menos, uma actividade relativa à produção de bens ou à prestação de serviços" – cfr. A. Santos/M. Gonçalves/M. Leitão Marques, op. cit., pág. 325 e ss. Quanto à forma jurídica pode tratar-se de uma tomada de participação e controlo de uma empresa já constituída, da constituição de uma nova pessoa jurídica controlada em comum pelas duas empresas participantes na «joint-venture», ou apenas um mero arranjo contratual entre empresas. É comum a distinção entre «unincorporated joint-ventures» (empresas comuns não societárias, em que as empresas celebram um acordo para o desempenho de uma actividade comum – a figura do consórcio foi adoptada pela lei portuguesa através do Dec. Lei n.º 231/81 de 28.7) – e «incorporated joint-venture» (sociedade comercial criada para o efeito). Alguns autores apenas consideram uma «joint-venture» quando há lugar à constituição de uma nova pessoa jurídica, distinta dos seus fundadores. Sobre o conceito de «joint-venture» no direito americano (EUA) v. Baptista/Durand-Barthez, op. cit., pág. 9-18.

Muito divulgadas no domínio das relações comerciais internacionais as empresas conjuntas abrangem sectores que vão desde a construção civil (consórcios) aos acordos de cooperação, desenvolvimento, fabricação comum, investimento estrangeiro (sobretudo no

162 *Dos Contratos de Contrapartidas no Comércio internacional* («countertrade»)

numa «joint-venture» as empresas dos países industrializados têm um interesse equitativo em facilidades de produção e um maior controlo no fabrico dos produtos e circuitos de distribuição.

Por outro lado uma «joint-venture» exige uma presença prolongada (acompanhamento do projecto, mesmo após estar apto a funcionar) e riscos de investimento, ao contrário do «buy-back» que fixa o tempo de duração do contrato e que garante o pagamento da transferência de tecnologia e do equipamento vendido.

Também em muitos países em que o investimento directo estrangeiro é permitido, a legislação sobre «joint-ventures» é ambígua ou desfavorável no que respeita à tributação, pagamento de "royalties" e repatriação de capitais e dividendos[242].

---

que respeita a transferência de tecnologia), acordos de fixação de preços e acordos de partilha de mercados. BAPTISTA/DURAND BARTHEZ, op. cit., pág. 22-26, indicam a exploração mineira e petrolífera, grupos bancários e a construção civil como os projectos específicos mais frequentes nas «unincorporated joint-ventures».

No comércio internacional os tipos mais relevantes de empresa conjunta são, além da «joint-venture», a «joint-marketing organization» e o consórcio – SHMITTHOFF, *Schmitthoff's Export trade*, op. cit., pág. 338 – bem como o Agrupamento Europeu de Interesse Económico (Reg. CEE n.° 2137/85 do Conselho, de 25/7 de 85). BAPTISTA/DURAND-BARTHEZ, op. cit, pág. 21-46, consideram duas tipologias, uma fundada na natureza das actividades («joint-ventures criadas para a execução de projectos específicos, «joint-ventures» de tipo cooperativo, de investimento, de concentração); outra na natureza dos sócios («joint-ventures entre estados, entre estados e particulares e entre particulares)

Vale a pena referir que na China, em 1988, foram aprovadas 3100 «joint-ventures» ("Finantial Times", 11/11/1988), revelando a particular importância que este país atribui a este tipo de acordos de cooperação com parceiros ocidentais no que respeita a investimento directo estrangeiro. Também têm tido relevo nos ex-países do Leste (comércio Este-Oeste) e nos PVD.

Muito embora seja susceptível de integrar o conceito económico de «joint-venture», o Agrupamento Complementar de Empresas – Lei n.° 4/73 de 4/6 e Dec. Lei n.° 430/73 de 25/8 – respeitando a formas de cooperação contratual entre empresas, a lei portuguesa reservou-lhes tratamento distinto.

Para maiores desenvolvimentos v. JEHL, op. cit., pág. 451 e ss.; AMORIM PEREIRA, op. cit.; MANUEL PITA, «Contrato de consórcio», op. cit.; SCHMITTHOF, op. cit.; BAPTISTA/ /DURAND-BARTHEZ, *Les associations d'entreprises (Joint ventures)...*, op. cit.; PAULO SOUSA VASCONCELOS, op. cit.; LIMA PINHEIRO, *Joint venture...*, op. cit.; MOUSSERON (e outros), op. cit., pág. 345 e ss.

[241] Sobre a confusão e a dificuldade a que se tem prestado a distinção entre o «buy-back» e a «joint-venture», no âmbito dos acordos entre empresas da Europa Ocidental e a ex-URSS v. RAZOUMOV, op. cit., pág. 93.

[242] Neste sentido WELT, *Trade without money...*, op. cit., pág. 23-24; FRIGANI, «Il

Diferente é a hipótese duma «joint venture» no âmbito duma operação de «buy-back» – «joint-venture» de investimento[243]: a empresa ocidental realiza a sua entrada na empresa conjunta através duma licença de patente e comunicação de «know-how» e em troca a empresa local facilita o acesso aos recursos e ao mercado local, obrigando-se a adquirir uma parte da produção (obrigação de recompra)[244], correspondente aos custos inerentes ao equipamento e à tecnologia transmitida. Enquanto o parceiro mais avançado tecnologicamente obtém o fornecimento de produtos acabados ou semi-acabados, o Estado hospedeiro obtém a tecnologia necessária para instalar uma nova indústria local, divisas resultantes da exportação de produtos locais, substituindo a importação[245].

A esta via têm recorrido mais recentemente os PECO[246] e os países africanos (essencialmente no domínio da exploração de recursos naturais)[247] e asiáticos.

---

countertrade: un tentativo di analisi giuridica», op. cit., pág. 473. Assim, por exemplo, na Polónia, Húngria, Roménia, Checoslováquia a transferência de benefícios é limitada pelas receitas em moeda convertível (divisa) da «joint-venture» – cfr. SOPHIE LEMAIRE/DANIEL HURSTEL, op. cit., pág. 64. Sobre as restrições aplicáveis às «joint-ventures» pelos PVD, quer por via legal, quer por via contratual v. BAPTISTA/BARTHEZ, *Les associations d'entreprises («joint-ventures») dans le commerce intrenational*, op. cit., pag. 151 e ss. Os PVD's são antes receptores de investimento do que investidores e regulamentam o investimento estrangeiro de acordo com o interesse nacional recorrendo a um sistema de autorização prévia ou contratual, impondo por vezes limitações à transferência de lucros e outras restrições – cfr. A.C. SANTOS e outros, op. cit., pág. 277.

[243] Na tipologia das «joint-ventures» proposta por LUIZ O. BAPTISTA/PASCAL DURAND BARTHEZ, *Les associations d'entreprises («Joint-ventures») dans le commerce international*, op. cit., pág. 29-30 trata-se duma «joint-venture» de investimento, já no domínio da cooperação industrial internacional. V. ainda TOWNSEND, op. cit., pág. 16 e 83; L. VALLE, op. cit., pág. 1222.

[244] Cfr. L. MOATTI, op. cit., pág. 21.

[245] Cfr. BAPTISTA/BARTEZ, op. cit., pág. 30. DE BARI, op. cit., pág. 7-8, conclui que, não obstante o «buy-back» não exigir necessariamente a formação duma «joint-venture», esta poderá ser a melhor solução, considerando os objectivos da operação.

[246] A "ROVER" criou uma «joint venture» com uma empresa búlgara para a produção de automóveis, consistindo a obrigação de recompra na retoma de 50% da produção – cfr. L. MOATTI, op. cit., pág. 22-23.

A "John Brown Engineering", sociedade britânica, participou numa «joint-venture» com parceiros russos para a modernização da indústria química na ex-URSS, sendo acordado receber em troca 40% da produção pelo período de sete anos – cfr. O. SVIRIDENKO, «Les operations de compensation dans le commerce avec les républiques de l'ex-URSS», op. cit., pág. 69.

[247] Uma sociedade alemã, uma sociedade americana e uma sociedade africana cons-

164   *Dos Contratos de Contrapartidas no Comércio internacional (*«countertrade»*)*

4.2.2. «Buy-back» e «offset».

Embora relevando ambos no âmbito das contrapartidas industriais (longo prazo), implicando transferências internacionais de tecnologia, enquanto no «buy-back» os produtos da contrapartida resultam directamente da tecnologia importada no âmbito do contrato de exportação, no «offset» indirecto os produtos das contrapartidas não apresentam, do ponto de vista tecnológico relação directa com a tecnologia transmitida.

No «offset» directo, os bens objecto da exportação e da contra-exportação relacionam-se técnica ou comercialmente, na medida em que estes últimos são acessórios ou produtos comercializados conjuntamente; no «buy-back» os produtos objecto de recompra resultaram da tecnologia exportada[248].

Na realidade, sucede amiúde o contrato de «offset» directo conter elementos próprios do «buy-back»[249], tal como a transferência de tecnologia e do equipamento necessário à produção de alguns dos bens a oferecer em contrapartida[250].

Mas ao contrário do «buy-back», no «offset» o importador não se limita a impor obrigações de contra-importação da produção resultante da tecnologia transmitida ao exportador, o que nem sempre se verifica («offset» indirecto), antes o objectivo principal consiste em obrigações de contrapartida doutra natureza, tais como a criação de emprego, formação de pessoal técnico especializado, assistência técnica ao sector industrial horizontal ao da tecnologia transmitida[251].

4.2.3. «Buy-back» e cooperação industrial.

Verificando-se uma tendência para confundir o conceito de cooperação industrial com o *countertrade* industrial na forma de «buy-back»[252] (ou «offset») importará esclarecer se sempre se verifica essa identidade.

---

tituiram uma «joint-venture» para a produção de alumínio: a primeira instalou uma unidade industrial "chave-na-mão", a segunda transmitiu tecnologia incluindo a formação de pessoal técnico e encarregou-se da comercialização da produção, enquanto a terceira (detentora de 70% do capital da «joint-venture») fornecia a energia para a fábrica. 60% da produção da unidade industrial recem-criada (alumínio) destinou-se às sociedades ocidentais – cfr. L. Moatti, op. cit., pág. 22.

[248] Neste sentido UNCITRAL, *Legal Guide on International Countertrade...*, op. cit., pág. 96.

[249] Identificando o «buy-back» com o «offset» De Bari, op. cit., pág. 7.

[250] Cfr. UNCITRAL, op. cit., pág. 96.

[251] Neste sentido Costet, op. cit., pág. 755.

[252] Identificando o «buy-back» com a cooperação industrial, entre outros, por

O conceito jurídico de cooperação industrial a considerar será o do Guia da Comissão Económica para a Europa (ECE/ONU)[253], que aliás se inspirou no *Relatório analítico sobre a cooperação industrial entre países da CEE*[254]: "...contratos de cooperação industrial as operações que, para além da venda ou da simples compra de bens e de serviços, implicam a criação, entre as partes pertencentes a países diferentes, duma comunhão de interesses com determinada duração tendo por fim a constituição de vantagens recíprocas para os dois parceiros envolvidos; estes contratos respeitam a......":

– "Transferência de tecnologia e experiências técnicas";
– "Cooperação no domínio da produção, incluindo a cooperação na investigação e desenvolvimento da especialização da produção";
– "A cooperação para a valorização dos recursos naturais";
– "A comercialização em comum (ou por conta comum) do produto resultante da cooperação industrial nos países das partes contratantes ou em mercados terceiros."

Ora o próprio *Guia* reconhece a dificuldade da apresentação duma noção jurídica de cooperação industrial[255] a nível mundial, atenta a novidade e diversidade de formas assumidas, limitações aliás comuns ao *Relatório Analítico da Cooperação Industrial entre os Países da C.E.E.*[256], cujo contributo mais significativo consistiu na enumeração de exemplos: licenciamento com pagamento com base nos produtos resultantes; instalação de unidades industriais «chave na mão», cujo pagamento consiste nos produtos resultantes; co-produção e especialização; subcontratação; «joint-ventures»; «joint tendering» ou «joint construction» – as duas primeiras formas de cooperação correspondem por definição ao *countertrade industrial*, as restantes podem ou não corresponder.

---

exemplo RAZOUMOV, op. cit., pág. 92 e ss.; TOWNSEND, op. cit., pág. 14 e ss.; F. DE BARI, op. cit., pág. 5. Aliás, este último autor entende que o «buy-back» apresenta mais afinidades com a cooperação industrial do que com o *countertrade*.

[253] *Guide pour la redaction de contrats internationaux de coopération industrielle*, Nações Unidas, Nova Iorque, 1976 (ECE/TRADE/124), op. cit.

[254] E/ECE/844/Rev. 1, 1973.

[255] Para maiores desenvolvimentos sobre a noção de cooperação no comércio internacional v. MICHEL DUBISSON, *Les accords de cooperation dans le commmerce international*, op. cit.; HENRY LESGUILLONS, *Lamy Contrats Internationaux*, op. cit., 7/41; PAULO SOUSA DE VASCONCELOS, *O contrato de consórcio no âmbito dos contratos de cooperação entre empresas*, op. cit.

[256] CEE.844/Ver.1, 1973.

Assim, a definição de cooperação industrial é mais ampla que a do *countertrade* industrial (nomeadamente o «buy-back»), pelo que nem sempre se identificam.

Outra questão diferente consiste em averiguar se os contratos de contrapartidas industriais («buy-back») são susceptíveis de constituir uma das manifestações da cooperação industrial.

A resposta não pode ser única.

De acordo com o *Guia* "Un type particulier d'accords économiques à long terme dans le domaine de la coopération industrielle entre deux ou plusiers partenaires de pays différents, prévoit de la part de l'un des partenaires des livraisons, généralement à credit, d'equipements complets, de licences et de savoir-faire pour la construction d'installations industrielles et, de la part de l'autre partenaire, des livraisons pendant plusieurs années de produits fabriqués dans ces installations, en paiement de l'equipement et de la documentation technique importé", se estes acordos se identificassem com o contrato «buy-back», então esta operação assumiria uma das formas da cooperação industrial[257].

Contudo, a partir do Guia da ECE/ONU, não será legítimo concluir que todo e qualquer contrato de «buy-back» deva remeter-se à noção de cooperação industrial[258]. A remuneração consistir na produção resultante da cooperação, a duração do contrato e, por vezes, o carácter evolutivo das operações previstas são os elementos a considerar[259].

No «buy-back» os interesses das partes nem sempre serão os mesmos: o interesse do contra-importador pode consistir apenas em investir localmente com o intuito de beneficiar de custos de instalação e produção mais baixos ou até pode não ter interesse directo nos bens a produzir como contrapartida, que serão destinados a terceiros (cessão da posição contratual), não constituindo mais do que uma forma de obtenção do pagamento da transferência de tecnologia[260]; o interesse do contra-exportador obter uma técnica que lhe permitirá a autosuficiência (capacidade) tecnológica. Nesta perspectiva falta o "espírito de cooperação" susceptível de criar uma "comunhão de interesses"[261].

---

[257] Neste sentido MARCEL FONTAINE, «Aspects juridiques des contrats de compensation», op. cit., pág. 217; HENRY LESGUILLONS, t. 5, op. cit. , pág. 7/41.

[258] Neste sentido ALBERT PREVISANI, op. cit., pág. 213.

[259] Cfr. ECE/ONU, Guide..., op. cit., 8.,9. e 10.

[260] Cfr. LEO WELT, *Trade whithout money...*, pág. 24.

[261] Neste sentido ROTHEY, op. cit., pág. 187.

No «buy-back», sendo a transferência de tecnologia susceptível de assumir formas variadas que vão desde a simples licença de patente até ao «contrato chave na mão» ou «produto na mão», é de notar que nem todas implicam cooperação industrial: o vendedor inicial pode limitar-se a instalar a unidade industrial entregando-a à outra parte em estado de funcionamento, cedendo a obrigação de contrapartida (recompra) a um terceiro[262]. Já não assim na transferência de tecnologia através de um «contrato produto na mão» ou «mercado na mão», ou ainda no quadro duma «joint-venture» de produção ou de comercialização[263], que fazem apelo a outras prestações que apresentam um carácter evolutivo, implicando cooperação com os parceiros locais (formação de pessoal técnico especializado, assistência técnica, «marketing», venda em comum), prolongando as obrigações contratuais para além da entrega do complexo industrial.

Não tem sido invulgar a obrigação de recompra assumir um valor superior à tecnologia transmitida, no exclusivo interesse do exportador inicial, ou os parceiros envolvidos num contrato de «buy-back» prolongarem as relações comerciais para além do período contratualmente previsto[264], constituindo nesta medida o embrião duma duradoura cooperação, implicando amiúde co-produção e especialiação[265].

Conclusão.

Não é possível, na generalidade, considerar a cooperação industrial inerente aos contratos de «buy-back», apenas a análise da vontade das partes caso a caso o autorizará: alguns contratos de cooperação são contratos de *countertrade*, alguns contratos de *countertrade* («buy-back») são contratos de cooperação, outros não. Contudo, quando a transferência de tecnologia opera através dum «contrato produto na mão» ou duma «joint--venture» de produção/comercialização, ou ainda quando as partes prolongam as relações para além do período contratualmente previsto (o que sucede amiúde), o fim comum realiza-se e nesta medida são uma forma de cooperação industrial.

---

[262] Neste caso, de acordo com a ECE/ONU, não se trata de cooperação industrial – cfr. ECE/ONU, *Guide... de contrats internationaux de cooperation industrielle*, op. cit., n.º 9.

[263] Assim L. VALLE, op. cit., pág. 1222.

[264] Cfr. DE BARI, op. cit., pág. 8.

[265] Neste sentido RAJSKI, op. cit., pág. 134 -5.

168 *Dos Contratos de Contrapartidas no Comércio internacional* («countertrade»)

4.3. «Buy-back» e investimento internacional.

Apesar das legislações nacionais consagrarem um determinado regime jurídico de investimento estrangeiro[266] e de terem sido concluídas várias Convenções bilaterais[267] e multilaterais[268], não existe um conceito jurídico de investimento internacional unívoco e definitivo expresso num texto de Direito Internacional: é essencialmente a propósito da circulação internacional de capitais – que tal como a circulação internacional de pessoas (estabelecimento) se encontra intimamente ligada aos investimentos internacionais[269] – que se encontram algumas referências: o texto do FMI pre-

---

[266] Em regra a legislação preocupa-se em delimitar a noção de investimento estrangeiro face ao nacional (geralmente a internacionalidade resulta do critério da residência), apresentando por vezes uma noção e exemplos, regulando a admissão (fixando os sectores da actividade económica vedados ao investimento estrangeiro e por vezes criando incentivos) e o tratamento (constituição e liquidação). A nível mundial é possível reconhecer duas tendências distintas: a dos países em vias de desenvolvimento e a dos países desenvolvidos; no primeiro caso uma vez que se trata antes de países receptores do que investidores é adoptado um sistema de declaração prévia discriminatório sujeito ao interesse nacional; no segundo caso um sistema de mera declaração, para fins estatísticos – cfr. ANTÓNIO CARLOS SANTOS e outros, op. cit., pág. 277-278. FEUER/CASSAN, op. cit., pág. 244 e ss. propõem uma tipologia das legislações/regulamentações nacionais sobre investimento estrangeiro, distinguindo três categorias: regimes de incitação, regimes de dissuação e regimes intermédios; CARREAU/JUILLARD, *DIE* (1998), op. cit., pág. 473 e ss., distinguem regimes de incitação, dissuação e de controlo. Sobre as várias legislações nacionais em matéria de investimento estrangeiro v. FRIGANI, *Il contratto internazionale*, op. cit., pág. 45 e ss. Sobre o regime jurídico do investimento estrangeiro em Portugal v. Dec. Lei n.º 321 /95, de 28.11 e Dec. Reg. n.º 2/96, de 16.05.

[267] O objectivo destas Convenções bilaterais ("BIT's"), concluídas desde os anos 70 num número superior a 330 – cfr. HOUTTE, op. cit., pág. 228 – incidia sobretudo na protecção a conceder aos investimentos internacionais. Por vezes o conceito de investimento internacional apresentado é demasiado amplo: "todo o bem, material ou imaterial, mobiliário ou imobiliário, todo o crédito detido por uma pessoa singular ou colectiva que se encontram em território dum estado estrangeiro" – cfr. TOUCOZ, *Direito Internacional*, op. cit., pág. 323. A França concluiu até ao final dos anos 80 mais de trinta convenções bilaterais – cfr. JUILLARD, «Les conventions bilatérales d'investissements conclues par la France», DPCI (1987), pág. 579; SALEM, «Le développement de la protetion conventionelle des investissements étrangers», Clunet (1986), pág. 579. Portugal também concluiu várias convenções bilaterais, entre outras: Acordo para a promoção e a protecção recíproca de investimentos entre o Governo da República Portuguesa e o Governo da República Federativa do Brasil – DL n.º 24/94 de 10.08.

[268] Neste sentido o recente Acordo Multilateral sobre Investimento (AMI), no âmbito da OCDE, entretanto suspenso.

[269] Cfr. CARREAU/JUILLARD/FLORY, *DIE* (1990), op. cit., pág. 543.

ocupado sobretudo com os pagamentos internacionais[270] apenas se refere ao controlo de movimentos de capitais (artigo VI)[271]; tal como o "Código da liberalização dos movimentos de capitais" no âmbito da OCDE (artigo II--2.a)[272]; o Tratado de Roma (artigos 67.º a 73.º do TR; artigos 73B a 73H, após o Tratado de "Maastrich", e as Directivas Comunitárias[273])[274]. No âmbito do "Banco Mundial", nem o Acordo relativo à SIF[275], nem a Convenção de Washington (1965) que criou o CIRDI[276], apresentam qualquer

---

[270] A liberdade de circulação internacional de capitais é um conceito mais amplo e exigente que o de pagamentos (correntes) internacionais. No âmbito do Direito Comunitário o Tribunal de Justiça teve ensejo de distinguir no "Acordão sobre o Caso Luigi e Carboni": enquanto os pagamentos correntes são transferências de divisas que constituem uma contraprestação no quadro de uma transacção subjacente, os movimentos de capitais ... são operações financeiras que visam essencialmente a colocação ou investimento do montante em causa e não a remuneração duma prestação.

[271] Porém, recentemente, o FMI (1997) revelou a intenção de alargar a sua competência à circulação internacional de capitais (projecto da 5.ª reforma) – cfr. TOUSCOZ, «Mondialisation ...», op. cit., pág. 639; CARREAU/JUILLARD, *DIE* (1998), op. cit., pág. 567.

[272] OCDE, *Code de la Libération des mouvements de capitaux* [OECD/C(61) 96], de 12.12.61 e sucessivas alterações. V. versão de 1997.

[273] Tratava-se das quatro directivas comunitárias sobre a liberdade de circulação de capitais, que apresentavam um conceito de investimento directo, a saber: 1.ª Directiva (/CEE) de 12.71960; 2.ª Directiva (63/21/CEE) de 1963; 3.ª Directiva (86/566/CEE) de 1986; 4.ª Directiva (88/361/CEE) de 1988, revogadas com a entrada em vigor do artigo 73.º B, terminada a 1.ª fase de realização da União Económica e Monetária (1993).

[274] Actualmente, após as alterações provocadas pelo Tratado de Amesterdão, artigos 56.º a 60.º Já o artigo 57.º se refere a investimento directo, "incluindo o investimento imobiliário, estabelecimento, prestação de serviços financeiros ou admissão de valores mobiliários em mercados de capitais".

[275] Sociedade Financeira Internacional criada em 1957 no âmbito do "Banco Mundial" – v. tradução do Acordo em anexo ao Dec.-lei n.º 46976, de 27.04.66 – cujo principal objecto é o financiamento de investimentos privados nos territórios dos Estados membros.

[276] V. a respectiva tradução no Dec. do Gov. n.º 15/84, de 3 de Abril, relativo à adesão de Portugal. A Convenção optou por não definir investimento internacional – sobre as causas desta opção v. KOVAR, op. cit., pág. 33 e ss. – o que terá que ser interpretado no sentido de que esta competência é atribuída aos tribunais arbitrais, aos quais caberá decidir quais as operações que constituem ou não um investimento internacional – neste sentido KOVAR, op. cit., pág. 35; CARREAU/JUILLARD, *DIE* (1998), op. cit., pág. 399. Segundo alguns autores trata-se aqui dum conceito amplo de investimento internacional, ultrapassando o conceito "clássico", incluindo contratos de realização de complexos industriais envolvendo transferências internacionais de tecnologia (contrato de gestão, contrato «chave na mão, contrato «produto na mão», contrato «mercado na mão»...) – cfr. LIMA PINHEIRO, op. cit., pág. 394.

170 *Dos Contratos de Contrapartidas no Comércio internacional («countertrade»)*

noção de investimento internacional; nem a Carta dos Direitos e Deveres Económicos dos Estados (artigo 2.2)[277]; nem o recente Acordo sobre as Medidas de Investimento relacionadas com o Comércio ("TRIMs")[278] no âmbito do GATT/OMC, compreendendo-se pois que o conceito elaborado a partir dos referidos textos seja essencialmente doutrinal e inspirado na economia[279].

Assim, um conceito "clássico"[280] considerava investimento internacional o estabelecimento de sucursais, filiais, a constituição de «joint-ventures», a tomada de participação no capital de sociedades já existentes, a criação de grupos de sociedades ... distinguindo investimento directo e indirecto[281] consoante se verificasse ou não o controlo da gestão da empresa (o que variaria de acordo com a legislação do país em causa)[282].

---

[277] Resolução 3281 (XXIX) da ONU de 12.12.74. Na verdade o contributo da Carta em relação ao conceito jurídico de investimento internacional é nulo, uma vez que subalterniza o Direito Internacional dos Investimentos ao regime jurídico nacional – v. CARREAU, «La Documentation Française», Março de 1985, op. cit., pág. 56.

[278] Apesar de consagrar o princípio do tratamento internacional e a liberdade de estabelecimento em matéria de investimentos internacionais indicando uma lista de TRIMs incompatíveis com o comércio, não é definido nem regulado o conceito de investimento internacional, o que aliás se compreende, pois este acordo faz parte do Anexo IA (acordos multilaterais sobre o comércio de mercadorias) limitando o seu campo de aplicação ao comércio de mercadorias (artigo 1) – sobre o Acordo TRIMs v. LUÍS MÁXIMO SANTOS, op. cit.; v. infra Cap. III, 2.3.

[279] Neste sentido CARREAU/FLORY/JUILLLARD, *DIE* (1990), op. cit., pág. 560, consideram elementos constitutivos do investimento internacional a entrada (em espécie ou "in natura"), o tempo (médio ou longo prazo) e o risco associado aos lucros ou prejuízos. De salientar que estes critérios foram recentemente reiterados a propósito da interpretação da noção de investimento internacional adoptada pelo projecto AMI (1998), no âmbito da OCDE. O carácter internacional do investimento baseia-se no critério da nacionalidade (assim na Convenção de Washington que criou o CIRDI; convenções bilaterais de promoção e protecção do investimento) ou da residência (assim na Convenção de Seul que constituiu a MIGA; OCDE, *Code de la libération des mouvements de capitaux*).

[280] Cfr. SHAPIRA/LEBEN, op. cit., pág. 112.

[281] Cfr. CARREAU e outros, *DIE* (1990), op. cit., pág. 565; SCHAPIRA/LEBEN, op. cit., pág. 111-112. O conceito de investimento directo estrangeiro (IDE) foi objecto de definições por parte do FMI e da OCDE, essencialmente para fins estatísticos (registo na balança de pagamentos): no "Manual da Balança de Pagamentos", publicado pelo FMI (4.ª edição), encontra-se uma noção de investimento directo estrangeiro: "... todo o investimento efectuado para adquirir direitos duráveis sobre uma empresa em actividade num país diferente do investidor e tendo como objectivo participar na gestão da referida empresa"; a OCDE nas suas publicações periódicas refere-se frequentemente ao investimento directo estrangeiro, nomeadamente para fins estatísticos: "... qualquer pessoa física, qualquer

Mais recentemente, nas últimas décadas, surgiram novas formas de transferência internacional de tecnologia que ultrapassavam a constituição e a participação no capital de sociedades (investimento directo e indirecto)[283], tais como a realização de complexos industriais (contrato de «gestão», contrato «chave na mão», contrato «produto na mão», contrato «mercado na mão»...), transferência internacional de tecnologia através da licença/cessão de direitos da propriedade industrial, «know how», assistência técnica, formação de pessoal técnico, contratos de locação-exploração («leasing-operating»)[284], contrato de «franchising»[285], «contrats de service», «contrats de partage de production», subcontratação internacional ... ou ainda a combinação da participação no capital com as novas formas de investimento[286].

Estas novas modalidades de investimento foram acolhidas pela Convenção de Seul (1985) que criou a MIGA[287], que para além das participações no capital (investimento directo ou indirecto), inclui na categoria dos investimentos elegíveis os empréstimos a médio e longo prazo, o investimento directo sem participação no capital (artigo 12.a)[288] e ainda outras

---

empresa pública ou privada, qualquer governo, qualquer grupo de pessoas ligadas entre si, é um investidor estrangeiro se possui, ele próprio, uma empresa de investimento directo, isto é, uma filial, uma sociedade afiliada ou uma sucursal, que faz operações num país diferente do da residência do investidor ou dos investidores directos." Também o Código da liberalização dos movimentos de capitais (OCDE) apresenta no artigo II.a) um conceito de investimento directo estrangeiro.

[282] Por exemplo em França é fixada uma percentagem de 20% – cfr. Decreto n.º 90--58 de 15.01.9. Em Portugal – Dec.-Lei n.º 321/95, de 28 de Novembro – a noção de investimento estrangeiro, quando se refere a subscrição ou aquisição de participações sociais no capital de sociedades por acções exige 20% para as pessoas colectivas e 10% para as participações individuais (art. 4.º). No entanto, vários autores, na esteira da OCDE, consideram bastante uma participação superior a 10% – cfr. RAPOSO DE MEDEIROS, *Economia Internacional*, ICSP, Lisboa, 2000, pág. 565.

[283] Tratava-se de transferências internacionais de tecnologia sem investimento directo (na acepção tradicional) – neste sentido MARQUES DOS SANTOS, op. cit., pág. 188 e 194.

[284] V. supra Cap. I, Secção I, 2.4. sobre o o «lease buy-back», «BOT», «BOOT» e «BOO» e neste capítulo 4.1.1. sobre os contratos de «réhabilitation d'un bien ancien» e «exploitation d'un bien réhabilité».

[285] V. sobre o contrato internacional de «franchising» NUNO RUIZ, op. cit.

[286] V. sobre as novas formas de investimento que surgiram a partir dos anos setenta OCDE, *Investissement international et entreprises multinationales*, op. cit, pág. 27.

[287] Portugal tornou-se membro da MIGA desde 1988 – v. tradução oficial da Convenção anexa à Resolução da A.R. n.º 12-A/88, de 20.05 (DR, 1.ª Série, 26.05).

[288] Cfr. JUILLARD, «Investissements», AFDI, XXXII, 1986, op. cit., pág. 627 e ss.;

172   *Dos Contratos de Contrapartidas no Comércio internacional («countertrade»)*

formas autorizadas pelo Conselho de Administração (artigo 12.b)[289] alargando, por conseguinte, o conceito de investimento internacional.

Na maior parte dos casos a instalação do equipamento e a transmissão de tecnologia implica a permanência do investidor estrangeiro no país local durante alguns anos (médio ou longo prazo), até que a unidade industrial esteja em condições de entrar em funcionamento ou de produzir – conforme o acordado no contrato de transferência de tecnologia – e até a participação no capital[290], aguardando por conseguinte, o investidor vários anos até obter a remuneração do investimento na forma de produtos fabricados com a tecnologia importada[291]. Mas muitas vezes a transferência de tecnologia não implicava a participação no capital; então se algumas dúvidas eram suscitadas nestes casos ao pretender associar o «buy-back» ao conceito tradicional de investimento, já não têm sentido face ao novo conceito de investimento internacional[292].

CARREAU/FLORY/JUILLARD, *DIE* (1990), op. cit., pág. 571. Assim, para além do investimento directo com participação no capital ("equity invesments") consideram-se os <u>investimentos directos sem participação no capital ("non equity investments")</u>. Note-se que o artigo 12. deverá ser interpretado em conjunto com os comentários à Convenção; assim, considerando o § 19: "... não importa que o investimento seja em capitais ou in natura (entrada em equipamento, serviços, técnicas ou tecnologia)... contratos de serviços ou de gestão, e os contratos de «franchising», licença e de partilha da produção que fazem depender a remuneração do investidor dos resultados de exploração da empresa...". Os investimentos directos sem participação no capital previstos nas "Operational regulations" são: contratos de partilha da produção, contratos de partilha de benefícios, contrato de «gestão», franquia, licença, «chave na mão», contrato locação-exploração («operating-leasing»), obrigações subordinadas («subordinated detentures»), todas as outras formas de investimento directo sem participação no capital em que o investidor seja remunerado em função dos resultados de exploração da empresa e, ainda, as garantias constítuidas em cobertura dum empréstimo, desde que superior a três anos.

[289] As novas formas de investimento que não sejam consideradas "investimento directo" no âmbito do artigo 12.a), isto é; que não correspondam à noção de investimento em capital, nem à definição de investimento sem capital. De qualquer forma são excluídos os investimentos inferiores a três anos (curto prazo), aqueles que não compreendam entradas em activos e os empréstimos comerciais. Por exemplo, a simples venda de equipamento ou máquinas poderá ou não ser considerada uma forma de investimento internacional pela Agência – cfr. CARREAU/JUILLARD, *DIE* (1998), op. cit., pág. 405.

[290] Como, por exemplo, no «buy-back» na forma de «joint-venture» de investimento – v. supra 4.2.1. «buy-back» e «joint-venture».

[291] Na realidade, o «buy-back» é considerado pelas empresas exportadoras de tecnologia, na maior parte dos casos uma forma de investimento directo estrangeiro (IDE) – cfr. S. LINN/CLARK SITH, op. cit., pág. 10.11.

[292] Regulamento de aplicação da MIGA que se refere aos contratos de partilha da

4.4. Conclusão.

Ao contrário do «barter», do «counterpurchase» e do «offset» indirecto, no «buy-back» verifica-se uma relação directa entre a exportação e as contrapartidas, sendo os produtos objecto das contrapartidas fabricados através da tecnologia exportada.

No «buy-back», ao contrário do «counterpurchase», o não cumprimento do contrato principal (transferência de tecnologia) afecta sempre o cumprimento do contrato de contrapartidas (recompra), que se torna impossível de executar, o que é uma consequência da relação directa entre a exportação e as contrapartidas, determinando do ponto de vista jurídico uma dependência unilateral do contrato de «buy-back» em relação ao contrato de transferência de tecnologia.

Tal dependência unilateral possibilita que em caso problemas com o contrato de «buy-back» o contrato de transferência de tecnologia não seja afectado, pelo que deve ser afastada quer a opção do contrato único (ao contrário do que sugere o Guia da ECE/ONU e alguns autores), quer a dependência unilateral do contrato de transferência de tecnologia em relação ao contrato de «buy-back».

Assim se compreenderá que numa operação de «buy-back» a estrutura contratual adoptada integre vários instrumentos contratuais, assim se distinguindo do «barter» e da «compensation»: um contrato internacional de transferência de tecnologia e um contrato de «buy-back» (sentido estrito), sendo aconselhável um contrato de ligação («protocol agreement»), esclarecendo a relação entre os dois contratos – dependência unilateral do contrato «buy-back» em relação ao contrato de transferência de tecnologia.

No silêncio das partes, a relação entre os dois contratos (transferência internacional de tecnologia e «buy-back») deve ser interpretada de acordo com o objectivo económico da operação, o que não apresenta difi-

---

produção, nos quais o investidor contribui para a constituição do investimento com uma entrada, beneficiando duma remuneração que é função, no essencial, duma percentagem da produção ... nomeadamente as fórmulas que permitem ao investidor recomprar uma percentagem da produção a preço determinável ou determinado – cfr. JUILLARD, «Investissements», AFDI (1986), op. cit., pág. 633. Entre estas fórmulas deve compreender-se o «buy-back». FEUER/CASSAN, op. cit., pág. 282 e ss., não obstante reconhecerem a variedade da terminologia referem os «contrats de service» e de «partage de production», frequentes no domínio da exploração dos recursos naturais dos PVD: enquanto nos primeiros o investidor estrangeiro é remunerado pelo direito de comprar uma quantidade da produção a um preço inferior ao de mercado, nos segundos o investidor estrangeiro é remunerado com uma parte da produção.

174 *Dos Contratos de Contrapartidas no Comércio internacional («countertrade»)*

culdades de maior, dada a relação directa entre as contrapartidas e a exportação principal.

SUBSECÇÃO III
RELAÇÃO DIRECTA E INDIRECTA ENTRE AS CONTRAPARTIDAS E A EXPORTAÇÃO PRINCIPAL

5. Tal como tem vindo a suceder com vários países Portugal dispõe, desde 1987, de legislação específica sobre contratos de *countertrade*: trata-se do Despacho Conjunto dos Ministros da Defesa Nacional e da Indústria e Comércio de 22 de Maio de 1987 (publicado no D.R., II Série, de 2-6-87)[293], entretanto revogado pelo Despacho Conjunto n.º 341/99 de 8 de Abril, dos Ministros da Defesa Nacional e da Economia.

O preâmbulo do Despacho Conjunto refere que foi objectivo do Programa do Governo:

"... assegurar nos casos em que se justifique, contrapartidas nas aquisições externas de bens de equipamento geridas pelo sector público alargado (...) Entre tais aquisições assumem particular relevância, seja pelos montantes envolvidos, seja porque no mercado se tem vindo a generalizar a prática de contrapartidas, as que se destinam ao equipamento dos três ramos

---

[293] No nosso país, porém, o assunto já tenha sido objecto de vários diplomas legais; assim:

– Em 1979, a Resolução n.º 232/79 (publicada a 3-8-79, DR – II Série) criava um grupo de trabalho interministerial sob a dependência do Ministro do Comércio e Turismo a fim de estudar a oportunidade do *countertrade* em relação ao nosso país e, eventualmente, criar um quadro legislativo próprio.

– Em 1979, o Despacho do Ministério dos Transportes e Comunicações n.º 266/79 publicado a 12-12-79, DR – II Série), tratava o tema em relação às empresas do sector público de transportes e comunicações (aquisições de vulto e respectiva negociação das contrapartidas), prevendo a apreciação por uma comissão interministerial.

– Em 1981, o Despacho Conjunto dos Ministros do Comércio e Turismo, Indústria e Energia e dos Transportes e Comunicações de 22//1/81, criou uma comissão interministerial que deveria auxiliar a A.N.A. a negociar com a "SIGNAAL" holandesa o fornecimento de equipamento de controlo de tráfego aéreo para a A.N.A., E.P. Por novo Despacho Conjunto dos Ministros das Finanças, Indústria e Energia, Habitação e Obras Públicas (publicado no DR-II.ª Série, de 19-1-83) foi criada uma comissão para a execução do contrato de *countertrade* que se tinha negociado. Eventualmente, outros casos pontuais foram negociados até 1987, nomeadamente a importação de aviões "Lockheed" para a "TAP-AIR PORTUGAL" – cfr. "Exportar", n.º 19 (Maio/Julho), op. cit., pág. 73.

das Forças Armadas, nomeadamente em sistemas de defesa". Assim, tendo em vista a realização deste tipo de operações, vem o presente despacho a estabelecer o quadro jurídico a que deverá obedecer "... na generalidade dos casos futuros, a negociação, a formalização e o controle da execução dos contratos de contrapartidas..." para aquisições das Forças Armadas "... que impliquem um dispêndio de divisas que exceda o contravalor de 3 milhões de ecus[294]...".

5.1. «Offset».

Da análise do diploma resulta que o legislador empregou a terminologia «contratos de contrapartidas». Assim, poderia tal pretender significar que entre as figuras contratuais mais comuns do *countertrade* teria elegido o contrato de contrapartidas (sentido estrito)[295], excluindo outras figuras contratuais, nomeadamente as que relevam do *countertrade* industrial[296]. Contudo, a leitura mais atenta do diploma não confirma esta interpretação: o legislador português terá feito uso da expressão «contratos de contrapartida» atribuindo-lhe o sentido duma figura contratual genérica, permitindo abranger os vários modelos contratuais que foram discriminados no âmbito do *countertrade*[297], abrangendo não só as figuras contratuais decorrentes das contrapartidas comerciais como as decorrentes das contrapartidas industriais.

Nas várias alíneas do n.º 5 do referido Despacho encontram-se referências a diversos tipos de operações que podem configurar os contratos que neste estudo têm sido designados por «compensation», «counterpurchase», «contrapartidas», «buy-back», «offset», a saber:

– *a)*"Aquisição em Portugal de bens ou serviços destinados a exportação..."
– *b)*"Investimentos directos estrangeiros em Portugal";
– *c)*"Exportações resultantes daqueles investimentos...";
– *d)*"Transferências de tecnologia...";
– *e)*"Acções de cooperação nas áreas da indústria ou dos serviços...";
– *f)*"Acções de carácter promocional à exportação de bens ou serviços nacionais";

---

[294] Aproximadamente 540.000.000$00 escudos (em 1987). Este montante foi alterado para 5 milhões de euros – cfr. Despacho Conjunto n.º 341/99 de 8.04.

[295] Ver supra Capítulo I, Secção I sobre o contrato de contrapartidas (sentido estrito), enquanto figura relevante no âmbito da *countertrade* comercial.

[296] V. supra Cap. I, Secção II.

[297] V. supra Capítulo I, sistematização do *countertrade*.

– g)"Apoios directos à promoção de oportunidades identificadas de venda de bens ou serviços nacionais".

Significa o n.° 5 do Despacho Conjunto que as contrapartidas poderão ser negociadas com recurso a várias das formas contratuais oportunamente analisadas, ou mesmo combinar várias delas, senão todas, como, aliás, é prática corrente no «offset», que se julga corresponder à eleição do legislador, tanto mais que o preâmbulo do diploma invoca expressamente a generalização no mercado desta prática em matéria de importação de equipamento de defesa[298], referência oportuna a outros países que adoptaram oficialmente o modelo do «offset» ou que realizam operações deste tipo[299]...

Na verdade pode-se constatar que as operações previstas no n.° 5 cabem tanto no quadro das possibilidades do «offset» directo[300] como indirecto[301]: contrapartidas directamente relacionadas com o equipamento importado e (ou) com a tecnologia transmitida (fabricação nacional de componentes do material importado) – operações mencionadas nas alíneas c) e d) – ou contrapartidas sem relação directa com o equipamento e (ou) tecnologia importada – operações mencionadas nas alíneas a)-b)-e)-f)-g) – ou ainda do «offsett» misto[302].

Apenas a consideração isolada de alguma das operações mencionadas nas várias alíneas do n.° 5. poderia remeter para o «buy-back» ("exportações resultantes daqueles investimentos", alínea c-) ou para o «counterpurchase» (alínea a- "aquisição em Portugal de bens ou serviços destinados a exportação"), que, aliás, não são incompatíveis com o «offset», antes se podem integrar no quadro do «offset»[303].

---

[298] V. supra Capítulo I, a propósito da opção pelo «offset» em matéria de aquisição de material de defesa.

[299] Cumpre registar a semelhança da legislação portuguesa sobre *countertrade* com a Austrália, a da Nova Zelândia, Canadá e Grécia, que também impõem acordos de «offset» para as compras do sector público prevendo idêntico tipo de contrapartidas (directas e indirectas) – cfr. «Countertrade: some guidance for exporters», 1987, publicado pelo "Project and Export Division of the Department of Trade and Industry"; Relatório do Secretário Geral da UNCITRAL, Junho, 2, 1989 (Ret. CN. 9/322); MOATTI, op. cit., pág. 25.

[300] V. supra Capítulo I, Secção I, sobre o «offset» directo.

[301] V. supra Capítulo I, Secção I, sobre o «offset» indirecto.

[302] V. supra Capítulo I, Secção I, sobre o «offset» misto.

[303] Cfr. UNCITRAL, *Legal Guide*..., op. cit., pág. 96; CEDRIC GUYOT, op. cit., pág. 780. V. supra Capítulo II, Secção II, Subsecção II, a propósito da distinção entre «buy-back» e «offset», em relação à possibilidade de integração do «buy-back» no «offset».

«Offset» (misto)	directo – transferência de tecnologia (lic. de direitos da prop. industrial, «know-how», subcontratação, co-produção, «joint-ventures»), investimento estrangeiro, «buy-back» (produtos directamente relacionados)
	indirecto – «counterpurchase», emprego, formação de pessoal técnico especializado local (produtos não directamente relacionados)

A fórmula do «offset» é, pois, susceptível de abranger uma variedade de operações como o «buy-back»[304] e o «counterpurchase», combinando as vantagens do *countertrade* comercial e industrial e foi esta a opção do legislador português, que tem proporcionado a celebração de vários contratos de acordo com o quadro indicado[305].

Pela via do «offset» a economia portuguesa obtém equipamento e tecnologia de ponta para as Forças Armadas[306], valorizando o nível tecno-

---

[304] Considerando o «buy-back» uma variante do «offset» TEULON, op. cit., pág. 50.

[305] No âmbito do contrato de contrapartidas relativo à aquisição das fragatas "Meko", foram exportados por Portugal artigos como louça de cobre, granito em obra, autocarros montados no país, serviços de construção naval pelos estaleiros de Viana do Castelo, no valor de 420 milhões de marcos; no âmbito do contrato celebrado com a "Signaalapparaten, B.V." a transferência de tecnologia necessária à criação de uma "software house" e a criação na fábrica de Ovar da "Philips portuguesa", de uma nova linha de fabrico de produtos destinados à exportação, cabendo à "Tradingpor" a promoção das exportações. No âmbito do contrato com a "Westland", fornecedora dos helicópteros "Black Hank" e "Lynk", foi negociada a inclusão de instrumentos de navegação aérea de fabrico português como componentes estandardizados – cfr. "Exportar", n.º 19 (Maio/ /Junho) 1991, op. cit., pág. 73.

[306] Ver a propósito da celebração de contratos de contrapartidas o Despacho conjunto dos Ministros da Defesa Nacional, da Indústria e Energia e do Comércio e Turismo, de 25-8-88, relativo ao contrato de fornecimento do sistema de comando e controle das fragatas "Meko", entre a República Portuguesa e a empresa "Hollandse Signaalapparaten", B.V., publicado no D.R., II.ª Série, n.º 210, de 10-9-88; o Despacho Conjunto dos Ministros da Defesa Nacional e do Comércio e Turismo, de 14-11-88, publicado no D.R., II.ª Série, n.º 28/ de 6-12-1988.

Posteriormente, já na década de noventa, a aquisição de aviões caça-bombardeiros "F-17" destinados a equipar a Força Aérea Portuguesa, foi objecto de contrapartidas (parciais), sendo também contratado um empréstimo externo. Sobre esta operação v. COSTA SANTOS, «Sobre a locação ...», op. cit., pág. 587.

Em 1999 encontravam-se em curso negociações com a "Sikorsky" (EUA) e a

178 *Dos Contratos de Contrapartidas no Comércio internacional* («countertrade»)

lógico da "indústria nacional de defesa", proporcionando a auto-suficiência tecnológica (v. preâmbulo do diploma) e valor acrescentado nacional, a promoção do investimento directo estrangeiro (v. n.º 5. *b*) e a cooperação industrial (transferências de tecnologia, criação de «joint ventures» com empresas portuguesas, contratos de co-produção, subcontratação de empresas portuguesas[307] – "indústria horizontal"), logrando reduzir custos das compras efectuadas e além disso cumprir objectivos de política socio--económica, como a criação de emprego, objectivos comuns ao importador nos contratos de «offset»[308].

"Canadian Aerospace Group (CASG)" para o fornecimento de 12 helicópteros "S-92" e 50 aviões de treino "Monitor Jet" à FAP, sendo previstas contrapartidas envolvendo transferência de tecnologia, co-produção e assistência técnica (OGMA). Os programas de contrapartidas em negociação incidiam sobre construção e reparação naval, componentes para a indústria automóvel, moldes de injecção e tecnologias da informação e comunicação – cfr. PALMA FÉRIA, op. cit., pág. 15. É de crer que, no âmbito das "leis de programação militar", o apetrechamento e modernização das Forças Armadas em curso nos próximos anos continue a exigir contrapartidas.

[307] Trata-se de subcontratação de "compensação" ou "compensação" através de integração local – de acordo com a tipologia económica da subcontratação internacional apresentada por M. M. LEITÃO MARQUES, op. cit., pág. 176-7 – exigindo à empresa estrangeira que o produto final seja fabricado em parte por empresas locais ou integre componentes fabricados por estas.

[308] Tem sido vulgar a referência expressa a contrapartidas directas e contrapartidas indirectas; as primeiras respeitaram à celebração de contratos com as indústrias de defesa (aquisição de produtos, transferência de tecnologia, incluindo «know-how» e formação de pessoal técnico especializado, subcontratação de estabelecimentos fabris sob a tutela de M.D.N. (O.G.F.M., O.G.M.A.) ou privadas, que, no entanto, fabriquem material na área da Defesa (fabrico de instrumentos de navegação aérea, pára-quedas...) com o intuito de promover a valorização do nível tecnológico das ditas unidades. No âmbito das contrapartidas indirectas verificaram-se exportações de bens/serviços, subcontratação de empresas portuguesas em contratos fora de Portugal, transferência de tecnologia, investimento directo estrangeiro em Portugal. Mais recentemente a tónica incide sobre as contrapartidas para a indústria automóvel portuguesa – v. PALMA FÉRIA, «As contrapartidas das aquisições militares ...», op. cit. Sobre a relevancia da subcontratação internacional em Portugal v. M.M. LEITÃO MARQUES, op. cit., pág. 175 e ss.

Os objectivos do já extinto Instituto do Comércio Externo de Portugal (ICEP) – actualmente Investimentos, Comércio e Turismo de Portugal (ICEP) – a quem cabia a coordenação e a negociação destes contratos, foram o desenvolvimento das exportações nacionais, de novas correntes de exportação, de novos mercados, privilegiando os produtos com elevado valor acrescentado nacional. Para além da subcontratação, nos casos em que é a única via de acesso ao mercado, tem-se incrementado a constituição de «joint-ventures» com empresas portuguesas, tendo em vista o desenvolvimento tecnológico, o «mar-

À luz destas considerações melhor se compreende a referência às operações previstas na legislação portuguesa sobre contratos de «contrapartidas» no n.º 5 do Despacho e que evidenciam a inspiração do legislador português pelo modelo contratual do «offset», à semelhança do que sucedeu com outros países da OCDE (Austrália, Canadá e países da União Europeia...). Tal orientação foi repetida pelo Despacho Conjunto n.º 341/99, de 8 de Abril, que revogou o anterior, estabelecendo o novo regime jurídico de contrapartidas – de acordo com o Decreto-Lei n.º 33/99, de 5 de Fevereiro, que aprova o novo regime jurídico das aquisições no domínio da defesa[309] – cujas principais novidades consistiram na apresentação dum conceito de contrapartidas (n.º 2)[310], na criação duma Comissão Permanente de Contrapartidas[311], na actualização do montante das aquisições que exigirão contrapartidas (5 milhões de euros) e a possibilidade de recurso a outros métodos de negociação[312], bem como a implementação de um banco de créditos de contrapartidas.

---

keting» e a gestão. Para maiores desenvolvimentos v. "Exportar", n.º 21 (Dez. 1991), op. cit., pág. 75. Sobre os efeitos directos e indirectos do «offset» no país importador v. PALMA FÉRIA, *As contrapartidas das aquisições militares instrumento de desenvolvimento económico*, op. cit., pág. 11-13.

[309] Ultrapassando a ausência de regras específicas – os contratos relativos a material de guerra não estão sujeitos às regras constantes das Directivas n.º 93/36/CEE, do Conselho, de 14.06 e 92/50/CEE, do Conselho, de 18.06 – e a consequente criação de regimes casuísticos, pretendeu este diploma sujeitar as aquisições no domínio da defesa a uma regra de tipicidade dos procedimentos pré-contratuais – regime geral de realização de despesas públicas e contratação de bens e serviços ou o procedimento regulado neste diploma – admitindo, contudo, excepções (ajuste directo) por motivos de segurança.

[310] Aliás, de reduzido interesse jurídico, uma vez que se trata antes de um conceito económico. A noção apresentada no n.º 2.º e 8.º resulta do desenvolvimento da referência constante do preâmbulo do Dec. lei n.º 33/99, de 5 de Fevereiro e do artigo 7.º, n.º 2 do mesmo diploma.

[311] A recente Comissão Permanente de Contrapartidas a que se refere o n.º 3 do art. 8.º do Dec.-Lei n.º 33/99, de 5 de Fevereiro, criada pelo Despacho Conjunto n.º 341/99, de 8 de Abril, publicado no DR, II.ª Série, de 21 de Abril de 1999 (que revogou o Despacho Conjunto dos Ministros da Defesa Nacional e da Indústria e do Comércio, de 22.05.87), foi constituida pelo Despacho Conjunto dos ministros da Defesa e da Economia n.º 719/99, de 9 de Agosto. A Comissão tem as atribuições fixadas no n.º 12 do Despacho Conjunto n.º 341/99, tendo o respectivo regulamento interno sido aprovado pelo Despacho Conjunto n.º 733/2000, de 29.06, publicado no DR-II Série, de 18.07.

[312] O novo quadro jurídico das contrapartidas – n.º 3 do Despacho Conjunto dos Ministros da Defesa Nacional e da Economia n.º 341/99 – autoriza a dispensa de cláusulas de contrapartidas em contratos de aquisição de equipamento de defesa, mediante Despacho conjunto dos ministros da Defesa Nacional e da Economia. As mais recentes

180 *Dos Contratos de Contrapartidas no Comércio internacional («countertrade»)*

Muito embora a maior parte dos contratos de contrapartidas negociados com entidades portuguesas se refira à aquisição de equipamento de defesa, tal não excluiu a conclusão de contratos noutros domínios, fora do quadro jurídico referido[313].

5.2. Estrutura contratual.

Nalguns países o «offset» assume um carácter informal; noutros é imposto nas compras do sector público ao estrangeiro e obedece a um quadro legal previamente definido, tal como sucede no caso português[314].

---

orientações em matéria de aquisição de equipamento de defesa militar (submarinos) vão no sentido de recorrer a contratos de locação financeira («leasing») e de locação operacional («operate») – cfr. Lei n.° 46/98 de 7 de Agosto (Lei quadro das leis de programação militar), com as alterações constantes da Lei Orgânica n.° 2/99, de 3 de Agosto. Sobre o «leasing» em matéria de equipamento militar v. Costa Santos, «Sobre o leasing ...», op. cit.

[313] Por exemplo, contrato concluído em 1987 entre a "PETROGAL e a República Popular de Angola – cfr. "Exportar", op. cit., n.° 21 (Dez.), 1991, pág. 79. Ainda antes, o acordo celebrado entre o Estado português, o IPE e a "Régie Renault" – Res. CM n.° 160/79, de 24.05 e Res. CM n.° 45A/80, de 11.2 (contrato de investimento)— contempla obrigações de contrapartidas assumidas pela "Régie" face ao Estado português: investimento estrangeiro, formação de «joint-ventures», fomento da indústria horizontal portuguesa, nomeadamente através da subcontratação de empresas nacionais. De acordo com uma tipologia económica da subcontratação internacional, Maria M. Leitão Marques, op. cit., pág. 176-7, considera-o um exemplo de subcontratação de "compensação", pois a subcontratação resultou duma imposição dos poderes públicos em troca de autorizações de importação concedidas a empresas estrangeiras estabelecidas no país. Sobre este acordo v. ainda Lima Pinheiro, op. cit., pág. 356-7 (nota 167).

[314] No caso português as aquisições no domínio da defesa que envolvam contrapartidas são sujeitas aos procedimentos previstos no Decreto-Lei n.° 33/99, de 5 de Fevereiro e às condições constantes do Despacho conjunto n.° 341/99, de 8 de Abril. Normalmente, o contrato de adjudicação é concluído após concurso público referente ao equipamento a adquirir e às contrapartidas propostas pelo adjudicatário de acordo com os termos de referência fixados pela CPC (âmbito, montante, produtos, prazos, penalidades, garantia e cauções ...), nos termos do n. 4.° do Despacho Conjunto n.° 341/99, de 8.04.

Sobre contratos administrativos/económicos v. A. Athayde, *Para a teoria do contrato administrativo...*, Lisboa, 1973; Marcello Caetano, *Manual de Direito Administrativo*, I vol., 1980, pág. 569 e ss.; Mário Esteves de Oliveira, *Direito Administrativo*, op. cit., pág. 632 e ss.; «Contrato administrativo», op. cit.; Sérvulo Correia, «O contrato administrativo», op. cit*.; Legalidade e autonomia contratual nos contratos administrativos*, op. cit., pág. 343 e ss.; L. Cabral Moncada, *Direito Económico*, op. cit., pág. 379 e ss.; A. Santos/M. Eduarda Gonçalves/Maria M. Leitão Marques, *Direito Económico*, op. cit., pág. 229 e ss. Sobre «contrato de Estado» v. supra neste capítulo – Introdução. Sobre o direito dos «mercados públicos» e respectiva evolução v. Laubadère, op. cit., pág. 380 e ss.; Lesguillons, op. cit., t. II.

Contratos Internacionais de Contrapartidas 181

Assim se compreende que termos de referência tais como o âmbito, montante, prazo, produtos, penalidades, garantias e cauções, valorização dos produtos exportados ... são da competência da Comissão Permanente de Contrapartidas (12.° b)[315] e deverão ser definidos previamente ao lançamento dos processos de aquisição – fase pré-contratual (4.°).

Quanto à estrutura contratual[316], a obrigação de «offset» poderá assim constar do contrato principal (importação do equipamento, transferência de tecnologia), mediante a respectiva inclusão numa cláusula específica, ou então ser objecto dum contrato distinto e separado contendo as referências indispensáveis às contrapartidas directas e indirectas (vendas de bens e serviços nacionais, investimento directo estrangeiro, transferência de tecnologia, I&D, subcontratação, co-produção, promoção de bens e serviços nacionais...)[317], ao montante global[318], ao prazo[319], entrada em vigor, preço, unidade de conta, força maior, sanções para o não cumprimento das obrigações de contrapartidas (penalidades), garantias bancárias, lei aplicável[320], arbitragem[321], língua ...

---

[315] A Comissão Permanente de Contrapartidas, a quem compete a definição, negociação, avaliação, contratualização e acompanhamento das contrapartidas, com as atribuições previstas no n.° 12 do Despacho Conjunto n.° 341/99.

[316] Quanto às diversas opções sobre a estrutura contratual e cláusulas v. L. VALLE, op. cit., pág. 1223; MOATTI, op. cit., pág. 26; ROWE, op. cit., pág. 111 e ss.

[317] Previstos nas alíneas i) a iv) do n.° 8 do Despacho conjunto n.° 341/99. Assim, celebrados entre uma pessoa colectiva de Direito Público (entidade adjudicante/Estado Português) e várias entidades estrangeiras, os contratos de contrapartidas "... deverão orientar-se para a promoção do desenvolvimento industrial do país, em particular de acções cujos efeitos directos e indirectos sobre a estrutura industrial sejam mais relevantes ...", nomeadamente os previstos nas alíneas i) a iv) do n. 8.° («joint-ventures», co-produção, subcontratação com empresas portuguesas, I&D, exportações, investimento estrangeiro ...).

[318] O montante das contrapartidas (taxa de «offset») deverá corresponder a 100%, igual ao valor, em divisas, das aquisições ao estrangeiro, incluindo revisão de preços (n. 6.° do Despacho conjunto n.° 341/99).

[319] Prazo de cumprimento: as obrigações previstas nos vários contratos não serão obrigatoriamente sincrónicas no tempo, porém, as contrapartidas deverão ser cumpridas no mesmo prazo do pagamento previsto para a aquisição ao estrangeiro (n. 6.° do Despacho n.° 341/99).

[320] Será, porventura o mais aconselhável considerando que o contrato de «offset» é um contrato distinto e separado do contrato de adjudicação – cfr. Regulamento interno da CPC, Anexo I-B (4). De notar que o contrato de «offset» (sentido restrito) no âmbito da operação de «offset», poderá revestir uma natureza jurídica diferente do contrato de importação do equipamento/tecnologia (contrato administrativo). Aliás, convirá ter presente a problemática jurídica do «contrato de Estado» – v. supra nota da Introdução deste capítulo sobre «Contrato de Estado».

[321] Em relação às obrigações de contrapartidas («offset») o recurso à arbitragem é

A concretização de cada uma das contrapartidas previstas implica a conclusão de contratos de execução específicos (venda, investimento estrangeiro, transferência de tecnologia, subcontratação, «joint-ventures»...)[322], cada um com regime jurídico próprio, unificados por uma "cláusula de indivisibilidade", que os torna solidários uns em relação aos outros[323].

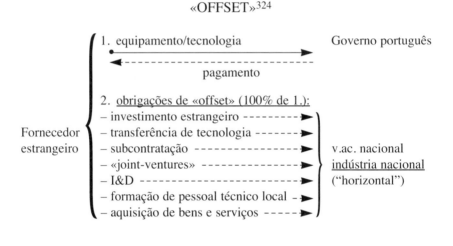

«OFFSET»[324]

Hipótese a considerar será a exportação do equipamento/tecnologia ter sido executada e as obrigações de «offset» não serem cumpridas em parte ou na totalidade: nesta situação é fundamental prever sanção adequada através duma cláusula sobre penalidades/indemnização por perdas e danos e as garantias bancárias correspondentes.

Neste sentido se compreende a preocupação do legislador português (n.º 13 do referido Despacho), determinando em caso de não cumprimento

---

expressamente admitido no n.º 14, como alternativa à lei portuguesa e aos tribunais portugueses, e caso seja aquela a escolhida pelas partes deverá acautelar-se nesta cláusula a indicação do tribunal arbitral (constituição, lugar, poder dos árbitros) e direito aplicável. Sobre a competência internacional dos tribunais portugueses e a reforma do Direito Processual Civil Internacional v. RUI MOURA RAMOS, *A reforma do Direito Processual Civil Internacional*, op. cit.

[322] Neste sentido L. VALLE, op. cit., pág. 1223. Parece ser esta a opção do legislador português no n.º 12.d) do Despacho conjunto n.º 341/99, de 8.04 e no Despacho conjunto n.º 733/2000, de 29.06, Anexo I-B (7).

[323] Neste sentido PRÉVISIANI, op. cit., pág. 222.

[324] 1.Contrato de aquisição do equipamento/tecnologia; 2.Contrato de «offset»; – contratos de execução das obrigações de «offset».

Contratos Internacionais de Contrapartidas

parcial ou total das obrigações contratuais de contrapartidas a perda da caução, ou ainda o "congelamento do pagamento parcial ou total do fornecimento ou a apresentação de garantias bancárias em *first demand*"[325], esclarecendo a relação de invisibilidade entre as várias obrigações de contrapartidas previstas no programa de «offset».

---

[325] As garantias bancárias simples encontram-se previstas na legislação portuguesa desde o Decreto-Lei n.° 48871 de 19-2-69, completado e actualizado pelo Decreto-Lei n.° 232/80 de 16-7-80, que muito embora referente às empreitadas e fornecimentos de obras públicas trata com minuciosidade as ditas garantias bancárias como prevendo a adequação dos vários tipos de garantia às correspondentes etapas da empreitada (garantia de concurso – art.° 62.° a 67.°, 89.° e 96.°, garantia de bom cumprimento do contrato – art. 97.° a 100.°; 136.°; 193.°; 200.°; 203.° e 204.°; garantia por pagamentos antecipados (abono) – art. 188.°; 189.° e 190.° e garantia de décimos retidos (reforço) – art. 186.°.

Na legislação portuguesa passada e presente é possível encontrar outras referências a garantias bancárias (garantias a favor dos tribunais, garantias a favor das finanças – antigo Cod. das C.I., actual Cod. de Processo Tributário, art. 282.°). Por vezes é usada a terminologia garantia bancária em lugar de fiança – apenas por se tratar de uma garantia prestada por um banco – como sucede com as fianças à Âlfandega. Porém, conforme refere FERRER CORREIA "... a garantia bancária simples não dista muito da fiança" (Cod. Civ. – art. 627.°; 632.°; 637.°; 638.° e 647.°).

Outro tanto não sucede com a garantia autónoma, independente, incondicional, imediata, à primeira solicitação/interpelação. A doutrina portuguesa não tem hesitado em admitir a validade das garantias autónomas face ao sistema jurídico português, não obstante ser referida a sua falta de previsão na lei portuguesa, invocando o princípio da liberdade contratual (art. 405.° do Cod. Civil) e por corresponder a interesses dignos de protecção legal (art. 398.°, n.° 2 do Cod. Civil). A figura tem sido objecto de vários estudos: V. SERRA, «Fiança e figuras análogas» (1957), op. cit.; FERRER CORREIA, «Notas para o estudo do contrato de garantia bancária», op. cit.; SIMÕES PATRÍCIO, «Preliminares sobre a garantia on first demand» (1983), op. cit.; JOSÉ REBELO MARTINS/ERNESTO OLIVEIRA FERREIRA, *Garantias bancárias* (1993), op. cit.; ALMEIDA COSTA/PINTO MONTEIRO, «Garantias bancárias – o contrato de garantia à primeira solicitação», 1986, op. cit.; GALVÃO TELLES, «Garantia bancária autónoma», 1991, op. cit.; GRAÇA MONTEIRO PRITCHARD, «Garantias bancárias autónomas», op. cit.; F. CORTEZ, «A garantia bancária autónoma – alguns problemas», 1992, op. cit.; JORGE DUARTE PINHEIRO, «Garantia bancária autónoma», 1992, op. cit.; MANUEL CASTELO BRANCO, «A garantia bancária autónoma no âmbito das garantias especiais das obrigações», 1993; A. MENEZES CORDEIRO, *Das cartas de conforto ...*, op. cit.; FÁTIMA GOMES, «Garantia bancária autónoma», DJ, vol. VIII, T.2, 1994; V. SOARES DA VEIGA, *Direito Bancário*, 1994, pág. 263 e ss; P. ROMANO MARTINEZ/P. FUZETA DA PONTE, *Garantias de cumprimento*, Coimbra, 1994; CALVÃO DA SILVA, «Garantias acessórias e garantias autónomas», in *Estudos de Direito Comercial*, op. cit., pág. 331 e ss.

Face ao sistema jurídico português, o problema da admissibilidade da garantia bancária consiste em averiguar se o princípio da liberdade contratual (art. 405.° do Cód. Civ.) sendo fundamento suficiente para a admissão do negócio abstracto como figura genérica poderá ser considerado suficiente, ou se será, ainda assim necessário existir uma norma legal que autorize o negócio abstracto que, aliás, não existiria na legislação portuguesa – na perspectiva do Direito Comparado apenas o Cód. Comércio Internacional da Checoslováquia (art.º 672.º) e a lei sobre contratos económicos internacionais da RDA (255) de 1976 consagram expressamente as garantias bancárias, não obstante com fundamentos vários a doutrina e a jurisprudência estrangeira aceitarem a validade da garantia bancária autónoma. Ultrapassando a questão do negócio abstracto, atenta a proibição do art. 458.º do C.C., alguns autores – ALMEIDA COSTA /PINTO MONTEIRO, GALVÃO TELLES – caracterizam o contrato de garantia à primeira solicitação como negócio causal, embora autónomo, distinguindo a abstracção da autonomia (a garantia seria autónoma, no entanto, com os limites impostos pela boa-fé e pelo abuso do direito). A autonomia permitiria distinguir a garantia bancária à primeira solicitação da fiança, que tem como característica principal a acessoriedade em relação à obrigação principal (art. 627.º n.º 2 do Cod. Civil), que é sua causa. O aceitar-se que o requisito legal da causa existe sempre significaria que nos negócios abstractos "destaca-se a pretensão do credor da relação subjacente, impedindo-se ao devedor a invocação de vícios ou quaisquer meios de defesa baseados nessa relação fundamental".

Considerando um diferente conceito de negócio causal (aliás, comum na doutrina francesa) e preferindo a caracterização jurídica como negócio jurídico abstracto, S. PATRÍCIO, op. cit., entende que não basta o princípio da autonomia da vontade, já que a norma do art. 398.º 2. do Cód. Civil. funciona como um limite a este princípio.

Porém, todas as dificuldades encontradas pelos autores decorrem da proibição do negócio abstracto, considerada de ordem pública (consagrada no art. 458.º do Cód. Civil)..... Direito Civil que entendem ser de aplicação subsidiária na integração do Direito Comercial, já que se julga pacífico incluir a garantia bancária no âmbito do Direito Comercial. F. CORREIA, *Lições de Direito Comercial*, op. cit., pág. 38, adverte que, apesar de subsidiária a lei civil não é fonte de Direito Comercial: quando se aplica no âmbito deste é ainda enquanto Direito Civil e apenas porque, mediante o recurso à analogia, a que se reporta o art. 3.º do Cód. Comercial, não é possível integrar a lacuna dentro do espírito próprio e do método específico do Direito Comercial. Ora, parece não oferecer dúvidas que a origem da garantia bancária à primeira solicitação (que a maioria dos autores portugueses consideram um contrato unilateral, na medida em que gera obrigação apenas para uma das partes – assim F. CORREIA – embora haja quem considere um negócio jurídico unilateral – SIMÕES PATRÍCIO) residiu nas necessidades do comércio internacional e que é um negócio jurídico bancário (assim, A. ATAÍDE, *Estudos de Direito Económico e Bancário*) sendo de reconhecer neste domínio que se o Direito Comercial é especial em relação ao Direito Civil, o Direito Bancário será de natureza especialíssima em relação ao Direito Comercial, sendo inegável o carácter normativo autónomo assumido pelos usos e práticas bancárias – ver neste sentido V.LOBO XAVIER/M.A. BENTO SOARES, «Depósito bancário a prazo», RDE, n.º 14, 1988, pág. 301 – neste caso tratando-se de usos e costumes internacionais, em redor dos quais se unifica um movimento de internacionalização. Aliás, conforme refere J. SIMÕES PATRÍCIO, op. cit., pág. 699, em relação às "cartas de crédito,

Contratos Internacionais de Contrapartidas

Esta disposição não tem o fim de levar a parte inadimplente ao cumprimento (próprio das penalidades em sentido estrito/«penalty clauses» como prevê o n.º 12. d)[326], antes se aproxima mais de uma indemnização por perdas e danos (obrigação de entrega de uma certa quantia em dinheiro)[327].

---

por demais utilizadas no comércio internacional não são concluídas objecções à respectiva validade jurídica; ... porque não lhe estender analògicamente o mesmo regime ou tratamento desse negócio? Porque não admitir liminarmente, por similitude, o seu carácter lícito?" Segundo o mesmo autor corresponderia a ignorar "as exigências das hodiernas relações económicas internacionais quem se obstinasse em defender que a proibição civil do negócio abstracto se aplica à sobredita garantia... Pois, assim como seria puramente absurdo negar aos agentes económicos portugueses o recurso às cartas de crédito internacionais... assim também no presente caso se furtaria, mormente às empresas nacionais exportadoras de bens e serviços, um instrumento hoje em dia corrente e útil para elas actuarem em pé de igualdade com as respectivas concorrentes nos mercados estrangeiros... E o mesmo autor informa da tendência observada nas relações económicas internacionais, "para tornar mais abstractos e por isso mais seguros os próprios instrumentos tradicionais já caracterizados pela autonomia e abstracção relativamente às relações materiais subjacentes" – exemplo proporcionado pelo «forfaiting». Tendo presentes estas considerações o artigo 398.º 2. do Cod. Civ. deixaria de ser um limite à admissibilidade legal, prevista pelo princípio da liberdade contratual. A subtracção de garantia à primeira solicitação à disciplina própria do Direito Civil tornaria evitáveis todas estas questões.

A difusão das garantias bancárias à primeira solicitação prestadas por bancos portugueses, face às exigências dos operadores económicos internacionais e a sua aceitação pelos tribunais portugueses, deixam prejudicada qualquer dúvida quanto à legalidade destas garantias face à ordem jurídica portuguesa.

Ademais, a previsão expressa destas garantias no Despacho Conjunto dos Ministros da Defesa Nacional e da Indústria e do Comércio de 22.5.87, constitui a primeira referência por parte do legislador português às garantias bancárias autónomas, só podendo significar a aceitação do entendimento que a prática bancária atribui às mesmas, deixando de ser uma figura inominada. Com efeito, o Despacho, ao referir-se no n.º 14. a) à garantia «first demand» está a consagrar o entendimento atribuído pela prática bancária internacional a esta garantia (e pela doutrina jurídica internacional) dissipando quaisquer dúvidas quanto à admissibilidade legal desta figura no ordenamento jurídico português (v. FERRER CORREIA, op. cit., e GALVÃO TELLES, op. cit., já referido, a propósito da interpretação da cláusula «upon first demand», que elimina qualquer dúvida quanto ao averiguar se se trata de uma garantia simples, "quiçá uma fiança", ou de um contrato realmente autónomo), consagrando-o como uma das cláusulas necessárias nos contratos internacionais de «contrapartidas», que a partir de 1987, passaram a ser frequentes no domínio das aquisições de equipamento militar para as Forças Armadas Portuguesas.

[326] Ver supra Capítulo, Secção II, Subsecção I – nota sobre cláusulas penais e indemnizações por perdas e danos.

A construção da cláusula penal limitada à função de cláusula meramente reparatória ("liquidated damages", "dommages-interets liberatoires") corresponderia à tomada de

186 *Dos Contratos de Contrapartidas no Comércio internacional («countertrade»)*

Convirá notar que sendo previsto investimento estrangeiro no âmbito das obrigações de contrapartidas será aplicável a respectiva legislação[328]: actualmente Decreto-lei n.° 321/95, de 28 de Novembro e Decreto Regula-

---

posição do legislador português face às opções que lhe foram facultadas pelas Regras Uniformes da CNUDCI.

É previsto que a cláusula penal se aplique ao montante do incumprimento, que poderá ser total ou parcial, incluindo a hipótese de atraso no cumprimento (mora), cumprimento defeituoso, não se prevendo o direito à execução forçada da obrigação principal, cumulativamente, pois o pagamento é liberatório em relação à obrigação principal, de que é substituto (no art. 811.°, n.° 11 do Cod. Civil é possível a acumulação de cláusula penal, com a exigência do cumprimento da obrigação principal, de que o regime analisado se afasta).

Porém, as regras (da CNUDCI), que o Estado português subscreveu não deverão cobrir os casos previstos no n.° 13 do Despacho em análise, já que apesar de ser previsto o pagamento de uma quantia em dinheiro, cujo montante ou se encontra previamente fixado ou é passível de ser determinado, esse pagamento não será directamente realizado pela parte inadimplente, antes é colocado à disposição por uma instituição bancária (na garantia à primeira interpelação o respectivo beneficiário é pago pelo banco-garante, que abriu um crédito ao seu cliente-dador da ordem), o que inviabiliza a aplicação das Regras Uniformes, por falta deste pressuposto – assim M. A. BENTO SOARES /R. MOURA RAMOS, «Cláusulas penais em contratos internacionais; análise das Regras Uniformes da C.N.U.D.C.I....» op. cit., pág. 283 (nota 19).

[327] Com esta disposição se afasta a possibilidade de outra prestação alternativa em lugar do pagamento em dinheiro, conforme veio posteriormente a ser recomendado pela UNCITRAL, *Legal Guide on international countertrade...*, op. cit., pág. 155.

[328] O investimento estrangeiro em Portugal tem conhecido sucessivos regimes jurídicos, reflectindo as diferentes opções do legislador em matéria de polícia económica e comprovando a mobilidade das normas de Direito Económico. Assim, o primitivo regime constava da Lei n.° 1994, de 13 de Abril de 1943 («Lei da Nacionalização de capitais»), bem como do Dec.-lei n.° 46312, de 29 de Abril de 1965, que apresentou entre nós a primeira definição de investimento estrangeiro (art. 11.°) por remissão ao anexo II do Dec.-lei n.° 44698, de 17 de Novembro de 1962 – para maiores desenvolvimentos v. MARQUES DOS SANTOS, *Transferência internacional de tecnologia...*, op. cit., pág. 408 e ss. Posteriormente o Dec.lei n.° 239/76 ("Código do Investimento Estrangeiro"), logo substituído pelo Dec.-lei n.° 348/77 de 24 de Agosto consagrou um regime geral de avaliação e autorização prévia a cargo do Instituto do Investimento Estrangeiro e um regime contratual – Dec. Regulamentar n.° 54/77 de 24 de Agosto – submetido à autorização governamental. A adesão à então CEE, determinou alterações de vulto, implicando a extinção do IIE e a sua substituição pelo Instituto do Comércio Externo Português (ICEP, Dec. lei n.° 321/86, de 18 de Novembro), a revogação do anterior diploma e a criação de um novo regime jurídico para o investimento estrangeiro constante do Dec. lei n.° 197/86 de 18 de Julho estabelecendo um regime geral de declaração prévia para os residentes no território da Comunidade, alargado pelo Dec. Lei n.° 214/86, de 2 de Agosto, aos não residentes no

mentar n.º 2/96 (regime contratual)[329], de 16 de Maio e ainda a legislação sobre acesso da iniciativa económica privada a determinadas actividades económicas – Lei n.º 88-A/97 de 25 de Julho[330].

5.3. «Offset» e Direito Internacional.

Muito embora não seja mencionado no despacho, os acordos GATT/ /OMC permitem excepções ao regime geral, quando se trate de material de guerra (artigo XXI do Acordo Geral sobre Pautas Aduaneiras e Comércio – "GATT de 1947"), pelo que, apesar de se tratar de compras públicas («mercados públicos»), tais contratos são uma excepção à proibição constante do Acordo sobre Mercados Públicos que proíbe o «offset»[331].

Por último cabe referir que, sendo Portugal um dos Estados Membros da Comunidade Europeia, encontra-se sujeito às regras da concorrência do Tratado de Roma, mas beneficiando do regime previsto no artigo 296.º[332] que respeita ao comércio internacional de material de guerra – conforme justamente refere o n.º 1 do Despacho em análise. Fora deste quadro legal, as operações relevantes no âmbito do *countertrade* sujeitam--se às regras comunitárias[333].

---

território da Comunidade (generalização da liberdade de estabelecimento aos não residentes); enquanto o regime contratual constava do Dec. Regulamentar n.º 24/86, de 18 de Julho, posteriormente alterado pelo Dec. Regulamentar n.º 17/93, de 1 de Junho. As transferências de tecnologia foram objecto de legislação especial – Despacho Normativo n.º 86/89 de 8.9. Era ainda previsto um regime aplicável aos contratos de investimento estrangeiro de "natureza estruturante" no Dec. lei n.º 246/93, de 8 de Julho. Actualmente, o regime geral do investimento estrangeiro estabelece apenas a obrigatoriedade do registo do investimento no prazo de 30 dias após a sua concretização (art. 8.º do Dec. lei n.º 321/95, de 28 de Novembro, que revogou o anterior), constando o regime contratual do Dec. Regulamentar n.º 2/96 de 16 de Maio (que revogou o anterior), com as alterações constantes do Dec. Regulamentar n.º 4/2000, de 24 de Março. O Instituto do Comércio Externo foi extinto e substituído por Investimentos, Comércio e Turismo de Portugal.

[329] Com as alterações constantes do Dec. Regulamentar n.º 4/2000, de 24 de Março, que revogou parcialmente o anterior, baixando o limite mínimo do investimento a considerar para um montante igual ou superior a um milhão de contos.

[330] Que revogou a Lei n.º 46/77, de 8 de Julho, que se referia à delimitação de sectores público e privado, e respectivas alterações.

[331] V. infra Capítulo III, Secção I.

[332] Para a análise das regras da concorrência comunitárias em matéria de contrapartidas v. infra Cap. III, Secção III.

[333] V. infra Capítulo III.

5.4. Conclusões da Subsecção III.

A partir de 1987, o legislador português juntou-se ao grupo de países que dispõem de legislação sobre *countertrade*.

O modelo adoptado foi o «offset» e destinou-se à aquisição de sofisticado equipamento de defesa, ao abrigo do qual foram concluídos vários contratos.

Pela variedade das contrapartidas previstas a opção residiu no «offset» (misto), combinando características do «offset» directo e indirecto, tal como sucedeu com outros países, evidenciando as potencialidades do *countertrade* combinar contrapartidas comerciais com contrapartidas industriais.

A necessidade de regular este contrato significa que o legislador português, tal como sucedeu noutros países, entendeu que não existia no direito nacional uma figura jurídica correspondente.

O interesse comum das partes na operação, a duração e o carácter evolutivo das contrapartidas inerentes ao «offset» (directo), elege a cooperação industrial como um dos fins, expressamente previsto.

O interesse do cliente (Estado Português) consiste não apenas no equipamento/instalação fabril/tecnologia objecto da exportação (contrato de transferência de tecnologia), mas também nas obrigações contratuais de contrapartidas a cargo do fornecedor.

A função da moeda é secundária, essencialmente como unidade de cálculo e não como meio de pagamento (a taxa de contrapartida é de 100%), já que as garantias bancárias apenas se destinam a intervir como sanção (penalidade), em caso de incumprimento parcial ou total de qualquer das obrigações contratuais de contrapartidas.

Os compromissos assumidos por Portugal no âmbito de várias organizações internacionais (GATT/OMC, CE), encontram-se devidamente salvaguardados, na medida em que os acordos em causa prevêem regimes de excepção em relação ao comércio internacional de material de guerra.

6. Conclusão da Secção II.

Não sendo impossível a opção por um único contrato, no «counterpurchase», tal como no «buy-back» e no «offset», a estrutura contratual adoptada na prática, aconselhada pela doutrina, determinada sobretudo por exigências próprias do financiamento bancário e pela segurança jurídica dos contraentes, implica a conclusão de dois ou mais instrumentos contratuais.

Daqui resulta o problema da ligação jurídica entre os contratos, cuja solução não sendo prevista pelas partes é fonte de problemas jurídicos delicados, que nem sempre a interpretação se presta a resolver.

Em tese geral, a resolução, incumprimento, nulidade dum dos contratos poderá provocar diferentes consequências jurídicas consoante a relação entre os contratos (dependência bilateral, dependência unilateral).

Atentas as particularidades dos vários contratos de contrapartidas, importa considerar o objectivo económico da operação em causa.

A reciprocidade das obrigações de exportação-importação não oferece dúvidas no «barter»: a relação entre a exportação e a contra-importação/ /importação – contra-exportação consta dum único contrato e, as mais das vezes, o interesse na importação é mútuo.

A interdependência entre a exportação e a importação, característica geral destes contratos, é mais forte no «buy-back» do que no «counterpurchase»: a inexecução da exportação (transferência de tecnologia) impossibilita naquele primeiro caso a contra-exportação, podendo pois concluir--se, do ponto de vista jurídico, pela dependência unilateral do contrato de «buy-back» em relação ao contrato de transferência de tecnologia (contrato principal). Assim, no «buy-back» a nulidade, resolução, incumprimento do contrato principal, qualquer que seja a causa, inviabiliza o fornecimento dos produtos previstos no contrato de contrapartidas, impossibilitando a concretização do objectivo económico da operação, pelo que o contrato de «buy-back» deverá ter o mesmo destino (nulidade, resolução ...); quer seja ou não prevista em cláusula própria a solução não pode ser outra.

No «offset» o interesse do importador consiste não apenas na importação do equipamento/tecnologia, mas também nas obrigações de contrapartidas da responsabilidade do fornecedor, do mesmo modo que o interesse do exportador consiste no fornecimento da tecnologia e no produto das contrapartidas; tal poderia determinar uma dependência recíproca (bilateral) entre os contratos (tecnologia e «offset»), pois o incumprimento, resolução ou invalidade de qualquer destes contratos, inviabilizará a concretização plena do objecto económico da operação. Contudo, na hipótese de dependência unilateral do contrato de «offset» em relação ao contrato de tecnologia/equipamento, a sanção adequada para o não cumprimento das obrigações de «offset» consistirá em prever penalidades e as correspondentes garantias bancárias, evitando o pagamento integral da importação. Tal solução permitirá que problemas jurídicos relacionados com as obrigações de «offset» (não cumprimento parcial ou total) não afectem o contrato principal, ao contrário do que sucederia na hipótese de dependência unilateral do contrato de tecnologia em relação ao contrato de «offset», ou ainda na hipótese de dependência bilateral.

No «counterpurchase» o interesse das partes na importação/exportação poderá não ser mútuo; não é invulgar a obrigação de contrapartida

190 *Dos Contratos de Contrapartidas no Comércio internacional* («countertrade»)

ser assumida no objectivo exclusivo de obter a exportação principal, não interessando os produtos das contrapartidas. Estas situações dão lugar à intervenção de terceiros ou ao pagamento de penalidades com efeito liberatório. Assim se compreenderá o interesse em estabelecer apenas uma dependência unilateral do contrato de contrapartidas em relação à venda principal, evitando que problemas jurídicos relacionados com um dos contratos (resolução, invalidade, não cumprimento) afectem o outro.

7. Conclusões do Capítulo II.

Os contratos internacionais de contrapartidas não correspondem a um modelo único, variando a estrutura contratual consoante o objectivo económico, atenta a vontade das partes.

O «barter» (troca directa, escambo), enquanto figura contratual mais simples no âmbito das contrapartidas comerciais, se bem que tenha correspondido durante muito tempo ao contrato mais divulgado e inspirado os demais foi, a partir dos anos oitenta, suplantado por outros modelos mais complexos que se afastam do regime jurídico da troca e tem uma divulgação limitada, tendendo à extinção.

Objectivos económicos mais ambiciosos determinaram que os parceiros comerciais envolvidos adoptassem novas técnicas contratuais («forward purchase», «counterpurchase», «buy-back», «offset» ...) inspiradas no direito privado.

A sofisticação da técnica contratual e o grau de profissionalismo exigidos tornaram conveniente a intervenção de agentes especializados ("trading's", subsidiárias de sociedades transnacionais, departamentos de bancos, seguradoras, organismos públicos, organizações internacionais...) nestas operações. Em consequência, os contratos de contrapartidas bastas vezes prevêem a intervenção de terceiros.

As fórmulas habituais dos contratos internacionais apenas são aplicáveis parcialmente (venda internacional de mercadorias, transferência internacional de tecnologia, cooperação industrial, investimento estrangeiro ...): no «counterpurchase» um dos instrumentos contratuais é um contrato de venda internacional de mercadorias; no «buy-back» um contrato de transferência internacional de tecnologia e um contrato de venda; no «offset» um contrato de transferência de tecnologia, contratos de investimento, subcontratação, venda ... porém, quando considerada no conjunto cada operação apresenta problemas específicos e um regime jurídico próprio.

A dependência jurídica estabelecida entre uma exportação e uma contra-importação e/ou importação/contra-exportação, determinando fluxos de bens e serviços nos dois sentidos (comércio internacional recíproco), constitue não só a característica mais relevante do *countertrade*, como o elemento de distinção face a outros contratos internacionais (venda internacional, transferência internacional de tecnologia, cooperação comercial internacional, investimento internacional).

Foram as relações de comércio internacional recíproco que levaram os contratos de contrapartidas a empregar uma terminologia jurídica específica e inovadora, quer no que respeita à tipologia dos contratos internacionais – «counterpurchase», «buy-back», «offset»,... – quer em relação às obrigações dos contraentes – «disaggio», «counter-importer», «counter-exporter»... – o que é mais um dos aspectos a evidenciar a respectiva singularidade.

Nos contratos de contrapartidas, conquanto a moeda cumpra as mais das vezes uma função de unidade de conta (preço), desempenha uma função secundária como meio de pagamento: quando a taxa de contrapartidas é da ordem dos 100% («barter», muitas vezes no «buy-back» e no «offset») apenas intervém em casos de incumprimento (penalidades, indemnização por perdas e danos) através das garantias bancárias; nos outros casos quando as contrapartidas são parciais em relação à exportação principal. Assim, vários instrumentos bancários são utilizados com o fim de limitar a função de pagamento da moeda: «escrow accounts», «trade accounts», «evidence accounts».

Considerando o elevado risco subjacente à maior parte das transacções os instrumentos bancários desempenham uma função de segurança, pelo que se revelam indispensáveis, representando a única salvaguarda na hipótese de incumprimento.

Alguns estados adoptaram legislação especial sobre operações de contrapartidas: nalguns trata-se apenas de impor o recurso às contrapartidas no comércio externo; noutros trata-se de legislação de índole mais completa identificando os contratos e prevendo, por vezes minuciosamente, o desenrolar da operação.

As organizações internacionais (CNUDCI, ECE/ONU) a quem poderia competir adoptar uma convenção-modelo sobre os contratos internacionais de contrapartidas, ponderados os inconvenientes, limitaram-se a um guia modelo.

Estes contratos são regidos pelas suas próprias disposições, fruto da vontade das partes, supletivamente pela lei aplicável escolhida, sendo as mais das vezes os conflitos resolvidos pelo recurso à arbitragem. Nesta medida, raramente, as regras de conflitos são chamadas a intervir.

CAPÍTULO III

O COMÉRCIO INTERNACIONAL POR CONTRAPARTIDAS E O DIREITO INTERNACIONAL

1. INTRODUÇÃO

1.1. As origens do comércio internacional são imemoriais[1]. Porém, as dificuldades nas comunicações e nos transportes, bem como o desconhecimento de vastas áreas geográficas, sempre terão constituído um limite à mundialização do comércio.

A História teria de aguardar pelo valioso legado dos Portugueses à Idade Moderna – os Descobrimentos[2] – para assistir ao nascimento do comércio internacional[3]. O advento do capitalismo comercial[4] propiciou

---

[1] Os historiadores descrevem a fecunda actividade mercantil dos povos da Antiguidade tais como Fenícios, Cartagineses e Gregos: se bem que circunscrito à navegação no Mediterrâneo o intercâmbio entre Oriente e Ocidente teria atingido proporções desconhecidas até então. Os Romanos, importando mercadorias da Etiópia, da Malásia e da Índia terão, segundo o mapa de Ptolomeu chegado ao Quersoneso Áureo (China Meridional). Estrabão estimava que mais de cem navios por ano largavam do porto de Adem com destino à Índia – VASQUEZ DE PRADA, op. cit., pág. 61 e ss. – mais tarde, os Bizantinos, a partir dos portos de Constantinopla e de Alexandria importavam géneros da Rússia, Ásia e África Central; na Idade Média, as Cruzadas terão possibilitado o restabelecimento dos fluxos comerciais entre o Médio Oriente e a Europa....

[2] Sobre o impacto dos Descobrimentos na economia mundial v. MAGALHÃES GODINHO, *Os Descobrimentos e a economia mundial*, op. cit.; GÉRARD VINDT, «Le premier empire commercial européen», "Problèmes économiques", n.º 2654.

[3] Neste sentido RAMON TAMANES, op. cit., pág. 24; GEORGES LEFRANC, op. cit. pág. 49 e ss; RAPOSO DE MEDEIROS, *Economia Internacional*, op. cit., pág. 268; JOSÉ ALMAÇA, «Poder do dinheiro ...», in *Notícias do Milénio* (1000-2000), DN, 8 de Julho de 1999. Já MONTESQUIEU, *De l'esprit des lois*, Livro XXI/Cap. XXI, op. cit., pág. 65, havia salientado devidamente este facto.

[4] V. TEIXEIRA RIBEIRO, *Economia* ... (1959), op. cit., pág. 172; ALMEIDA GARRETT, op. cit., pág. 23 (nota 13). Para maiores desenvolvimentos sobre a origem do capitalismo v. BRAUDEL, *Os jogos das trocas*, op. cit., pág. 209 e ss.

novos circuitos comerciais: agora as mercadorias de África, da América e da Ásia serão comercializadas na Europa e vice-versa; é o início da globalização da economia.

Identificado o espaço económico nacional[5], a força política e o prestígio do Estado Moderno vão apoiar-se na potência económica, na sua capacidade de dispor de moeda (metais preciosos)[6]. A obtenção de tais riquezas apenas se torna possível pelo acesso directo às fontes e (ou) pelos saldos da balança comercial[7], pelo que o comércio internacional se impõe como o meio privilegiado de alcançar aquele fim: tal o pressuposto comum a um conjunto de autores e de políticas económicas divulgados na Europa do século XVI a XVIII e que foram designados por «mercantilistas» e «sistema mercantil»[8].

---

[5] Cfr. ALMEIDA GARRET, op. cit., pág. 21 e ss.

[6] Cfr. ALMEIDA GARRETT, op. cit., pág. 30. Efectivamente, na Europa Moderna já não há lugar honroso para os estados incapazes de mobilizarem exércitos e esquadras numerosas ... é a prosperidade do reino que permite ao fisco alimentar o tesouro real. Observava MONTCHRÉTIEN, *Traité de Economie Politique* (1610): "...É impossível fazer a guerra sem homens, aguentar homens sem soldo, prover esse soldo sem cobrar tributos, cobrar tributos sem que haja comércio...".

[7] A contabilização do valor das exportações face às importações para apurar a existência de um saldo (ou de um déficit) nas transacções com o exterior foi uma consequência da lógica mercantilista. Apesar de se surpreenderem utilizações deste instrumento já no século XIV, na Inglaterra (Aylesbury), apenas com a consideração das economias nacionais da Idade Moderna se divulga. Inicialmente, balança comercial bilateral, depois balança comercial multilateral (abrangendo as relações comerciais externas dum país), o sistema da «balança do comércio» orientará o objectivo mercantilista do valor das exportações ser superior ao das importações.

Foi a partir do conceito de "balança comercial" que a teoria económica elaborou, mais recentemente, o mais completo conceito de "balança de pagamentos" – a balança comercial ("visíveis") englobada na balança de transacções correntes é uma das balanças que compõem a balança de pagamentos, entendida como o registo sistemático das transacções económicas, durante um determinado período de tempo, entre residentes e não residentes dum país. Contudo, foi possível surpreender na "contabilidade mercantilista" outras operações para além da entrada e saída de mercadorias, aproximando-a já do conceito de B.P. actual. Assim, THOMAS MUN, já no *Discours of trade to the East Indies* (1621) e depois em *England's treasure by foreign trade* (editado apenas em 1664), explica com alguma minúcia como devem ser efectuados os registos na "balança comercial", incluindo os invisíveis – cf. ALMEIDA GARRETT, op. cit, pág. 55 (nota 57); BRAUDEL, op. cit., pág. 181. Ver sobre o conceito de BP a apresentação preconizada actualmente pelo FMI (Manual da B.P.) e pela OCDE.

[8] Foram os fisiocratas e ADAM SMITH, quem pela primeira vez designou o pensamento económico dominante desde o século XVI até ao século XVIII por "sistema comer-

O Comércio Internacional por Contrapartidas e o Direito Internacional   195

Entende-se assim que o «bulionismo» tenha correspondido, cronologicamente, às primeiras políticas mercantilistas dos estados que tinham acesso directo aos metais preciosos da África e da América e somente depois o mercantilismo haja assumido uma vertente marítima e comercial e, finalmente, industrial.

O nacionalismo económico mercantilista haveria de implicar formas de dirigismo económico por parte do Estado[9], fomentando a produção nacional (evitando a importação e promovendo a exportação), exigindo um elevado proteccionismo alfandegário selectivo[10]. A legislação vai mesmo constituir um dos aspectos mais destacáveis da intervenção do Estado regulamentando os mais variados aspectos da actividade económica: pautas alfandegárias proteccionistas[11], controlo das importações e dos pagamentos internacionais[12], licenças, normas sobre a produção, preços máximos de venda, fixação de salários, subvenções à produção e à exportação, isenções e benefícios fiscais, monopólios de produção, actividade empresarial do Estado (manufacturas e companhias para o comércio marítimo[13])... o próprio Direito Comercial converte-se em direito público

cial ou mercantil", expressão bastas vezes empregue no *Inquérito sobre a natureza e as causas da riqueza das nações* (Livro IV, Cap. I, Cap. III, Parte I, Cap. VIII), sendo doravante adoptada pelo pensamento económico. Apenas a partir dos trabalhos da historiografia económica alemã do século passado (HEYCKING, SCHMOLLER) foi preferida a expressão mercantilismo («merkantilismus»), que prevaleceu até à actualidade – para a crítica desta terminologia v. DEYON, op. cit., pág. 15. Mais tarde, HELI HECKCHER, o mais completo estudioso do mercantilismo, entitulará de "Era Mercantilista" a sua obra fundamental – cfr. HECKCHER, *La Epoca Mercantilista*, Mexico, 1943.

[9] É assim possível surpreender aspectos da intervenção do Estado na economia correspondentes ao que, em meados do nosso século, a doutrina vai designar por intervenção directa (Estado assumindo-se como agente económico) e indirecta (polícia económica e fomento económico). Sobre a tipologia da intervenção do Estado na economia v. entre outros AUGUSTO ATHAYDE, «Comunicação à Classe de Letras da Academia das Ciências de Lisboa em Janeiro de 1991», op. cit.

[10] Cfr. JOÃO COSTA LEITE (LUMBRALLES), op. cit., pág. 29.

[11] Pela primeira vez na história económica os direitos alfandegários à importação assumiam objectivos proteccionistas e não apenas a angariação de receitas. Sobre os fundamentos da política alfandegária e a sua evolução histórica v. PORTO, *Estrutura e política alfandegárias...*, op. cit., pág. 5 e ss.; «O argumento das indústrias nascentes», op. cit.

[12] Assim, o "sistema da balança de contratos" implicava um controlo administrativo dos contratos entre comerciantes nacionais e estrangeiros, evitando a saída de moeda para o exterior – v. supra nota da Introdução.

[13] A disputa pela produção/comercialização e transporte dos produtos coloniais em "navios de pavilhão", inerente ao mercantilismo comercial e marítimo, provocará o surgimento de *Companhias Comerciais* – inicialmente "Companhias das Índias" – constituídas

196 *Dos Contratos de Contrapartidas no Comércio internacional* («countertrade»)

e o exercício do comércio um privilégio concedido pelo soberano[14], cumprindo aos comerciantes a observância de rigorosa disciplina[15].

por um acto soberano de concessão, organizadas na forma de sociedades comerciais de responsabilidade limitada (arquétipo das futuras sociedades anónimas por acções), associando os capitais públicos e privados necessários ao vultoso empreendimento. As guerras comerciais entre estas tomará bastas vezes a aparência dum conflito armado, pelo que urgiu armar em guerra as esquadras cuja tripulação compreendia marinheiros (civis) e militares, o comércio marítimo era simultaneamente uma guerra pelo controlo dos mares... portugueses, espanhóis, ingleses, holandeses e franceses (e mais tarde suecos e dinamarqueses) lutaram no Índico e no Atlântico ao longo de dois séculos – a dinâmica do mercantilismo a isso obrigava. A obra de GRÓCIO, *De mare liberum, sive de iure quod batavis competit ad indicana commercio (dissertatio)*, publicada em 1608, com origem num conflito relativo ao comércio internacional fornecerá o suporte jurídico para a legitimidade desta longa guerra comercial, mau grado a efémera contestação de SERAFIM DE FREITAS, *De justo imperio lusitanorum asiatico* (1625).

O projecto da primeira "Companhia das Índias Orientais" terá pertencido aos portugueses, em 1587, porém, e por causas desconhecidas, não se concretizou. Apenas em 1619 viria a ser preparada a "Companhia para a Navegação e Comércio para a Índia", aliás, de efémera existência. Efectivamente, cronologicamente, foi em 1600 que se formou em Londres a "East India Company", seguida da sua congénere holandesa, Companhia Holandesa das Índias Orientais ("Verenigde Oost Indische Compagnie"), em 1602 e de várias outras; os séculos XVII e XVIII assistiram à criação de dezenas de companhias coloniais – cf. J. MACEDO, «Companhias comerciais», op. cit.; MORINEAU, *Les grandes compagnies des Indes Orientales*, op. cit.; RUI MARCOS, *As companhias pombalinas*, op. cit., pág. 49 e ss.

[14] Cf. FERRER CORREIA, op. cit., pág. 11; GALCANO, *História do Direito Comercial*, op. cit., pág. 58. De acordo com esta tendência ainda no final do século XVIII, Pascoal Melo Freire dos Reis, *Institutiones Iuris Civilis Lusitani*, abordava no Livro I dedicado ao Direito Público o comércio e a marinha.

[15] Neste sentido a "Ordonnance du commerce" (1673) e a "Ordonnance de la marine" (1681), no reinado de Luís XIV (Colbert), são o melhor exemplo, impondo a escrituração mercantil, a forma escrita e o registo do contrato de sociedade entre comerciantes, punindo com a pena de morte as falências fraudulentas ... A influência desta legislação influenciará a de outros países tal como sucedeu em Portugal com a "Lei de 18 de Agosto de 1769" (Lei da Boa Razão), a qual declarou serem as "Ordonnance" direito subsidiário em todo o território português, bem como as "Leis de Wisby", os "Rôles de Oleron", o "Consolato del Mare"... que completavam as numerosas Cartas Régias, Leis e Alvarás que regulamentavam o comércio interno e externo de Portugal até à entrada em vigor do Código Comercial de 1833 (Ferreira Borges) – cfr. CUNHA GONÇALVES, *A construção jurídica de Portugal*, op. cit., pág. 31. V. sobre a "Lei da Boa Razão" e demais legislação josefina em matéria mercantil NUNO ESPINOSA GOMES DA SILVA, *História do Direito Português*, 1985, pág. 276 e ss.; RUI MARCOS, *A legislação pombalina*, Coimbra, 1990, pág. 216 e ss.; *As companhias pombalinas*, op. cit., pág. 303 e ss.; MÁRIO J. ALMEIDA COSTA, *História do Direito Português*, Almedina, pág. 366 e ss.

O proteccionismo alfandegário era a regra, o tratamento preferencial a excepção, e, as mais das vezes, obtido por intermédio de acordos comerciais bilaterais[16]. Estas as coordenadas que orientavam o "direito das relações comerciais externas"[17] do Estado Moderno. Assim se explicará a inoportunidade dum "Direito Internacional do Comércio"[18] nos duzentos anos que corresponderam às políticas mercantilistas.

Apenas com o pensamento económico crítico do *mercantilismo*[19] o comércio internacional vai encontrar o horizonte de especulação teórica privilegiado, abandonando a influência da casuística político-económica[20].

---

[16] O "Tratado de Methuen" (1703) correspondeu a uma destas excepções, porventura a mais duradoura, acordando Portugal e a Inglaterra concederem preferências alfandegárias recíprocas na importação de tecidos e vinho, respectivamente. Neste sentido PUREZA, op. cit., pág. 498.

[17] Neste sentido SOUSA FRANCO, op. cit., pág. 25, refere-se a "direitos nacionais incidentes sobre operações de e com o exterior".

[18] A «ius mercatorum», se bem que de origem medieval (final da Idade Média), sobrepunha-se aos direitos locais apresentando um carácter internacional – neste sentido F. CORREIA, *Lições* ..., op. cit., vol. I, pág. 10, caracterizou-o como um direito profissional, corporativo, autónomo, de origem consuetudinária e de tendência internacionalística – mas de alcance limitado, não podendo identificar-se com um "Direito do Comércio Internacional" – v. RIPERT/ROBLOT, op. cit., T.1, pág. 13. Sobre o direito marítimo baixo medieval v. WIEACKER, op. cit, pág. 269. A obra de GRÓCIO, *De mare liberum, sive de iure quod batavis competit ad indicana commercio (dissertatio)*, publicada em 1608, com origem num conflito relativo ao comércio internacional, merece ser referida como um contributo na perspectiva dum "direito internacional do comércio" (marítimo) – neste sentido WIEACKER, op. cit.; pág. 325, 329, que contudo não teve tão depressa outros desenvolvimentos, para além da contestação de FREI SERAFIM DE FREITAS, *De justo imperio lusitanorum asiatico* (1625), op. cit. V. sobre o impacto desta obra ARMANDO MARQUES GUEDES, *A Aliança Inglesa*, Lisboa, 1938, pág. 152, 165-6.

[19] Antes de SMITH, CANTILLON, *Ensaio sobre a natureza do comércio em geral*, op. cit. e HUME, *Escritos sobre economia* (1752), op. cit., demonstrarão a imperfeição do "sistema mercantil" no que respeitava à relação entre movimentos monetários, câmbios, níveis de preços e os saldos da balança comercial. HUME, op. cit., na sua teoria quantitativa da moeda tinha explicado o equilíbrio automático da "balança comercial", concluindo que cada nação tem e só tem o ouro que necessita, rejeitando a identificação entre riqueza e acumulação de metais preciosos. Para maiores desenvolvimentos ver ALMEIDA GARRETT, op. cit., pág. 65 e ss.

[20] SMITH, criticando o princípio metalista inerente ao objectivo mercantilista da balança favorável, logrou demonstrar que as nações poderiam obter, reciprocamente, ganhos com a divisão e especialização internacional do trabalho, desde que se verificassem vantagens absolutas nos custos de produção – *Inquérito sobre a natureza e as causas da riqueza das nações* (1776), op. cit., Livro IV, Cap. II. RICARDO reformulará a teoria do

198 *Dos Contratos de Contrapartidas no Comércio internacional* («countertrade»)

E a concepção teórica do comércio internacional vai encontrar correspondência directa na história das relações económicas internacionais, no período que se convencionou designar por "Era do Livre Câmbio"[21]. O livre cambismo do século XIX reduziu os elevados direitos alfandegários proteccionistas, a "cláusula da nação mais favorecida"[22] con-

---

predecessor e justificará o livre cambismo com base nas vantagens relativas/custos comparados – *Princípios de Economia Política e de Tributação* (1821), op. cit., pág. 150 e ss.

LIST – *Sistema Nacional de Economia Política* (1841) – considerando a nação "uma entidade cultural e económica composta taxativamente por certos elementos (língua, literatura, território, população, agricultura, indústria, comércio, artes, ciência, leis, instituições...)" que poderiam justificar o proteccionismo alfandegário temporário como forma de permitir o nascimento da (ou de certas) indústria(s). E o «argumento das indústrias nascentes» (List), também conhecido por «proteccionismo de infância» divulgado inicialmente nos EUA, ainda no século XVIII (1791), por HAMILTON, posteriormente foi aceite por STUART MILL, KENT e BASTABLE mantendo-se, hoje em dia, a sua aceitação – por todos ver PORTO, «O argumento das indústrias nascentes», op. cit. O "argumento", veio a ter honras de "cidadania jurídica", sendo consagrado no GATT como uma excepção à NMF – ver infra a propósito da análise do artigo XVIII – bem como o dos «termos do comércio» – cf. PORTO, *Estrutura e política alfandegárias*, op. cit., pág. 6 e ss. – seriam as únicas excepções aceitáveis ao comércio internacional sem barreiras.

Mas, se para a Escola Clássica as nações não diferem senão pela diferente dotação do factor trabalho, a Escola Neo-Clássica ampliou essa diferença aos outros factores (a nação é um espaço fechado de factores). HELI HECKSCHER – *Interregional and international trade*, publicada em 1919, a obra deste autor da "Escola Sueca", escrita em sueco, apenas será divulgada quando traduzida para inglês, pelo seu discípulo BERTHIL HOLIN (1933), que, entretanto, terá introduzido pequenas alterações – continuará a explicação do comércio internacional na linha da Escola Clássica, agora considerando a específica e diferente dotação de factores de cada país, que conhecerá uma versão mais rigorosa no "teorema da proporção dos factores" – Teoria Neo-Clássica (Heckscher/Ohlin/Samuelson) – divulgando a tendência para a igualização do preço dos factores como consequência do comércio internacional – BYÉ/BERNIS, op. cit., pág. 140 e ss.

Contudo, após o "Paradoxo de Leontief" – v. BYÉ/BERNIS, op. cit., pág. 201e ss. – surgiram novas tentativas para explicar o comércio internacional, tanto pelo lado da oferta como pelo lado da procura. Para a evolução das teorias do comércio internacional ver BYÉ/BERNIS, op. cit., pág. 735 e ss.; MENDONÇA, «Aspectos teóricos do comércio internacional», op. cit., pág. 26 e ss.; PORTO, *Teorias da integração...*, op. cit., pág. 57; GUILLOCHON, op. cit., pág. 138 e ss.; MEDEIROS, *Economia Internacional*, op. cit., pág. 29 e ss.

[21] Assim TAMANES, op. cit., pág. 26; PITTA CUNHA, «O movimento de integração liberal: do Livre Câmbio do século XIX ...», in *Integração europeia*, op. cit.

[22] Esta cláusula, se bem que tivesse raízes na Idade Média, apenas a partir do Tratado de "Utrecht" (1715) foi formulada no sentido actual. Sobre a origem e evolução da "cláusula" ver PUREZA, op. cit., pág. 496 e ss.; CARREAU/JUILLARD, *Droit International Économique* (1998), op. cit., pág. 93 e 94.

O *Comércio Internacional por Contrapartidas e o Direito Internacional* 199

sagrada nos múltiplos tratados celebrados entre os Estados, o dirigismo estatal substituído pelo "laisser faire" próprio do liberalismo económico, dando lugar ao princípio da liberdade contratual – consagrado universalmente nas várias legislações nacionais – pertencendo apenas ao Estado garantir as "regras do jogo" (polícia económica)[23].

A convertibilidade total das moedas decorrente da adopção do padrão-ouro[24] permitiu que a liberdade contratual se alargasse aos pagamentos internacionais (em moeda nacional ou em ouro) inerentes às transacções comerciais e a crença no mecanismo de ajustamento automático da balança de pagamentos desencorajou os Estados a recorrer à política económica. O banco central e os bancos emissores eram pessoas de direito privado, independentes do poder político, que se abstinha de intervir no domínio monetário[25].

Os investimentos internacionais, atenta a liberdade de escolha da lei aplicável e a ausência de restrições aos movimentos de capitais, beneficiaram de condições ideais.

É assim possível considerar uma *ordem económica internacional privada*[26] apoiada na extensão do princípio da liberdade contratual às relações económicas internacionais durante o período liberal (1814-1913), cujas vertentes foram, respectivamente, a liberdade das transacções comerciais internacionais, a liberdade dos pagamentos internacionais e a liberdade de circulação internacional de capitais.

Os progressos no domínio dos transportes e das comunicações, para além de terem diluído as fronteiras físicas entre os Estados favorecendo a expansão do comércio internacional, determinaram o surgimento das primeiras experiências no domínio da cooperação económica internacional[27]:

---

[23] Cf., CARREAU/FLORY/JUILLARD, *Droit International Économique* (1978), op. cit., pág. 66.

[24] Inicialmente, legalmente pela Grã-Bretanha, em 1816 (embora de facto desde 1717, por influência de Newton) – cfr. EICHENGREEN/FLANDREAU, *The gold standard in theory and history*, op. cit., pág. 4. Na verdade até 1870-80 vários Estados adoptaram um sistema bimetalista (França, Bélgica, Suíça, Itália, Grécia e EUA), ou ainda estalão-prata (Alemanha, Áustria, Holanda, Espanha, Rússia, Japão, Índia e Estados Americanos) – cfr. BARRE, op. cit. pág. 338. Apenas a partir desta altura se poderá considerar a adesão global ao padrão-ouro, permitindo um período de autêntica integração monetária internacional (1880-1913).

[25] Cf. CARREAU/JUILLARD/FLORY, *Droit International Économique* (1978), op. cit., pág. 68.

[26] Por todos CARREAU/FLORY/JUILLARD (1978), op. cit., pág. 65.

[27] Cfr. LAFER, op. cit., pág. 934.

União Postal Internacional (1874), União Telegráfica Internacional (1865)[28].

A conclusão que se impõe retirar é a seguinte: a ordem económica internacional não implicou um Direito Internacional especial; exportações, importações, pagamentos internacionais, concessão de crédito, investimentos internacionais, eram negociados por pessoas jurídicas privadas com recurso a um instrumento jurídico também de Direito Privado: o contrato.

O período entre as duas Guerras (1914-44) revelará a fragilidade do modelo liberal que orientou as relações económicas internacionais durante um século.

A própria experiência de planificação exigida pela Guerra, a "revolução bolchevista", os nacionalismos económicos e a "Grande Depressão de 1929", trazem de novo a intervenção do Estado na economia[29]. A desordem económica vai atingir o auge com a "guerra económica" internacional nos anos trinta[30]: o regresso do proteccionismo alfandegário, com a elevação dos direitos alfandegários e doutras restrições ao comércio internacional – restrições quantitativas, «dumping» (direitos anti-«dumping») – o abandono progressivo do padrão-ouro[31] levou à adopção de câmbios flutuantes[32], de restrições aos pagamentos internacionais, as desvaloriza-

---

[28] Sobre estas conferências e outras que estiveram na origem das primeiras organizações internacionais v. SALEMA/ MARTINS, op. cit., pág. 45 e ss.; CAMPINOS, op. cit., pág. 172 e ss.; LABISA, op. cit., pág. 13 e ss.; MOTA CAMPOS e outros, *Organizações Internacionais*, op. cit., pág. 27 e ss.

[29] A literatura jurídica é unânime ao reconhecer que o fenómeno da intervenção do Estado na economia a partir da I Guerra foi determinante para o surgimento do *Direito Económico* – cfr. entre outros WIEACKER, op. cit., pág. 630 e ss.; LAUBADÉRE, op. cit., pág. 40 e ss.; ATHAYDE, *Estudos e Direito Económico...*, op. cit., pág. 27; SIMÕES PATRÍCIO, *Introdução ao Direito Económico*, op. cit., pág. 11.

[30] V. sobre a desintegração da ordem económica internacional CIDREIRO LOPES, op. cit., pág. 3 e ss.

[31] A maior parte dos Estados que abandonara o padrão-ouro no decurso da I Guerra, ensaiou nos anos 20 (na sequência da Conferência de Génova-1922) regressar à convertibilidade, desta vez na forma de padrão barra-ouro («gold bullion standard») ou, na maior parte dos casos, divisas-ouro («gold exchange standard») – cfr. RAGNAR NURHSE, op. cit., pág. 263; CIDREIRO LOPES, op. cit., pág. 6 – contudo, a experiência foi mal sucedida e a partir de 1930 raros eram os que a mantiveram (à excepção da "zona do esterlino" – "pool" de divisas administrado pelo Banco da Inglaterra com o fim de garantir a liberdade de pagamentos na área geográfica correspondente à Inglaterra, Portugal e países escandinavos (1936) cujas moedas nacionais aceitavam um câmbio fixo; os E.U.A. (1933) tiveram de alterar a paridade ouro do dólar).

[32] O T.I.J. (1929) entendeu "... que qualquer Estado tem o direito de determinar o

ções competitivas permitiram o uso da moeda como "arma comercial" (aumentando ou reduzindo as exportações/importações)[33], os bancos centrais são controlados ou nacionalizados[34], a emissão de notas (papel-moeda) monopólio estatal, os movimentos de capitais controlados[35], impondo limitações aos investimentos internacionais que, aliás, são desencorajados pela vaga de nacionalizações[36] ...

A progressiva destruição da ordem económica internacional de direito privado pelo Direito Público determinou o bilateralismo[37] decorrente de acordos bilaterais de contingentamento e dos acordos de «clearing», como única forma de evitar os pagamentos internacionais, o desequilíbrio da balança de transacções, as retaliações económicas. Os acordos de «clearing» e de pagamentos, antecedentes do *countertrade*, assumiram uma natureza pública, ao contrário da troca («barter»), de natureza privada[38].

O resultado foi evidente: o volume do comércio internacional contraiu-se drasticamente[39].

1.2. A tentativa de reconstrução da ordem económica liberal irá assumir uma base convencional[40].

---

valor da sua moeda" – Proc. dos Empréstimos Sérvios e Brasileiros, apud CARREAU/ /JUILLARD/FLORY, *D.I.E.* (1978), op. cit., pág. 71.

[33] Pela primeira vez na história económica é usado este instrumento de política monetária.

[34] Cfr. CARREAU/FLORY/JUILLARD, *DIE* (1978), op. cit., pág. 72.

[35] Cfr. FMI, *World Economic Outlook*, «Globalization in historic perspective», Maio/1997.

[36] V. sobre as nacionalizações neste período KATZAROV, *Théorie de la nationalisation*, op. cit., pág. 32-42.

[37] Um estudo da autoria da Sociedade das Nações – "Commercial Policy in the Inter-War Period: International Proposals and National Policies" – caracterizou este período pelo regionalismo, pela discriminação, pelo bilateralismo e pela instabilidade.

[38] Assim JOLLY, op. cit., pág. 54.

[39] De 55,9 biliões em 1929, a 24,3 biliões de dólares em 1939 – cfr. LESGUILLONS, op. cit., T. 1, pág. 2/289.

[40] O ponto de partida da ordem económica neo-liberal de inspiração anglo-americana foi a «Carta do Atlântico (1941)», donde é possível extrair do articulado várias referências à liberalização do comércio internacional; este objectivo foi continuado pela «Carta das Nações Unidas (1945)», cujo artigo 1.º n.º 3 reconhece a cooperação económica internacional como um dos fundamentos da Organização das Nações Unidas (v. também Cap. IX) desempenhando o Conselho Económico e Social (Cap. X) esta missão que deverá ser completada pela criação de outras Organizações Económicas Internacionais; assim: os Estados, reconhecendo a interdependência económica internacional, criarão voluntaria-

Desde os anos do pós-guerra os Estados revelar-se-ão pródigos em contribuir, pela via convencional, para o objectivo da cooperação económica internacional, mediante a criação de numerosas Organizações Internacionais (económicas)[41], cobrindo os mais variados aspectos da vida económica internacional – (GATT)[42], FMI[43], BIRD[44], SIF, AID, CIRDI, MIGA ("Grupo do Banco Mundial")[45], CNUCED/UNCTAD, UNCITRAL/ /CNUDCI[46], UNIDROIT[47], ONUDI[48], OCDE[49], OMPI[50], OIT[51], CEPAL,

---

mente o regime das relações económicas internacionais, através de Tratados, Convenções e Acordos, abandonando uma parte da soberania neste domínio às OEI, substituindo a cooperação económica internacional a "guerra económica internacional"; o multilateralismo e não discriminação, em lugar do bilateralismo e da discriminação anterior.

[41] Sobre o conceito de OEI ver CAMPINOS, op. cit., pág. 21 e ss.; SALEMA/MARTINS, op. cit., pág. 7 e ss. A extraordinária diversificação quanto ao objecto torna aconselhável estabelecer uma tipologia das OEI, neste sentido v. CAMPINOS, op. cit., pág. 35 e ss.; A. GONÇALVES PEREIRA/FAUSTO QUADROS, op. cit., pág. 461 e ss.; BÉLANGER, op. cit., pág. 48 e ss.; LABISA, op. cit.; FONTANEL, op. cit.; MOTA CAMPOS e outros, *Organizações internacionais*, op. cit., pág. 30 e ss.

[42] Frustrado que foi o projecto da OIC e do Código de Comércio Internacional, o texto do Acordo Geral das Pautas Aduaneiras e Comércio (GATT-1947) resultou da Parte IV da «Carta de Havana» na forma dum acordo intergovernamental assinado pelos governos dos 23 Estados presentes na Conferência de Havana, na tentativa de liberalização do comércio internacional, cujo objectivo veio a consistir na eliminação das restrições ao comércio internacional, impondo às «Partes Contratantes» um "código de boa conduta comercial".

[43] "Bretton Woods, New Hampshire", E.U.A., 1944. Considerando que a eliminação das restrições ao comércio internacional não se completaria apenas pela adopção de medidas de natureza estritamente comercial e alfandegária, foi instituído o Fundo Monetário Internacional com o objectivo de financiar as trocas internacionais; mediante um regime de câmbios fixos inspirado no padrão divisas ouro, estabeleceu um sistema monetário internacional, que através duma função creditícia facilitou os pagamentos internacionais e o equilíbrio da balança de pagamentos.

[44] Banco Internacional de Reconstrução e Desenvolvimento ("Bretton Woods, New Hampshire", E.U.A., 1944), que, decorridos alguns anos, abandonará o objectivo inicial (auxílio financeiro à Europa) para se ocupar do financiamento do desenvolvimento económico, sendo doravante conhecido por "Banco Mundial".

[45] A designação "Grupo do Banco Mundial" compreende actualmente, além do BIRD, a Sociedade Financeira Internacional (SIF, 1956), a Associação Internacional de Desenvolvimento (AID, 1960) e a Agência Multilateral de Garantia aos Investimentos (MIGA, 1988). De referir que, no âmbito do Grupo do Banco Mundial" a Convenção de Washington (1965) instituiu o Centro Internacional de Resolução de Diferendos Internacionais (CIRDI), em vigor desde 14/10/1966. Sobre a evolução das actividades das organizações que integram o "Grupo Banco Mundial" v. LATEEF, op. cit., pág. 1 e ss.

[46] Comissão das Nações Unidas para o Direito do Comércio Internacional, criada

ECA, CESCAP, ECE/ONU[52], OMC, BAD, BID[53], OPEP... – tendência que se manterá até à actualidade[54] e extravasará para domínios como a integração económica internacional[55]: CEE, CECA, EFTA, ASEAN, COMECOM, LAFTA, ALADI, CARICOM, MERCOSUL, NAFTA ...

Temáticas jurídicas como o regime da circulação internacional de mercadorias, sistemas de preferências aduaneiras, integração económica internacional, sistema monetário internacional, circulação internacional de capitais, investimentos internacionais, nacionalizações, transferências inter-

---

em 1966 (Res. 2205XXI, de 17.12.66), com o objectivo de promover a harmonização e a unificação do direito do comércio internacional, mediante a redução dos entraves jurídicos às trocas internacionais. Sobre a actividade desta instituição v. ACNUDCI e II Cap.-Int.

[47] Instituto Internacional para a Unificação do Direito Privado, com sede em Roma. Sobre a actividade desta organização intergovernamental relançada nos anos 40 v. Cap. II-Int.

[48] Organização das Nações Unidas para o Desenvolvimento Industrial, criada pelas Resoluções n.° 2089 (XX), de 20.12.1965 e 2512 (XXI), de 17.11.1966 com o objectivo de apoiar a industrialização nos PVD – cfr. CAMPINOS, op. cit., pág. 96 e ss.; FEUER/ CASSAN, op. cit., pág. 122 e ss.

[49] Organização de Cooperação e Desenvolvimento Económico (Convenção de Paris, 1961), integrando os estados membros da extinta OECE, e ainda os EUA e o Canadá (bloco dos países industrializados) – para maiores desenvolvimentos v. MOTA CAMPOS e outros, *Organizações internacionais*, op. cit., pág. 580 e ss.

[50] Organização Mundial da Propriedade Intelectual (resultante da fusão da União de Paris e da União de Berna) criada pela Convenção de Estocolmo de 1967, entrou em vigor em 26.4.1970, assumindo a partir de 1974 o estatuto de instituição especializada da ONU.

[51] Organização Internacional do Trabalho. Apesar de anterior à II Guerra (1919), o "relançamento" desta organização após a «Declaração de Filadélfia» (1944) conferiu-lhe o estatuto de instituição especializada da ONU (1946) – para maiores desenvolvimentos v. NICOLAS VALTICOS, *Droit International du Travail*, Dalloz, 1983.

[52] O Conselho Económico e Social das Nações Unidas (ECOSOC) instituiu Comissões Económicas regionais para os vários continentes: ECE/ONU (Europa), CEPAL (América Latina), ECA (África), CESCAP (Ásia e Pacífico) e CEAO (Ásia Ocidental). Sobre os objectivos das várias Comissões v. FONTANEL, op. cit., pág. 127-132; LABISA, op. cit., pág. 58, 162-3; MOTA CAMPOS e outros, *Organizações Internacionais*, op. cit., pág. 272-4.

[53] Bancos Regionais de Desenvolvimento.

[54] Sobre outras organizações económicas internacionais v. CAMPINOS, op. cit.; FONTANEL, op. cit.; LABISA, op. cit.; MOTA CAMPOS (e outros), op. cit. BÉLANGER, *Instituições Económicas Internacionais*, 1999, indica um número superior a 200.

[55] Os últimos cinquenta anos têm sido aplaudidos como os anos da integração económica internacional, atenta a experiência de dezenas de organizações económicas com este objectivo entretanto criadas. Sobre as experiências neste domínio v. ROBSON, *Teoria Económica da Integração Internacional*, Coimbra Editora, 1985, pág. 16 e ss.

204 *Dos Contratos de Contrapartidas no Comércio internacional* («countertrade»)

nacionais de tecnologia, desenvolvimento económico, contratos internacionais («contratos de Estado»), arbitragem económica internacional, empresas transnacionais ... suscitaram, a partir dos anos sessenta, uma acesa polémica doutrinal (ainda não completamente encerrada) acerca da oportunidade dum "direito das relações económicas internacionais"[56]/[57].

---

[56] Cfr. GOLDMAN, «Frontières du droit et lex mercatoria», op. cit, pág. 177; WEIL, «Le droit international économique, mythe ou realité?», op. cit.; OPPETIT, *Droit du Commerce International*, op.cit., pág.12 e ss., CARREAU, *DIE*, 1978, pág. 7 e ss.; KHAN, «Droit International Économique, Droit du developpement, lex mercatoria: concept unique ou pluralisme des ordres juridiques?», op. cit., pág. 97 e ss.

[57] Note-se que um debate similar já tivera lugar antes a propósito do Direito Económico. Embora se registe o emprego da expressão desde o século XVIII – cfr. M.A. VAZ, *Direito Económico*, 1990, pág. 54-55; é possível encontrar referência à terminologia Direito Económico em MARNOCO E SOUZA, *Sciencia Social (Lições sobre o método e doutrinas desta escola feitas na Universidadade de Coimbra ao curso de Sciencia Economica e Direito economico de 1907-8)*, porém, é duvidoso que a expressão tenha assumido o actual significado – foi na Alemanha, nos finais do século XIX, com SCHRODER, *Das Recht der Wirtschaft*, relacionada com a regulação da actividade económica privada – cfr. AUGUSTO ATHAYDE, *Elementos...*, op. cit., pág. 36 – que o fenómeno da intervenção estadual na economia a partir da I Guerra Mundial, proporcionou a obra fundamental de HEDEMANN, *Grundzüge des Wirtschaftrechts* (1922) e de HUBER (1932). Tratava-se não só de reconhecer a intervenção do Estado na economia, mas também que o direito se ocupasse da economia. Após a II Guerra concepções diversas sobre o direito económico vão surgir noutros países (direito público da economia, direito da economia, «droit des affaires», direito das empresas.....) sem que até à actualidade se tenha chegado a consenso, pois a polémica não se encontra ainda encerrada – v. sobre as várias concepções do Direito Económico A. ATHAYDE, *Estudos de Direito Económico...*, op. cit., pág. 26-46; SIMÕES PATRÍCIO, *Introdução ao Direito Económico*, op. cit., pág. 25 e ss.; SOUSA FRANCO, «Direito Económico», in *Dicionário jurídico da administração pública*; M. AFONSO VAZ, *Direito Económico*, op cit., pág. 55 e ss. – subsistindo o Direito Económico sem definição – neste sentido G. FARJAT, «La notion de droit économique», op. cit., pág. 27; a AIDE recusou expressamente qualquer definição; para um "balanço" do estado actual do problema v. *Droit et Économie*, "Arch. de pilosophie du Droit", 1992.

Em Portugal – tal como em França (LAUBADÉRE, *Droit Public Économique*) e na Itália (GALCANO, *Diritto Publico dell Economia*, op. cit.) – desde o estudo pioneiro de A. ATHAYDE, *Elementos para um Curso de Direito Administrativo da Economia* (1970), tem prevalecido uma concepção do Direito Económico como Direito Público da Economia (intervenção económica do estado) – neste sentido; TEIXEIRA MARTINS, *Direito Público da Economia* (1976); C. FERREIRA DE ALMEIDA, *Direito Económico* (1979); C. MOTA PINTO, *Direito Público da Economia* (1980-81); J. MIRANDA, *Direito da Economia* (1982-83); L. CABRAL MONCADA, *Direito Económico* (1988). Se esta orientação apresenta o mérito de individualizar o Direito Económico como Direito Público, distinguindo-o da vastidão do que poderia ser considerado o "Direito Privado da Economia" (Direito Comercial, Direito

Face a um Direito Internacional Público[58] fundamentado na soberania dos Estados, sem vocação para lidar com a nova realidade e a um Direito Comercial Internacional[59] ("clássico" – privado)[60] incapaz de a assi-

---

das Obrigações...), já VITAL MOREIRA, *A ordem jurídica do capitalismo* (1973); O. GOMES/
/ANTUNES VARELA, *Direito Económico* (1977), SOUSA FRANCO, *Noções de Direito da
Economia* (1982-83) e M. AFONSO VAZ, *Direito Económico* (1983), A.C. SANTOS/M.E.
GONÇALVES/M.M. LEITÃO MARQUES, *Direito Económico*, não adoptam uma concepção
idêntica.

[58] Sobre a noção de Direito Internacional Público v. entre outros SILVA CUNHA,
Direito Internacional Público, CLB, 1981, pág. 18 e ss.; AFONSO QUEIRÓ, op. cit.; ALBINO
AZEVEDO SOARES, op. cit., pág. 13 e ss.; D. CARREAU, *Droit International*, op. cit., pág. 18
e ss.; GONÇALVES PEREIRA/FAUSTO QUADROS, op. cit., pág. 26 e ss.

[59] O Direito Comercial Internacional, tal como era entendido até aos anos sessenta,
era tributário duma ordem económica internacional de direito privado, respeitando às
operações comerciais entre agentes económicos privados. Sobre a insuficiência deste
Direito Comercial Internacional ("clássico") para abranger a nova realidade e as novas
áreas do Direito do Comércio Internacional v. OPPETIT, *Droit du Commerce International*,
op. cit., pág. 13 e ss,; PHILIPPE KHAN, «Droit International Économique...», op. cit.

[60] A distinção entre Direito Público e Direito Privado, embora remonte a Ulpiano,
foi cultivada pelo Positivismo Jurídico do século XIX, atenta a pretendida unidade sis-
temática do direito privado – sobre esta v. CASTANHEIRA NEVES, *Introdução ... O sentido
do Direito*, pág. 55; WIEACKER, op. cit., pág. 491 e ss.;LARENZ, *Metodologia ...*, FCG,
1989, pág. 195 – tem sido um dos obstáculos ao reconhecimento da cidadania jurídica a
um "Direito das Relações Económicas Internacionais": questões como averiguar se se trata
de Direito Público ou Direito Privado têm mantido cépticos os fiéis à ortodoxia – as dificuldades suscitadas por esta distinção são incompatíveis com determinadas concepções
quer do Direito Internacional Económico, quer do Direito do Comércio Internacional, que
envolvam simultaneamente pessoas públicas (estados, OEI) e privadas (sociedades transnacionais), normas de natureza pública e privada. Assim, na perspectiva tradicional, as
relações económicas internacionais seriam reguladas por dois ramos de direito bem distintos: o direito internacional público e o direito internacional privado – neste sentido A.
AZEVEDO SOARES, op. cit., pág. 409. Sobre a interligação e a distinção actual entre Direito
Internacional Público e Direito Internacional Privado v. LIMA PINHEIRO, op. cit., pág. 483
e ss. A complexidade das relações económicas internacionais e a carência de regulação
nem sempre se compadecem com estas exigências doutrinais e a polémica não é original,
pois já tivera lugar a propósito dum Direito Económico, como mais tarde veio a suceder a
propósito dum direito bancário – assim A. ATHAYDE, *Estudos de Direito Económico e de
Direito Bancário*, op. cit., pág. 148, 150 e 165 e *Curso de Direito Bancário*, op. cit., pág.
64 e ss., refere-se ao cruzamento no Direito Bancário de normas de Direito Público e de
Direito Privado, relações jurídicas "verticais e "horizontais".

Aliás, a "clássica" distinção entre Direito Público e Direito Privado – v. PIRES DE
LIMA/ANTUNES VARELA, *Noções fundamentais de Direito Civil*, pág. 41 e ss.; MOTA PINTO,
Teoria Geral do Direito Civil, op. cit., pág. 11 e ss.; F. HAYECK, *Droit, legislation et liberté*,

milar na sua totalidade, as propostas dos autores multiplicaram-se de acordo com concepções mais ou menos amplas, mais ou menos restritas, na tentativa de captar a novidade: Direito Internacional da Economia[61], Direito Internacional Económico[62], Direito Económico Internacional[63], Direito das Organizações Internacionais[64], Direito das Organizações Internacionais

---

PUF, 1980, vol. I, pág. 158; GALCANO, *História do Direito Comercial*, op. cit., pág. 152 e ss. – pessoas de Direito Público, pessoas de Direito Privado – v. sobre os critérios de distinção NUNO SÁ GOMES, *Notas sobre o regime jurídico das pessoas colectivas públicas de direito privado*, CTF, Julho /Setembro de 1987, pág. 30 e ss. – produto duma construção oitocentista tem sido sujeita a críticas – neste sentido ROGÉRIO SOARES, *Direito Público e sociedade técnica*, Coimbra, 1969, pág. 100; VITAL MOREIRA, *A ordem jurídica do capitalismo*, Coimbra, 1973, pág. 76 e ss.; F. GALCANO, «Publico e privato nella regulazione dei rapporti economoci», op. cit., pág. 129; S. PATRÍCIO, *Introdução ao Direito Económico*, op. cit., pág. 68 e ss. – às quais, decerto a problemática dum direito económico não é de todo alheia – v. sobre a dissolução da unidade interna do direito privado pelo "direito económico e social" v. WIEACKER, op. cit., pág. 628 e ss. – , vindo a contribuir para a diluição da tradicional distinção entre direito público e direito privado – neste sentido FARJAT, «L'importance d'une analyse substancielle en droit économique», op. cit. Sobre a oportunidade de novos critérios v. GALCANO, *História do Direito Comercial*, op. cit., pág. 155.

[61] Regista-se o emprego da expressão por vários autores, sem a preocupação de esclarecer o conteúdo. Assim PHILIPPE KAHN, «Droit international économique.........», op. cit., pág. 98 e a bibliografia citada; BÉLANGER, op. cit., pág. 3.

[62] Sob esta designação albergam-se duas concepções distintas: o DIE enquanto parte do Direito Internacional Público e o DIE como disciplina nova e autónoma – v. quanto à primeira concepção HOHENVELDERN, *International Economic Law*, op. cit., pág. 1. Sobre a última concepção v. CARREAU, *Droit International Économique,* 1990, op. cit., pág. 7; MICHEL BÉLANGER, *Institutions Économiques Internationales*, op. cit., pág. 5 e ss.; SOUSA FRANCO, *Direito da Economia*, op. cit., pág. 50.

[63] Numa primeira acepção, aliás a mais divulgada, o Direito Económico Internacional corresponde ao Direito Internacional Económico, usando os autores alternativamente a designação – v. entre outros PAUL REUTER, *Le Droit Èconomique International*, 1952-53. Já para SOUSA FRANCO, op. cit., pág. 48, a problemática do Direito Económico Internacional é outra e não se confunde com o DIE: "...regime que pode resultar do direito interno (que define as regras a observar, no respectivo âmbito de aplicação territorial e pessoal nas relações económicas internacionais)...". Outro entendimento é o de A. AZEVEDO SOARES, op. cit., pág. 407 e ss., para quem o emprego alternativo de Direito Económico Internacional e Direito Internacional Económico não se trata apenas de uma questão de terminologia: a opção pelo primeiro termo significaria o reconhecimento da especificidade das relações internacionais no domínio da economia, enquanto o segundo respeitaria a um capítulo do Direito Internacional Geral, pelo que seria de rejeitar a sinonímia.

[64] V. sobre esta perspectiva M. SALEMA/A. OLIVEIRA MARTINS, op. cit., pág. 7 e ss.

O *Comércio Internacional por Contrapartidas e o Direito Internacional* 207

Económicas[65], Direito do Comércio Internacional[66], Direito Internacional do Comércio[67], Direito Alfandegário Internacional[68], Direito Monetário

---

[65] Direito Internacional Económico como o quadro geral das Organizações Económicas Internacionais – sobre esta perspectiva v. BÉLANGER, op. cit., pág. 2 e ss.

[66] Embora se registe na literatura jurídica o emprego alternativo da terminologia Direito Comercial Internacional e Direito do Comércio Internacional para referir a mesma realidade – assim, entre nós, enquanto FERRER CORREIA, «Da arbitragem comercial internacional», op. cit., pág. 173, traduz CNUDCI por Comissão das Nações Unidas para o Direito Comercial Internacional, M.A. SOARES/RUI MOURA RAMOS, op. cit., pág. 10 preferem Direito do Comércio Internacional – tal sinonímia não é de aceitar, actualmente, a não ser que se considere o direito comercial internacional (privado) abrangido pelo direito do comércio internacional, abrangendo este último um domínio mais vasto. Na realidade, desde as últimas décadas a regulação do comércio internacional não se compadece com um direito comercial internacional "clássico" (privado) abrangendo também fontes de natureza pública (GATT/OMC;...). Neste sentido GOLDMAN, «Frontiéres du droit ...», op. cit., pág. 177, concluía (1964) que a expressão "Direito Comercial Internacional" cobria o conjunto das relações económicas internacionais. SCHMITTHOFF, *The Law and pratice of International Trade*, op. cit.; HANS VAN HOUTTE, *The Law of International Trade*, op. cit.; LUÍS LAMPREIA (e outros), *O Direito do Comércio Internacional*, op. cit., abordam temas como a OMC e a integração económica. Também J. JACQUET/DELEBECQUE, *Droit du Commerce International*, op. cit.; MOUSSERON/FABRE/RAYNARD/PIERRE, *Droit du Commerce Internacional*, op. cit., incluem temas como as regras jurídicas do GATT/OMC, pagamentos internacionais, investimentos internacionais...; PHILIPPE KHAN, «Droit International Économique.......», op. cit., refere-se a «droit commercial international (privé)» e a «droit du commerce international au sens étroit» e a «droit international du commerce»... A própria Comissão das Nações Unidas para o Direito do Comércio Internacional (UNCITRAL), ultrapassa os limites do Direito Comercial Internacional ("clássico"), incluindo nos seus trabalhos temas como "Comércio e desenvolvimento (UNCTAD)", "A Nova Ordem Económica Internacional (NOEI)", pagamentos internacionais, a par dos temas "clássicos ..... Aliás, a Lei-tipo da UNCITRAL de 21:06.85 sobre a Arbitragem Comercial Internacional é explícita indicando que o termo comercial deve ser entendido em sentido amplo, abrangendo: todas as transacções comerciais versando sobre o fornecimento ou troca se mercadorias e serviços (acordos de distribuição, representação comercial, «factoring», «leasing», contratos «chave na mão», «engineering», investimentos, financiamento, operações bancárias, seguros, acordos de concessão de exploração, «joint-ventures» e outras formas de cooperação industrial, transporte de mercadorias e passageiros ...) Assim, face a este alargamento da temática abrangida seria preferível a expressão Direito do Comércio Internacional, porque mais abrangente, incluindo os temas clássicos do Direito Comercial Internacional (privado) e os novos temas resultantes da regulamentação do comércio internacional no pós-Guerra (público) – GATT/OMC, CNUCED, CDDE... Logo, considerando a tradicional distinção entre direito público e direito privado, o direito do comércio internacional abrangeria o direito comercial internacional (privado) e o direito do comércio internacional (público) num sentido amplo, ou então apenas o direito do comércio inter-

Internacional[69], Direito das Finanças Internacionais, Direito Internacional do Desenvolvimento[70], Direito Internacional dos Investimentos, Direito das Transferências de Tecnologia, Direito das Preferências Aduaneiras, "Direito Internacional dos Negócios"[71], Direito Internacional dos Contra-

---

nacional em sentido estrito (público), originário das organizações internacionais económicas universais. JACQUET/DELEBECQUE, *Droit du commerce international*, op. cit., pág. 4, distinguem o Direito do Comércio Internacional do Direito Internacional Económico com base na perspectiva da regulação: micro-regulação – Direito do Comércio Internacional; macro-regulação do comércio internacional – Direito Internacional Económico; no mesmo sentido CARREAU/JUILLARD, *DIE* (1998), op. cit., pág. 6 e ss.

[67] Esta expressão é usada, entre outros, por P. KAHN, «Droit International Économique.........», op. cit, pág. 98; CARREAU/JUILLARD, *DIE* (1998), pág. 8, para se referirem ao "systéme OMC".

[68] É ao GATT/OMC que compete a regulação alfandegária internacional, não só dos direitos alfandegários (propriamente ditos) e dos regimes alfandegários, como das outras restrições ao comércio internacional, nomeadamente as barreiras não alfandegárias (restrições quantitativas e qualitativas às importações e às exportações, subsídios,...) e ainda do regime alfandegário das zonas de integração económica (zonas de comércio livre, uniões aduaneiras). Nesta medida o GATT/OMC é um Direito Alfandegário Internacional em vigor nos Estados membros em relação à circulação internacional de mercadorias e serviços.

[69] Assim CARREAU/JUILLARD/FLORY, *DIE* (1990), op. cit., pág. 484; outros autores referem-se a ordem monetária internacional. A "International Law Association" (ILA) inclui uma Comissão de Direito Monetário Internacional – cfr. LEFORT, op. cit., pág. 378.

[70] Se a "Conferência de Bandung" é apontada como o marco histórico, a identificação da problemática desenvolvimento económico surge na primeira Conferência das Nações Unidas sobre Comércio e Desenvolvimento (Genebra-1964), dando origem a um organismo especializado da ONU de carácter permanente, ao aditamento da Parte IV do GATT – Comércio e Desenvolvimento, bem como ao "grupo dos 77". Alguns anos mais tarde o programa das "Décadas de Desenvolvimento" e o nascimento de organizações internacionais económicas vocacionadas para o desenvolvimento desenvolverá este movimento e é sobretudo a partir da reivindicação duma «Nova Ordem Económica Internacional» e da «Carta dos Direitos Económicos dos Estados» – Resolução 3281 (XXXIX) da ONU, de 12/12/74 – que o Direito Internacional do Desenvolvimento conquista os seus "foros de cidadania jurídica". Sobre a NOEI v. STERN, op. cit.; sobre a CDDE, CARREAU, «Le Nouveau Ordre International Économique», op. cit., pág. 56 e ss. Sobre a perspectiva e conteúdo dum Direito Internacional do Desenvolvimento v. PELLET, op. cit.; FEUER/ /CASSAN, op cit.

[71] Cfr. SCHAPIRA/LEBLEN, *Le Droit International des Affaires*, op. cit. Esta seria a concepção doutrinal favorável à "Lex Mercatoria" partilhada pela chamada "Escola de Dijon": STOUFFLET, «Le crédit documentaire» (1959); KAHN, «La vente commerciale international» (1962); GOLDMAN, «Frontiéres du Droit et Lex Mercatoria», op. cit.; FOUCHARD, «Lárbitrage commercial international», 1965; OPPETIT, *Droit du Commerce International*

tos[72], «Lex Mercatoria»[73], Direito das Relações Económicas Internacionais[74] ou apenas Direito Internacional[75]? Ordem económica internacional?

1.3. Conclusão.

O nascimento do comércio internacional nos séculos XV-XVI proporcionou uma problemática específica: a das relações económicas internacionais (que se autonomizaram do conjunto das relações internacionais)[76]. Inicialmente fruto da casuística político-económica mercantilista (política económica), apenas a partir da segunda metade do século XVIII são objecto

---

(1974), op. cit. ... Sob este título têm sido publicadas obras que abrangem a problemática mais vasta dum direito do comércio internacional – neste sentido OSVALDO MARZORATI, *Derecho de los negocios internacionales*, op. cit.

[72] V. PHILIPPE KAHN, «Droit International Économique, Droit du Développement, lex mercatoria: concept unique ou pluralisme des ordres juridiques?», op., cit., pág. 97.

[73] V. supra Capítulo II, Introdução.

[74] V. CARREAU/JUILLARD/FLORY, *DIE* (1978), op. cit., pág. 8, referem uma concepção ampla do DIE como o direito das relações económicas internacionais, contemplando uma imensa área desde as transacções públicas às transacções privadas, desde a venda internacional e dos créditos documentários, à circulação internacional de mercadorias e ao sistema monetário internacional – neste sentido *Le droit des relations économiques internationales*, études offertes à BERTHOLD GOLDMAN, 1987, op. cit.: sob este título são reunidos estudos no âmbito do Direito Internacional Privado, Direito Internacional Económico, arbitragem internacional privada, «lex mercatoria», transferências internacionais de tecnologia...

[75] A expressão Direito Internacional seria, segundo GOLDMAN, *Investissements étrangers* ..., op. cit. pág. 132, resultado da tradução de "international law". Para este autor tratava-se de uma apropriação abusiva para designar exclusivamente o Direito Internacional Público, olvidando outras áreas do Direito Internacional. Sobre a distinção entre Direito Internacional Público/Direito Internacional Privado v. VERHOEVEN, «Droit international public et droit international privé: oú est la difference?», op. cit. Para TOUSCOZ, *Direito Internacional*, op. cit., pág. 28-29, a nova temática sempre se reconduziria a um dos vários ramos do Direito Internacional: assim a par dum Direito Internacional financeiro e monetário, um Direito Fiscal Internacional, um Direito Internacional dos Contratos Internacionais, um Direito Internacional dos Investimentos, um Direito Internacional dos Conflitos Internacionais... Neste sentido v. também BÉLANGER, op. cit., pág. 3, a propósito do Direito Internacional Económico como uma das divisões do Direito Internacional Público.

[76] A consideração duma perspectiva jurídica das relações económicas internacionais pressupõe, ao fim e ao cabo, resolvido um problema prévio: o da problemática específica das relações económicas internacionais face às relações internacionais – v. sobre esta relação BYÉ/BERNIS, op. cit., pág. 1 e ss. Sobre as relações entre o Direito Internacional e as relações internacionais v. ANNE-MARIE SLAUGHER (e outros), «International law and international relations theory», op. cit.

210   *Dos Contratos de Contrapartidas no Comércio internacional* («countertrade»)

de especulação teórica (teoria do comércio internacional). A História demonstra que a juridicização das relações económicas internacionais é recente: ao "direito das relações económicas externas" do Estado Moderno inspirado pelo mercantilismo, sucedeu a ordem económica privada do livre cambismo (século XIX) que não exigiu um direito internacional especial; após a experiência da "guerra económica" dos anos trinta surge no pós guerra, consequência da multiplicação das organizações internacionais com competências no domínio do económico, um direito especial para as relações económicas internacionais,

O comércio internacional não é um fenómeno isolado do conjunto das relações económicas internacionais: importação e exportação de mercadorias exigem pagamentos, os pagamentos internacionais implicam operações cambiais, investimentos internacionais reclamam circulação internacional de capitais...

Da internacionalização, globalização e mundialização da economia[77] (estrutura da economia mundial), resultou evidente uma tendência no sentido da crescente e constante juridicização das relações económicas internacionais[78].

1.4. Sequência.

O comércio internacional é negociado através dum instrumento jurídico inspirado no direito privado: o contrato internacional[79]. Porém, de acordo com a tendência referida, regras jurídicas de outra natureza regem simultâneamente o comércio internacional[80].

---

[77] Sobre a globalização da economia v. FMI, «Globalization: oppurtunities and challenges», "WEO", 1997 (Maio); TEIXEIRA PINTO, op. cit.; CARREAU/JUILLARD, *DIE* (1998), op. cit., pág. 1; sobre mundialização v. TOUSCOZ, «Mondialisation ...», op. cit.; BÉLANGER, *Instituições económicas internacionais – a mundialização económica e os seus limites,* *Piaget,* Lisboa, 1999, pág. 47 e ss. Sobre a distinção entre internacionalização, mundialização e globalização v. op. ult. cit., pág. 20 e ss.

[78] Este aspecto foi devidamente destacado pela UNCITRAL através dos sua participação na "Década das Nações Unidas para o Direito Internacional", invocando o contributo do direito do comércio internacional para o primado do direito nas relações económicas internacionais – cfr. ACNUDCI, 1990, vol. XXI, pág. 10. Sobre as influências deste movimento a nível do direito económico nacional v. entre outros MOHAMED SALAH M. M., «La problématique du droit économique» ... (2.ª Parte), op. cit., pág. 166 e ss.

[79] Cfr. FRIGANI, *Il contratto internazionale,* op. cit., pág. 3; TOUSCOZ, *Direito Internacional,* op. cit., pág. 304.

[80] Sobre a perspectiva jurídica interdisciplinar do comércio internacional v. FRIGANI, *Il contratto internazionale,* op. cit., pág. 3 e ss.; TOUSCOZ, *Direito Internacional,* op. cit., pág. 304.

É reconhecendo a pluralidade de regras jurídicas originárias do Direito Internacional Convencional incidindo sobre o comércio internacional, que neste capítulo se procederá à análise do comércio internacional por contrapartidas. Partindo da noção e da sistematização propostas[81], intentando averiguar se os contratos de contrapartidas (na generalidade) contrariam o ordenamento económico internacional vigente ou se tal problema se restringe a algumas das suas manifestações. Neste propósito serão analisados face ao regime jurídico da circulação internacional de mercadorias e serviços constante do Acordo Geral das Pautas Aduaneiras e Comércio e dos recentes Acordos GATT/OMC, do regime jurídico constante do Acordo relativo ao Fundo Monetário Internacional, das propostas oriundas da Conferência das Nações Unidas sobre o Comércio e Desenvolvimento e das regras jurídicas da circulação de mercadorias e da concorrência da Comunidade Europeia.

SECÇÃO I

O GATT/OMC E O
COMÉRCIO INTERNACIONAL POR CONTRAPARTIDAS

2. O GATT[82] enquanto regime jurídico da circulação internacional de mercadorias, em vigor desde 1948, intentou a expansão do comércio mundial através da instituição dum sistema multilateral de trocas internacionais (sistema comercial internacional) inspirado no livre cambismo, baseando-se no princípio da reciprocidade exigido pela "cláusula da nação mais favorecida" (NMF)[83] – artigo I – e pela cláusula do tratamento

---

[81] V. supra I Cap., Secção III.

[82] Sobre o texto do Acordo ver *GATT- Basic selected instruments*, cit. Embora a Decisão de Acessão de Portugal adoptada pelas Partes Contratantes date de 9.12.61 – cfr. *Basic Selected Instruments*, Suplemento nº 10, pág. 11, GATT, Genebra, Março 1962 – já pela Decisão de 4.06.60 Portugal tinha participado nas sessões das Partes Contratantes – cfr. BSI, Supl. n.º 9, pág. 14, GATT, Genebra, Fev./1961 – tendo o Protocolo de Acessão sido assinado em Genebra em 6/04/62 e o Dec.- Lei n.º 44418 (publicado no Diário do Governo, I.ª Série- n.º 144, de 26.06.62) apresentado as primeiras concessões alfandegárias feitas por Portugal; o Dec.-Lei n.º 48188 de 30/12/67 os resultados das negociações pautais no âmbito do "Kennedy Round", não existe uma tradução oficial do Acordo nem das posteriores alterações. No entanto, Cidreiro Lopes, op. cit., pág. 257 a 330, publicou uma versão do Acordo em língua portuguesa em 1965.

[83] Para uma análise jurídica da cláusula v. Pureza, op. cit., pág. 493 e ss.

212   *Dos Contratos de Contrapartidas no Comércio internacional* («countertrade»)

nacional (princípio da não discriminação)[84] – artigo III (segundo o qual as importações devem ser tratadas de forma igual aos produtos provenientes do território nacional). O funcionamento do Acordo radica no artigo II (extensão da NMF – princípio da reciprocidade), relativo às concessões alfandegárias[85], segundo o qual as concessões das "Partes Contratantes" terão o mesmo valor, tendo lugar em listas anexas, consolidando a baixa progressiva dos direitos aduaneiros negociados nas rondas[86]; os direitos aduaneiros são o único obstáculo ao comércio admitido ("princípio da protecção alfandegária exclusiva") já que as barreiras não alfandegárias[87] são proibidas pelos outros artigos – VI («dumping»), VII (valor aduaneiro), VIII (obstáculos técnicos), IX (marcas de origem), X (regulamentações de comércio), XI (restrições quantitativas), XVI (subsídios à exportação) e XVII (compras públicas) – cuja função é reforçar e tornar útil a disposição do artigo II.

2.1. O GATT e as contrapartidas.

Debalde se procurará no articulado qualquer referência ao comércio por contrapartidas; o que se compreenderia atendendo ao facto do volume destas transações, na altura da redacção do Acordo, não ter atingido as proporções dos anos setenta. Aliás, é de crer que o legislador do GATT, atentos os objectivos e os mecanismos próprios do Acordo, confiasse na extinção gradual dos acordos comerciais bilaterais, dos acordos de «clearing» herdados da conjuntura económica internacional do período entre Guerras. Assim, vários autores concluíram pela ausência de um regime jurídico internacional aplicável ao comércio por contrapartidas[88].

As regras do GATT apenas vinculavam as "Partes Contratantes"; ora nem todos os Estados do mundo, nem mesmo a maior parte[89], eram "Par-

---

[84] V. T. FLORY, *Droit International*, op. cit., pág. 9 e ss.

[85] Ver tb. art. XXVIIIbis.

[86] As rondas tarifárias que tiveram lugar foram as seguintes: Genebra (1947), Annecy (1949), Torquay (1951), Genebra (1955-56), Genebra - "Dillon Round" (1960-62); até aqui o método de negociação foi bilateral, doravante o método será multilateral e não serão exclusivamente tarifárias: "Kennedy round" (1963-67), "Tokyo Round" (1973-79) e "Uruguai Round" (1986-93).

[87] Sobre barreiras não alfandegárias/obstáculos não pautais v. CARREAU/JUILLARD/ /FLORY, *DIE* (1978), pág. 125 e ss.; NETO DA SILVA E REGO, op. cit., pág. 59 e ss.; SWANN, op. cit., pág. 123 e ss.; PORTO, *Teoria da integração* ..., op. cit., pág. 117-120/269-288.

[88] Assim, entre outros, CARREAU/JUILLARD/FLORY, *DIE* (1990), op. cit., pág. 257.

[89] O Acordo foi, inicialmente, em 1947, assinado por 23 estados; nas vésperas do "Uruguai Round" (1986) o n.º de "Partes Contratantes" não atingia cem; no termo desta

O Comércio Internacional por Contrapartidas e o Direito Internacional 213

tes Contratantes": os países de comércio de estado, com especial destaque para os do "Bloco Leste Europeu" e a maior parte dos países em vias de desenvolvimento não revestiam esta qualidade, logo as regras do GATT não lhes eram aplicáveis.

Por outro lado, o domínio material de aplicação do Acordo limitava-se à circulação internacional de mercadorias (produtos industriais/manufacturados, "visíveis"), excluindo outros sectores relevantes do comércio mundial (serviços, agricultura ...)[90].

Convirá não olvidar que o GATT assumiu a forma de um acordo intergovernamental, logo as suas regras não são aplicáveis a transacções privadas, nomeadamente aos contratos internacionais de contrapartidas em que as partes sejam sujeitos de Direito Privado[91], nem a acordos de contrapartidas a longo prazo (a maior parte dos artigos do Acordo prevê a sua aplicação a transacções individuais).

Porém, é possível por recurso à interpretação extrair alguns princípios de Direito Internacional aplicáveis às trocas internacionais com base nas contrapartidas (multilateralismo, reciprocidade, não discriminação, transparência), aliás, com as limitações que lhe são próprias no que respeita ao cumprimento e execução.

É por demais sabido que as transacções no âmbito das contrapartidas privilegiam o sigilo; à excepção dos países do ex "Bloco Leste" e dos países com legislação própria, as "partes" envolvidas nas operações de contrapartidas não apreciam a publicidade. Ademais, a estrutura contratual e a técnica contratual (contratos separados)[92] preferidas não revelam a um observador menos atento a verdadeira faceta destas operações; assim os contratos de contrapartidas comerciais, bem como os contratos de contrapartidas industriais podem perfeitamente aparentar um contrato de venda internacional de mercadorias ou um contrato internacional de transferên-

---

última "Ronda" (último ano da sua existência) o número de estados ascendia a 128. Se bem que, afinal, representassem 80% do volume do comércio mundial, o número de estados era bastante inferior ao de OEI como o FMI, BM, ou CNUCED – cfr. CARREAU/JUILLARD, *DIE* (1998), op. cit., pág. 53; GATT, *International Trade/Trends and Statistics*, 1994. Nas próximas negociações multilaterais no âmbito da OMC (Seattle) prevê-se a presença de 133 estados.

[90] Esta foi, aliás, uma das principais limitações do Acordo até à criação da OMC.

[91] Cfr.; ROESSLER, op. cit., pág. 605 e ss.; VERZARIU, op. cit., pág. 16; SALEM, op. cit., pág. 508. Tal explicará a preferência pela negociação das contrapartidas com recurso a instrumentos de Direito Privado, ainda que uma das partes seja um Estado ou uma pessoa de Direito Público.

[92] Ver supra Capítulo II, Secção II.

214 *Dos Contratos de Contrapartidas no Comércio internacional («countertrade»)*

cia de tecnologia "chave na mão", respectivamente; aliás, recorde-se, este é um dos objectivos presentes na lógica que preside à separação dos contratos, iludindo observadores menos familiarizados com este tipo de operações.

A imposição por parte de um Estado ou de organismos estatais controlados pelo Estado de obrigações de contrapartidas variáveis consoante o parceiro comercial em causa, poderá constituir uma violação do princípio da não discriminação, implícito na NMF de natureza incondicional contida no artigo I[93]. Da mesma forma, fazer depender uma concessão alfandegária da aceitação de contrapartidas, implicará idêntica violação[94].

O princípio da protecção alfandegária exclusiva, que se deduz da conjugação do artigo II com o artigo XXVIIIbis, pode ser violado pelos países em que o monopólio da importação seja uma atribuição de organismos públicos que imponham obrigações de contrapartidas: na realidade tais imposições são uma barreira não alfandegária a adicionar aos impostos alfandegários que, porventura, incidam sobre a mercadoria importada[95].

Contratos de recompra («buy-back») ou de «offset» em que uma das partes seja um organismo público poderão violar a proibição de "dumping" (artigo VI), na medida em que compreendam uma margem de "dumping" que cause ou ameace causar um prejuízo ("dumping" prejudicial)[96]; no entanto, atendendo à natureza da operação a determinação do direito anti-"dumping" (equivalente à margem de "dumping") poderá revelar-se difícil, senão mesmo impossível.

---

[93] Cfr. LIEBMAN, op. cit., pág. 253.

[94] Cfr. ROESSLER, op. cit., pág. 605.

[95] Cfr. LIEBMAN, op. cit., pág. 253.

[96] A regulamentação contida no artigo VI do Acordo e no "Código anti – «dumping»" ("Kennedy" e "Tokyo rounds") condena apenas o «dumping» prejudicial exigindo três pressupostos cumulativos: a) margem de "dumping" – correspondendo à diferença entre o valor normal e o preço de exportação; b) prejuízo a um ramo da economia nacional do país importador; *c)* nexo de causalidade entre o "dumping" do país exportador e o prejuízo causado no país importador. O direito anti-«dumping», de natureza alfandegária e de duração temporária, será cobrado após um inquérito que conclua pela procedência da queixa – cfr. CARREAU/JUILLARD/FLORY, *DIE* (1990), op. cit., pág. 144 e ss. O recente Acordo sobre a aplicação do Artigo VI/OMC veio tornar mais exigente a cobrança dum direito anti-«dumping», por quanto o faz depender dum depósito-caução e duma prática nunca inferior a um ano (embora nalguns casos seis meses) relativa a 20% das transacções consideradas para o cálculo do valor normal, legalizando o «dumping» inferior a este período e a esta quantidade – sobre as novas regras do «dumping» ver ÁLVARES, *O GATT*, op. cit., pág. 166 e ss.; MEDEIROS, *As novas regras do comércio internacional*, op. cit., pág. 40 e ss.; CARREAU/JUILLARD, *DIE* (1998), op. cit., pág. 244 e ss.

O Comércio Internacional por Contrapartidas e o Direito Internacional 215

As práticas de câmbios múltiplos podem configurar, em certas circunstancias, um subsídio à exportação (artigo XVI), que podem justificar a cobrança de direitos compensadores (artigo VI).

Os acordos de «offset», desde os anos oitenta bastante divulgados no sector do comércio internacional de aeronaves civis, foram interditados pelo Acordo sobre o comércio de aeronaves civis ("Tokyo Round", 1979)[97].

A troca directa («barter»), em que não é atribuído um preço às mercadorias poderá suscitar sérias dificuldades em matéria de tributação alfandegária "ad valorem", obrigando ao recurso a outro método para a determinação do valor aduaneiro das mercadorias – artigo VII[98].

Legislações nacionais[99] e outras imposições sujeitando as importações a obrigações de contrapartidas encontram-se no domínio de aplicação do artigo XI (restrições quantitativas): na verdade ao fazer depender a importação de exportações de valor equivalente ou parcial, afinal, o que está em causa é uma medida correspondente a restrição quantitativa (quota) restringindo o acesso ao mercado nacional em causa[100].

O uso discriminatório das restrições quantitativas, consoante as empresas exportadoras aceitem ou não obrigações de contrapartidas nos países de destino, atenta contra o princípio da não discriminação[101].

---

[97] Apesar do "Código sobre aeronaves civis" não mencionar expressamente as contrapartidas, o artigo 4.° considera essencial que estas operações obedeçam a considerações de ordem técnica e comercial e não se sujeitem a exigências de outra ordem (contrapartidas). V. neste sentido CARREAU/JUILLARD/FLORY, DIE (1990), op. cit., pág. 257.

[98] Este problema mereceu oportunamente a atenção do Comité Técnico sobre o Valor Aduaneiro do GATT, «Advisory opinion on the treatment of barter or compensation deals under the Agreement» – cfr. ROESSLER, op. cit., pág. 613. Vários métodos são propostos, para aplicação sucessiva, no artigo VII e no "Código sobre o valor aduaneiro" (1981) que o completou e, mais recentemente, no Acordo sobre a aplicação do artigo VII do Acordo Geral sobre Pautas Aduaneiras e Comércio de 1994: "valor transaccional", valor transaccional de mercadorias idênticas, valor transaccional de mercadorias similares, método dedutivo e método do valor calculado. Para maiores desenvolvimentos v. RAPOSO MEDEIROS/CALADO MENDES, op. cit., pág. 87 e ss.

[99] Ver infra Capítulo II, Introdução, sobre os Estados que possuem legislação sobre contrapartidas.

[100] Neste sentido WELT, «Countertrade», op. cit., pág. 120; LIEBMAN, op. cit., pág. 254; ROESSLER, op. cit., pág. 605; VERZARIU, op. cit., pág. 15; HOUTTE, op. cit., pág. 350. Assim esta será, porventura, uma das razões que leva uma parte dos Estados que praticam o comércio de contrapartidas a não dispor de legislação própria. Por outro lado, evitando perder mercados de exportação a favor de outros concorrentes que aceitam estas condições, os exportadores aceitam-nas.

[101] Entre os países que suspendem restrições quantitativas a favor da aceitação de

Subsídios à exportação podem ser iludidos através do recurso a operações de contrapartidas, violando o artigo XVII[102].

Na hipótese de uma das "Partes Contratantes" se entender prejudicada nalguma concessão ou vantagem em virtude dum acordo de contrapartidas, sempre lhe restará o recurso ao mecanismo previsto no artigo XXIII (protecção das concessões e das vantagens).

Empresas estatais, ou organismos públicos a quem hajam sido atribuídos monopólios comerciais, existentes em todos os países em maior ou menor número, consoante o peso do sector público da economia, atentarão contra o princípio da não discriminação ao sujeitarem as compras («mercados públicos») a obrigações de contrapartida inspiradas por motivos não estritamente comerciais, pelo que poderão violar o artigo XVII[103].

Contratos de contrapartidas não obrigando à declaração das concessões alfandegárias atentarão contra a transparência pretendida pelo GATT.

Porém, o GATT é o Acordo das excepções e aquilo que não deixa entrar pela porta deixa entrar pela janela: na verdade o próprio texto do GATT admite vários regimes de excepção (artigos XII, XVIII, XIX, XX, XXI, XXIV), alguns dos quais com interesse para a problemática jurídica das contrapartidas: é entre outros o caso do artigo XII, que em excepção ao artigo XI prevê e autoriza restrições quantitativas à importação destinadas a proteger o equilíbrio da balança de pagamentos[104]; é ainda o caso do artigo XVIII, que constitui outra excepção à proibição de restrições quantitativas quando esteja em causa a prossecução duma política de desenvolvimento económico[105] por uma "Parte Contratante".

O artigo XXI veio excluir do âmbito de regulação do GATT o comércio internacional de material de guerra destinado às forças armadas (segu-

---

obrigações de contrapartidas figuram a Argentina, a Bolívia, Brasil, Coreia, Líbia, Tanzânia (licenças de importação), Algéria, Brasil, Colômbia (quotas), Argentina e Zimbabwe (comércio externo exclusivamente na base de contrapartidas) – cfr. JAMES WALSH, «The effect ...», op. cit., pág. 599.

[102] Neste sentido BERNARDINI, op. cit., pág. 110.

[103] O Código sobre os Mercados Públicos (1988), artigo 5.º § 14, apesar de não referir expressamente, interditava a subordinação da adjudicação de encomendas públicas à aceitação de compras (contrapartidas) por parte do fornecedor. Neste sentido v. também CARREAU/JUILLARD/FLORY, DIE (1990), op. cit., pág. 257.

[104] Todavia, o artigo XIII obriga à aplicação não discriminatória das restrições quantitativas à importação/exportação.

[105] Este artigo reconhece o "argumento das indústrias nascentes" (proteccionismo de infância) como excepção – cfr. CIDREIRO LOPES, op. cit., pág. 118; FLORY, Le GATT, Droit International et commerce mondial, op. cit., pág. 33; FEUER/CASSAN, op. cit., pág. 488.

O Comércio Internacional por Contrapartidas e o Direito Internacional 217

rança nacional)[106], o que entre outras consequências, viabilizou os tradicionais contratos de «offset» neste domínio.

2.2. Efeitos da CNUCED.

A Conferência das Nações Unidas sobre Comércio e Desenvolvimento (Genebra-1964)[107], exigindo um novo quadro jurídico para o relacionamento entre Países Desenvolvidos e Países em Vias de Desenvolvimento[108], implicou alterações[109] ao primitivo texto do GATT pelo aditamento da Parte IV

---

[106] Aliás, em sincronia com os objectivos das Nações Unidas – cfr. artigo XXXI c) da Carta da Organização das Nações Unidas.

[107] Após a Conferência Internacional de Genebra (CNUCED I), na qual estiveram presentes 120 Estados, a Assembleia das Nações Unidas criou, no âmbito do art. 22.º da Carta, a CNUCED/UNCTAD, que passou a ser um órgão da Assembleia – cfr. CAMPINOS, op. cit., pág. 67. A temática do comércio e desenvolvimento veio a dar lugar a novas conferências, a saber: CNUCED II-Nova Deli (1968), CNUCED III - Santiago do Chile (1972), CNUCED IV - Nairobi (1976), CNUCED V - Manila (1979), CNUCED VI – Belgrado (1983), CNUCED VII - Genebra (1987), CNUCED VIII - Colômbia (1992), CNUCED IX (Mitrand, 1996) e CNUCED X (Bangkok, 2000). A contestação dos pressupostos livre cambistas do GATT, embora iniciada desde a Conferência de Bandung (1955), encontrou na Conferência Internacional de Genebra o apoio da CEPAL, destacando-se a tese do economista argentino Raul Prebish (secretário-geral da Conferência), op. cit., sobre as causas do subdesenvolvimento económico e das vias para o ultrapassar. Foi a partir desta altura que se formou o "Grupo dos 77" (actualmente compreendendo mais de 130 países) e a ideologia desenvolvamentista.

[108] A designação PVD foi introduzida pela I CNUCED, pois anteriormente preferia-se "país sub-desenvolvido"; no entanto, desde a revisão do GATT de 1955 o conceito de nível de desenvolvimento económico encontrou consagração legal – cfr. art. XVIII. A noção de "país em desenvolvimento" foi adoptada pela Carta de Alger (1967). Trata-se do primitivo "Grupo dos 77" identificado na I CNUCED – cfr. TAMANES, op. cit., pág. 112 – e que, actualmente compreende mais de 130 países. É, no entanto, possível encontrar entre estes diferenças quanto ao nível de desenvolvimento económico, o que justifica as classificações das OEI (CNUCED, BM...) de acordo com critérios vários: macro-económicos (PNB, PIB per capita), culturais (taxa de alfabetização), geográficos; assim, os Países Menos Avançados (P.M.A.), P.V.D. sem litoral, P.V.D. insulares e "Países mais gravemente atingidos" – cfr. FEUER/CASSAN, op. cit., pág. 59 a 83; MICHEL BÉLANGER, op. cit., pág. 37 e ss. Os mais avançados dentre estes são os designados "NIC" (Novos Países Industrializados), cfr. BÉLANGER, op. cit., pág. 41; CARREAU/JUILLARD, *DIE* (1998), op. cit., pág. 277. A designação 3.º Mundo tem sido adoptada para designar os mais atrasados, mas mais recentemente é usada a designação 4.º Mundo para abranger os mais atrasados do ponto de vista do desenvolvimento económico, equivalendo aos referidos P.M.A. – cfr. CARREAU/JUILLARD, *DIE* (1998), op. cit., pág. 273.

[109] O Acordo já tinha sido objecto duma revisão em 1954, na sequência da Con-

218 *Dos Contratos de Contrapartidas no Comércio internacional* («countertrade»)

– Comércio e Desenvolvimento (artigos XXXVI, XXXVII e XXXVIII), em vigor desde 1966: o princípio da reciprocidade deu lugar ao princípio da não reciprocidade (artigo XXXVI) nas relações comerciais entre países desenvolvidos e países em vias de desenvolvimento[110], contradição resolvida pela "teoria da dualidade de normas"[111], o que, em última análise legitimaria a imposição de contrapartidas às importações provenientes dos Países Desenvolvidos (artigo XXXVII – acção individual).

2.2.1. O Sistema Generalizado de Preferências (S.G.P.)[112], instituído no âmbito da CNUCED, entrando em vigor em 1971, beneficiou inicialmente da derrogação prevista no artigo XXV (cláusula "waiver") e a partir do "Tokyo Round" da "cláusula de habilitação"(1979). Não obstante os limitados resultados[113], continua em vigor, sendo de prever a sua ineficá-

---

ferência sobre Economia e Emprego, em vigor desde 1955 – cfr. CIDREIRO LOPES, op. cit., pág. 22.

[110] Assim, o princípio da reciprocidade aplica-se apenas entre países desenvolvidos, já que entre países desenvolvidos e países em vias de desenvolvimento tem lugar o princípio da não reciprocidade, o mesmo sucedendo entre países em vias de desenvolvimento, cfr. CARREAU/JUILLARD/FLORY, *DIE* (1978), op. cit., pág. 219.

[111] Cfr. FEUER/CASSAN, op. cit., pág. 493; CARREAU/JUILLLARD/FLORY, *DIE* (1990), op. cit., pág. 219. Este é, aliás, um dos aspectos da relevância jurídica (a nível de Direito Internacional) da condição de país em desenvolvimento, que ultrapassou o quadro jurídico do GATT.

[112] Na II CNUCED (Nova Deli-1968), pela Res. n.º 21 foi aprovado um sistema de preferências não recíprocas e não discriminatórias para as exportações de produtos industriais (manufacturados e semi-acabados) provenientes dos PVD (países beneficiários) de natureza temporária (10 anos), voluntária, baseando-se no critério da auto eleição; o regime aduaneiro é o da franquia aduaneira e redução tarifária sujeitos a regras de origem e a sistemas de salvaguarda (restrições quantitativas) – cfr. FEUER/CASSAN, op. cit., pág. 577 e ss. Atendendo a que as preferências aduaneiras foram amplamente divulgadas em períodos anteriores a novidade do S.P.G. consistiu em se tratar de preferências verticais, justificadas pelo objectivo da ajuda ao desenvolvimento económico. Neste propósito foi apresentado o "Argumento das preferências" – neste sentido JONHSON, op. cit. – inspirado no "Argumento das Indústrias Nascentes", radicando essencialmente nos mercados nascentes que as preferências proporcionariam aos limitados mercados nacionais dos países em desenvolvimento num determinado período de tempo, "tese" que foi devidamente publicitada no "Relatório Prebish" apresentado na I CNUCED – cfr. TAMANES, op. cit., pág. 111. Para maiores desenvolvimentos v. AVELÃS NUNES, *Industrialização e desenvolvimento*, op. cit.

[113] De acordo com as informações disponíveis, do universo dos países beneficiários das preferências no âmbito do S.P.G., apenas um reduzido número veio a constituir os "NIC" (Novos Países Industrializados), o que em parte é explicado pelo contingentamento a que são sujeitos os produtos beneficiários, concorrentes dos produtos originários dos

O *Comércio Internacional por Contrapartidas e o Direito Internacional*   219

cia a médio prazo com a baixa progressiva dos direitos aduaneiros no âmbito da OMC[114], pelo que, naturalmente, os países em desenvolvimento encontraram uma alternativa para as suas exportações: o comércio por contrapartidas.

2.2.2. A Conferência das Nações Unidas para o Comércio e Desenvolvimento (CNUCED) tem sido o palco para as reivindicações dos PVD face aos países industrializados em matéria de transferência de tecnologia, tendo chegado a elaborar-se o projecto dum "Código de comportamento em matéria de transferência de tecnologia"[115] (1979), finalmente adoptado em 1985[116]. De qualquer forma ficou uma tendência para os PVD (especialmente os da América do Sul) regulamentarem a nível nacional as transferências internacionais de tecnologia, protegendo os seus interesses: por esta via as taxas de "royalties" são muitas vezes limitadas a 5% e por vezes são proibidos os pagamentos em dinheiro[117]: uma porta aberta para as contrapartidas industriais.

2.2.3. A CNUCED apresentou em conjunto com os países do Mercado Comum da América Central uma proposta (1986)[118] tendo em vista a multilateralização do comércio por contrapartidas, mediante a emissão de "certificados de comércio internacional" transmissíveis, cujos beneficiários seriam os exportadores[119].

2.3. No último ciclo de negociações comerciais multilaterais do GATT – "Uruguai Round" (1986-1994) – foram apresentadas propostas no sentido de sujeitar os Estados envolvidos no comércio por contrapartidas à observância de regulamentação especial[120]: no entanto, no texto final

---

países dadores – neste sentido Bélanger, *Instituições económicas internacionais, a mundialização económica e seus limites*, Piaget, 1999, pág. 211-3. Melhores resultados alcançaram as preferências concedidas pela Comunidade Europeia, fora do âmbito do SGP.

[114] Segundo MEDEIROS, «Organização Mundial de Comércio», op. cit., pág. 355, após o «Uruguai Round», a incidência média dos direitos aduaneiros à importação sobre os produtos industriais é de 3,8%.

[115] V. sobre esta iniciativa MARQUES DOS SANTOS, op. cit., pág. 309 e ss.

[116] Cfr. HOUTTE, op. cit., pág. 219.

[117] Cfr. DELACOLLETTE, op. cit., pág. 85-86.

[118] Cfr. CNUCED, 28.08.86 (T.D./B/C.7/82).

[119] Cfr. CARREAU/JUILLARD/FLORY, *DIE* (1990), op. cit., pág. 259.

[120] Cfr. CARREAU/JUILLARD/FLORY, *DIE* (1990), op. cit., pág. 260. MARIN/SCHNITZER, op. cit., pág. 1, referem que o *countertrade* foi discutido a propósito das «Trade Related Investement Measures» (TRIMS).

que consagrou os resultados das negociações – "Acta Final de Marrakech" – nenhuma referência consta, o que poderá ser interpretado no sentido de que o legislador, novamente, não considerou necessário nem oportuno regular o comércio de contrapartidas[121] no âmbito dos novos Acordos GATT/ /OMC; contudo, apesar da não consagração dum regime geral para as contrapartidas é possível encontrar referências a algumas destas operações[122], nomeadamente no Acordo sobre Mercados Públicos (compras públicas)[123], artigo XV, que, para além de apresentar uma noção de «offset», menciona expressamente o «countertrade»:

"Offset in governement procure are measures used to encourage local developement or improve the balance of payements accounts by means of domestic content, licensing of technology, investment requirements, *countertrade* or similar requirements."

"1. Entities shall not, in the qualification and selection of suppliers, products and services, or in the evaluation of tenders and a award of contrats, impose, seek or consider *offsets*."

Todavia, os PVD beneficiam dum regime excepcional, na medida em que podem negociar acordos de «offset», desde que cumpram determinados requisitos, conforme prevê expressamente o mesmo artigo XV, n.º 2:

"Nevertheless, having regard to general policy considerations, including those relating to developement, a developing country may at the thime of acession negociate conditions for the use of *offsets*, such as requirements for shell the incorporation of domestic content. Such requirements shall be used only for qualification to participate in the procurement process and not as criteria for awarding contracts. Conditions shall be objective, clearly defined and non discriminatory... The existence of such conditions shall be notified to the Comittee and included in the notice of intended procurement and other documentation."

Por via da interpretação, é possível encontrar outras novas disposições directamente aplicáveis ao comércio por contrapartidas[124], ape-

---

[121] Cfr. HOUTTE, op. cit., pág. 350.

[122] É o caso do artigo 2.º n.º 2.3. do Acordo (multilateral) sobre a aplicação do Artigo VI («dumping») do Acordo Geral sobre Pautas Aduaneiras e Comércio de 1994, a propósito do preço de exportação não ser considerado fiável em virtude dum "... acordo de compensação entre o exportador e o importador ou um terceiro..."

[123] Cfr. JOC, n.º L336/723, de 23.12.94. "Agreement on Government Procurement". O Acordo entrou em vigor em 1.01.96. V. também o artigo XIII do Acordo Geral sobre o Comércio de Serviços (GATS) – "Governement Procurement".

[124] Assim o Acordo sobre as Medidas de Investimento relacionadas com o Comércio ("TRIM's"), cujo artigo n.º 2.2 remete para uma lista exemplificativa (apresentada em

O Comércio Internacional por Contrapartidas e o Direito Internacional

sar de não o mencionarem expressamente e de não esgotarem neste o seu conteúdo.

Porém, do novo quadro jurídico resultante da criação da Organização Mundial do Comércio (1995) e dos novos Acordos Multilaterais[125] resultaram importantes consequências: a extensão do campo de regulação do GATT/OMC a novos domínios do comércio internacional (agricultura, serviços, investimentos e propriedade intelectual) e o notável aumento do número de membros da OMC, ou seja; a aplicação das regras GATT/OMC[126] por um elevado número de Estados, incomparavelmente superior ao das

---

anexo) de medidas incompatíveis com o artigo III (Tratamento Nacional), n.º 4 do GATT de 1994 e do artigo XI (restrições quantitativas), n.º 1 do GATT de 1994 e que são susceptíveis de se identificarem com o «offset» e com outros contratos de contrapartidas. Deste modo as obrigações resultantes do «offset» civil, são "TRIMs" incompatíveis com o tratamento nacional e com a eliminação das restrições quantitativas. Note-se, porém, o artigo 4.º do Acordo, autoriza os PVD, verificadas determinadas circunstancias, a imporem certas exigências em matéria de contrapartidas, o que constitui uma derrogação temporária do artigo 2.º. V. sobre estas medidas incompatíveis FLORY, «Investissements», «Chronique de Droit International Économique», AFDI (1993), op. cit, pág. 784 e ss.; KHAVAND, op. cit., pág. 184; JACQUET/DELEBECQUE, op. cit., pág. 56-57; LUÍS MÁXIMO SANTOS, op. cit. pág. 592 e ss..

[125] Acordos Multilaterais: Acordo Geral sobre Pautas Aduaneiras e Comércio de 1994, Acordo sobre a Agricultura, Acordo sobre a Aplicação de Medidas Sanitárias e Fitossanitárias, Acordo sobre os Têxteis e Vestuário, Acordo sobre os Obstáculos Técnicos ao Comércio, Acordo sobre as Medidas de Investimento Relacionadas com o Comércio ("TRIMs"), Acordo sobre a Aplicação do Artigo VI do Acordo Geral sobre Pautas Aduaneiras e Comércio de 1994, Acordo sobre a Aplicação do Acordo Geral sobre Pautas Aduaneiras e Comércio de 1994, Acordo sobre a Inspecção antes da Expedição, Acordo sobre as Regras de Origem, Acordo sobre as Subvenções e as Medidas de Salvaguarda, Acordo Geral sobre o Comércio de Serviços ("GATS"); Acordo sobre os Aspectos dos Direitos de Propriedade Intelectual Relacionados com o Comércio ("TRIPS") – v. tradução oficial na Resolução da AR n.º 75-B/94, DR n.º 298/94 (5.º Suplemento); JOCE, n.º L336/10 de 23.12.94; UNCTAD/TDR/14, pág. 120 e 121.

[126] O "novo" direito aplicável ao comércio internacional resultante da criação da OMC compreende além dos recentes Acordos Multilaterais (sobre o Comércio de Mercadorias, Comércio de Serviços e Direitos da Propriedade Intelectual) todo o "acquis" GATT designado por Acordo Geral sobre Pautas Aduaneiras e Comércio de 1994 («GATT de 1994»), incluindo o primitivo texto do «GATT de 1947», que é distinto do «GATT de 1994», mas que se mantém em vigor na redacção que lhe foi dada após a revisão de 1955 e excluindo o "protocolo de aplicação provisória", os Memorandos de Entendimento e o Protocolo de Marraquexe – ver Anexo I. do Acordo de Marraquexe criando a OMC. Para maiores desenvolvimentos v. por todos CARREAU/JUILLLARD, *DIE* (1998), op., cit., pág. 56 e ss.

"Partes Contratantes" do GATT, o reforço da estrutura institucional, destacando-se a criação dum Órgão de Resolução de Litígios.

Mas, é oportuno observar que determinados "Acordos plurilaterais"[127] com particular incidência sobre o comércio por contrapartidas – "Acordo relativo às aeronaves civis"[128], "Acordo relativo aos Mercados Públicos"[129] – não foram ainda assinados por todos os Estados membros[130].

2.4. Conclusão.

Por via da interpretação vários dos princípios e dos artigos do GATT são potencialmente aplicáveis às transacções relevantes no âmbito do *countertrade*: bilateralismo, discriminação e falta de transparência, são na generalidade os problemas das contrapartidas negociadas a nível governamental.

As limitações do Acordo reduziram o alcance dos princípios e normas: acordo intergovernamental aplicável apenas nas relações entre as "Partes Contratantes", excluindo assim um considerável número de países e contemplando inúmeras excepções, não é aplicável a transacções privadas.

---

[127] Os Acordos Comerciais Plurilaterais fazem parte integrante do Acordo que instituiu a Organização Mundial do Comércio (Anexo IV), mas ao contrário dos Acordos Multilaterais apenas se tornam obrigatórios para os membros que os tiverem assinado (art. 3.º do Acordo que institui a Organização Mundial do Comércio) – cfr. PEDRO ÁLVARES, *O GATT*, op. cit., pág. 280.

[128] Sobre este Acordo v. PEDRO ÁLVARES, *O GATT*..., op. cit., pág. 280 e ss.

[129] Terminologia originária do direito francês – para maiores desenvolvimentos v. A. LAUBADÈRE, *Direito Público Económico*, op. cit., pág. 380 e ss.; LESGUILLONS, op. cit., t. II. A tradução de «marchés publics» não tem sido unívoca, pois além de contratos administrativos a expressão mercados públicos é amiúde empregue (influenciada pela respectiva divulgação no Direito Comunitário), tal como compras públicas («Government Procurement»), contratos públicos (constante de vários diplomas comunitários traduzidos oficialmente para português), terminologia preferida por alguns autores – neste último sentido PEDRO ÁLVARES, *O GATT*, op. cit., pág. 284; REGINA QUELHAS LIMA, *Contratos públicos*, op. cit. LOPES PORTO, *Teoria da Integração* ..., op. cit., pág. 284, sugere ainda concursos públicos. Sobre esta terminologia v. ainda PEDRO GONÇALVES, «Apreciação do decreto-lei n.º 134/98, de 15 de Maio, que estabelece o regime jurídico da impugnação contenciosa dos actos administrativos relativos à formação de certos "contratos públicos», *Lusíada*, Série de Direito, n.º 1, 1998.

[130] Apenas 22 países: membros da União Europeia, E.U.A., Canadá, Japão, Coreia, Noruega, Suíça e Islândia – cfr. TOUSCOZ, «Mondialisation et securité economique international», op. cit., pág. 629.

O carácter involuntário das contrapartidas impostas pela legislação nacional de vários estados ofende alguns dos princípios e artigos do GATT. As mais das vezes esta legislação incide sobre compras públicas e (ou) investimento estrangeiro.

Assim se compreende que os novos acordos no âmbito da OMC se preocupam com o carácter involuntário das contrapartidas impostas pelos Estados membros em matéria de investimento estrangeiro («TRIMs») e de compras públicas, resultando sobretudo do Acordo plurilateral sobre Mercados Públicos, o qual teve como efeito a interdição da imposição de obrigações de «offset» nas compras públicas, esclarecendo afinal acerca da principal preocupação da OMC em relação ao comércio por contrapartidas. O sucesso do Acordo dependerá do número de estados que o assinarem.

SECÇÃO II

AS CONTRAPARTIDAS E O FMI

3. O sistema monetário internacional do FMI.

O Período entre as Duas Guerras demonstrou que as restrições aos câmbios e aos pagamentos internacionais, os acordos de «clearing», poderiam ser medidas tanto ou mais restritivas para o comércio internacional do que as outras barreiras de natureza estritamente comercial; como também que câmbios flutuantes permitiam o uso da moeda como "arma comercial" distorcendo os fluxos de comércio internacional[131].

Assim se compreende que o FMI tenha elegido a cooperação monetária internacional como objectivo principal (artigo I), instituindo um sistema monetário internacional[132] susceptível de prevenir as crises e de financiar as trocas internacionais: um sistema de câmbios fixos inspirado numa variação do padrão divisas ouro[133] constituía um "código de boa

---

[131] Sobre a relação entre o SMI e o comércio internacional v. SILLARD, «The impact of the IMF on international trade», op. cit.; CARREAU/JUILLLARD/FLORY, *DIE* (1990), op. cit., pág. 369 e ss.

[132] Sobre o conceito de sistema monetário internacional v. BYÉ/BERNIS, op. cit., pág.446-447.

[133] Não se tratou de um padrão divisas ouro no rigor da acepção uma vez que a obrigação de convertibilidade era apenas de ordem externa, nada obrigando os Estados no plano nacional: cada Estado membro indicava a paridade da sua moeda em relação ao ouro ou ao dólar comprometendo-se a não permitir uma variação cambial superior a 1% em relação ao dólar (cotação central), o que permitia uma oscilação cambial máxima entre duas moedas de 4% (cotação bilateral) – cfr. BORTOLANI, op. cit., pág. 17.

224 *Dos Contratos de Contrapartidas no Comércio internacional* («countertrade»)

conduta monetária"[134] para os Estados membros (função reguladora)[135], permitindo um sistema multilateral de pagamentos internacionais (objectivo previsto no artigo Iiv) apoiado por uma série de mecanismos de crédito (função creditícia)[136] que correspondiam a direitos dos Estados membros, com o objectivo de permitir o equilíbrio da balança de pagamentos[137].

3.1. O sistema monetário internacional e as contrapartidas.

A crença nas potencialidades do sistema e de que o FMI caminharia para a universalização pela adesão progressiva de todos os países do mundo permitia supor, nos anos cinquenta, que a troca directa («barter»), bem como os acordos comerciais bilaterais a longo prazo e os acordos de "clearing" estariam condenados a médio ou longo prazo.

---

[134] Cfr. CARREAU/JUILLARD/FLORY, *DIE* (1980), op. cit., pág. 340. As práticas de câmbios múltiplos eram proibidas (artigo VIII, Secção 3), bem como as desvalorizações competitivas (artigos Iiii e IV) e os Estados obrigavam-se a defender a paridade declarada através de intervenções do Banco Central.

[135] Neste sentido BORTOLANI, op. cit., pág. 14 -20.

[136] Idem, ibidem, pág. 20-24. Como o Fundo impunha a qualquer Estado que pretendesse tornar-se membro a subscrição de uma quota (25% em ouro e 75% em moeda nacional), automaticamente ficava na posse de apreciáveis disponibilidades em ouro e moedas nacionais que lhe permitiam desenvolver esta função creditícia. Os mecanismos de crédito foram-se multiplicando até à actualidade: mecanismos permanentes – direitos normais de saque ("swap"), créditos "stand by" (1952), financiamentos compensatórios (1963), financiamento de "stocks" reguladores (1969), direitos especiais de saque (1969), mecanismo alargado de crédito (1974), financiamento de imprevistos (1988), facilidade de reserva suplementar (1997); mecanismos temporários – facilidade petrolífera (1974), fundo fiduciário (1976), financiamento suplementar (1979), política de acesso alargado (1981), a facilidade de ajustamento estrutural (1986) e a facilidade de ajustamento estrutural reforçada (1988), facilidade de transformação sistémica (1993). Cfr. MEDEIROS, *Economia Internacional*, op. cit., pág. 237 e ss.; LABISA, op. cit., pág. 89 e ss.; CARREAU/ /JUILLARD, *DIE* (1998), op. cit., pág. 618 e ss.; PORTO/CALVETE, «O FMI», op. cit., pág. 485 e ss.

[137] A balança de pagamentos compreendia a balança de transacções correntes (balança comercial – "visíveis", balança dos "invísíveis", balança de rendimentos, transferências unilaterais) e a balança de capitais – v. Acordo relativo ao FMI, art. VIII, secção V, (vi); sobre a estrutura e métodos de registo PITTA E CUNHA, op. cit.; RAPOSO MEDEIROS, *Economia Internacional*, op. cit., pág. 53 e ss.; GUILLOCHON, op. cit., pág. 29 e ss. Sobre a nova apresentação da balança de pagamentos adoptada pelo FMI (Balança Corrente, Balança de Capital e Balança Financeira) – *Manual da Balança de Pagamentos do Fundo Monetário Internacional*, 5.ª edição – v. BANCO DE PORTUGAL, *Relatório do Conselho de Administração* (gerência de 1998), 1999, pág. 121 e ss.

O Comércio Internacional por Contrapartidas e o Direito Internacional

As práticas de câmbios múltiplos – proibidas pelo artigo VIII (secção 3 – práticas monetárias discriminatórias) – podem ter um efeito idêntico a um subsídio à exportação; de nada serviria baixar os direitos alfandegários se os países por aquela via inutilizassem essas medidas. Aliás, tais práticas podem encorajar o recurso ao «barter» ou a outras operações relevantes do *countertrade*, como forma de evitar controlos cambiais[138].

Os acordos de «clearing», embora previstos no Acordo devem ser notificados (artigo VIII, secção 5)[139].

Medidas restritivas em relação aos pagamentos internacionais ou aos câmbios, tais como as que são inerentes ao *countertrade* («evidence accounts», «escrow accounts»), atentam contra os propósitos do sistema monetário internacional[140].

Porém, sempre cumprirá notar que apesar do FMI caminhar para a universalização[141] nem todos os países do mundo eram ou são membros da organização: os países do Leste Europeu de sistema de economia planificada e de moeda inconvertível, até ao final dos anos 80 não eram membros[142], o mesmo sucedendo a um considerável número de Países em Vias de Desenvolvimento[143]; por conseguinte não se encontravam sujeitos à disciplina monetária do FMI nem à sua jurisdição. Por outro lado a jurisdição do Fundo não se estende aos operadores internacionais privados, mas apenas aos estados membros[144].

3.2. A crise do sistema monetário internacional.

Em 1971, os Estados Unidos da América suspendem provisoriamente a convertibilidade do dólar em ouro (que, aliás, se tornará definitiva) evi-

---

[138] Cfr. ROESSLER, op. cit., pág. 611.

[139] Os acordos de «clearing» são proibidos aos Estados membros do FMI, tendo sido sujeitos a notificação os acordos em vigor – art. VIII, Sec. 5, xii).

[140] Neste sentido VERZARIU, op. cit., pág. 16.

[141] Constituído inicialmente pelos 44 Estados presentes na Conferência de "Bretton Woods" (1944), o FMI conta actualmente com mais de 180 Estados membros, cfr. CARREAU/JUILLARD, *DIE* (1998), op. cit., pág. 558; todavia, tratou-se de uma longa "caminhada" para a universalização se atendermos a que a instituição tem uma idade superior a meio século.

[142] Alguns destes países foram membros, mas brevemente abandonaram o FMI ou então foram expulsos – cfr. CARREAU/JUILLARD/FLORY, *DIE* (1990), op. cit., pág. 330.

[143] Aliás, a maior parte dos PVD membros do FMI, pertence ao grupo de países que beneficia das disposições previstas no artigo XIV, não se encontrando em condições de assumir as obrigações do artigo VIII (secções 2, 3 e 4), ou seja; não se trata de moedas convertíveis, logo não podem ser usadas como meio de pagamento internacional por esses países.

[144] Cfr. VERZARIU, op. cit., pág. 17.

denciando um dos defeitos do sistema instituído em "Bretton Woods" e provocando a necessidade de reforma do sistema monetário internacional (Conferência da Jamaica 1976): de facto, o sistema primitivo apenas se manteve até 1971[145], mas de direito até à entrada em vigor da segunda emenda, em 1978. Doravante seria abandonada a paridade ouro (dólar) e criada uma unidade de conta compósita e artificial em relação à qual os estados poderiam definir a paridade da moeda nacional – os direitos especiais de saque[146].

3.2.1. O "primeiro e o segundo "choques petrolíferos" (1973-1978), com origem nas reivindicações do cartel da OPEP, cujo impacto na economia mundial foi por demais analisado[147], causaram sérias dificuldades nos pagamentos internacionais a efectuar pelos países importadores de petróleo, tendo então o FMI, no âmbito da sua função creditícia, implementado as "oil facilities" (1974); porém, os importadores ocidentais foram pródigos na negociação de petróleo com recurso às contrapartidas[148]: os anos setenta e principalmente os anos oitenta assistiram à conclusão de inúmeros contratos de contrapartidas[149] que, ao mesmo tempo que atribuíram ao

---

[145] Em 18 de Dezembro deste ano, portanto, quatro meses após a declaração de suspensão da convertibilidade do dólar, pelo Acordo Smithsoniano alarga-se a margem de oscilação cambial das moedas nacionais para +/-2,25% em relação ao dólar (à nova paridade de 38 dólares a onça), opção mantida até 1973.

[146] Os D.E.S. surgiram em 1969 (1.ª emenda) no âmbito da função creditícia do FMI, com o propósito de aumentar a liquidez internacional; com a 2.ª emenda o FMI assume uma função emissora, substituindo os D.E.S. o ouro.

As novas possibilidades oferecidas aos estados no domínio cambial são as seguintes: paridade cambial determinada em relação a uma unidade de conta compósita (moeda cabaz: D.E.S., ECU/EURO), ou de livre escolha (paridade cambial determinada em relação a outra moeda); flutuação da moeda. Ver sobre a política cambial escolhida pelos estados o quadro apresentado por WALTER MARQUES, *Moeda e política monetária*, op. cit., pág. 313.

[147] Para maiores desenvolvimentos v. TAMANES, op. cit., pág. 275 e ss.

[148] Para além de ultrapassarem os problemas inerentes aos pagamentos internacionais o recurso às contrapartidas permitiu, nalguns casos, não só obter petróleo a um preço inferior ao praticado pelo cartel da OPEP, como também ultrapassar eventuais restrições quantitativas (quotas) atribuídas a cada país, uma vez que estas operações eram negociadas "extra-quotas" – cfr. MAYAUDON, «Les contrats de compensation petroliére», op. cit., pág. 733.

[149] Desde 1981 foram concluídos com os países produtores de petróleo, em média, cem contratos de contrapartidas por ano – cfr. CARREAU/FLORY/JUILLLARD, *DIE* (1990), op. cit., pág. 256. Sobre estes contratos v. MAYAUDON, op. cit.

petróleo um lugar de honra entre os produtos das contrapartidas[150], determinaram um maior envolvimento das empresas ocidentais neste tráfego.

3.2.2. A crença nas virtualidades dos câmbios flutuantes, muito apregoada por alguma teoria económica[151], foi então questionada pelos riscos cambiais a que se sujeitaram os operadores do comércio internacional: exportar e importar tornaram-se operações de elevado risco devido à volatilidade dos mercados cambiais. Logo, os operadores do comércio internacional diligenciaram encontrar soluções no sentido de eliminar, ou pelo menos reduzir, os riscos cambiais: os contratos cambiais a termo ou a prazo ("forward")[152], "swaps" de divisas[153]; os mercados cambiais de futuros e opções sobre divisas[154]; desenvolvendo-se lentamente nos primeiros anos, os "novos instrumentos financeiros"[155] rapidamente conheceram o sucesso[156].

Além do mais, os anos setenta assistiriam ao extraordinário crescimento dos euromercados[157]: os países desenvolvidos preferiram recorrer

---

[150] Cfr. CARREAU/JUILLARD/FLORY, *DIE* (1990), op. cit., pág. 256.

[151] V. YPERSELE/KOEUNE, op. cit., pág. 20 e ss.

[152] V. BRAZ DA SILVA, op. cit., pág. 95; GUILLOCHON, op. cit., pág. 242.

[153] V. CARREAU/JUILLARD/FLORY, *DIE* (1990), op. cit., pág. 529-30.

[154] Em 1972, a primeira Bolsa de Derivados Financeiros – "Chicago Mercantile Exchange" (CME) através duma sua divisão, o "International Monetary Market" (IMM) – vai apresentar os primeiros contratos listados de futuros sobre divisas. Os instrumentos derivados possuem um passado bastante remoto, sendo possível registar um mercado de futuros sobre mercadorias (arroz) no século XVIII, no Japão; enquanto as opções surgiram ainda no século XVIII, em Londres – para uma retrospectiva histórica ver QUELHAS, op. cit., pág. 55 e ss. Nos E.U.A., a "Chicago Board of Trade", constitui, desde 1865, um mercado organizado de futuros sobre mercadorias. Apenas com a introdução dos derivados financeiros (divisas, taxas de juro, acções, obrigações...) estes instrumentos conhecerão o sucesso actual. Sobre derivados financeiros v. PEIXOTO, op. cit.; BRAZ DA SILVA, op. cit., pág. 130 e ss.; GUILLOCHON, op. cit., pág. 243 e ss.

[155] V. sobre os "novos instrumentos financeiros" BRAZ DA SILVA, op. cit.; QUELHAS, op. cit.; CARREAU/JUILLARD (1998), op. cit., pág. 695.

[156] Em 1972, o CME iniciou a sua actividade negociando 40000 contratos de futuros sobre divisas – cfr. PEIXOTO, op. cit., pág. 1; em 1986 transaccionaram-se 19032264 – cfr. YVES SIMON, «Bourses de commerce et innovations financiéres», op. cit., pág. 332 e ss.

[157] Os euromercados tiveram origem nos depósitos em dólares (euro-depósitos) efectuados pelos países do Leste Europeu nos bancos da Europa Ocidental, a partir dos anos cinquenta, desenvolvendo-se sobretudo após a "crise petrolífera" com os depósitos dos países exportadores de petróleo. A partir destes depósitos, em dólares e noutras divisas fortes, os bancos depositários (euro-bancos) concedem empréstimos (euro-obrigações) no mercado das euro- divisas. Mais recentemente, os países em desenvolvimento recorreram

228 *Dos Contratos de Contrapartidas no Comércio internacional (*«countertrade»)*

aos euromercados, em detrimento das facilidades creditícias proporcionadas pelo FMI, institucionalizando um sistema monetário transnacional (privado)[158].

Por outro lado, o Banco de Pagamentos Internacionais[159], responsável pela cooperação monetária internacional entre bancos centrais – o "Banco Central dos Bancos Centrais" – vai assumir um protogonismo destacado a partir da crise do sistema monetário internacional.

3.2.3. A partir dos anos oitenta o FMI vai empolar a sua função creditícia em detrimento da função reguladora, especializando-se na assistência técnica aos Países em Vias de Desenvolvimento[160], a partir dos anos noventa aos Países da Europa Central e Oriental (PECO)[161]; neste âmbito a disciplina monetária (equilíbrio da balança de pagamentos.....) imposta a estes países sufocados pela dívida externa e inerente aos mecanismos de crédito concedidos vai determinar a procura de contrapartidas: simultaneamente impedidos de suspender importações vitais à sua economia e de agravar o correspondente déficit da balança de transacções correntes, a única alternativa consiste em recorrer às contrapartidas[162]. Assim, para

---

a estes mercados. O sucesso destas operações, juntamente com as euro-obrigações, é demostrado pelos 9000 biliões de dólares transacionados em 1997 – cfr. CARREAU/JUILLARD, *DIE* (1998), op. cit., pág. 637 e ss.

[158] Assim TOUSCOZ, *Direito Internacional*, op. cit., pág. 263; CARREAU/JUILLARD, *DIE* (1998), op. cit., pág. 637 e ss.

[159] Instituição criada em 1930, com sede em Basileia (Suíça), assume uma dupla missão: como instituição de mercado é uma sociedade anónima por acções regida pelo direito suíço (artigo 2.º dos estatutos); como organização internacional económica (não governamental), com personalidade jurídica internacional, tem vindo a assumir um conteúdo variável, tal como o centro de cooperação monetária entre Leste/Oeste e o centro de reuniões do "Grupo dos 10". Para maiores desenvolvimentos v. LEFORT, op. cit., pág. 407; CARREAU/JUILLARD/FLORY, *DIE* (1990), op. cit., pág. 406-409; BÉLANGER, *Institutions Economiques Internationales*, op. cit., pág. 75-76; TOUSCOZ, *Direito Internacional*, op. cit., pág. 262-263; FONTANEL, op. cit., pág.140 e ss.; LABISA, op. cit., pág. 77 e ss.

[160] Actuando em concorrência com o "Banco Mundial", de tal forma que chegou a ser proposta a fusão das duas instituições – neste sentido CARREAU/FLORY/JUILLARD, *DIE* (1990), op. cit., pág. 398.

[161] Após os eventos de 1989-90, a maioria destes países iniciaram a transição da economia planificada para a economia de mercado tendo vindo a solicitar a sua adesão ao FMI, incluindo as 15 Repúblicas em que se desmembrou a ex-União Soviética – cfr. AFDI, 1999. Assim se justificou, em 1993, a criação de um novo mecanismo de crédito tendo como destinatários os PECO – a facilidade de transformação sistémica.

[162] Sobre a atracção das contrapartidas para os PVD v. para maiores desenvolvimentos WELT, *Trade whithout money ...*, op. cit., Cap. 9.

O Comércio Internacional por Contrapartidas e o Direito Internacional 229

estes países o recurso ao comércio por contrapartidas resulta como consequência directa das políticas monetárias impostas pelo FMI[163], é o .... "reverso da medalha"[164].

3.3. Conclusão.

Uma das causas da expansão do comércio por contrapartidas, nos anos setenta e oitenta, relacionou-se com a crise monetária internacional provocada pelo abandono do sistema de "Bretton Woods" (câmbios fixos).

A moeda (divisas) assume uma função secundária nos contratos de contrapartidas: no «barter» não assume qualquer função, nem como unidade de conta, nem como meio de pagamento; no «counterpurchase», no «buy-back» e no «offset» desempenha uma função de unidade de conta (padrão comum de valores) e uma função secundária (reserva), na medida em que pode não ser chamada a intervir no caso das contrapartidas serem a 100%, ou então apenas para sancionar o incumprimento da obrigação de contrapartidas (penalidade), quando é accionada uma garantia bancária. Instrumentos bancários como os «escrow accounts» e os «evidence accounts», são usados com a finalidade de limitar os pagamentos internacionais.

Nos contratos internacionais de contrapartidas, a moeda (divisa) abdica da função de meio geral de pagamentos internacionais, estatuto que lhe foi atribuído na ordem monetária internacional pelo FMI, para desempenhar uma função secundária de segurança, sobretudo em casos de incumprimento.

Tal como os acordos de «clearing» no período entre Guerras permitiram ultrapassar as limitações decorrentes do abandono do padrão-ouro, as contrapartidas demonstraram que o comércio internacional no pós Guerra, em períodos de crise, tem buscado alternativas ao financiamento do FMI.

---

[163] Aliás, com conhecimento do próprio FMI, que pelo menos desde 1983 – «Finance and Developement», Dez. 1983 – teve o ensejo de criticar o recurso ao *countertrade* como forma de alcançar o equilíbrio da balança de pagamentos, em detrimento de adequadas políticas fiscais, monetárias e cambiais nos seguintes termos: " The Fund's policy on countertrade pratices is to encourage its members to rely on appropriate fiscal, monetary and exchange rate policies rather than on restritive pratices to achieve balance of payement adjustement".

[164] Neste sentido M. SALEM, «Les substituts aux transactions monétaires...», op. cit., pág. 508.

230 *Dos Contratos de Contrapartidas no Comércio internacional («countertrade»)*

Apenas a esperança duma reforma do SMI[165], que se aguarda para breve, poderá alterar o panorama: não só é geralmente aguardada por todos os estados interessados, como também a quase universalidade do Fundo a torna susceptível de ser apresentada a consenso. Se a reforma for de encontro aos imperativos do comércio internacional e se estabelecer a desejada articulação entre a OMC e o FMI um futuro diferente aguardará o comércio por contrapartidas.

SECÇÃO III

AS CONTRAPARTIDAS E O DIREITO COMUNITÁRIO:
A CIRCULAÇÃO DE MERCADORIAS
E AS REGRAS DACONCORRÊNCIA

4.1. As relações comerciais externas da Comunidade têm vindo progressivamente a abranger uma área geográfica intercontinental, sendo raros os países não abrangidos pelo sistema de preferências comunitárias: Convenção de Yaoundé, Convenção de Lomé, preferências aduaneiras concedidas no âmbito do SGP, acordos comerciais, acordos de associação ... formam o sistema de preferências comunitárias ("pirâmide de preferências" ou "galáxia de preferências")[166] da maior potência comercial do mundo[167].

4.2. As regras comunitárias da concorrência.

As regras comunitárias da concorrência (artigos 81.º a 89.º do Tratado de Roma) proibindo as práticas anticoncorrenciais que sejam susceptíveis de afectar o comércio intracomunitário[168] – coligações de empresas

---

[165] V. neste sentido CARREAU/JUILLARD, *DIE* (1998), op. cit., pág. 567; MORRIS GOLDSTEIN/P. PETERSON/CARLA HILLS, Relatório apresentado ao CRE (EUA), "Economia Pura", ano II, n.º 19 (Dez. 1999), pág. 57 e ss.

[166] Cfr. PORTO, «Preferências aduaneiras», op. cit.

[167] Sobre as relações comerciais externas da Comunidade v. PEDRO ÁLVARES, *A Europa e o mundo*, op. cit.; BOURRINET/TORRELLI, *Les relations extérieures de la CEE*, op. cit.; MOTA CAMPOS, op. cit., pág. 221 e ss.

[168] Note-se que não se trata apenas dos efeitos, mas o próprio objectivo anti-concorrencial é sancionado (efeito anti-concorrencial virtual ou dano potencial) – cfr. ROBALO CORDEIRO, op. cit., pág. 108 e ss. Em princípio exige-se que afecte o comércio entre dois ou mais estados membros, pois se apenas afectar um será competente o direito nacional. Porém, nalguns casos uma prática restritiva respeitando de forma directa apenas a um mercado nacional pode afectar o comércio intracomunitário, tal como já sucedeu em matéria

O *Comércio Internacional por Contrapartidas e o Direito Internacional* 231

(artigo 81.°), abusos de posição dominante (artigo 82.°), ajudas públicas (artigo 87.°) – são aplicáveis desde que o efeito anticoncorrencial se localize no Espaço Económico Europeu[169] (territorialidade objectiva)[170], independentemente das empresas estarem sediadas em países terceiros[171], oferecem uma dimensão espacial mundial.

4.2.1. As regras da concorrência e as contrapartidas.

O artigo 81.°, relativo à proibição das coligações de empresas (acordos entre empresas, decisões de associações de empresas e práticas concertadas)[172], na medida em que proíbe no n.° 1[173], alínea *d*) "Aplicar, relativamente a parceiros comerciais, condições desiguais no caso de prestações

---

de acordos de distribuição – cfr. GOLDMAN/CAEN/VOGEL, op. cit., pág. 341; NOGUEIRA SERENS, op. cit. Uma vez afectado o comércio intracomunitário, outra questão consiste em determinar a competência exclusiva do Direito Comunitário ou do Direito Comunitário e do direito nacional, simultâneamente, questão resolvida pela teoria da "barreira única" ou pela "teoria da dupla barreira" – v. para maiores desenvolvimentos CASEIRO ALVES, op. cit., pág. 157 e ss.

[169] Pelo Acordo relativo ao Espaço Económico Europeu (Porto, 1992), foi criado um novo quadro jurídico no relacionamento entre os países da CE e da EFTA resultando, entre outros aspectos, a aplicabilidade das regras da concorrência comunitárias aos países EFTA que ratificaram o Acordo – cfr. art. 53.° do Acordo sobre o EEE. Sobre o EEE v. "Forum Europa", 31.06.91; GOLDMAN/CAEN/VOGEL, *Droit Commercial Européen*, op. cit., pág. 5 e ss.; MOTA CAMPOS, op. cit., pág. 256 e ss.

[170] Cfr. CASEIRO ALVES, op. cit., pág. 145 e ss.; MOTA CAMPOS, op. cit., pág. 497; GOLDMAN/CAEN/VOGEL, *Droit Commercial Européen*, op. cit., pág. pág. 723.

[171] No "caso das matérias corantes" a Comissão (Decisão de 24.07.69), tal como o Tribunal de Justiça no Ac. Béleguin (Ac. de 20.09.71), entendeu que a localização das sedes das empresas participantes numa coligação era irrelevante. Neste sentido a Comissão primeiro, o Tribunal de Justiça depois, não hesitaram em condenar uma coligação entre 41 produtores de pasta de papel sediados fora do território comunitário, cujo objectivo era vender por preço concertado no território comunitário – cfr. ANTÓNIO CARLOS SANTOS (e outros), op. cit., pág. 364.

[172] Sobre a noção de empresa e coligaçoes de empresas ("ententes") no Direito Comunitário da Concorrência v. por todos GOLDMAN/CAEN/VOGEL, *Droit Commercial Européen*, op. cit., pág. 349 e ss.

[173] As empresas poderão obter um "certificado negativo", caso em que se não consideram reunidos os pressupostos de aplicação do artigo 81.° n.° 1. Os "acordos de importância menor" foram objecto da Comunicação relativa aos acordos de pequena importância (97/C 372/04), na medida em que se considera que não há violação sensível da concorrência quando as quotas de mercado das empresas envolvidas não ultrapassem determinados limites – *de minimis non curate praetor* – nomeadamente quando respeitem a pequenas e médias empresas.

equivalentes colocando-os, por esse facto, em desvantagem na concorrência;" e na alínea *e*) "subordinar a celebração de contratos à aceitação, por parte dos outros contraentes de prestações suplementares que, pela sua natureza ou de acordo com os usos comerciais, não têm ligação com o objecto desses contratos" e o artigo 82.º (abuso de posição dominante)[174] que repete a mesma redacção nas alíneas *c*) e *d*), são directamente aplicáveis a certos tipos de contratos de contrapartidas: assim os contratos de «counterpurchase», «offset» indirecto, em que não se verifica uma relação directa entre as contrapartidas e o objecto da exportação principal; já não assim no «buy-back» e no «offset» directo, pois se verifica uma relação directa indispensável entre os meios necessários à fabricação do produto destinado ao contra-importador.

Nos contratos de contrapartidas que impliquem transferências de tecnologia (contrapartidas industriais) as restrições impostas pelo transmitente podem vir a revelar-se ameaças à concorrência, limitando a liberdade das empresas; nessa medida podem violar a proibição do artigo 81.º, caso não estejam abrangidas por alguma das situações previstas no 81.º n.º 3[175].

---

[174] V. sobre esta figura GOLDMAN/CAEN/VOGEL, *Droit Commercial Européen*, op. cit., pág. 406 e ss.

[175] Estas excepções reflectem acerca do conceito de concorrência eficaz ou praticável (concorrência-meio) adoptado pelo Direito Comunitário – v. sobre este conceito ROBALO CORDEIRO, op. cit., pág. 90-91 – no art. 85.º n.º 3 (actual 81.º n.º 3), o qual prevê a possibilidade da proibição das cláusulas restritivas poder vir a ser declarada inaplicável através de isenções individuais e isenções por categoria, (estas últimas objecto de vários regulamentos comunitários) às práticas e acordos, desde que cumpram quatro condições (balanço económico) – duas positivas: melhorar a produção e distribuição de produtos (novos produtos, menos custos, preços mais baixos), bem como a promover o progresso técnico (inovações tecnológicas); desde que aos utilizadores se reserve uma parte equitativa do lucro daí resultante; duas negativas: não impor às empresas em causa quaisquer restrições que não sejam indispensáveis e não permitam a essas empresas a possibilidade de eliminar a concorrência relativamente a uma parte substancial dos produtos em causa – para maiores desenvolvimentos v. GOLDMAN, *Droit Commercial Européen*, op. cit., pág. 388 e ss.; MOTA CAMPOS, op. cit., pág. 526 e ss. As isenções por categoria, concedidas por Regulamento respeitaram a acordos de compra exclusiva (Regulamento CEE n.º 1984/83 da Comissão, de 22.06.83) , acordos de venda exclusiva; acordos de distribuição; acordos de distribuição automóvel (Regulamento n.º 1475/95, da Comissão, de 29.06.95); transferências de tecnologia (Regulamento CE n.º 240/96, da Comissão, de 31.01.96); contratos de patentes (Reg. do Conselho n.º 2349/84); marcas (Regulamento n.º 40/94, de 14.01.94); acordos de «know-how» (Reg. n.º 556/89, da Comissão, de 30.11.88), sobre contratos de franquia (Regulamento CEE n.º 4087/88 da Comissão, de 30.11.1988), acordos de investigação e desenvolvimento (Regulamento n.º 418/85 da Comissão, de 19.12.85); acordos de especialização (Regulamento CEE da Comissão n.º 417/85, de 19.12.84)...

O Comércio Internacional por Contrapartidas e o Direito Internacional 233

Sendo as regras da concorrência aplicáveis tanto às empresas privadas como às empresas públicas – artigo 86.º (princípio da generalidade) – a posição de comprador exclusivo de organismos públicos (compras públicas, monopólios públicos de importação, mercados públicos) poderá constituir uma violação das mesmas, na medida em que podem exigir em contrapartida a venda de certos bens.

Muito embora a preocupação do legislador comunitário evitasse o favorecimento das empresas nacionais em detrimento das concorrentes sediadas noutros estados membros, tais encomendas públicas passaram a ser objecto do controlo a partir das directivas 88/295/CEE, de 22.03 e 89/440/CEE, de 19.07, relativas à coordenação dos processos de adjudicação de contratos públicos de fornecimento e de contratos de obras públicas, respectivamente[176].

Porém, os acordos de «offset» no domínio do comércio de equipamento militar, envolvendo países e empresas da Comunidade, constituem uma excepção às regras da concorrência expressamente prevista no artigo 296.º[177].

Os contratos de contrapartidas, atenta a sua natureza são susceptíveis de envolver uma prática de «dumping»[178], podendo apresentar dificuldades em relação ao apuramento do "valor normal", necessário para a determinação da margem de «dumping». Neste domínio, a Comunidade preocupou--se em regulamentar o «dumping» intracomunitário – Regulamento (CEE) n.º 812/86 do Conselho, de 14.03[179] – e o «dumping» por parte de países não membros – inicialmente Regulamento do Conselho (CEE) n.º 459/68,

---

[176] Mais recentemente Directivas n.º 93/36/CEE, do Conselho, de 14 de Junho e 92/50/CEE, do Conselho, de 18 de Junho.

[177] Nomeadamente, não estão sujeitos às regras previstas nas Directivas n.º 93/36/CEE, do Conselho, de 14 de Junho e 92/50/CEE, do Conselho, de 18 de Junho, não lhes sendo aplicáveis as normas que regulam a escolha do procedimento e respectiva tramitação para a generalidade das aquisições de bens e serviços por parte das pessoas colectivas de direito público.

[178] O «dumping» não é entendido como uma prática anticoncorrencial stricto sensu, antes como uma prática relevante no domínio da concorrência desleal – cfr. Louis/Joseph Vogel, op. cit., pág. 59. Antes da revisão do Tratado de Roma, operada pelo Tratado de Amesterdão, era o artigo 91.º, que se referia ao «dumping».

[179] V. tb. Decisão n.º 813/86/CECA do Conselho, de 16.03. O antigo artigo 91.º apenas assumiu relevo para os Estados membros («dumping» intracomunitário) no período transitório – cfr. Porto, Teoria da Integração..., op. cit., pág. 279 – mas volta a assumi-lo por altura de novas adesões. O legislador destaca expressamente os "acordos de compensação" – tradução da versão portuguesa do JOCE, que pelas razões oportunamente indicadas (v. Cap. I) não se afigura a mais correcta.

234 *Dos Contratos de Contrapartidas no Comércio internacional* («countertrade»)

de 5.04; posteriormente substituído pelo Regulamento (CEE) n.° 2423/88, de 11.07.[180] e pelo Regulamento do Conselho (CE) n. ° 384, de 22.12.95 – permitindo a cobrança de direitos anti-«dumping».

4.2.2. As contrapartidas nas relações Este-Oeste.

Até aos anos setenta as empresas da Comunidade experimentaram sobretudo as vantagens e desvantagens das contrapartidas nas relações com os países do Leste Europeu, já que tem sido desde os anos sessenta a prática privilegiada no comércio externo Este-Oeste[181]. Apenas a partir dos anos oitenta, as empresas da Comunidade experimentam o comércio por contrapartidas com os PVD's[182].

Sendo interditos os acordos comerciais bilaterais a nível governamental entre Estados membros da Comunidade e países do Leste devido à política comercial comum[183], apenas acordos de cooperação têm tido lugar. Todavia, tal orientação não obstou à constituição duma instituição financeira internacional[184] especialmente vocacionada para o *countertrade*, com participação de vários bancos sediados em países da Comunidade, nem tão pouco ao surgimento de instituições para-oficiais criadas para o mesmo fim[185].

---

[180] JOCE L 209, de 2.08. V. para maiores desenvolvimentos PEDRO ÀLVARES, *O GATT...*, op. cit., pág. 160 e ss.

[181] Cerca de metade do comércio Este-Oeste. De uma maneira geral o *countertrade* no pós guerra, até ao final dos anos setenta, respeitava sobretudo às relações comerciais externas dos países do Leste Europeu – v. introdução ao Capítulo I.

[182] Cfr. GUYOT, op. cit., pág. 773.

[183] V. sobre a política comercial comum VAULONT, op. cit., pág. 39 e ss; SWANN, op. cit., pág. 334 e ss.; MOTA CAMPOS, op. cit., pág. 221 e ss.; em especial sobre os países do Leste, TOMSA, op. cit; MOTA CAMPOS, op. cit., pág. 242 (Regulamento do Conselho n.° 1765 de 30.06.82, aplicável às importações dos países de Comércio de Estado). Assim, desde o final do período transitório nenhum acordo deste tipo foi individualmente assinado ou renovado com países de Comércio de Estado – cfr. LAVIGNE, op. cit., pág. 100. A Grécia, desde a adesão à então CEE, teve de abandonar a prática do «clearing» que mantinha com países estranhos à Comunidade.

[184] Tratou-se do "Centrobank", que resultou duma «joint-venture» entre o "Banco di Sicilia", o "Bank Kur Abeit and Wirtsschaft of Austria", o "Bank Handlowly Warsovie of Poland e o "Kleinwort Benson of England", com sede em Viena de Áustria, que, antes de Londres, era o centro financeiro do *countertrade* – cfr. Financial Times Survey, "Financial Times", 7.05.1985.

[185] Tal como a ACECO, sediada em Paris, com financiamentos privados e públicos, prestando assistência técnica neste domínio.

O *Comércio Internacional por Contrapartidas e o Direito Internacional*

A partir dos anos setenta aumentaram as exigências dos PECO em contrapartidas (aumento das taxas de contrapartida, redução do período de cumprimento previsto nos contratos, elevadas penalidades para o não cumprimento, exigência de contrapartidas para qualquer importação)[186], aumentando por conseguinte a quantidade de produtos importados dos países do Bloco Leste.

Particularmente significativos, seja pelos montantes envolvidos, seja pela ameaça de «dumping», os contratos relativos à transmissão de tecnologia, compreendendo a instalação de complexos industriais «chave na mão» («buy-back») concluídos por várias empresas da Comunidade; nalguns casos os produtos objecto de recompra são complementares em relação aos produtos comercializados no mercado comunitário, noutros casos são sucedâneos, concorrendo directamente com os produtos comunitários[187].

Admitindo que os produtos das contrapartidas podem causar distorções no mercado comunitário as medidas de defesa adequadas são os direitos anti-«dumping», medidas de salvaguarda (direitos alfandegários, quotas, contingentes de importação e outras restrições quantitativas)[188]. Aliás, várias empresas comunitárias reclamaram tratamento especial para a produção importada resultante dos contratos de «buy-back», nomeadamente em matéria de protecção alfandegária (quotas), invocando que são contratualmente obrigadas a retomar tais produtos, que afinal são produzidos com tecnologia comunitária[189]. Porém, o regime alfandegário a que é sujeita a mercadoria importada é o que consta da nomenclaturística da Pauta Alfandegária Comum, idêntico para todos os artigos da mesma categoria aos quais não seja aplicado nenhum regime alfandegário específico[190].

---

[186] Cfr. OCDE, «Les échanges Est-Ouest», op. cit., pág.; GUYOT, op. cit., pág. 774. V. tb. Cap. I.

[187] Em 1981 e 1982, 12 casos de «dumping» relativos à importação «buy-back» de produtos químicos originários de países do Bloco Leste, foram apresentados à Comissão – cfr. GUYOT, op. cit., pág. 775. Outro caso famoso nos anos oitenta, envolveu a "FIAT" que participou na instalação da "Togliatti Auto", na ex-URSS, convicta de que os modelos seriam considerados absoletos quando o mercado interno do COMECON absorvesse a produção; porém, brevemente os "Lada" (modelo similar ao "Fiat") surgiram no mercado a preços de «dumping» – cfr. WELT, *Trade whithout money*, op. cit., pág. 23.

[188] O regime comum das importações na Comunidade constava do Regulamento n.° 288/82, do Conselho, de 5.02, sucessivamente alterado; o regime específico aplicável aos "países de comércio de estado" do Regulamento n.° 1765 de 30.06.982, que determinava os contingentes de importação; pelo art. 115.° do TR, a livre importação poderia ser recusada, desde que fundamentada numa decisão da Comissão.

[189] Cfr. GUYOT, op. cit., pág. 776.

[190] Os regimes aduaneiros específicos (aperfeiçoamento passivo, aperfeiçoamento

O verdadeiro dilema das autoridades comunitárias tem sido a protecção das exportações da indústria comunitária para o Leste Europeu face às ameaças de distorção do mercado provocadas pelas importações originárias destes países[191].

O Parlamento Europeu[192] encarregou a Comissão de analisar o impacto do *countertrade*, avaliando acerca da oportunidade da criação de legislação especial, prevendo sanções para as práticas que fossem susceptíveis de causar distorções no mercado comunitário.

O extraordinário acolhimento que as contrapartidas experimentaram após a extinção do COMECOM nalguns destes países (novas Repúblicas resultantes do desmembramento da URSS...)[193] ampliarão decerto a dimensão do problema.

4.3. Conclusão.

No pós Guerra (a partir dos anos sessenta), os contratos de contrapartidas no domínio da transferência de tecnologia (contrapartidas industriais) tiveram a sua génese histórica nas relações das empresas comunitárias com os países do Leste (relações Este-Oeste).

Os estados da Comunidade, impedidos pela política comercial comum (pelo menos a partir do final dos anos sessenta, findo o período transitório) de concluírem acordos comerciais bilaterais, foi sobretudo através de instrumentos próprios do direito privado (contratos internacionais) que as empresas sediadas na Comunidade negociaram as contrapartidas.

As regras jurídicas da circulação de mercadorias e da concorrência comunitárias, apesar de não referirem expressamente o *countertrade*, são potencialmente aplicáveis a algumas destas operações.

Constituindo o primeiro núcleo geo-histórico do *countertrade,* desde o pós Guerra até aos anos setenta, a actuação das autoridades comunitárias primou pela discrição: apenas o direito derivado optou por considerar expressamente os efeitos das contrapartidas a propósito do «dumping».

Nos anos noventa, as contrapartidas têm sido privilegiadas no âmbito das relações comerciais das empresas comunitárias com alguns países do Leste.

---

activo) – v. VAULONT, op. cit., pág. 79 e ss. – nem sempre permitem abranger estas situações. Na hipótese do *countertrade* industrial implicar um contrato de subcontratação v. M.M. LEITÃO MARQUES, op. cit., pág. 178 e ss.

[191] Cfr. CEDRIC GUYOT, op. cit., pág. 774.

[192] Relatório sobre as relações entre a Comunidade, os Estados do Leste Europeu e o CMEA, Parlamento Europeu, Decisão 1-531/82, de 28.07.

[193] Cfr. OLEG SVIRIDENKO, op. cit., pág. 72 e ss.

O extraordinário incremento das operações de contrapartidas nalguns países do Leste trará decerto novos desenvolvimentos à problemática jurídico-comunitária das contrapartidas.

5. Conclusões do capítulo.

Não obstante as OEI, na generalidade, condenarem os efeitos do comércio internacional por contrapartidas[194], a análise das várias ópticas de regulação (GATT/OMC, FMI, CE...), não autoriza a concluir pela incompatibilidade de toda e qualquer transacção desta natureza em relação à ordem económica internacional vigente.

Não obstante na perspectiva da teoria do comércio internacional ser considerado uma solução de segundo óptimo (Pareto), o comércio por contrapartidas tem permitido a realização de transacções internacionais que doutra forma seriam impossíveis por falta de meios de pagamento internacionais (divisas); noutros casos permite ultrapassar obstáculos não pautais; nesta medida proporciona um efeito de criação de comércio internacional.

O sistema monetário internacional do FMI manteve e mantém uma relação de causa-efeito com o aumento/redução do comércio de contrapartidas: limitadas desde os anos do pós-Guerra até aos anos setenta aos países de moeda inconvertível que não eram membros do FMI – países de economia planificada do Leste Europeu e PVD da América Latina – após a crise do sistema monetário internacional e do abandono do regime de câmbios fixos (1971-78), a negociação de contrapartidas apresenta-se como uma alternativa aos riscos cambiais e às carências de divisas, interessando operadores no comércio internacional da mais variada natureza.

Na perspectiva da ajuda ao desenvolvimento, os contratos internacionais de contrapartidas surgem como uma alternativa ou mesmo um complemento doutros instrumentos oferecidos pelo Direito Internacional, tais como as preferências aduaneiras (S.G.P., Convenção de Lomé, Convenção de Yaoundé...), sendo porventura mais bem sucedidos: é o caso dos contratos industriais («buy-back»), que, no âmbito da transferência de tecnologia, são a única via de acesso dos PVD a projectos dispendiosos, que de outra forma não seriam exequíveis; é o caso dos contratos de contrapartidas comerciais que permitem o escoamento da produção das indústrias nascentes dos PVD para os mercados dos países desenvolvidos (sem estarem sujeitos ao contingentamento a que são submetidos os produtos

---

[194] V. sobre a atitude da OCDE, GATT, FMI, CNUCED face ás contrapartidas VERZARIU, op. cit., pág. 13 e ss.; CARREAU/JUILLARD/FLORY, *DIE* (1990), op. cit., pág. 257-58.

industriais no âmbito do SGP e noutros sistemas preferenciais). Assim, é de crer que a baixa progressiva dos direitos aduaneiros no âmbito das negociações da OMC nos próximos anos, retirando qualquer efeito útil às preferências aduaneiras, venha a contribuir para o incremento das contrapartidas.

Por outro lado não deixa de ser pertinente que os "NPI" sejam, afinal, os países mais envolvidos no comércio internacional por contrapartidas; as técnicas inerentes às contrapartidas têm facilitado a penetração da produção destes países nos mercados mundiais.

Numa economia global, operadores do comércio internacional geograficamente dispersos e da mais variada natureza, atentos os diferentes sistemas económicos e os diferentes níveis de desenvolvimento económico, encontraram no *countertrade* um meio de resolver os dilemas da interdependência económica.

CAPÍTULO IV
CONCLUSÕES

A troca directa ou escambo («barter») surgiu como a primeira forma divulgada no comércio internacional.

O padrão ouro desde o século XIX até meados do século XX (moeda nacional e internacional) e, mais tarde, o sistema monetário internacional do FMI até aos anos setenta, proporcionaram meios de pagamentos internacionais (divisas) adequados ao financiamento do comércio internacional, permitindo que o contrato de venda internacional se tornasse o contrato de comércio internacional mais divulgado.

Assim se compreende que até aos anos setenta o *countertrade* tenha sido sobretudo uma alternativa limitada às relações comerciais externas dos países do Leste Europeu (comércio Este-Oeste) e outros países de moeda inconvertível, já que a moeda (divisa) assume nos contratos internacionais de contrapartidas uma função secundária como meio de pagamento internacional, considerando que vários instrumentos bancários são usados com a função de limitar estes pagamentos.

A crise económica internacional vivida a partir dos anos setenta terá sido uma das causas responsáveis pelo impacto alcançado pelo comércio por contrapartidas desde então. Contudo, a contínua expansão nos anos oitenta e noventa, demonstrou que não se tratou apenas de uma situação conjuntural; as contrapartidas impuseram-se como uma técnica contratual destinada a servir o comércio internacional, ao lado das demais.

Numa economia global caracterizada pela interdependência económica o comércio internacional por contrapartidas, assumindo um carácter obrigatório ou voluntário, serve interesses de operadores do comércio internacional localizados em zonas geográficas dispersas integrados em diferentes sistemas económicos e com diferentes níveis de desenvolvimento económico, oferecendo as técnicas contratuais potencialidades sempre adaptáveis à satisfação de diversos objectivos económicos.

As figuras contratuais mais divulgadas e bem sucedidas no âmbito das contrapartidas resultaram da prática dos negócios internacionais e do sucesso que experimentaram, vindo posteriormente a ser reconhecidas e adoptadas pela legislação de alguns estados e pelos guias jurídicos da ONU (ECE, UNCITRAL).

As limitações da troca directa («barter») determinaram o surgimento de outras operações relevantes no âmbito do *countertrade*: um conjunto variado de operações – «counterpurchase», «buy-back», «offset», … – qualquer uma com características diferentes, serve também objectivos económicos diferentes.

Contudo, revela-se impossível individualizar todas as formas contratuais através das quais se manifesta actualmente o *countertrade*, bem como prever quais as formas que assumirá no futuro, tal a sua dinâmica.

O envolvimento progressivo das sociedades transnacionais, fabricantes, bancos, seguradoras, "trading houses", «switcher's»…, ao lado dos estados e outras pessoas de direito público, implicou consequências a nível das técnicas contratuais, do financiamento e da estrutura destas operações, que se tornaram bastante sofisticadas.

Fluxos de comércio internacional nos dois sentidos (exportação-importação, contra-exportação/contra-importação), estabelecendo uma relação de dependência jurídica (bilateral ou unilateral) entre duas exportações de sentido inverso, mediante a conclusão de contratos internacionais inspirados no direito privado, são o elemento aglutinador das contrapartidas (*countertrade*). Nalguns casos verifica-se uma relação directa entre as contrapartidas e a exportação («buy-back», «offset» directo), noutros não se verifica («barter», «counterpurchase», «offset» indirecto»).

É esta singularidade que impede a identificação dos contratos internacionais de contrapartidas quer com os contratos conhecidos do direito interno (à excepção do «barter»), quer com os contratos de comércio internacional mais divulgados (venda internacional de mercadorias; transferência internacional de tecnologia, cooperação comercial internacional …), que apenas são aplicáveis parcialmente, razão pela qual são susceptíveis de integrar uma nova categoria de contratos de comércio internacional: os contratos internacionais de contrapartidas, aliás, já reconhecida no guia da UNCITRAL.

O insuficiente amadurecimento da doutrina – presente nas diferentes opções, uma da ECE/ONU ao apresentar dois guias jurídicos diferentes (um para o contrato de «counterpurchase», outro para o «buy-back»), outra da UNCITRAL, adoptando um guia geral para todos os contratos de *countertrade* – mas, sobretudo a variedade de formas assumidas pelo *countertrade*, inviabilizaram a adopção de uma convenção modelo, tal como seria desejável e como já sucedeu com outros contratos internacionais.

Conclusões

A universalidade dos problemas jurídicos dos contratos internacionais de contrapartidas, se não foi inicialmente reconhecida pela OCDE (cujos trabalhos se limitaram às relações Este-Oeste e depois aos PVD), nem pela ECE/ONU (cuja área geográfica se limita à Europa), foi destacada pela UNCITRAL (cujos trabalhos iniciados na década passada resultaram no «Legal Guide on International Countertrade», publicado em 1994), pela OMC (que regulou o «offset» e as "TRIMs") e pela CNUCED, que pretendeu incrementar a prática das contrapartidas no domínio das transferências de tecnologia.

Expressão desta tendência universal a adopção por vários estados, sobretudo a partir dos anos oitenta, de legislação sobre comércio externo impondo contrapartidas, bem como os esforços de organismos internacionais na tentativa senão de as estimular, ao menos de as reconhecer e regular.

As legislações nacionais, impondo regras imperativas e rigorosas, restringindo a liberdade contratual dos operadores do comércio internacional, representam o lado crítico do *countertrade* e foram recentemente objecto duma tímida tentativa de regulação pela OMC: trata-se do Acordo (plurilateral) sobre «Mercados Públicos», que mau grado a equívoca referência ao *countertrade*, interdita os acordos de «offset» (civil); porém, não é obrigatório senão para os estados que o assinarem e contempla excepções a favor dos PVD.

A análise do *countertrade* evidencia, afinal – conforme demonstraram os trabalhos da OCDE, os guias jurídicos da UNCITRAL e da ECE/ /ONU, a recente regulação da OMC, os "relatórios" do FMI, as reivindicações da UNTAD, os estudos dos autores considerados, as práticas contratuais dos operadores do comércio internacional – a problemática jurídica inerente ao comércio internacional nas suas várias vertentes: contratos internacionais, transferências internacionais de tecnologia, circulação internacional de mercadorias, serviços e capitais, pagamentos internacionais, câmbios, balança de pagamentos, investimentos internacionais, financiamentos internacionais ...

Tal problemática, tal como outras («contratos de Estado», «lex mercatoria», arbitragem comercial internacional, transferências internacionais de tecnologia, ...), tem confirmado o dinamismo do comércio internacional nas últimas décadas e contribuído para a evolução do direito do comércio internacional.

BIBLIOGRAFIA

ABDEL-LATIF, ABLA, «The egyptian experience with countertrade», Journal of World Trade, 24 (5), Outubro, 1990.

ABREU, JORGE MANUEL COUTINHO, «Marcas (noção, espécies, funções, princípios constituintes)», BFDUC, 1997.

AFFAKI, BACHIR GEORGES, «As garantias autónomas serão ainda autónomas? Lições da crise do Golfo», Rev. da Banca, n.° 29 (Jan./Fev./Mar.), Lisboa, 1994.

AGLIETTA, MICHEL/ORLÉAN, ANDRÉ, La monnaie souveraine, Éditions Odile Jacob, Paris, 1998.

ALLAN, D.E./HISCOCK, M.E., «Countertrade: an australian perspective», JIBL, Oxford, 1987.

ÁLVARES, PEDRO, A Europa e o mundo, PEA, Lisboa, 1990.

– O GATT, PEA, Lisboa, 1994.

ALVES, J.M. CASEIRO, Lições de Direito Comunitário da Concorrência, Coimbra, 1989.

AMELON, JEAN- LOUIS, Financer ses exportations, Bordas, Paris, 1988.

ANTUNES, JOSÉ OLIVEIRA/MANSO, JOSÉ A., Relações internacionais e transferência de tecnologia, Almedina, Coimbra, 1993.

ASCANI, OTTORINO, «Gli scambi in compensazione», GVCI, Ano VII, n.° 12, 1983.

ASCENSÃO, JOSÉ OLIVEIRA, Direito Comercial, II vol., Direito Industrial, FDL, Lisboa.

ASTUTI, GUIDO, «Compensazione (storia)», in Enciclopedia del Diritto – VIII, Giuffré Editore, 1961.

ATHAYDE, AUGUSTO, Elementos para um curso de Direito Administrativo da Economia, CTF, 1970.

– Estudos de Direito Económico e de Direito Bancário, Liber Juris, Rio de Janeiro, 1982.

– «Intervenção e desintervenção do Estado na actividade económica: notas para a formulação de uma tipologia jurídica», Memórias da Academia das Ciências de Lisboa, Classe de Letras, Tomo XXIX, Lisboa, 1990/91.

ATHAYDE, AUGUSTO/BRANCO, LUÍS, «Operações bancárias», in Direito das Empresas, INA, 1990.

ATHAYDE, AUGUSTO/ATHAYDE, AUGUSTO ALBUQUERQUE/ATHAÍDE, DUARTE, Curso de Direito Bancário, I vol., Coimbra Editora, 1999.

BALASSA, BELA, Comércio internacional, Victor Pub., Rio de Janeiro, 1970.

BANCAL, MICHEL, «Ingéniérie juridique, financière et fiscale des coopérations industrielles en Arabie Saoudite», RDAI, n.° 6, 1993.

BAPTISTA, LUIZ O./BARTHEZ, PASCAL DURAND, Les associations d'enterprises (joint-ventures) dans le commerce international, LG.D.J., Paris, 1991.

BARATA, JOSÉ FERNANDO NUNES, «Mercantilismo», POLIS, 1986.

244 *Dos Contratos de Contrapartidas no Comércio internacional* («countertrade»)

BARI, FRANCESCO DE, «È il momento del buy-back», Commercio Internazionale, Ano XVI, n.° 1, 1992.

BARRE, RAYMOND, *Économie Politique*, II vol., PUF, Paris, 1964.

BARTEZ, PASCAL DURAND, «Le troc dans le commerce international et les opérations de switch», DPCI, t. 8, n.° 2, 1982.

BARTEZ, PASCAL DURAND, vide BAPTISTA, LUÍS

BATTIFOL, H., «La loi approprié au contrat», in *Le Droit des relations économiques internationales*, LITEC, Paris, 1987.

BÉLANGER, MICHEL, *Institutions économiques internationales,* Economica, Paris, 1994.

BELL, W./ KHOR, HOE EE/KOCHHAR, KALPANA, «Les réformes en Chine depuis 1978: un billan.», Prob. Éc., n.° 2354, 1993.

BELLANGER, IRIS CHOI, «Le transfert de technologie en Chine.», R.I.D.C., n.° 3 (Julho--Set.), 1994.

BERNARDINI, PIERO, «Il *countertrade*: da strumento di politica commerciale a nuova tecnica del commercio internazionale», Diritto del Commercio Internazionale, 1 (Jan./Junho), 1987.

BERTRAMS, R., *Bank guarantees in international trade*, I.C.C. Publishing S.A., 1996.

BISCAGLIA, AGNÉS, «Le developpement du commerce de compensation», Problèmes Économiques, n.° 1839 (Set.), 1983.

BIZEC, RENÉ-FRANÇOIS, *Les Transferts de technologie*, PUF, Paris, 1981.

BYÉ, MAURICE/BERNIS, GERARD DESTANNE, *Relations économiques internationales*, Dalloz, Paris, 1987.

BONELLI, FRANCO, «Le garanzie bancarie nel commercio internazionale», Diritto del Commerzio Internazionale, 1 (Jan./Junho), 1987.

BONTOUX, CHARLES, «Les garanties bancaires dans le commerce international», Banque, n.° 414 (Fev.), 1982.

BONTOUX, vide EISEMANN

BORGES, JOSÉ FERREIRA, *Instituiçoens de Economia Politica*, Imprensa Nacional, Lisboa, 1834.

BORGIA, ROSSELA CAVALLO, «Engineering», in *I contratti del commercio, dell'industria e del mercato finanziario*, t. II, UTET, Turim, 1995.

BORTOLANI, SERGIO, *A evolução do sistema monetário internacional*, Edições 70, Lisboa, 1981.

BORTOLOTTI, FABIO, «Cessione de tecnologia mediante joint venture», GVCI, n.° 23, 1983.
– «Guida pratica alla contrattualistica internazionale», GVCI, 1983.
– *Diritto dei contrati internazionale (Mannuale dei contratti internazionale)*, CEDAM, Milão, 1988.

BOURAQUI, SOUKEINA , vide MEZGHANI, ALI

BOURRINET, J./ M. TORRELLI, *Les relations extérieures de la C.E.E.*, P.U.F., Paris, 1992.

BRANCO, LUÍS MANUEL BAPTISTA, «Conta corrente bancária. Da sua estrutura, natureza e regime jurídico.», Rev. da Banca, n.° 39 (Jul./Set.), Lisboa, 1996.

BRANCO, LUÍS, vide ATHAYDE, AUGUSTO.

BRAUDEL, FERNAND, *Civilização material, Economia e Capitalismo – As estruturas do quotidiano: o possível e o impossível – Os jogos das trocas – O tempo do mundo*, Edit. Teorema, Lisboa, 1992-93.

BRITO, MARIA HELENA, *O contrato de concessão comercial*, Almedina, Coimbra, 1990.
– «Os contratos bancários e a Convenção de Roma de 19 de Junho de 1980 sobre a lei aplicável às obrigações contratuais», Rev. da Banca, n.° 28 (Out./Dez.), 1993.

CAEN, ANTOINE LYON, vide GOLDMAN, BERTHOLD

CÂMARA DE COMÉRCIO INTERNACIONAL, *INCOTERMS 1990* (Publicação n.460), ICC Publishing, 1991.
– *Regras e usos uniformes relativos aos créditos documentários* (Publicação n.° 500), ICC Publishing, Paris, 1993.
– *Régles uniformes de la CCI relatives aux garanties sur demande* (Publicação n.° 458), 1992.
– «Uniform rules for collections» (publicação n.° 522), ICC Publishing, Paris, 1995.
– *UNIDROIT Principles for International Commercial Contracts: a new lex mercatoria?* (Publicação n.° 490/1), Paris, 1995.
– *Règlement d'Arbitrage de la CCI* (Publicação n.° 581), Paris, 1997.
– *INCOTERMS 2000* (Publicação n.° 560), Paris, 1999.

CAMPINOS, JORGE, *Organizações económicas universais*, U.N.L., Lisboa, 1985.

CAMPOS, JOÃO MOTA, *Direito Comunitário – o ordenamento económico* (3.° vol.), F.C.G., Lisboa, 1997.

CAMPOS, JOÃO MOTA/PORTO, MANUEL CARLOS LOPES/FERNANDES, ANTÓNIO JOSÉ/MEDEIROS, EDUARDO RAPOSO/RIBEIRO, MANUEL ALMEIDA/DUARTE, MARIA LUÍSA, *Organizações Internacionais*, FCG, Lisboa, 1999.

CANTILLON, RICHARD, *Essai sur la nature du commerce en général* (1755), Augustus Kelley, N. Iorque, 1964.

CAREY/MCLEAN, «The United States, Countertrade and Third World Trade», JWTL, pág. 440, 1987.

CARREAU, DOMINIQUE, «Le Nouvel Ordre International Èconomique», La Documentation Française, Março 1985.
– «Souveranité monétaire et utilisation de la monnaie par les operations privés», in *Droit et monnaie...*, A.I.D.E., 1988.
– *Droit International*, Pedone, 4.ª edição, Paris, 1994.

CARREAU, DOMINIQUE/THIBAULT FLORY/ PATRICK JUILLARD, *Droit International Économique*, L.G.D.J., Paris, 1978.
– *Droit International Économique*, L.G.D.J., Paris, 1990.
– «Chromique de droit international économique», AFDI, 1986.

CARREAU, DOMINIQUE/JUILLARD, PATRICK, *Droit International Économique*, L.G.D.J., Paris, 1998.

CARVALHO, CARLOS MANUEL FERREIRA, *Prontuário do bancário*, 5.ª Edição, Livraria Narciso, Castelo Branco, 1992.

CASSAN, HERVÉ, *Contrats internationaux et pays en developpement*, Economica, Paris, 1989.

CASTRO, ARMANDO ANTUNES, «Quadros institucionais do comércio internacional – o GATT e a CNUCED», in *Comércio internacional – teorias e técnicas*, ICEP, Lisboa, 1991.

CNUCED/UNCTAD, *Trade and Developement Report* (UNCTAD/TDR/14), United Nations Publication, 1994.

246 *Dos Contratos de Contrapartidas no Comércio internacional («countertrade»)*

CNUDCI/UNCITRAL, «International Countertrade: draft outline of the possible content and structure of a legal guide on drawing up international countertrade contrats: report of the Secretary-General (A/CN.9/322)», in*Yearbook of the United Nations Comission on International Trade Law*, vol. XX, 1989.

– «Opérations Internationales d'Échanges Compensés: project de guide juridique pour l'élaboration de contrats internationaux d'échanges compensés: exemples de chapitres: rapport du Secrétaire Général (A/CN.9/332)», in Annuaire de la Comission des Nations Unies pour le Droit Commercial International – vol. XXI, 1990.

– «Legal Guide on International Countertrade Transactions (A/CN.9/362/Add.1)» in *Yearbook of the United Nations Comission on International Trade Law* – vol. XXIII (1992), United Nations, Nova Iorque, 1994.

COELHO, JOSÉ GABRIEL PINTO, *Operações de banco*, Lisboa, 1962.

COLAÇO, ISABEL MARIA TELLO MAGALHÃES, *Da compra e venda em Direito Internacional Privado – aspectos fundamentais*, Editorial Império, Lisboa, 1954.

COLLAÇO, JOÃO MARIA MAGALHÃES, *Apontamentos sobre troca para as Lições de Sciencia Economica* (das preleções do exmo. Sr. Dr. Marnoco e Sousa), Parceria França & Arménio Amado, Coimbra, 1911.

COMISSÃO ECONÓMICA PARA A EUROPA (ECE/ONU), *Guide sur la rédaction de contrats relatifs à la réalisation d'ensembles industrielles* (ECE/TRADE/117), NU, Nova Iorque, 1973.

– *Guide pour la rédaction de contrats internationaux de coopération industrielle* (ECE/TRADE/124), NU, Nova Iorque, 1976.

– *Rapport sur les opérations d'échanges compensés dans la région de la Comission Économique pour l'Europe* (TRADE/R.385), 1979.

– *Contrats internationaux de contre-achat* (ECE/TRADE/169), NU, Nova Iorque, 1990.

– *Contrats internationaux d'achats en retour*, (ECE/TRADE/176), NU, Nova Iorque, 1991.

CORDEIRO, ANTÓNIO MENEZES, *Direito das Obrigações*, I (1986) e II (1987), AAFDL, Lisboa, 1986-87.

– *Da cessão financeira (Factoring)*, Lex, Lisboa, 1994.

– «Empréstimos "Cristal": natureza e regime», O Direito, ano 127.°, III-IV (Julho/ /Dezembro), 1995.

– *Das cartas de conforto no Direito Bancário*, Lex, Lisboa, 1996.

– *Manual de Direito Bancário*, Almedina, Coimbra, 1999.

CORDEIRO, ANTÓNIO JOSÉ SILVA ROBALO, «As coligações de empresas e os direitos português e comunitário da concorrência», R.D.E.S., ano XIX -2.ª série (n.° 1), 1987.

CORREIA, ANTÓNIO ARRUDA FERRER, *Lições de Direito Comercial*, Coimbra, 1973.

– *Lições de Direito Internacional Privado*, Coimbra, 1973.

– «A codificação do Direito internacional privado», B.F.D.U.C.(1975), vol.LI.

– «Algumas considerações acerca da Convenção de Roma de 19 de Junho de 1980 sobre a lei aplicável às obrigações contratuais», RLJ, ano 122, n.° 3787.

– «Notas para o estudo do contrato de garantia bancária», RDE, ano VIII, n.° 2, 1982.

– *Direito Internacional Privado – alguns problemas*, Coimbra, 1985.

- «Da arbitragem comercial internacional», R.D.E., n.º 2 (1984-85); tb. in *Temas de Direito Comercial e de Direito Internacional Privado*, Almedina, Coimbra, 1989.
- «O problema da lei aplicável na arbitragem comercial internacional», in *Temas de Direito Comercial e de Direito Internacional Privado*, Almedina, Coimbra, 1989.

CORREIA, JOSÉ MANUEL PINHEIRO SÉRVULO, *Legalidade e autonomia contratual nos contratos administrativos*, Almedina, Coimbra, 1987.
- «Contrato administrativo», in *Dicionário da Administração Pública*, Lisboa, 1990.

COSTA, MÁRIO JÚLIO ALMEIDA, «Contrato», POLIS, 1986.
- «Compra e venda», POLIS, 1986.
- *Direito das Obrigações*, Coimbra Editora, 1991.

COSTA, MÁRIO JÚLIO ALMEIDA/MONTEIRO, ANTÓNIO PINTO, «Garantias bancárias, contrato de garantia à primeira solicitação», CJ XI, 1986.

COSTET, L., «Les objectifs de la coopération industrielle», RDAI, 1985.

CRAIG, W. LAURENCE / WILLIIAM W. PARK / JAN PAULSSON, *International Chamber of Commerce Arbitration*, Oceana Publications, inc., Nova Iorque, 2.ª ed., 1991.

CUNHA, JOAQUIM SILVA, *Direito internacional Público*, CLB, Lisboa, 1981.

CUNHA, PAULO PITTA, *Economia Política (Sumários desenvolvidos)*, FDL, Lisboa, 1973.
- *Integração europeia – estudos de economia, política e direito comunitário*, INCM, Lisboa, 1993.

DELACOLLETE, JEAN, *Les contrats de commerce internationaux*, De Boeck-Wesmael, Bruxelas, 1991.

DELEBECQUE, PHILIPPE, vide JACQUET, JEAN-MICHEL

DELEUZE, J. M., *Le contrat international de licence de know – how*, Masson, 1988.

DELIERNEUX, MARTINE, *Les instruments de payement international*, RDAI, n.º 8, 1993.

DENIS, HENRI, *História do pensamento económico*, Horizonte, Lisboa, 1978.

DEYON, PIERRE, *O Mercantilismo*, Gradiva, Lisboa, 1989.

DIAS, MARIA GABRIELA FIGUEIREDO, *A assistência técnica nos contratos de know-how*, Coimbra Editora, 1995.

DIERCKX, F., «L'utilisation de l'escrow account dans les operations de contre-achat», RDAI, n.º 7, 1985.

DIZARD, JOHN W., «The explosion of international barter», Fortune (7.2.983).

DOBSON, PAUL/ M. SMITH, CLIVE, *Business law,* Sweet & Maxwell, Londres, 1991.

DRAETTA, UGO/RALPH B. LAKE, *Les clauses pénales et les penalités dans la pratique du commerce international,* RDAI, n.º 2, 1993.

DUARTE, RUI PINTO, «Notas sobre o contrato de factoring», in *Novas perspectivas de Direito Comercial*, Almedina, Coimbra, 1988.

DUBISSON, MICHEL, *Les groupements d'entreprises pour les marchés internationaux*, Librairies Téchniques, Paris, 1985.
- *Les accords de cooperation dans le commerce international*, Lamy, Paris, 1989.

EICHENGREEN, BARRY/FLANDREAU, MARC, *The Gold Standard in Theory and History*, Routtledge, Londres, 1997.

EISEMANN, FREDERIC/BONTOUX,CHARLES, *Le crédit documentaire dans le commerce extérieur*, Jupiter, Paris, 1981.

EUCKEN, WALTER, *Os fundamentos da economia política*, FCG, Lisboa, 1998.

FARJAT, GÉRARD, «L'importance d'une analyse substantielle en droit écomique», Rév. Int. Dr. Éc., 1986.

— «Nature de la monnaie: une aproche de Droit Économique», in *Droit et monnaie*
— *États et espace monétaire transnational*, AIDE, Litec, Paris,1988.
— «La notion de droit économique», Arch. de Philosophie du Droit, Sirey, 1992.

FÉRIA, LUÍS PALMA, *As contrapartidas das aquisições militares instrumento de desenvolvimento económico*, Ministério da Economia, GEPE, 2000.

FERRARI, FRANCO, «La vendita internazionale – applicabilità ed applicazioni della Convenzione di Vienna del 1980», in *Trattato di Diritto Comerciale e di Diritto Pubblico dell'Economia* (vol. ventunesimo), CEDAM-PADOVA, 1997.

— «Le champ d'application des "principes des contrats commerciaux internationaux" élaborés par UNIDROIT», R.I.D.C., N.° 4 (Out.-Dez.), 1995.

FEUER, GUY, «Contrats nord-sud et tranferts de techonologie» in *Contrats internationaux et pays en développement*, Economica, Paris, 1989.

FEUER, GUY/CASSAN, HERVÉ, *Droit International du développement*, Dalloz, Paris, 1991.

FIELECK, N.S., «Barter in space age», Economic Impact, n.° 47, Washington, 1984.

FIGUEIREDO, MÁRIO, *Contrato de conta corrente*, Coimbra Editora, 1923.

FITZGERALD, B., «Countertrade reconsidered», Finance & Developpement, Washington, 1984.

FLANDREAU, MARC, vide EICHENGREEN, BARRY

FLORY, THIBAULT, *Le GATT, droit international et commerce mondial*, LGDJ, Paris, 1968.

— «L'Acte final de l'Uruguai Round», in AFDI (XXXIX), 1993.
— «L'entrée en vigueur des Accords du Cycle d'Uruguai», in AFDI (XL), 1994.
— «L'Accord de Coopération entre l'OMC et le FMI», in AFDI, (XLII), Paris, 1996.

FLORY, THIBAULT, vide CARREAU, DOMINIQUE

FMI, «Globalization in historical perspective», World economic outlook, Maio-1997.

FONTAINE, MARCEL, *Aspects juridiques des contrats de compensation*, FEDUCI, Paris, 1982.

— « La pratique du préamble dans les contrats internationaux », RDAI, n.° 4, 1986.
— *Droit des contrats internationaux (analyse et redaction des clauses)*, FEDUCI, 1989.

FONTANA, GIOVANNI, «Forme di pagamento delle importazioni», GVCI, n.° 18, 1983.

— «La copertura assicurativa tramite la MIGA», Comm. Internaz., n.° 16, 1995.

FONTANEL, JACQUES, *Organisations économiques internationales*, Masson, Paris, 1995.

FRANCO, ANTÓNIO LUCIANO SOUSA, *Noções de Direito da Economia*, AAFDL, Lisboa, 1982-83.

FRANÇON, ANDRÉ, «Le Droit des brevets d'invention et les pays en voie de developpement», in *Le droit des relations économiques internationales*, Litec, Paris, 1987.

FREITAS, SERAFIM (FREI), *Do justo império asiático dos portugueses (De iusto imperio Lusitanorum Asiatico, 1625)*, 2 vol., INIC, Lisboa, 1983.

FRIGANI, ALDO, «Countertrade: un tentativo de analisi giuridica», Gazzeta valutaria e del commercio internazionale-ano XI, n.° 9 (15.5.87), Milão.

— «Il contrato internazionale», in *Trattato di Diritto Comerciale e di Diritto Publico dell'Economia*, vol.XII, CEDAM-PADOVA, 1990..

FRISH, GERT-JÜRGEN/ MEYER, CATHERINE-ANNE, «Traité sur l'Espace Èconomique

Européen: cadre juridique d'une "Europe du deuxiéme cercle"», Révue du Marché Comum et de l'Union Européene, n.° 360, (Julho-Agosto), 1992.

FUNDATION POUR L'ÉTUDE DU DROIT ET DES USAGES DU COMMERCE INTERNATIONAL (FEDUCI): *Aspects juridiques des contrats de compensation*, Fev. 1982.

GAILLARD, EMMANUEL, «Centre International pour le Reglement des Differends relatifs aux Investissements», Clunet, 1999 (n.° 1).

GALCANO, FEDERICO, «I contrati di know-how», in *I contratti del commercio, dell'industria e del mercato finanziario*, UTET, Turim, 1995, T. II.

GALCANO, FRANCESCO, *História do Direito Comercial* (tradução portuguesa s/data), Bolonha, 1980.

– «Publico e privato nela regolazione dei rapporti economici», in *Trattato di Diritto Commerciale e di Diritto Pubblico dell'Economia*, vol. I, CEDAM-PADOVA, 1977.

GARRETT, JOÃO RUIZ ALMEIDA, *Pagamentos Internacionais*, Atlântida, Coimbra, 1960.

GATT, *Basic instruments and selected documents*, Genebra, 1969.

– *Secretariat's annual report International Trade – Trends and statistics*, 1994.

GAVALDA, CHRISTIAN/STOUFFLET, JEAN, *Droit Bancaire*, Litec, Paris, 1992.

GHESTIN, JACQUES, *Traité de Droit Civil*, 3.ªedição, LGDJ, Paris, 1993.

GODINHO, VITORINO MAGALHÃES, *Os Descobrimentos e a Economia Mundial*, Lisboa, 1982.

– *Mito e mercadoria, utopia e prática de navegar*, Difel, Lisboa, 1990.

GOLDMAN, BERTHOLD, «Frontiéres du droit et lex mercatoria», Archives de Philosophie du droit, t. IX, Sirey, 1964.

– «Le droit applicable selon la Convention de la BIRD, du 18 mars 1965, pour le règlement des différends relatifs aux investissements entre Etats et ressortissants d'autres Etats», *in Investissements etrangers et arbitrage entre États et personnes privées*», Pedone, Paris, 1969.

– «La lex mercatoria dans les contrats et l'arbitrage internationaux: realité et perspectives», Clunet (n.° 3), 1979.

GOLDMAN, BERTHOLD/LYON-CAEN, ANTOINE/VOGEL, LOUIS, *Droit commercial européen*, Dalloz, Paris, 1994.

GONÇALVES, LUÍS CUNHA, *Da compra e venda no Direito Comercial Português* (vol. I), Imprensa da Universidade, Coimbra, 1909.

– *Comentário ao Código Comercial Português*, Lisboa, 1914-18.

– «Ferreira Borges e o seu Código», Academia das Ciências (separata), Lisboa, 1934.

– *A construção jurídica de Portugal*, Coimbra Editora, 1940.

– *Dos contratos em especial*, Editorial Império, Lisboa, 1953.

GUILLOCHON, BERNARD, *Economia internacional*, Planeta Editora, Lisboa, 1995.

GUYOT, CEDRIC, «Countertrade recent legal developements and comparative study», RDAI, n.° 8, 1986.

HAYECK, FREDERIC A., *Monetary nationalism and international stability* (1937), Augustus M. Kelley, 1989.

HERMITTE, MARIE-ANGÈLE SANSON, vide SALEM, MAHMOUD.

HERRENSCHMIDT, JEAN-LUC, «Histoire de la monnaie», in *Droit et Monnaie – États et espace monetaire transnational*, AIDE, Litec, Paris, 1988.

HERVEY, JACK L., «Countertrade-counterprodutive?», Economic impact, Washington, 1990.

HOBÉR, KAJ, «Countertrade – negotiating the terms», International finantial law review (vol. VI-n.º 3 e 4, Março-Abril), Londres, 1987.

HOHENVELDERN, IGNAZ SEIDL, International Economic Law, Martinus Nijoff Publishers, Dordrecht, 1992.

HOUTTE, HANS VAN, The law of international trade, Sweet & Maxwell, London, 1995.

HOWSE, ROBERT, The World Trade System – critical perspectives on the world economy, Routledge, Londres, 1998.

HUBERT, ALFRED, Le contrat d'ingénerie – conseil, Masson, Paris, 1980.

HUME, DAVID, Escritos sobre Economia (1752), Nova Cultural, S. Paulo, 1988.

HURTSEL, D., vide LEMAIRE, S.

INZITARI, BRUNO/VICENTINI, GUSTAVO/ AMATO, ASTOLFO DI, «Moneta e valuta», in Trattato di Diritto Commerciale e di Diritto Pubblico dell'Economia (vol. VI), CEDAM--PADOVA, 1983.

JACQUET, JEAN-MICHEL, «Létat, operateur du commerce international», Clunet, 116.º ano, n.º 3 (J/A/S), 1989.

– «Aperçu de l'oeuvre de la conférance de La Haye de droit international privé dans le domaine économique», Clunet, 1994.

JACQUET, JEAN-MICHEL/ DELEBECQUE, PHILIPPE, Droit du commerce international, Dalloz, Paris, 1997.

JALLES, MARIA ISABEL, «A plurilocalização e a deslocalização das situações jurídicas internacionais», RDE, 1975.

JAUFFRET, ALFRED / MESTRE, JACQUES, Droit Commercial, LGDJ, Paris, 1995.

JEHL, JOSEPH, Le commerce international de la technologie, Librairies Techniques, Paris, 1985.

JELLEY, «The SDR Clearing mechanism», in Composite currencies: SDRs, Ecus and other instruments, Euromoney Publications, 1984.

JOLLY, PIERRE, Les échanges commerciaux et la compensation, L.G.D.J., Paris, 1939.

JONHSON, HARRY G., Preferences Commerciales, Accords Regionaux et Developpement Economique, Révue Economique, 1964.

JUILLARD, PATRICK, «Investissements», AFDI, XXXII, 1986.

– «Contrats d'État et investissement» in Contrats internationaux et pays en developpement, Economica, Paris, 1989.

– «L´Accord de Paris de 29 Mai 1990, portant création de la BERD», AFDI, XXXVII, 1991.

– «L'accord sur les mesures concernant l'investissement et liées au commerce», AFDI, XXXIX, 1993.

JUILLARD, PATRICK, vide CARREAU, DOMINIQUE

LA SERRE, FRANÇOISE, «La Communauté Européenne et l'Europe Centrale et Orientale», Révue du Marché Comum et de l'Union Européenne, n.º , 199.

LABISA, ANTÓNIO SANTOS, Organismos internacionais, Banco de Portugal, Lisboa, 1995.

LAFER, CELSO, «Réflexions sur l'OMC lors du 50éme anniversaire du système multilateral commercial: l'impact d'un monde en transformation sur le Droit International Économique», Clunet, Éditions Juris-Classeur, Paris, 1998 (n.º 4, Out./Dez.).

Bibliografia

LAGARDE, PAUL, «Approche critique de la lex mercatoria», in *Le droit des relations económiques internationales*, Litec, Paris, 1987.

LAMBIN, JEAN-JACQUES, «Countertrade: a new oppurtunity or a retrogressive trading system?», Gestion 2000 (Univ. Católica de Lovaina), 1985.

LAMÉTHE, D., «Les nouveaux contrats d'industrialisation», Clunet, 1992.

LAMPREIA, LUÍS FILIPE/NORONHA, DURVAL/BAENA, SOARES/PRADO/MARCONINI/BESSA/BAZ, G./ TOULMIN/MOSS/ KAWAMURA/DEDEU, *O Direito do Comércio Internacional*, Observador Legal Editora, Brasil, 1997.

LATEEF, K. SARWAR, «The first half century: an overview», in *The evolving rule of the Worl Bank*, K. Sarwar Lateef Editor, World Bank, Washigton, 1995.

LATOUR, XAVIER ROMLGNAC, «Les garanties financéres et bancaires dans les contrats Nord-Sud», in *Contrats internationaux et pays en developpement*, Economica, Paris, 1989.

LAUBADÈRE, ANDRÉ, *Direito Público Económico*, Almedina, Coimbra, 1985.

LAUDY, LAURENCE, «L'embarg des Nations Unies contre l'Irak et l'exécution des contrats internationaux», DPCI, t. 17, n.° 4, 1991.

LAVIGNE, MARIE, *Les relations èconomiques est – ouest*, PUF, Paris, 1979.

LEBEN, CHARLES, vide SCHAPIRA, JEAN

LEBOULANGER, PHILIPE, «Les contrats entre états et enterprises étrangéres», Economica, Paris, 1985.

LEFORT, DANIEL, «Problèmes juridiques soulevés par l'utilisation privée des monnaies composites», Clunet, (n.° 2 – A/M/J),1988.

LEMAIRE, S./ HURTSEL, D., «Aspects juridiques des co-entreprises dans les pays de l'Est», Clunet, 1991.

LESGUILLONS, HENRI (coord.), *Contrats Internationaux*, Lamy, Paris, 1996.

LIEBMAN, HOWARD M., «GATT and countertrade requirements», Journal of World Trade Law, vol. 18, n.° 3 (Maio/Junho) 1984.

LIMA, FERNANDO ANDRADE PIRES/ VARELA, JOÃO MATOS ANTUNES, *Código Civil anotado*, vol. II, 2.ª edição, Coimbra Editora, 1981.
– *Noções fundamentais de Direito Civil*, Coimbra Editora, 6.ª edição.

LIMA, REGINA QUELHAS, *Contratos públicos*, IAPMEI, Lisboa, 1994.

LOPES, MANUEL BAPTISTA – *Do contrato de compra e venda no direito civil, comercial e fiscal*, Almedina, Coimbra, 1971.

LOPES, J. M. CIDREIRO, *O Acordo Geral sobre Pautas Aduaneiras e Comércio*, Fundação Calouste Gulbenkian, Lisboa, 1965.

LOQUIN, ERIC, «Delimitation juridique des espaces monétaires nationaux et espace monétaire transnational, in *Droit et monnaie – États et espace monétaire transnational*, AIDI, vol. 14, Litec, Paris, 1988.

LYON-CAEN, vide GOLDMAN, BERTHOLD

(LUMBRALLES), JOÃO PINTO DA COSTA LEITE, *História do pensamento económico*, Coimbra Editora, 1988.

KAHN, PHILIPPE, «Le contrat économique international: stabilité et evolution», Pédonne, 1975.
– «Tipologie des contrats de transfert de technologie», in *Transfert de technologie et developpement*, Colloque de Dijon, Librairies Techniques, Paris, 1976.

252 Dos Contratos de Contrapartidas no Comércio internacional («countertrade»)

– «La Convention de Vienne des Nations Unies sur les contrats de ventes internationales de marchandises de 11 avril de 1980», Révue internationale de droit comparé, 1981.

– «L'interpretation des contrats internationaux», Clunet, (108.° ano, n.° 1-J/F/M.), 1981.

KAHN, PHILIPPE, «Droit International Économique, Droit du Développement, lex mercatoria: concept unique ou pluralisme des ordres juridiques?» in *Droit des relations économiques internationales*, Litec, Paris, 1987.

– *Droit et monnaie – États et espace monétaire transnational*, Association Internationale de Droit Économique, Litec, Paris, 1988.

KASSIS, ANTOINE, *Le nouveau droit européen des contrats internationaux*, L.G.D.J., Paris, 1993.

KHAVAND, FEREYDOUN A., *Le nouvel ordre commercial mondial – du GATT à l'OMC*, Nathan, Paris, 1995.

KATZAROV, KONSTANTIN, *Théorie de la nationalisation*, Éditions de la Baconniére, Neuchatel, 1960.

KOVAR, ROBERT, «La competence du Centre International pour le Reglement des Differends relatifs aux Investissements», in *Investissements Étrangers et Arbitrage entre États et Personnes Privées – La Convention BIRD du 18 Mars 1965*, Pedone, Paris, 1969.

KREDIETBANK, «Le commerce de compensation», Bruxelas, (Set.)1987.

KYOUNG, M.N., «Countertrade-trade without cash?», Finance and developpement, n.° 4 – vol. 20 (Dez.), Washington, 1983.

M., MOHAMED SALAH M., «La problématique du droit économique dans les pays du sud», Revue Imternationale de Droit Economique, t. XII, 1 e 2, 1998.

MACEDO, JORGE BORGES, «Companhias Comerciais», Enciclopédia Verbo.

– «Companhias comerciais», in *Dicionário de História de Portugal*, Figueirinhas, 1992.

MACHADO, LEONOR, «O ressurgimento da troca directa no comércio internacional», Exportar, Ano I, 2.ª série, n° 6 (Março/Abril), 1989.

MAGGIORE, GIUSEPPE RAGUSA, «Compensazione (Diritto Civile)», in *Eciclopedia del Diritto*, t. VIII, Giuffré Editore, 1961.

MARCHESI, GIAN CESARE, «Trading companies», GVCI, n.° 17, 1983.

– «Guida agli scambi in compensazione», Gaz. Val. Com. Internazionale, n.° 15, 1984.

MARCOS, RUI MANUEL FIGUEIREDO, *As Companhias Pombalinas. Contributo para a História das sociedades por acções em Portugal*, Almedina, Coimbra, 1997.

MARIN, DALIA/SCHNITZER, MONIKA, *Tying trade flows: a theory of countertrade*, "Centre for Economic Policy Research", Londres, 1994.

MARQUES, MARIA MANUELA LEITÃO, *Subcontratação e autonomia empresarial – um estudo sobre o caso português*, Edições Afrontamento, Porto, 1992.

MARQUES, MARIA MANUELA LEITÃO, vide SANTOS, ANTÓNIO CARLOS

MARQUES, WALTER, «Moeda», POLIS.

– «Mercado de câmbios», Rev. Banca, n.° 2 (Abril-Junho), 1987.

– *Moeda e instituições financeiras*, Publicações D. Quixote, Lisboa, 1998.

Bibliografia

MARTINEZ, PEDRO SOARES, *Economia Política*, Almedina, 5.ª edição, 1991.
– *Direito Fiscal*, Almedina, Coimbra, 1993.
MARTINS, AFONSO D'OLIVEIRA, vide SALEMA, MARGARIDA.
MARZORATI, OSVALDO J., *Derecho de los negocios internacionales*, Astrea, Buenos Aires, 1997.
MAYAUDON, JEAN, «Les contrats de compensation petroliétre», RDAI, n.º 8, 1987.
MAYER, P., «La neutralisation du pouvoir normatif de l'Etat en matière de contrats d'Etat», Clunet, 1986.
MCCLOSKEY, DONALD N./ZECHER, J. RICHARD, «How the gold standard worked», in *The gold standard in theory and story*, Routlege, Londres, 1997.
MEDEIROS, EDUARDO RAPOSO, *O Direito Aduaneiro – sua vertente internacional*, I.S.C.S.P., Lisboa, 1985.
– *O Sistema Comercial Internacional*, I.S.C.S.P., Lisboa, 1988.
– *Economia internacional*, I.S.C.S.P., Lisboa, 1996.
– «Organização Mundial do Comércio (OMC)», in *Organizações Internacionais*, FCG, Lisboa, 1999.
MEDEIROS, EDUARDO RAPOSO/MENDES, JOAQUIM FERNANDO CALADO, *Novas regras do comércio internacional*, I.S.C.S.P., Lisboa, 1996.
MEERHAEGHE, M.A.G., *International economic institutions*, Martinus Nijhoff Publishers, Dordrecht, 1987.
MENDONÇA, ANTÓNIO, «Aspectos teóricos do comércio internacional», *in Comércio internacional – teorias e técnicas*, ICEP, Lisboa, 1991.
MEZGHANI, ALI, «Le contrat cost + fee», Clunet, (n.º 2), 1984.
MEZGHANI, ALI /BOURAQUI, «Les contrats de compensation dans les relations Sud-Nord: l'exemple tunisien», RIDE, 1987 (nº 2).
MEYER, CATHERINE-ANNE, vide FRISH, GERT JÜRGEN
MOATTI, LAURENCE, «La compensation des échanges commerciaux internationaux», RDAI, n.º 1, 1995.
MONCADA, LUÍS S. CABRAL, *Direito Económico*, Coimbra Editora, 1988.
MONTEIRO, ANTÓNIO PINTO MONTEIRO, vide COSTA, MÁRIO JÚLIO ALMEIDA
MONTESQUIEU, *De l'esprit des lois*, Garnier-Flammarion, Paris, 1979.
MORINEAU, MICHEL, *Les grandes compagnies des Indes Orientales*, P.U.F., Paris, 1994.
MOTA, ANTÓNIO JOSÉ CARDOSO, *O know-how e o direito comunitário da concorrência*, C.C.T.F.- n.º 130, 1984.
MOUSSERON, JEAN MARC/FABRE, RÉGIS/RAYNARD, JACQUES/PIERRE, JEAN-LUC, *Droit du Commerce International*, Litec, Paris, 2000.
NEDJAR, DIDIER, «Les accords de compensation et la pratique contratuelle des pays en developpement», in *Contrats internationaux et pays en developpement*, Economica, Paris, 1989.
NUNES, ANTÓNIO JOSÉ AVELÃS, *Industrialização e desenvolvimento – a economia política do modelo brasileiro*, B.F.D.U.C. (Suplemento, vol. XXIV/XXV),Coimbra, 1982.
NURKSE, RAGNAR, «The gold exchange standard», in *The gold standard in theory and history*, Routledge, London, 1997.
OCDE, « Échanges Est-ouest – les échanges Est-Ouest de produits chimiques», Paris, 1980.

254   *Dos Contratos de Contrapartidas no Comércio internacional* («countertrade»)

- «Les échanges Est-Ouest – l'evolution récente des échanges compensés», OCDE Publications, Paris, 1981.
- «Èchanges compensés – pratiques des pays en développement», OCDE Publications, Paris, 1985.
- *Investissement international et entreprises multinationales – tendances récentes des investissements directs internationaux*, OCDE, Paris, 1987.
- *OCDE, Code de la libération des opérations invisibles courantes*, OCDE Publications, 1993.
- *Code de la libération des mouvements de capitaux*, OCDE Publications, Paris, 1997.
- «Investissement direct étranger et développement économique – l'experience de six économies émergentes», OCDE, 1998.

OLAVO, CARLOS, *Propriedade industrial*, Almedina, Coimbra, 1997.

OLAVO, FERNANDO, *Abertura de Crédito Documentário*, Lisboa, 1952.

OLIVEIRA, MÁRIO ESTEVES, «Contratos administrativos», Polis, 1983.
- *Direito administrativo*, vol. I, Almedina, Coimbra, 1984.

OPPETIT, BRUNO, *Droit du commerce international*, P.U.F., Paris, 1974.
- «L'adaptation des contrats internationaux aux changements de circonstances: la clause hardship», Clunet, 1974.
- «La notion de source du droit et le droit du commerce international», Archives de Philosophie du Droit., t. 27, Sirey, 1982.
- «Le paradoxe de la corruption à l'epreuve du Droit du Commerce International», Clunet, 1987.
- «Droit et économie», Arch. de Philosophie du Droit, Sirey, 1992.

OSÓRIO, ANTÓNIO SOUSA SARMENTO HORTA, *A matemática na economia pura: a troca* (1911), Banco de Portugal, Lisboa, 1996.

PALMETER, DAVID / MAVROIDIS, PETROS, « The WTO legal system: sources of law», AJIL, vol. 93, n.º 3, Julho, 1998.

PARK, WILLIAN W., vide CRAIG, W. LAURENCE

PATRÍCIO, JOSÉ SIMÕES, *Direito da Concorrência*, Gradiva, Lisboa, 1982.
- *Introdução ao Direito Económico*, CTF, Lisboa, 1982.
- «Preliminares sobre a garantia on first demand», R.O.A., ano 43 (Dez.), 1983.
- *Regime jurídico do EURO*, Coimbra Editora, 1998.

PAULSSON, JAN, vide CRAIG, W. LAURENCE

PEDRETTI, LUIGI, «Gli escrow accounts nelle operazioni di countertrade», Diritto del Commercio Internazionale, (Julho/Dez.) 1988.

PEIXOTO, JOÃO PAULO, *Futuros e opções,* McGraw Hill, Lisboa, 1997.

PELLET, ALAIN, *Droit International du Développement*, P.U.F., Paris, 1987.

PEREIRA, ANDRÉ GONÇALVES/QUADROS, FAUSTO, *Manual de Direito Internacional Público*, Almedina, Coimbra, 1995.

PEREIRA, AMORIM, *O contrato de joint-venture*, ICEP, Lisboa, 1988.

PEREIRA, EDUARDO PAZ, «O Banco Mundial cinquenta anos depois de Bretton Woods», Rev. da Banca, n.º 33 (Jan./Março), 1995.

PEREIRA, JOSÉ PORTUGAL, «Formas de pagamento e financiamento das operações de comércio internacional», in *Comércio internacional – teorias e técnicas*, ICEP, Lisboa, 1991.

PINA, CARLOS COSTA, *Créditos documentários*, Coimbra Editora, 2000.

PINHEIRO, LUÍS LIMA, *Joint venture – contrato de empreendimento comum em Direito Internacional Privado*, Cosmos, Lisboa, 1998.

PINTO, LUÍS MARIA TEIXEIRA, «Aspectos da globalização», Lusíada, Série de Direito, n.º 1, Porto, 1998.

PITTALIS, MARGHERITA, «Forfaiting», in I contratti del commercio, dell'industria e del mercati finanziari, t. I, UTET, Turim, 1995.

PORTO, MANUEL CARLOS LOPES, «O argumento das indústrias nascentes», in *Estudos em homenagem ao Prof. Doutor J.J. Teixeira Ribeiro*, BFDUC, Coimbra, 1978.
– *Estrutura e política alfandegárias – o caso português*, Coimbra, 1982.
– «Preferências alfandegárias», POLIS, 1986.
– *Teoria da integração e políticas comunitárias*, Almedina, Coimbra, 1997.

PORTO, MANUEL/CALVETE, VICTOR, «O Fundo Monetário Internacional», in *Organizações internacionais*, FCG, Lisboa, 1999.

PORTO, MANUEL CARLOS LOPES, vide CAMPOS, JOÃO MOTA

PRADA, VALENTIN VASQUEZ, *História Económica Mundial*, Civilização, Porto, 1982.

PREVISANI, ALBERT, «Cooperation industrielle et compensation», DPCI, 1982 (t.8-n.º 2, pág. 214).

PRITCHARD, GRAÇA L. MONTEIRO, «Garantias bancárias autónomas», Rev. da Banca, n.º 18 (Abril/Junho), 1991.

PRUSA, THOMAS J., «Cumulation and anti-dumping: a challenge to competition», The Wordl Economy, (vol. 21- n.º 8 – Nov.) 1998.

PULEO, SALVATORE, «Compensatio lucri cum damno», in *Enciclopedia del Diritto* – vol. VIII.

PUREZA, JOSÉ MANUEL, «A cláusula da nação mais favorecida», Documentação e Direito Comparado, n.º 29/30, 1987.

QUADROS, FAUSTO, «Carta das Nações Unidas e Estatuto do Tribunal Internacional de Justiça», Petrony, Lisboa, 1978.

QUADROS, FAUSTO, vide PEREIRA, ANDRÉ GONÇALVES

QUEIRÓ, AFONSO, «Direito Internacional Público», Enciclopédia Verbo da Sociedade e do Estado (POLIS), Lisboa, 1984.

QUELHAS, JOSÉ MANUEL GONÇALVES SANTOS, *Sobre a evolução recente do sistema financeiro*, BCEFDC (Separata), Coimbra, 1996.

QURESHI, ZIA, «Epargne et investissements: y a-t-il une "pénurie" de capitaux à l'echelle mondiale?», Problèmes èconomiques, n.º 2541-2, 1997.

RAINELLI, MICHEL, *Organização Mundial do Comércio*, Terramar, 1998.

RAJSKI, JERZY, «Some legal aspects of international compensation trade», International and comparative law quartely, vol. 35, parte I, Janeiro 1986.

RAMBERG, JAN, *Guia dos INCOTERMS*, ICC Publishing, Paris, 1990.

RAMOS, RUI MANUEL GENS MOURA, «Análise da Convenção de Viena e das disposições pertinentes do Direito Português», BMJ, Doc. e D. Comparado, 1981 (n.º 6).
– «Aspectos recentes do Direito Internacional Privado Português», BFDUC, 1987.
– «L'adhésion du Portugal aux Conventions communautaires en matiére de DIP», BFDUC, 1987.
– *Da lei aplicável ao contrato de trabalho internacional*, Almedina, Coimbra, 1991.

- «Reunião da 22.ª Sessão da Comissão das Nações Unidas para o Direito do Comércio Internacional», RDE, Anos XVI a XIX, 1990 a 1993, Centro Interdisciplinar de Estudos Jurídico-Económicos, Universidade de Coimbra.
- *A reforma do Direito Processual Civil Internacional*, Coimbra Editora, 1998.

RAMOS, RUI MANUEL GENS MOURA, vide SOARES, MARIA ÂNGELA BENTO

RASMUSSEN, UWE WALDEMAR, *Countertrade*, Edições Aduaneiras, S. Paulo, 1983.

RAZOUMOV, K. L., «Les contrats sur la base de compensations entre organismes soviétiques et firmes étrangères », Clunet, 1984 (n.º 1 -J/F/M).

REUTER, PAUL, «Réflexion sur la competence du Centre crée par la Convention pour le règlement des differends relatifs aux investissements», *in Investissements ètrangers et arbitrage entre etats et personnes privées*, Pedone, Paris, 1969.

RIBEIRO, JOSÉ JOAQUIM TEIXEIRA, *Economia Política*, Coimbra, 1959.
- *Economia Política*, Coimbra, 1962-63.

RICARDO, DAVID, *Princípios de Economia Política e de Tributação*, F.C.G., Lisboa, 1983.

RIPERT, GEORGES/ ROBLOT, RENÉ/GERMAIN, MICHEL, *Traité de Droit Commercial*, L.G.D.G., 15.ª edição, Paris,1993.

RIVOIRE, JEAN, *História da moeda*, Teorema, Lisboa, 1991.
- *História da Banca*, Rés Editora, Porto (sem data).

ROBLOT, RENÉ, vide RIPERT, GEORGES.

ROESSLER, FRIEDER, «Countertrade and the GATT legal system», JWTL, vol. 19, n.º 6 (Nov./Dez), 1985.

ROPPO, ENZO, *O contrato*, Almedina, Coimbra, 1988.

ROTHEY, P., «Les contrats de buy-back», DPCI, 1982.

ROWE, MICHAEL, *Countertrade*, Euromonney Books, Nestor House, 1997.
- *Guarantees, stand by letters of credit and other securities*, Euromoney publications, 1987.

RUIZ, NUNO, *O franchising – introdução à franquia internacional*, ICEP, Lisboa, 1988.

SALEM, MAHMOUD/SANSON-HERMITTE, MARIE- ANGÈLE, *Les contrats "clé en main" et les contrats "produit en main"– technologie et vente de développement*, CREDMI, Librairies Techniques, Paris, 1979.

SALEM, MAHMOUD, « Les substituts aux transactions monétaires: le troc et opérations apparentées», *in Droit et Monnaie, États et espace monétaire transnational*, CREDIMI, Dijon, 1988.

SALEMA, MARGARIDA / MARTINS, AFONSO OLIVEIRA, *Direito das Organizações Internacionais, AAFDL*, Lisboa, 1989.

SAMUELSON, PAUL, *International economic relations*, Mc Millan, Londres, 1964.
- *Economia – uma análise introdutória*, FCG, Lisboa, 1980.

SANTOS, ANTÓNIO CARLOS/ GONÇALVES, MARIA EDUARDA/ MARQUES, MARIA MANUELA LEITÃO, *Direito Económico*, Almedina, Coimbra, 1995.

SANTOS, JORGE COSTA, *Subsídios para o estudo da relação jurídica de imposto aduaneiro*, C.E.F., Lisboa, 1989.
- «Sobre a locação financeira pública de equipamento militar», *in Estudos em homenagem ao Professor Doutor Pedro Soares Martinez*, vol. II., Almedina, Coimbra, 2000.

SANTOS, LUÍS MÁXIMO, «O Acordo sobre Medidas de Investimento Relacionadas com o

Bibliografia 257

Comércio celebrado na Ronda do Uruguai», in *Estudos jurídicos e económicos em homenagem ao Professor João Lumbralles*, FDL, Coimbra Editora, 2000.

SCHAPIRA, JEAN, «Les contrats internationaux de transfert de technologique», Clunet, n.º 1, 1978.

– «Maîtrise et autonomie technologiques en Droit International du Développement», in *Le Droit des Relations économiques internationales*, Litec, Paris, 1987.

– *Le Droit Européen des Affaires*, P.U.F., Paris, 1992.

SCHAPIRA, JEAN/ LEBEN, CHARLES, *Le Droit International des Affaires*, P.U.F., Paris, 1996.

SCHMITTOF, CLIVE/ SANE, DAVID A.G., *Mercantile Law*, Stevens & Sons, Londres, 1984.

SCHMITTOF, CLIVE, «Countertrade», Journal of Business Law, 1985 (Março).

– *The law and pratice of international trade* (*Schmittof's export trade*), Stevens & Sons, Londres, 1990.

SCHNITZER, MONIKA, vide MARIN, DALIA

SERENS, MANUEL COUCEIRO NOGUEIRA, *Direito da Concorrência e acordos de compra exclusiva*, Coimbra Editora, 1993.

SERRA, ADRIANO PAIS SILVA VAZ, «Código Civil Português», Atlântida, Coimbra, 1954.

– «Fiança e figuras análogas», BMJ, 1957.

– «União de contratos-contratos mistos», BMJ (separata), 1960.

SERVET, JEAN MICHEL, «La monnaie contre l'État ou la fable du troc», in *Droit et monnaie* – *Etats et espace monétaire transnational*, AIDE, Litec, Paris, 1988.

– «Démonétarisation et remonétarisation en Afrique-Ocidentale et Équatoriale», in *La monnaie souveraine*, Éditions Odile Jacob, Paris, 1998.

SILLARD, «The impact of the IMF on international trade», JWTL, 1967.

SILVA, ANTÓNIO NETO/REGO, LUÍS ALBERTO, *Teoria e prática da integração económica*, Porto Editora, 1984.

SILVA, JOÃO CALVÃO, *Cumprimento e sanção pecuniária compulsória*, Coimbra, 1995.

– *Estudos de Direito Comercial*, Almedina, Coimbra, 1999.

– *Euro e Direito*, Almedina, Coimbra, 1999.

SILVA, JOSÉ MANUEL BRAZ, *Os novos instrumentos financeiros*, Texto Editora, 1991.

SIMÕES, VITOR CORADO, «Tecnologia (transferências de)», POLIS, 1987.

SIMON, YVES, «Bourses de commerce et innovations financiéres», in *Droit et monnaie*, AIDE, Litec, Paris, 1988.

SINKONDO, M. H., *De la function juridique du droit au dévellopement*, Révue de Dr. Int. et de Dr. Comparé, ano 68, n.º 4, 1991.

SLAUGHTER, ANNE-MARIE, (e outros), «International law and international relations theory: a new generation of interdisciplinary scholarship», AJIL, vol. 93, n.º 3, Julho, 1998.

SMITH, ADAM, *Inquérito sobre a natureza e as causas da riqueza das nações*, Fundação Calouste Gulbenkian, Lisboa, 1981.

SOARES, ALBINO AZEVEDO, *Direito Internacional Público*, Coimbra Editora, 1988.

SOARES, MARIA ÂNGELA BENTO/ RAMOS, RUI MANUEL MOURA, *Contratos internacionais – Compra e venda, cláusulas penais, arbitragem*, Almedina, Coimbra, 1986.

SOUSA, JOSÉ FERREIRA MARNOCO, *Sciencia Economica* (prelecções feitas ao Curso do 2.º anno jurídico do ano 1901-1902), 4 vols., Tipografia França Amado, Coimbra, 1901.

258 *Dos Contratos de Contrapartidas no Comércio internacional* («countertrade»)

- «Ciência Económica (prelecções feitas ao Curso do 2.º ano jurídico do ano 1909--1910)», in *Colecção de Obras Clássicas do Pensamento Económico Português*, Banco de Portugal, Lisboa, 1997.
- *Tratado de Economia Política*, Tipografia França Amado, Coimbra, 1917.

STERN, BRIGITTE, *A Nova Ordem Económica Internacional*, ICEP, Lisboa, 1988.

STOUFFLET, JEAN, «La garantie bancaire à premiére demande», Clunet, 1987.

- «L'oeuvre normative de la Chambre de Commerce International dans le domaine bancaire», in *Le droit des relations economiques internationales*, LITEC, Paris, 1987.

STRENG, WILLIAM/ WILCOX, ALLEN D., *Doing business in China*, Juris Publishing, inc., Nova Iorque, 1996.

SVIRIDENKO, OLEG, «Les opérations de compensation dans le commerce avec les Républiques de l'ex-URSS», RDAI, 1992 (n.º 1).

SWANN, DENNIS, *The Economics of the Common Market*, Pinguin Books, Londres, 1992.

TAMANES, RAMON, *Estrutura da Economia Internacional*, D. Quixote, Lisboa, 1979.

TELLES, INOCÊNCIO GALVÃO, *Contratos civis*, Separata do BMJ (n.º 83), Lisboa, 1959.

- *Manual dos contratos em geral*, 3.ª edição, FDL, Lisboa, 1965.
- *Direito das Obrigações*, Coimbra Editora, 1982.
- *Garantia bancária autónoma*, Cosmos, Lisboa, 1991.

TERRILE, PAOLO, «L'azione dell'UNCITRAL in materia di build-operate transfer project financing», Diritto del Commercio Internazionale, (Abril-Junho) 1995.

TEULON, FREDERIC, «Le commerce international», SEUIL, Paris, 1996.

TOMSA, BRANKO, *La politique commerciale commune de la CEE et les pays de l'Europe de l'Est*, Bruxelas, 1977.

TOUSCOZ, JEAN, *Les contrats internationaux de cooperation industrielle et le nouvel ordre économique international*, PUF, Paris, 1985.

- «L'Agence Multilaterale de Garantie aux Investissements», DPCI, 1987.
- «Les operations de garantie de l' Agence Multilaterale de Garantie aux Investissements», Clunet, 1987.
- «Assurances et garanties des opérations internationales de commerce et d'investissement. Évolutions ou révolution?», DPCI, 1990, t.16.
- «La rué vers l'Est: de quelques problémes juridiques soulevés par les opérations de commerce et d'investissement réalisés par les entreprises ocidentales dans les pays d'Europe Centrale et Orientale», Clunet, 1991.
- «Les financements et les garanties des entreprises françaises dans les pays d'Europe Centrale et Orientale», RDAI, n.º 1, 1992.
- *Direito Internacional*, Publicações Europa América, Lisboa, 1994.
- «Mondialisation et securité économique internationale», Rév. Générale de Droit International Public, Tome 102, n.º 3, 1998.

TOWNSEND, BRIAN D., *The financing of countertrade*, Butterworths, Londres, 1986.

TRIFFIN, ROBERT, «The mythe of the so-called gold standard», in *The gold standard in theory and history*, Routledge, Londres, 1997.

VALLE, LAURA, «Il countertrade», in *I contratti del commercio, dell'industria e del mercato finanziario*, t.II, UTET, Milão, 1995.

VARELA, JOÃO MATOS ANTUNES, «Contratos mistos», BFDUC, vol. XLIV, 1968.

– *Direito das Obrigações*, vol. I, 4.ª edição, Coimbra Editora, 1982.

– *Direito das Obrigações*, vol. II, 4.ª edição, Coimbra Editora, 1990.

VARELA, JOÃO MATOS ANTUNES, vide LIMA, FERNANDO ANDRADE PIRES

VASCONCELOS, LUÍS MIGUEL PESTANA, *Dos contratos de cessão financeira (factoring)*, Coimbra Editora, 1999.

VASCONCELOS, PAULO ALVES DE SOUSA, *O contrato de consórcio*, BFD, Coimbra Editora, 1999.

VASCONCELOS, PEDRO PAIS, *Contratos atípicos*, Almedina, Coimbra, 1995.

VASSEUR, MICHEL, «Les nouvelles régles de la Chambre de Commerce International pour les "garanties sur demande"», DPCI, n.º 3, 1992.

VAULONT, NIKOLAS, *A União Aduaneira da Comunidade Económica Europeia*, Comissão das Comunidades Europeias, Bruxelas, 1985.

VERCELLINI, LUIGI, «L'organizzazione di scambi in compensazione», GVCI, Ano VII, n.º 15, 1983.

VERHOEVEN, JOE, «Traités ou contrats entre États? – Sur les conflits de lois en droit des gens», Clunet, 1984.

– «Droit International Public et Droit International Privé: oú est la différence?», Archives de Philosophie du Droit, Sirey, 1987.

VERZARIU, POMPILIU, *Countertrade, barter and offsets, new strategies for profit in international trade*, McGraw Hill, Nova Iorque, 1985.

VIALE, MIRELLA, «Le garanzie bancaire», in *Trattato di Diritto Commerciale e di Diritto del Economia* (vol. 18), CEDAM, Padova, 1994.

VICENTE, DÁRIO MOURA, *Da arbitragem comercial internacional*, Coimbra Editora, 1990.

VICENTINI, FREDERICO, «Scambi in compensazione», GVCI, Ano VII, n.º 15, 1983.

VICENTINI, GUSTAVO/AMATO, ASTOLFO DI, «La valuta», in *Trattato di Diritto Commerciale e di Diritto Pubblico dell'Economia* (vol. VI), CEDAM-PADOVA, 1983.

VIEIRA,ANIBAL/CASTRO, ROSÁRIO/GUERRA, LUIS/NUNES, ROGÉRIO/OLIVEIRA, HELDER, «Countertrade», Exportar, Ano 4, 2.ª série, n.º 21 (Dezembro), ICEP, 1991.

VILAR, PIERRE, *O ouro e a moeda na História*, PEA, Lisboa, 1990.

VOGEL, LOUIS/VOGEL, JOSEPH, *Le Droit Européen des Affaires*, Dalloz, Paris, 1994.

VOGEL, LOUIS, vide GOLDMAN, BERTHOLD

WALD, ARNOLDO/MICALI, ISABELLA SOARES, «Conversion de la dette en investissements: l'expérience brésilienne à l'heure des privatisations et du plan Brady», RDAI, n.º 1, 1996.

WALSH, JAMES I., «Countertrade, not just for East/West aymore», JWTL, vol. 17, Jan./Fev. 1983.

– «The effect on third countries of mandated countertrade», JWTL, vol. 19, n.º 6 (Nov./Dez.) vol. XIX, 1985.

WEIL, PROSPER, «Pincipes généraux du droit et contrats d'État», in *Le Droit des Relations Économiques Internationales*, LITEC, Paris, 1987.

WELT, LEO G.B., *Trade whithout money: barter and countertrade*, Law and Business inc, Harcourt Brace Jovanovich Publishers, E.U.A.,1984.

– «Countertrade», Special Euromoney Report, Euromoney Plublications, 1985.

WIEACKER, FRANZ, *História do Direito Privado Moderno*, FCG, Lisboa, 1980.

WILCOX, ALLEN D., vide STRENG, WILLIAN P.

WILLIANS, S. LIN/ STITH CLARCK D., «Countertrade», in *Doing business in China*, Juris Publishing, Nova Iorque, 1996.

WITZ, CLAUDE, « Les divers comptes bancaires dans les operations de compensation internationale», Banque (Fr.), n.º 484 (Banque et droit), suplemento Junho, 1988.

– *Les prémiéres aplications jurisprudentielles du droit uniforme de la vente internationale,* LGDJ, Paris, 1995.

WOICZIK, M., «La compensation dans les échanges internationaux – une approche de la function de paiement», Rév. int. dr. éco., 1990 (n.º 2).

WOOD, PHILIP, *Law and pratice of international finance*, Sweet & Maxwell, Londres, 1990.

WORLD BANK, *The evolving role of the World Bank*, K. Sarwar Lateef Editor, Washington, 1995.

XAVIER, ALBERTO, *Créditos e débitos internacionais*, Portugal /Brasil, Lisboa, 1923.

XAVIER, ALBERTO PINHEIRO, *Direito tributário Internacional*, Almedina, Coimbra, 1997.

XAVIER, VASCO LOBO, «Código Comercial», POLIS.

YPERSELE, JACQUES VAN/KOEUNE, JEAN-CLAUDE, *O sistema monetário europeu*, Comissão das Comunidades Europeias, Bruxelas/Luxemburgo, 1984.

ÍNDICE

Apresentação   7
Abreviaturas   9

INTRODUÇÃO   13

CAPÍTULO I
AS OPERAÇÕES DE CONTRAPARTIDAS (*COUNTERTRADE*)
NO COMÉRCIO INTERNACIONAL

1. Introdução   19
   1.1. Da troca directa à compra e venda (economia monetária)   19
   1.2. A moeda na economia nacional e na economia internacional   20
   1.3. Antecedentes do «countertrade»   25
   1.4. Origem e significado do «countertrade» no comércio mundial   26
   1.5. Breve apreciação   30

SECÇÃO I
IDENTIFICAÇÃO E CARACTERIZAÇÃO DAS OPERAÇÕES
DE CONTRAPARTIDAS (*COUNTERTRADE*) NO COMÉRCIO INTERNACIONAL

2. Considerações prévias   32
   2.1. «Barter»   33
   2.2. «Compensation»   34
      2.2.1. «Counterpurchase»   35
      2.2.2. «Advanced compensation»   36
   2.3. «Buy-back»   38
   2.4. «Offset»   41
   2.5. Acordos internacionais   44
      2.5.1. Acordos comerciais a longo prazo   44
      2.5.2. Acordos de «clearing»   45
      2.5.3. Acordos de pagamentos   48
   2.6. «Evidence accounts»   49
   2.7. «Switch trading»   52
   2.8. Outras   56

262 *Dos Contratos de Contrapartidas no Comércio internacional* («countertrade»)

SECÇÃO II
SISTEMATIZAÇÃO DAS OPERAÇÕES DE CONTRAPARTIDAS
(*COUNTERTRADE*)

3. Considerações prévias	57
3.1. Sistematização	57
3.2. Esquema	60
3.3. Sequência	61

SECÇÃO III
CONCEITO DE CONTRAPARTIDAS (*COUNTERTRADE*)

4. Delimitação do problema	61
4.1. A noção de contrapartidas no comércio internacional	63
4.2. Distinção de figuras afins	69
4.2.1. Compensação	69
4.2.1.1. Compensação e *countertrade*	69
4.2.1.2. Conclusão	72
4.2.2. Acordos de «clearing»	73
4.2.3. «Evidence accounts»	76
4.2.4. «Switch trading»	77
4.2.5. Conclusão	77
4.3. Terminologia adoptada	77
4.4. Conclusão da secção III	81
4.5. Sistematização adoptada	81

CAPÍTULO II
CONTRATOS INTERNACIONAIS DE CONTRAPARTIDAS

1. Introdução	85
1.1. Sequência	85
1.2. Os contratos de contrapartidas como contratos internacionais	86

SECÇÃO I
OPERAÇÕES NEGOCIADAS COM RECURSO A UM ÚNICO CONTRATO

2. «Barter»	102
2.1. Aspectos contratuais	102
2.2. Dificuldades inerentes ao financiamento	103
2.3. «Semi-barter»	106
2.4. Distinção da compra e venda internacional	107
2.5. Conclusão	111

SECÇÃO II
OPERAÇÕES NEGOCIADAS COM RECURSO
A VÁRIOS CONTRATOS

SUBSECÇÃO I
CONTRAPARTIDAS SEM RELAÇÃO DIRECTA
COM A EXPORTAÇÃO PRINCIPAL

3. «Counterpurchase»	111
3.1. Estrutura contratual	111
3.1.1. Relações entre os contratos	113
3.1.2. Função do «protocol agreement»	118
3.1.3. Separação de contratos	120
3.2. Sequência	121
3.3. Contrato de venda internacional de mercadorias	122
3.4. Contrato de «counterpurchase»	122
3.5. Conclusão da Subsecção I	139

SUBSECÇÃO II
RELAÇÃO DIRECTA ENTRE AS CONTRAPARTIDAS
E A EXPORTAÇÃO PRINCIPAL

4. «Buy-back»	140
4.1. Estrutura contratual	140
4.1.1. Contrato de transferência internacional de tecnologia	141
4.1.2. Contrato «buy-back» (sentido estrito)	155
4.1.3. Relações entre o contrato de transferência de tecnologia e o contrato de «buy-back»	157
4.1.3.1. Função do «protocol agreement»	158
4.1.3.2. Incumprimento do contrato de transferência de tecnologia	158
4.1.3.3. Inexecução do contrato de «buy-back»	159
4.2. Comparação do «buy-back» com outros contratos internacionais de transferência de tecnologia	159
4.2.1. «Buy-back» e "joint venture"	161
4.2.2. Distinção entre o «buy-back» e o «offset»	164
4.2.3. «Buy-back» e cooperação industrial	164
4.3. «Buy-back» e investimento internacional	168
4.4.Conclusão	173

SUBSECÇÃO III
RELAÇÃO DIRECTA E INDIRECTA ENTRE AS CONTRAPARTIDAS
E A EXPORTAÇÃO PRINCIPAL

5. A legislação portuguesa sobre contrapartidas	174

264 *Dos Contratos de Contrapartidas no Comércio internacional* («countertrade»)

5.1. A opção pelo «offset» 175
5.2. Estrutura contratual 180
5.3. A legislação portuguesa sobre contrapartidas e o Direito Internacional 187
5.4. Conclusão da Subsecção III 188
6. Conclusão da Secção II 188
7. Conclusões do Capítulo II 190

CAPÍTULO III
O COMÉRCIO INTERNACIONAL POR CONTRAPARTIDAS
E O DIREITO INTERNACIONAL

1. Introdução 193
1.1. Comércio internacional e direito internacional 193
1.2. Um direito para o comércio internacional? 201
1.3. Conclusão 209
1.4. Sequência 210

SECÇÃO I
O GATT/OMC E O COMÉRCIO INTERNACIONAL
POR CONTRAPARTIDAS

2. O GATT 211
2.1. As contrapartidas face ao regime jurídico da circulação internacional de mercadorias do GATT 212
2.2. Efeitos da CNUCED 217
2.2.1. O SGP 218
2.2.2. O Código de Conduta Internacional para as Transferências de Tecnologia 219
2.2.3. As propostas da CNUCED sobre contrapartidas 219
2.3. O "Uruguai Round", a OMC, os novos acordos no âmbito da OMC e as contrapartidas 219
2.4. Conclusão 222

SECÇÃO II
AS CONTRAPARTIDAS E O SMI DO FMI

3. O Sistema Monetário Internacional 223
3.1. O SMI e as contrapartidas 224
3.2. A crise do SMI 225
3.2.1. Os "choques" petrolíferos, o FMI e as contrapartidas 226
3.2.2. Os novos instrumentos monetário-financeiros 227
3.2.3. O empolamento da função creditícia e as contrapartidas 228
3.3. Conclusão 229

Índice 265

SECÇÃO III
AS CONTRAPARTIDAS E O DIREITO COMUNITÁRIO:
CIRCULAÇÃO DE MERCADORIAS E REGRAS DA CONCORRÊNCIA

4.1. As relações comerciais externas da Comunidade 230
4.2. As regras comunitárias da concorrência 230
    4.2.1. As regras da concorrência e as contrapartidas 231
    4.2.2. As contrapartidas nas relações Este-Oeste 234
4.3. Conclusão da Secção 236
5. Conclusão do Capítulo 237

CAPÍTULO IV
CONCLUSÕES

BIBLIOGRAFIA 243
ÍNDICE 261